엑셀
2021 기초

이 책의 구성

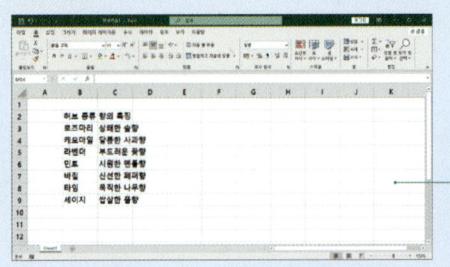

학습 포인트
이번 장에서 학습할 핵심 내용을 소개합니다.

준비파일 / 완성파일
본문에서 실습하는 파일명입니다. 시대인 게시판에서 다운로드받아 사용하세요.

미리보기
학습 결과물을 미리 살펴봅니다.

예제 따라 하기
실생활에서 활용할 수 있는 예제를 순서대로 따라 할 수 있도록 구성하여 누구나 쉽게 이해하고 기능을 습득할 수 있습니다.

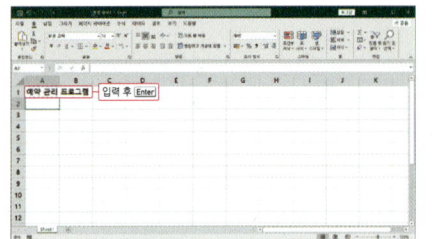

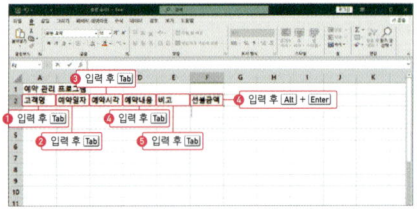

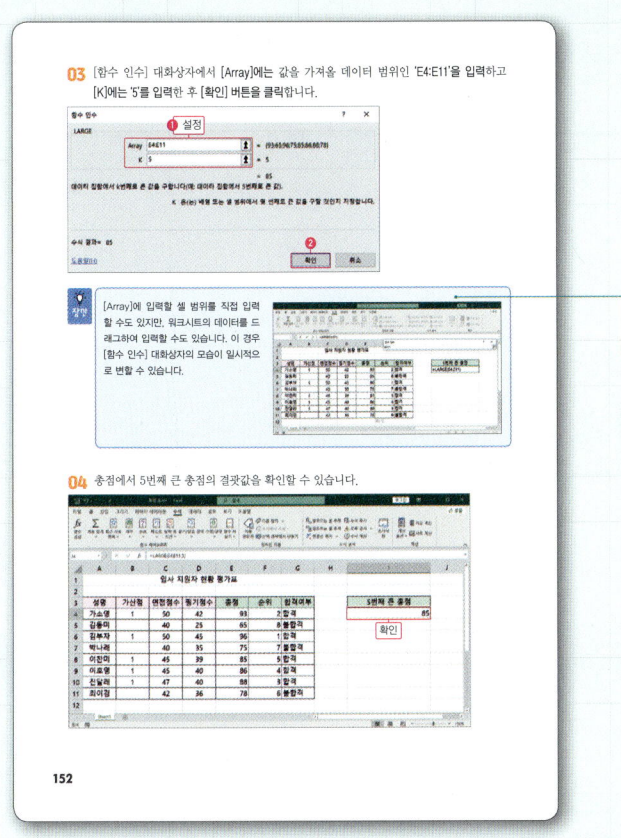

잠깐
본문에서 다루지 못한 내용이나 알아두면 유용한 내용을 설명합니다.

응용력 키우기
응용문제를 통해 본문에서 학습한 내용을 정리하고 복습합니다.

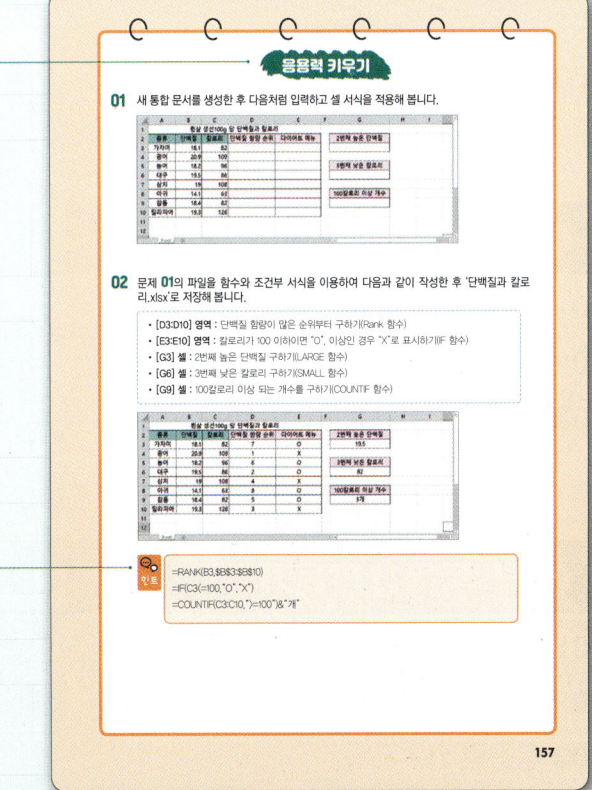

힌트
응용문제를 푸는데 필요한 정보 또는 방법을 안내합니다.

이 책의 목차

01 | 엑셀 2021과 인사하기 — 8
- 01 바둑판처럼 생긴 엑셀 살펴보기 — 9
- 02 엑셀과의 첫 만남 — 12
- 03 응용력 키우기 — 24

02 | 예약 관리 프로그램 입력하기 — 26
- 01 데이터 종류와 특징 알아보기 — 27
- 02 예약 관리 프로그램 입력하기 — 29
- 03 응용력 키우기 — 41

03 | 시간표 만들기 — 43
- 01 행과 열, 셀 다루기 — 44
- 02 교육 시간표 만들기 — 48
- 03 응용력 키우기 — 59

04 | 재고 현황표 만들기 — 61
- 01 워크시트 다루기 — 62
- 02 재고 현황 만들기 — 64
- 03 응용력 키우기 — 76

05 | 품의서 만들기 — 78
- 01 셀 서식과 인쇄 기능 알아보기 — 79
- 02 지출 품의서 만들기 — 84
- 03 응용력 키우기 — 102

06 | 급여 명세서 만들기 — 104

- **01** 수식과 표시 형식 알아보기 — 105
- **02** 급여 명세서 작성하기 — 109
- **03** 응용력 키우기 — 123

07 | 판매 보고서 만들기 — 125

- **01** 함수 알아보기 — 126
- **02** 판매 실적 보고서 만들기 — 128
- **03** 응용력 키우기 — 141

08 | 지원자 평가표 만들기 — 142

- **01** 함수 마법사 다루기 — 143
- **02** 성적 계산하기 — 145
- **03** 응용력 키우기 — 157

09 | 데이터 분석하기 — 158

- **01** 정렬, 부분합, 자동 필터로 데이터 분석하기 — 159
- **02** 분석 자료 만들기 — 161
- **03** 실적 분석 자료 만들기 — 169
- **04** 응용력 키우기 — 174

10 | 데이터 시각화하기 — 176

- **01** 차트 관련 기능 살펴보기 — 177
- **02** 용돈 지출 현황 차트 만들기 — 179
- **03** 응용력 키우기 — 186

예제파일 다운로드

1 시대인 홈페이지(www.sdedu.co.kr/book)에 접속한 후 로그인합니다.
※ '시대' 회원이 아닌 경우 [회원가입]을 클릭하여 가입한 후 로그인을 합니다.

2 홈페이지 위쪽의 메뉴에서 [프로그램]을 선택합니다.

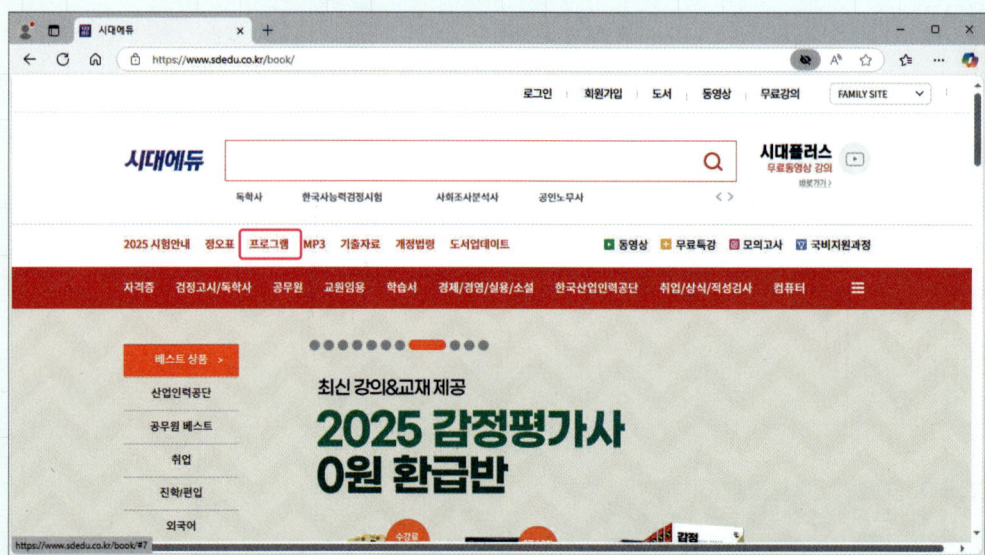

※ 홈페이지의 리뉴얼에 따라 위치나 텍스트 표현이 변경될 수도 있습니다.

3 프로그램 자료실 화면이 나타나면 책 제목을 검색합니다. 검색된 결과 목록에서 해당 도서의 자료를 찾아 제목을 클릭합니다.

 해당 페이지가 열리면 [다운로드] 버튼을 클릭합니다. 파일이 다운로드 되면 파일을 저장한 폴더로 이동합니다.

 압축 해제 프로그램으로 '할수있다_엑셀2016기초-예제파일.zip' 파일을 해제하면 교재의 준비파일과 완성파일이 폴더별로 제공됩니다.

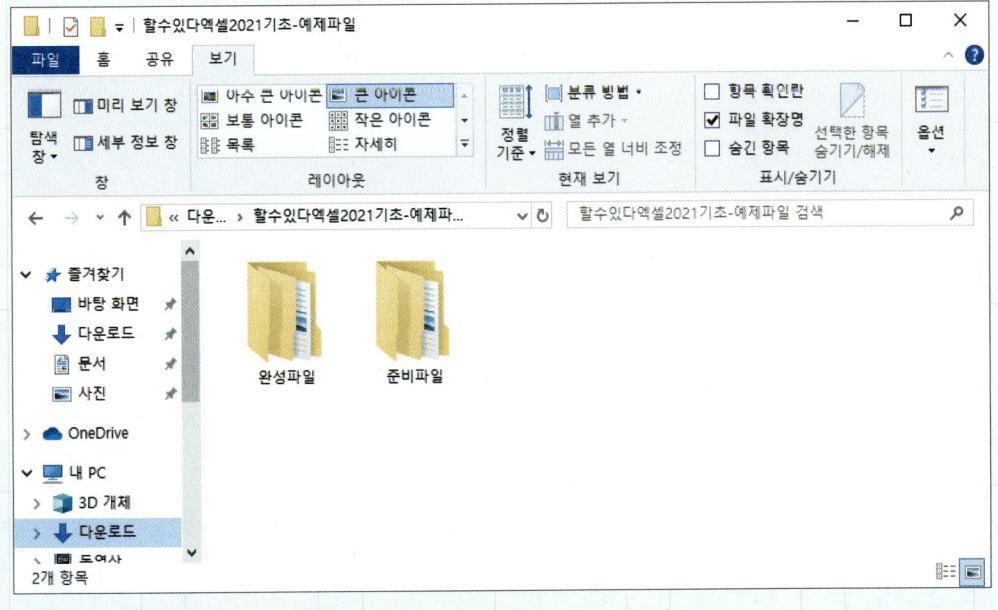

01 엑셀 2021과 인사하기

- 엑셀이란?
- 엑셀의 화면 구성
- 엑셀의 실행과 종료
- 통합 문서 생성
- 데이터 입력
- 데이터 이동
- 데이터 수정
- 파일 저장 및 불러오기

미/리/보/기

 완성파일 : 엑셀연습1(완성).xlsx

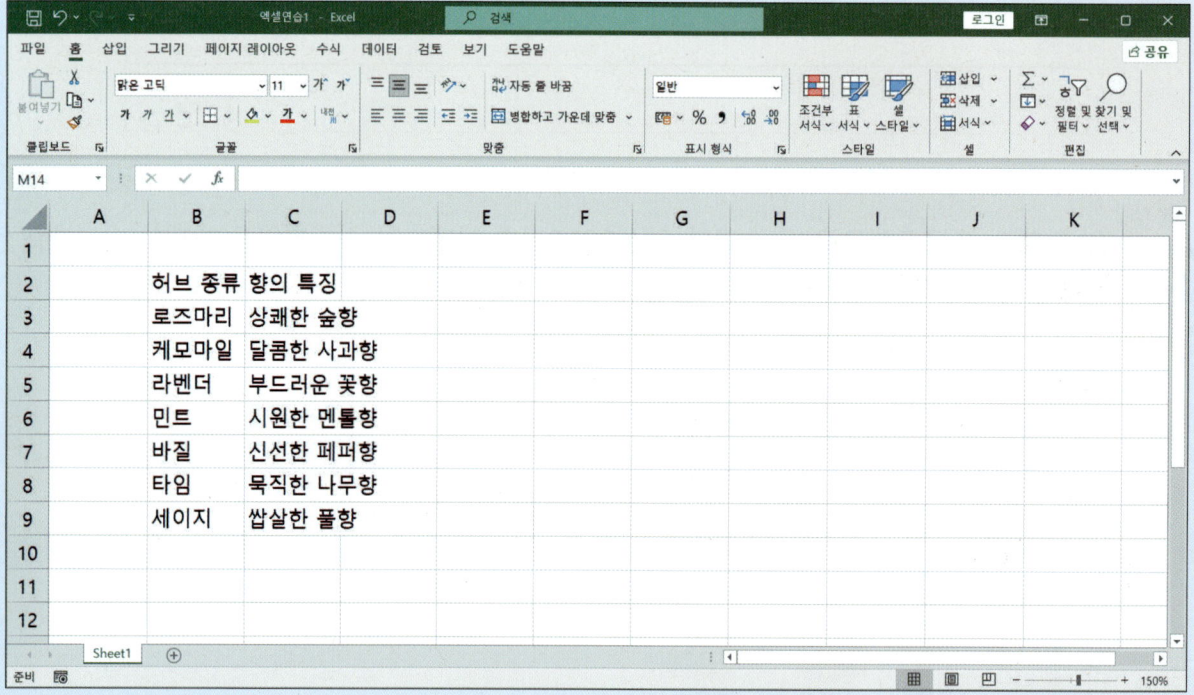

엑셀은 계산 기능, 문서 작성 기능, 데이터 관리 기능, 분석 작업 등 다양한 업무를 할 수 있는 프로그램입니다. 엑셀을 잘 활용하면 다양한 작업을 효율적으로 처리할 수 있습니다. 이번 장에서는 엑셀의 환경, 실행 방법, 입력 방법, 저장 방법 등을 알아보겠습니다.

 바둑판처럼 생긴 엑셀 살펴보기

▶ 엑셀이란?

엑셀은 마이크로소프트사가 개발한 오피스 응용 프로그램 중 하나로 표, 계산, 수식 작성, 데이터 분석 등을 편리하게 할 수 있는 프로그램입니다. 엑셀은 바둑판 모양의 셀(Cell) 형식으로 되어 있으며, '스프레드시트(Spread Sheet)'라고도 불립니다. 스프레드시트는 '넓은 종이'라는 의미로, 엑셀 작업이 넓게 펼쳐진 종이 위에서 데이터를 참조하는 방식으로 진행되기 때문입니다.

▶ 엑셀 2021 화면 구성 알아보기

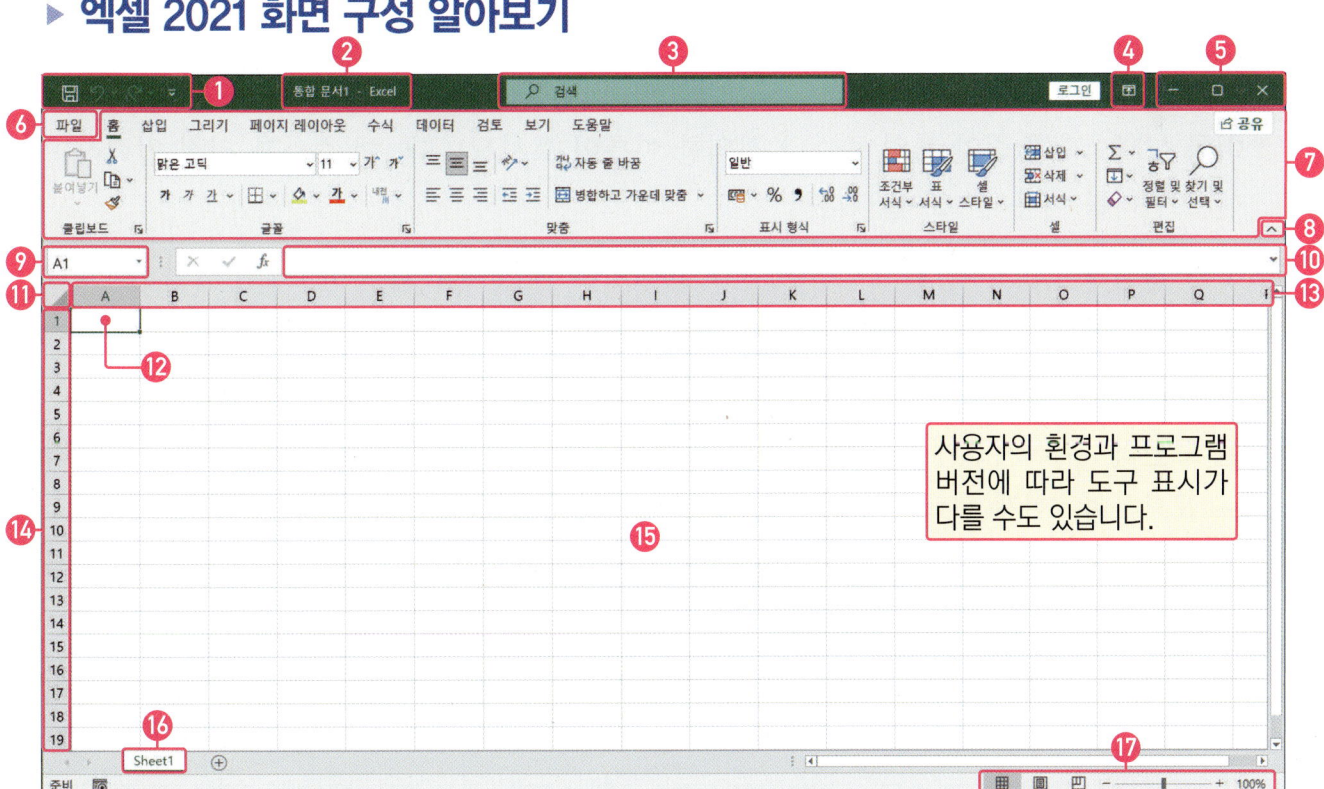

❶ **빠른 실행 도구 모음** : 자주 사용하는 도구를 모아놓은 곳으로, 저장과 실행 취소, 다시 실행이 포함되어 있으며 사용자가 원하는 기능으로 도구 모음을 구성할 수도 있습니다.

❷ **제목 표시줄** : 현재 작업 중인 문서의 제목을 표시합니다. 파일명을 입력하여 저장하지 않으면 '통합 문서1'로 표시됩니다.

❸ **검색 창** : 필요한 기능이나 메뉴를 간편하게 찾을 수 있습니다.

❹ **리본 메뉴 표시 옵션** : 리본 자동 숨기기, 탭 표시, 탭 및 명령 표시가 있어 작은 화면의 사용자에게 유용하게 사용할 수 있습니다.

❺ **창 조절 옵션** : 창을 최소화, 최대화/이전 크기로 복원, 닫기를 할 수 있습니다.

❻ **[파일] 탭** : 파일 열기, 저장, 인쇄, 옵션 등의 파일을 관리할 수 있는 기능들입니다.

❼ **리본 메뉴**
- **탭** : 유사한 기능의 도구들을 그룹으로 묶어 탭 안에 표시합니다.
- **그룹** : 서로 관련 있는 기능들을 그룹으로 묶어 표시합니다.

❽ **리본 메뉴 축소** : 클릭하면 리본 메뉴가 숨겨집니다. 임의의 메뉴 탭을 클릭하면 다시 리본 메뉴가 고정되어 나타납니다.

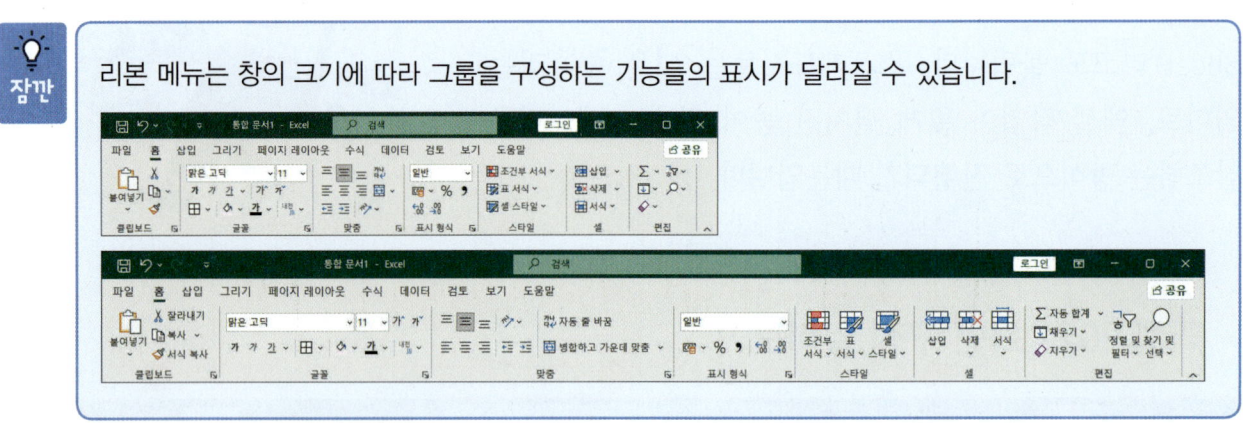

리본 메뉴는 창의 크기에 따라 그룹을 구성하는 기능들의 표시가 달라질 수 있습니다.

❾ **이름 상자** : 작업 중인 셀의 주소나 정의한 이름이 표시됩니다. 셀 주소를 직접 입력하여 셀 포인터를 이동하기도 합니다.

❿ **수식 입력줄** : 현재 셀에 입력한 내용을 표시하고 데이터를 입력하거나 수정할 수 있습니다.

⓫ **모두 선택** : 이곳을 클릭하면 워크시트 내의 모든 셀들이 선택됩니다.

⓬ **셀 포인터** : 워크시트에서 작업의 중심이 되는 활성화된 셀(Active Cell)을 굵은 테두리로 표시하며, '현재 선택되어 있다'는 것을 의미합니다.

⓭ **열 머리글** : 워크시트의 열을 구분하기 위해 알파벳으로 A~XFD까지 모두 16,384개의 알파벳으로 구성되어 있습니다.

⓮ **행 머리글** : 워크시트의 행을 구분하기 위해 숫자로 1~1,048,576까지의 숫자로 구성되어 있습니다.

⓯ **워크시트** : 데이터의 입력과 편집, 서식 지정 등 문서를 작성하는 공간으로 셀들로 구성되어 있습니다.

⓰ **시트 탭** : 워크시트 이름이 표시되는 곳으로 시트를 추가하거나 이동 또는 삭제할 수 있습니다.

⓱ **상태 표시줄** : 현재 엑셀 프로그램의 상태가 표시되는 곳으로 데이터의 셀 범위를 지정하면 평균, 개수, 합계 등이 나타납니다. 화면 보기를 변경하거나 확대/축소 슬라이더를 이용해 화면의 크기를 설정할 수 있습니다.

▶ 셀, 워크시트, 통합 문서 이해하기

1 엑셀의 기본 요소 '셀(Cell)'

셀(Cell)은 워크시트를 구성하는 기본 요소로, 칸칸이 이루어져 있으며 각 칸은 고유한 주소를 가지고 있습니다. 마우스 포인터나 방향키를 이용해 셀을 선택하여 활성화(Active)시키고 데이터를 입력할 수 있습니다.

> **잠깐** 셀 주소
> 열(알파벳)과 행(숫자)의 머리글 조합으로 셀 주소가 지정됩니다.
>
>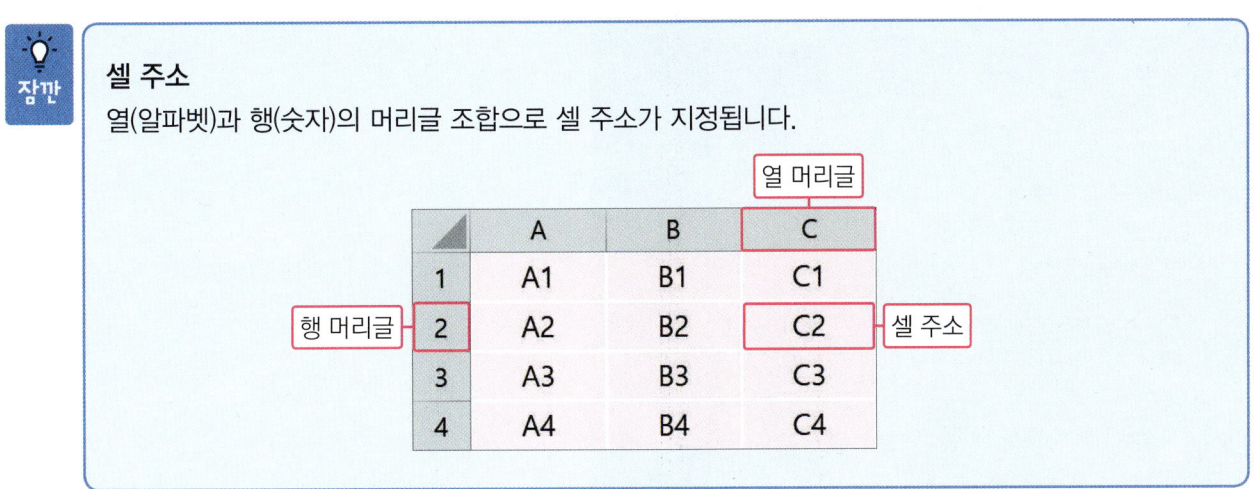

2 실제 작업 공간인 '워크시트(Worksheet)'

엑셀을 실행하면 많은 셀들로 이루어진 'Sheet1'이라는 이름의 워크시트가 생성되며, ⊕ 모양의 버튼을 클릭하면 'Sheet2', 'Sheet3'과 같은 형식의 이름으로 시트를 추가할 수 있습니다.

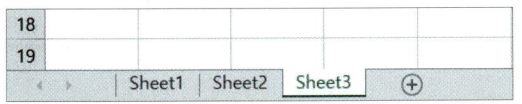

3 통합 문서

여러 개의 워크시트가 모여 하나의 파일 이름을 가진 통합 문서가 만들어집니다.

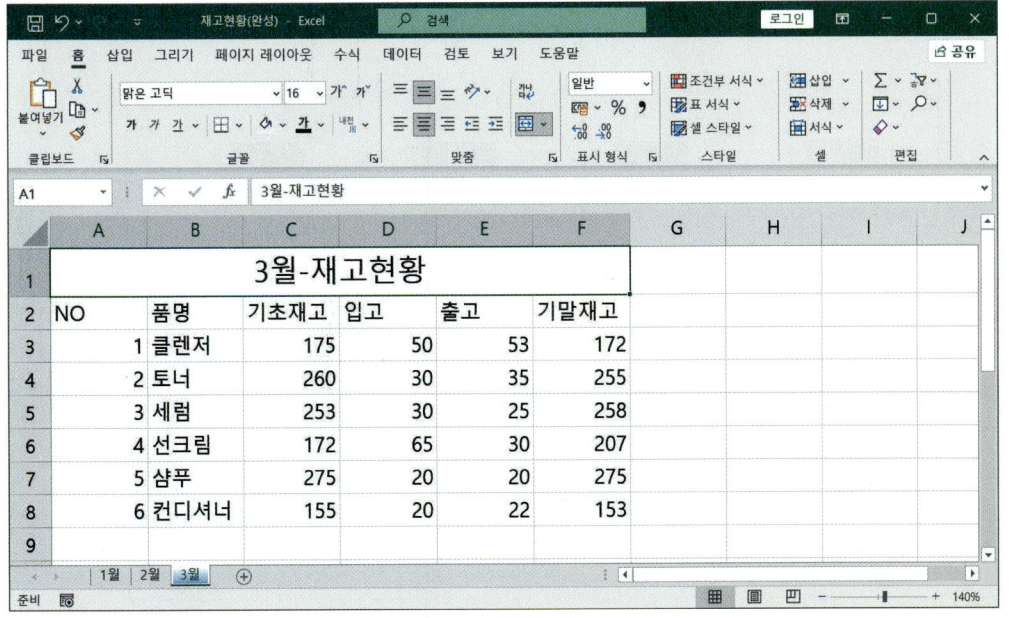

 엑셀과의 첫 만남

▶ 엑셀 2021 실행과 종료하기

01 [시작(■)]-[Excel]을 클릭합니다.

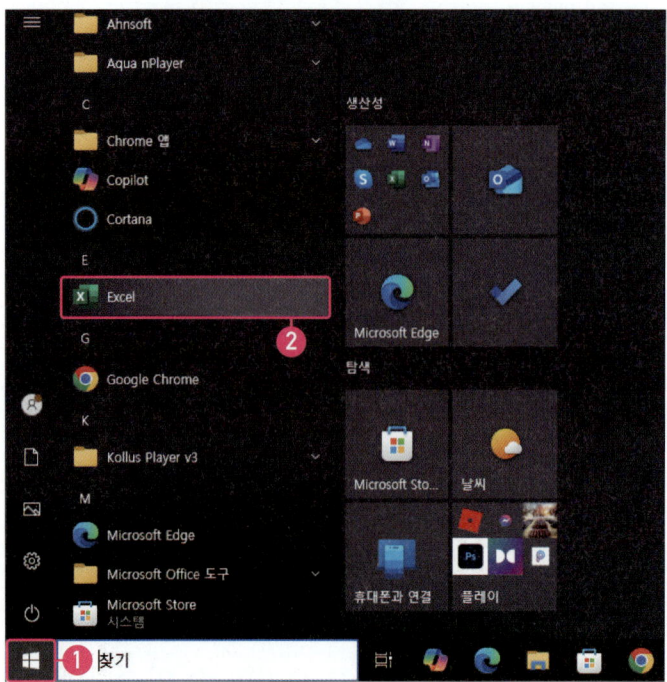

> 잠깐 Excel 2021 버전부터 숫자로 된 버전 표시는 나타나지 않습니다.

02 엑셀 프로그램이 실행되면 다음과 같은 첫 화면에서 [새 통합 문서]를 클릭합니다.

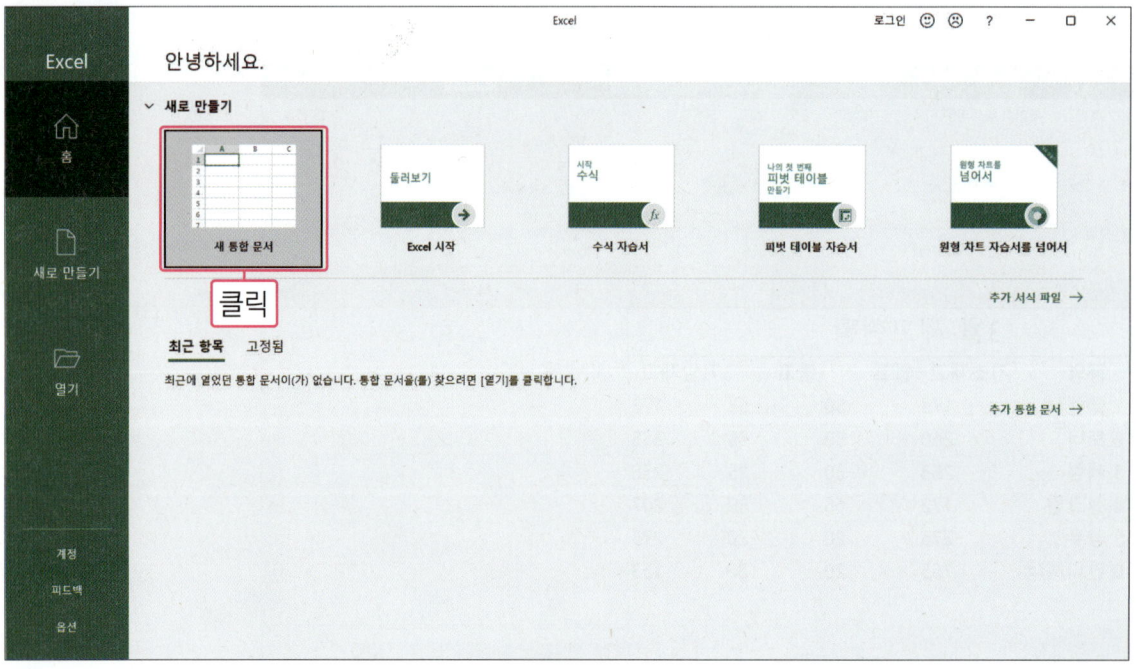

03 새 통합 문서가 열립니다. 현재 통합 문서를 닫기 위해 [파일] 탭을 클릭합니다.

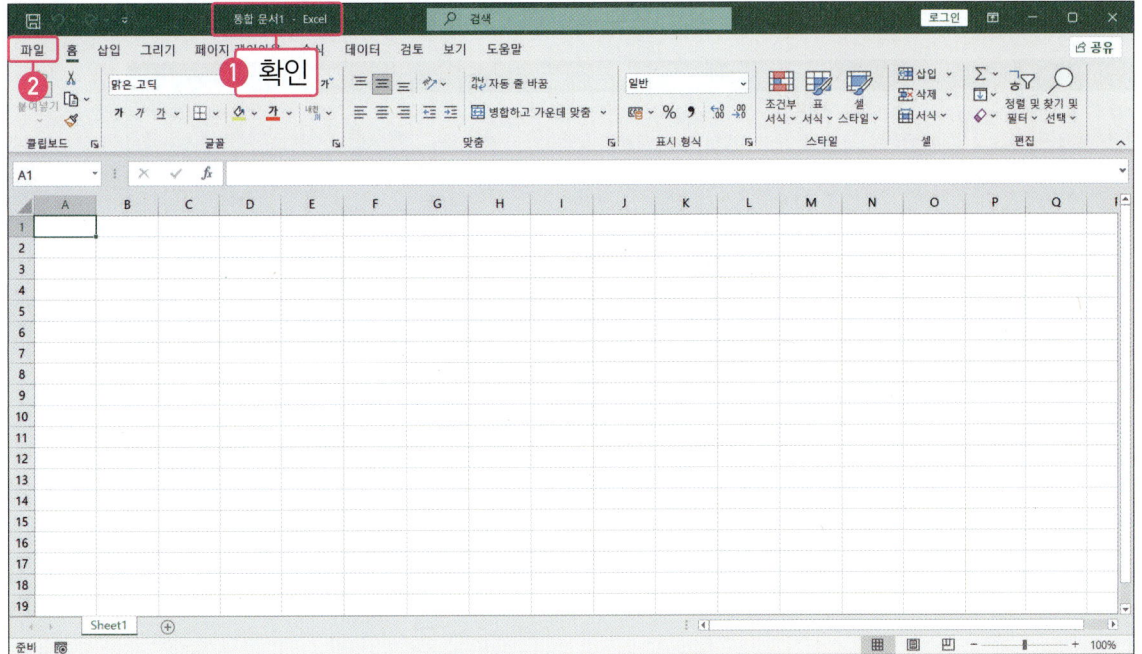

04 화면이 바뀌면 [닫기] 탭을 클릭합니다.

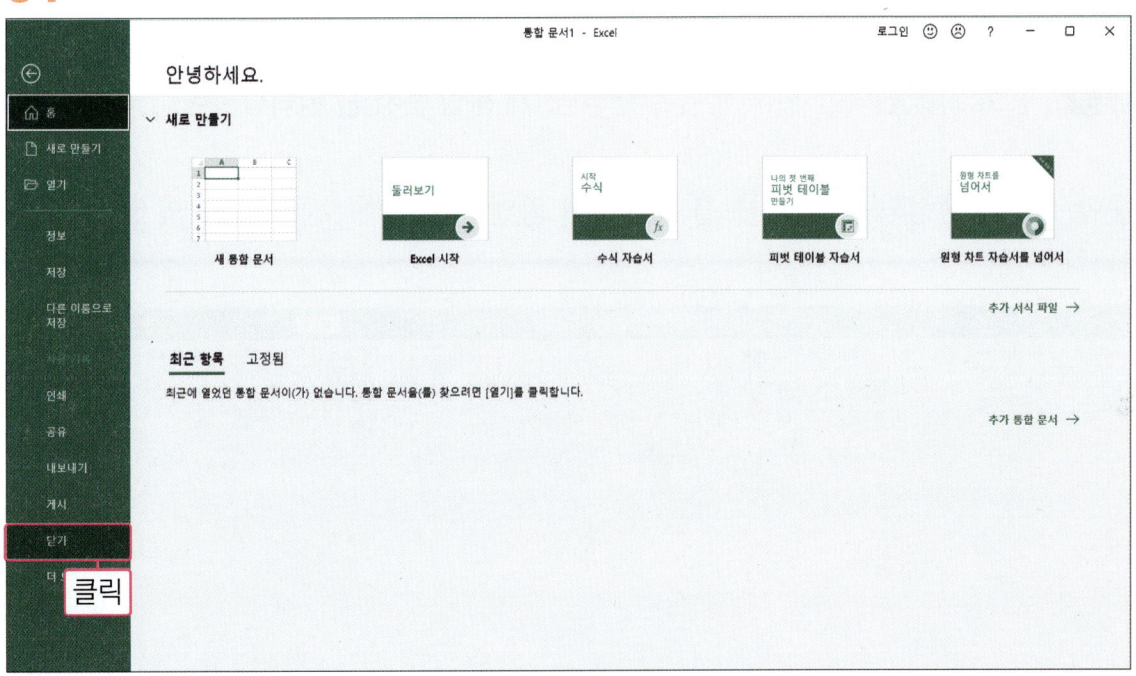

 화면 왼쪽 위의 ⬅를 클릭하면 리본 메뉴가 있는 이전 상태로 되돌아갑니다. 즉 **03**의 화면이 표시됩니다.

05 [닫기]를 통해 '통합 문서1'은 닫혔지만 엑셀 프로그램은 아직 실행 중인 것을 확인할 수 있습니다. 엑셀 프로그램을 종료하려면 오른쪽 상단의 ❌(닫기)를 클릭합니다.

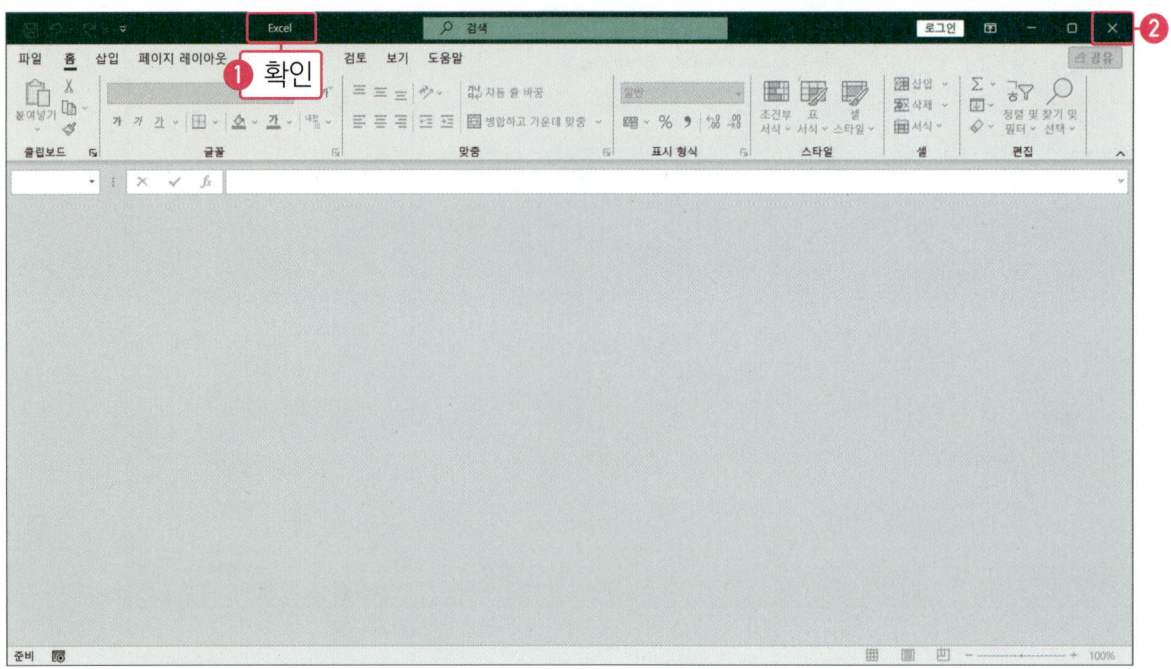

▶ 통합 문서 화면 확대하기

01 [시작(⊞)]-[Excel]을 선택한 후 엑셀이 실행되면 [새 통합 문서]를 클릭합니다.

02 새 통합 문서가 생성되면 워크시트를 확대하여 작업하기 위해 오른쪽 하단의 100%를 클릭합니다.

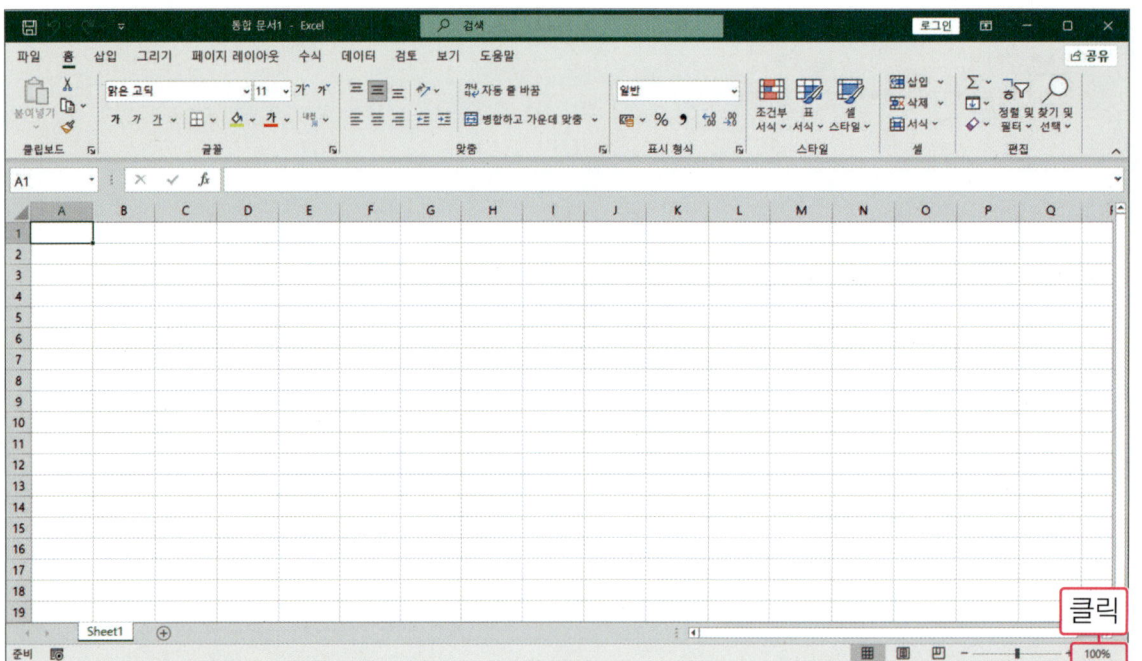

03 [확대/축소] 대화상자가 나타나면 [사용자 지정]에 '150'을 입력하고 [확인] 버튼을 클릭합니다.

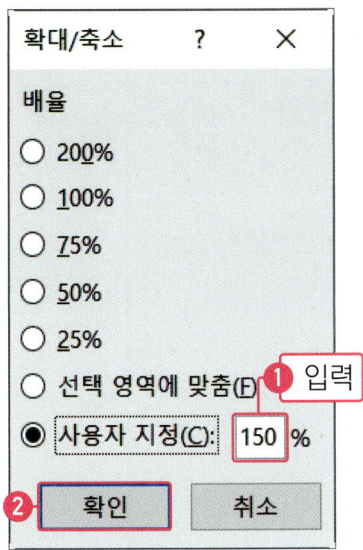

04 워크시트의 셀이 확대되어 크게 보이는 것을 확인할 수 있습니다.

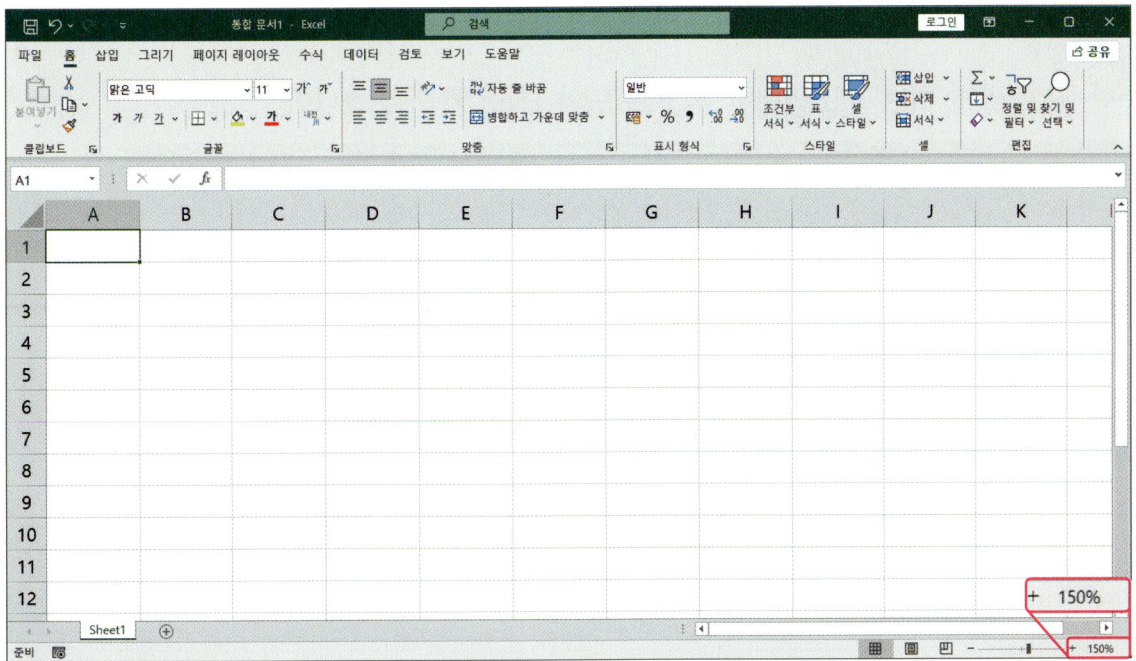

 기본적으로 첫 번째 열, 첫 번째 행인 [A1] 셀이 선택되어 있습니다. 초록색의 굵은 테두리는 셀이 활성화된 셀(Active Cell)로 선택되어 있다는 표시입니다.

▶ 데이터 입력하기

01 [A1] 셀이 선택되어 있습니다. 키보드의 →, ↓ 방향키를 누릅니다.

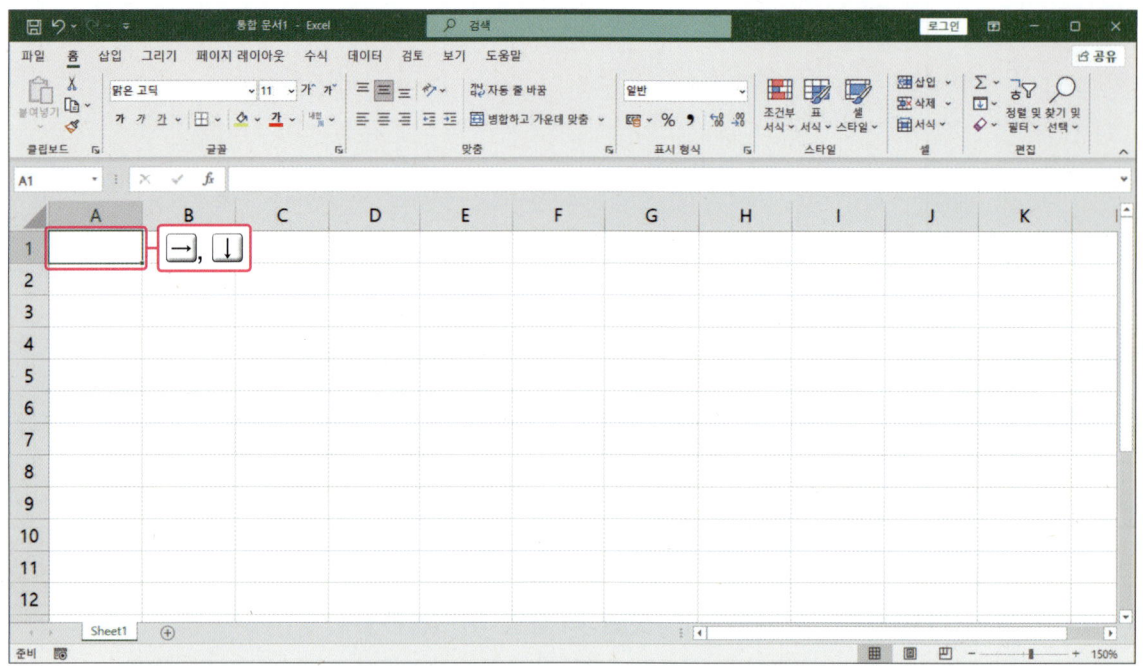

02 이동한 [B2] 셀에 '허브'라고 입력한 후 키보드의 Enter 키를 누릅니다.

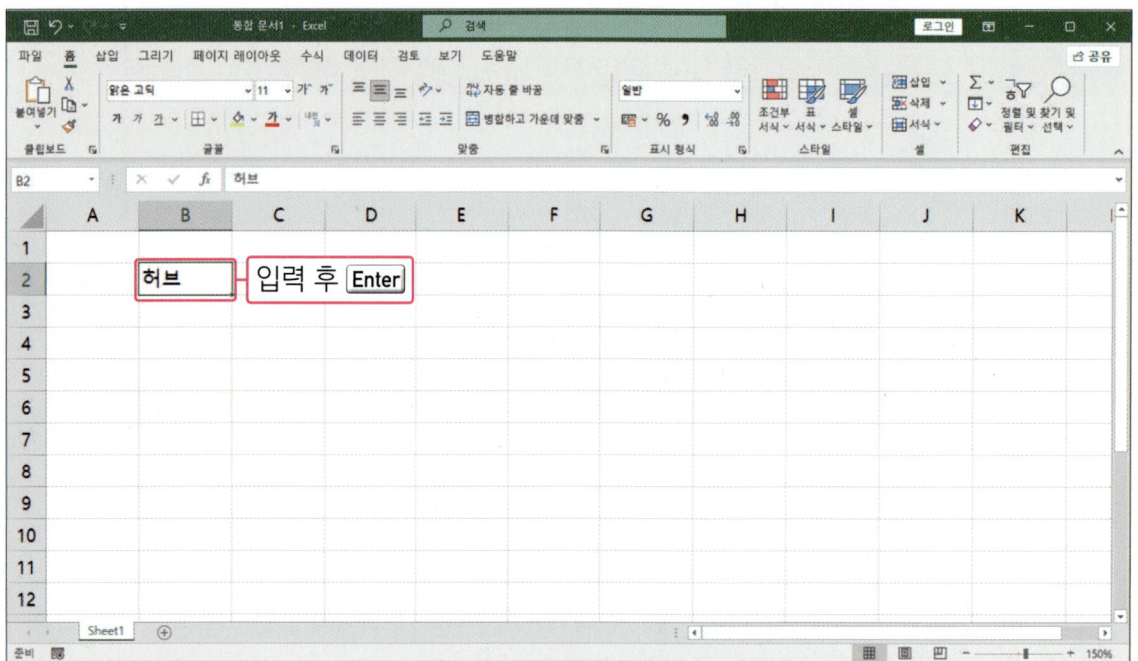

셀 포인터 이동
- 방향키(↑, ↓, ←, →)를 이용하여 상, 하, 좌, 우로 이동할 수 있습니다.
- 셀에 데이터를 입력한 후 Enter 키를 누르면 기본적으로 아래로 이동합니다. 오른쪽으로 이동하려면 Tab 키를 누릅니다. 반대 방향으로 이동하려면 Shift + Tab 키를 누릅니다.

03 Enter 키를 눌러 [B4] 셀로 이동한 후 '**로즈마리**'라고 **입력**하고 Enter 키를 누릅니다.

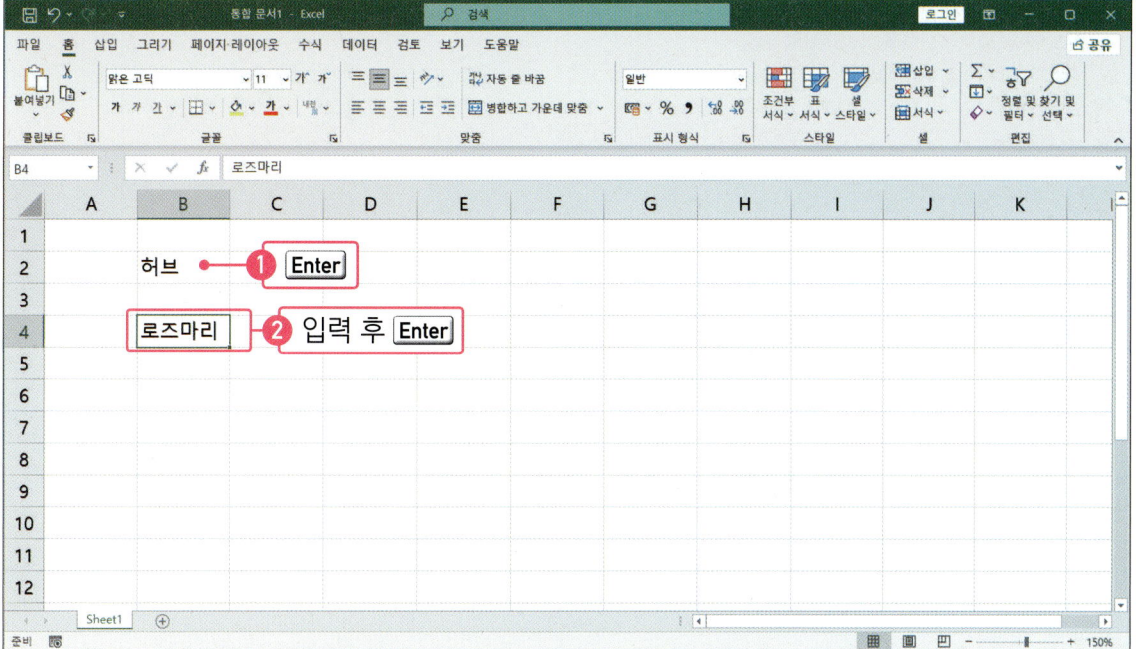

04 그림처럼 텍스트를 입력한 후 Enter 키를 누르며 데이터를 입력합니다.

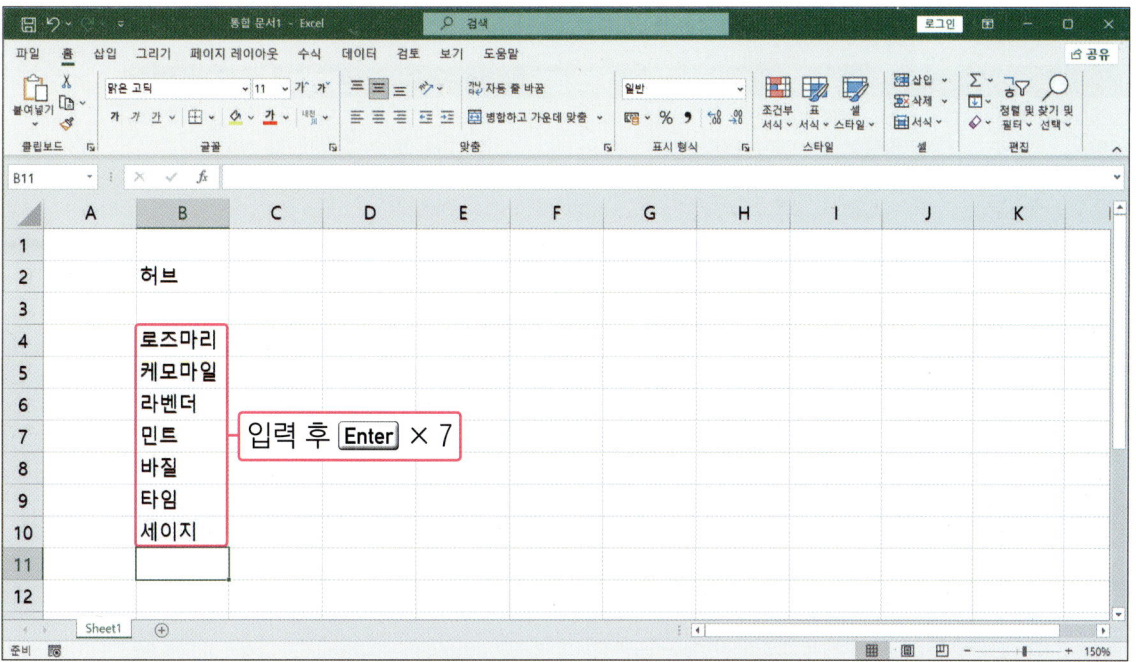

05 C열의 2행을 클릭하여 [C2] 셀을 선택합니다.

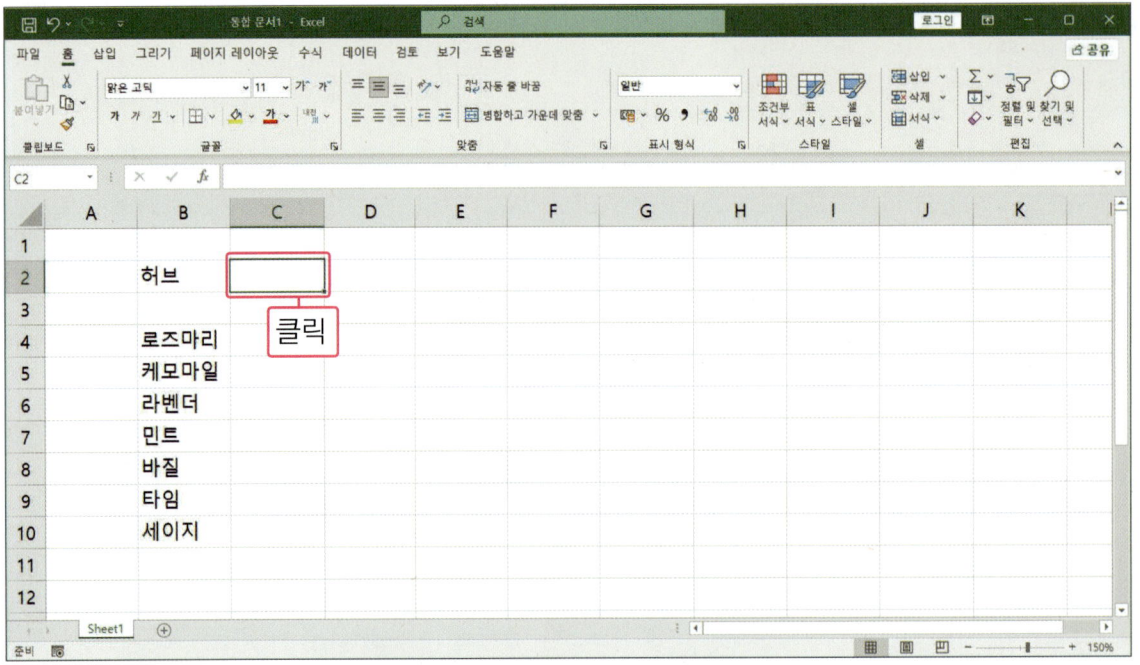

06 '향의 특징'을 입력하고 Enter 키를 누릅니다. 다시 Enter 키를 눌러 줄을 변경한 후 **텍스트를 입력**하고 Enter 키를 누르며 그림과 같이 입력합니다.

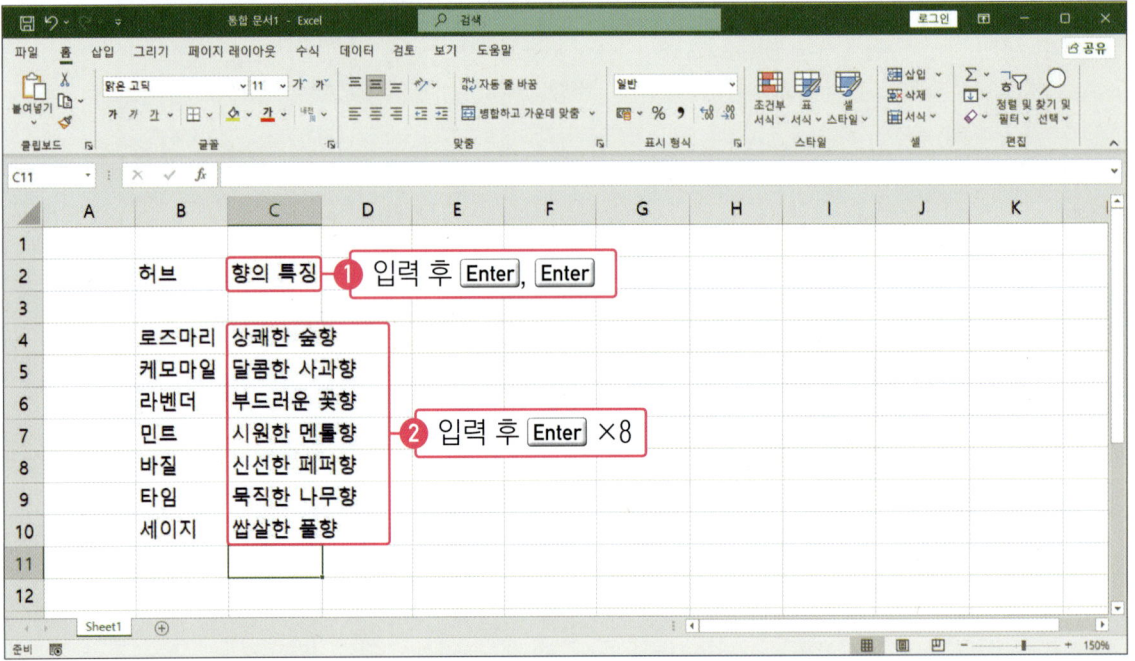

▶ 데이터 이동하기

01 [B4] 셀에서부터 [C10] 셀까지 드래그하여 선택합니다.

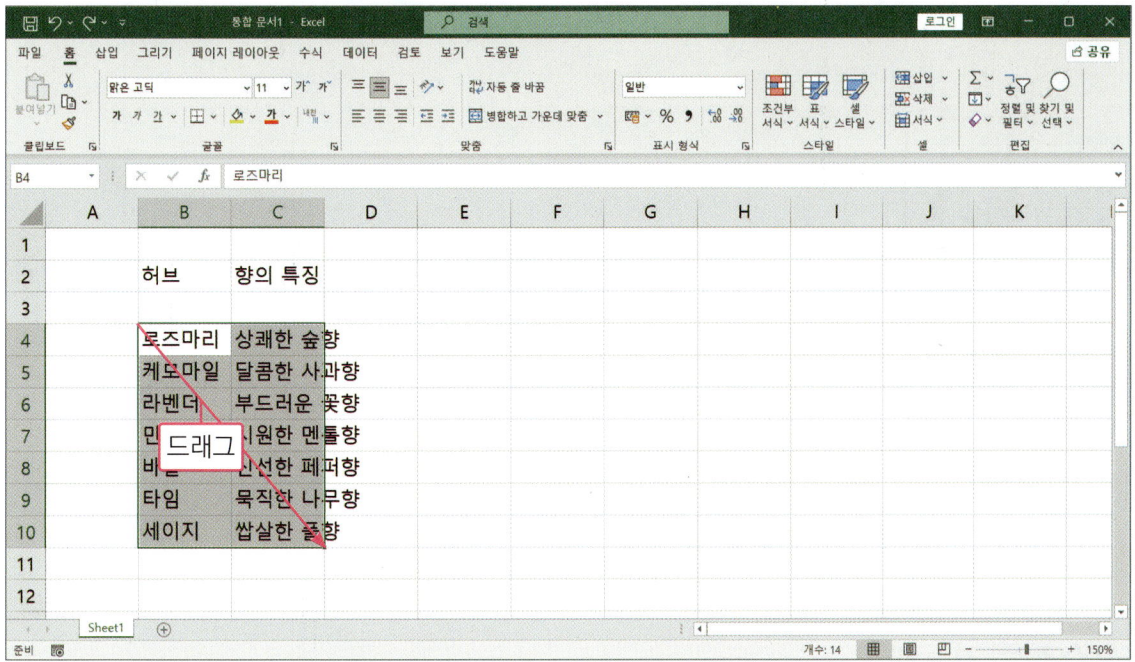

02 선택한 **초록색 테두리로 마우스 포인터를 이동**하여 마우스 포인터의 모습이 로 변경되면 한 줄 위로 드래그합니다.

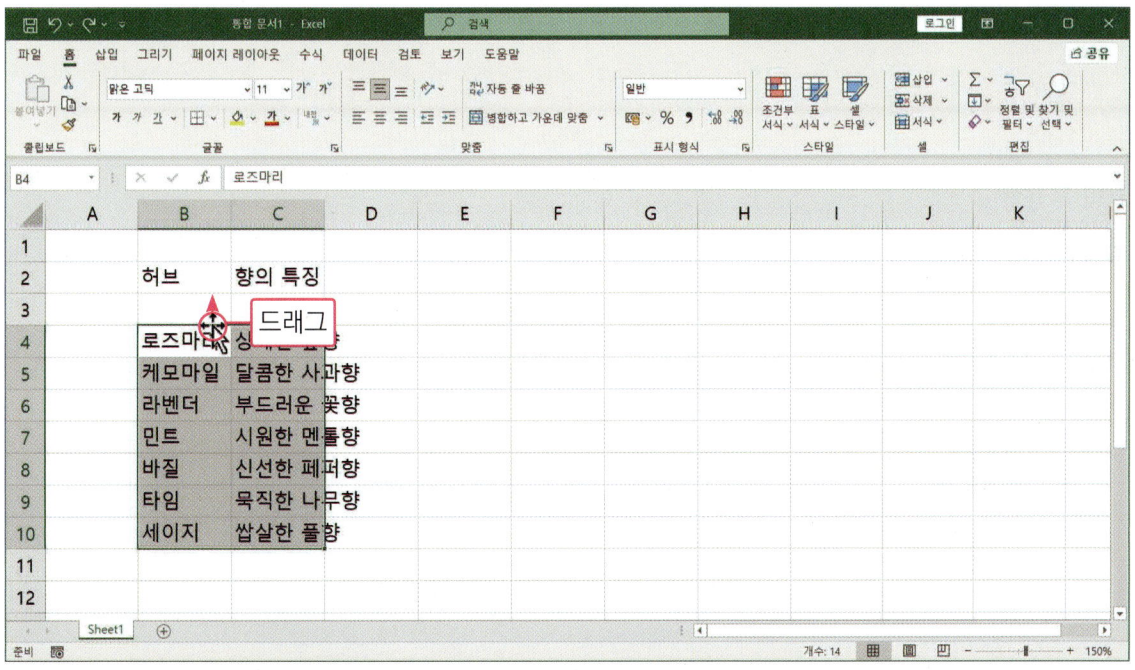

> **워크시트에서 사용하는 3가지 마우스 포인터**
> - : 셀을 클릭하거나 드래그하여 '**영역을 선택**'할 때 사용합니다.
> - : 선택한 셀의 초록 테두리를 드래그하여 '**셀의 내용을 이동**'할 수 있습니다.
> - : 선택한 셀의 오른쪽 하단 (채우기 핸들)을 드래그하여 '**셀의 내용을 복제**'할 때 사용합니다.

03 선택한 셀이 한 줄 위로 이동한 것을 확인할 수 있습니다.

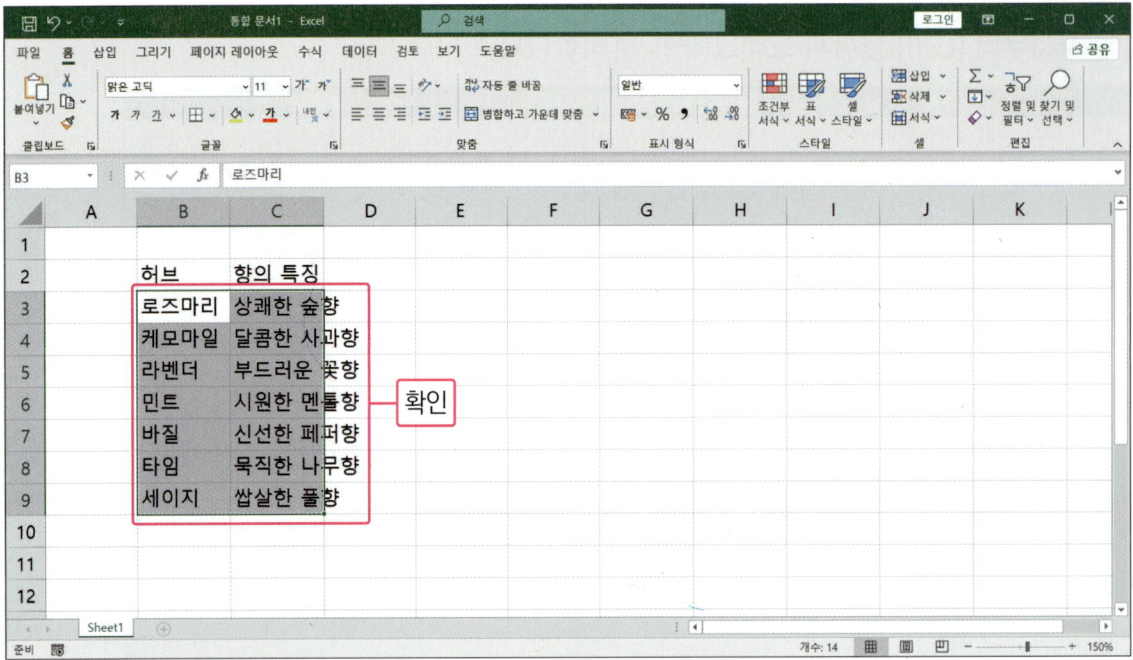

▶ 데이터 수정하기

01 수정할 [B2] 셀을 **클릭**하여 선택한 후 F2 키를 눌러 마우스 포인터(✛)를 텍스트 입력 커서(|)의 상태로 변경합니다.

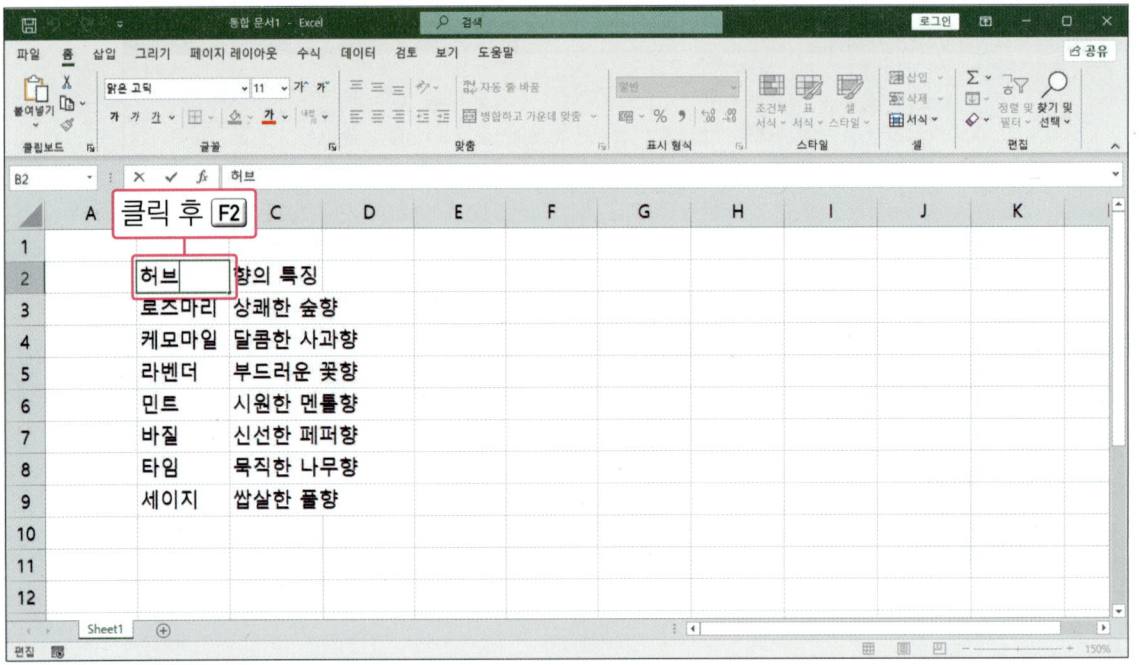

 수정할 셀을 더블 클릭하면 수정할 수 있습니다.

02 Space Bar 키를 눌러 한 칸 띄고 '**종류**'라고 입력하고 Enter 키를 누릅니다.

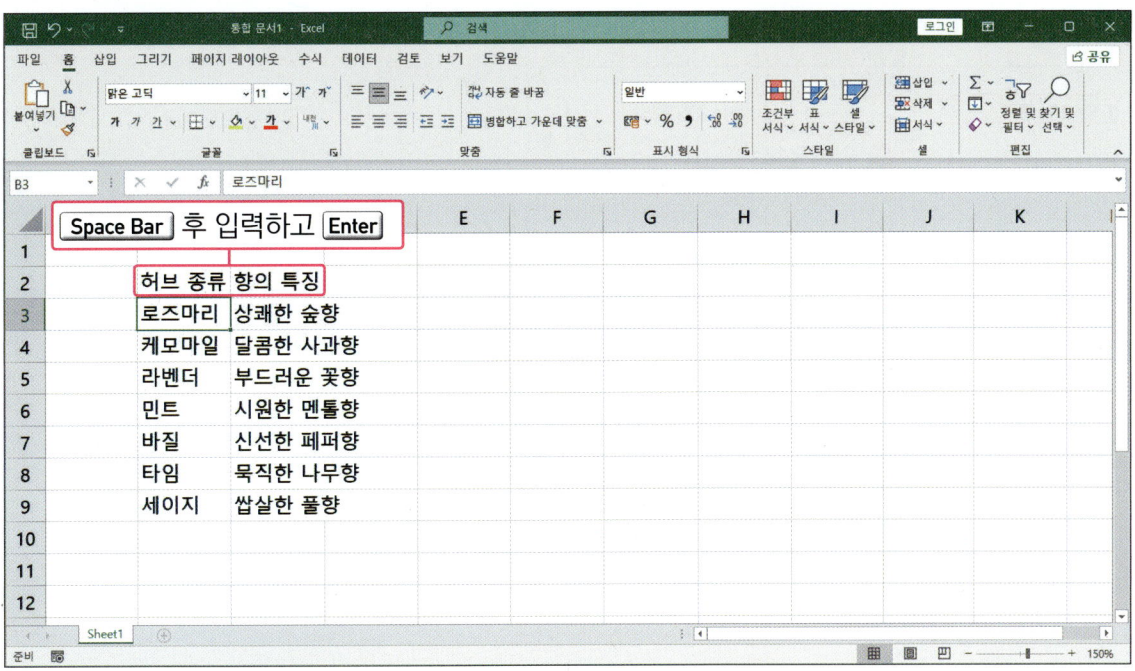

▶ 통합 문서 저장하기

01 [**파일**] 탭을 클릭합니다. 화면이 변경되면 [**다른 이름으로 저장**]을 선택한 후 [**찾아보기**]를 클릭합니다.

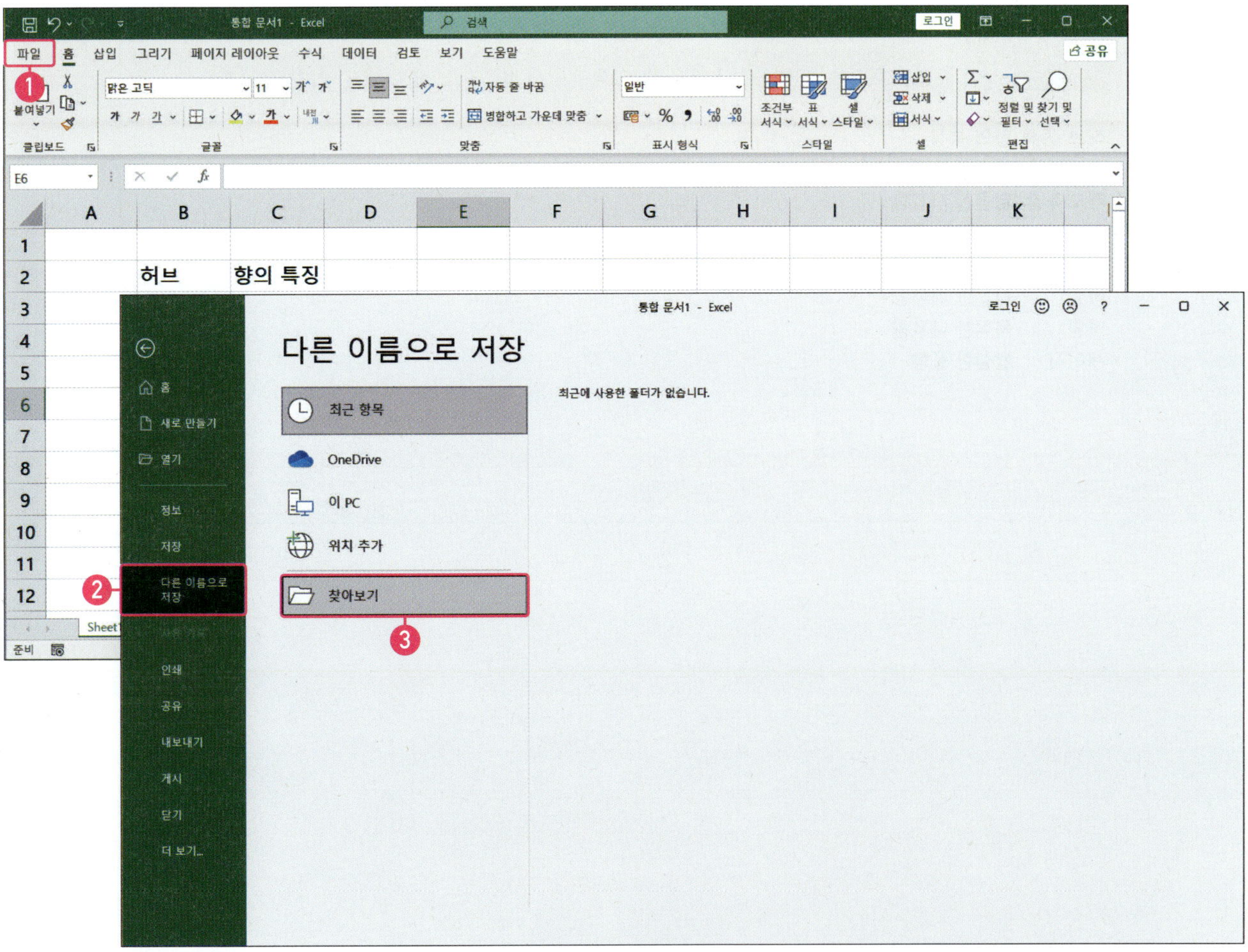

02 [다른 이름으로 저장] 대화상자가 나타나면 저장할 **위치를 지정**([문서]-[사용자 이름] 폴더)합니다. **파일 이름을 '엑셀연습1'로 입력**한 후 [저장] 버튼을 클릭합니다.

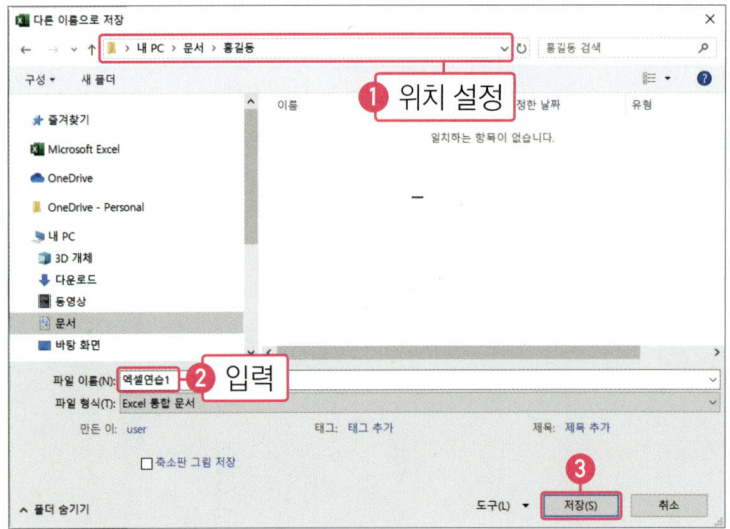

03 제목 표시줄의 이름이 저장한 파일명인 '엑셀연습1'로 바뀐 것을 확인할 수 있습니다. ❌ (닫기)를 클릭하여 프로그램을 종료합니다.

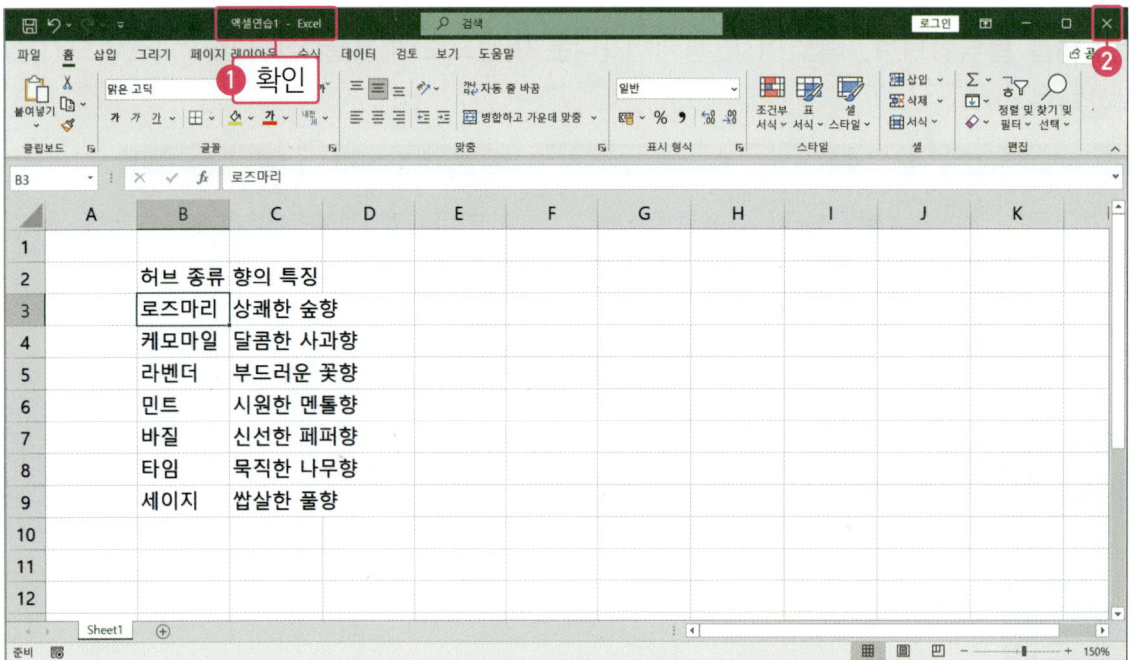

▶ 저장한 통합 문서 불러오기

01 [시작(⊞)]-[Excel]을 선택한 후 엑셀이 실행되면 [열기]를 클릭하고 오른쪽 목록에서 '엑셀연습1.xlsx' 파일을 선택합니다.

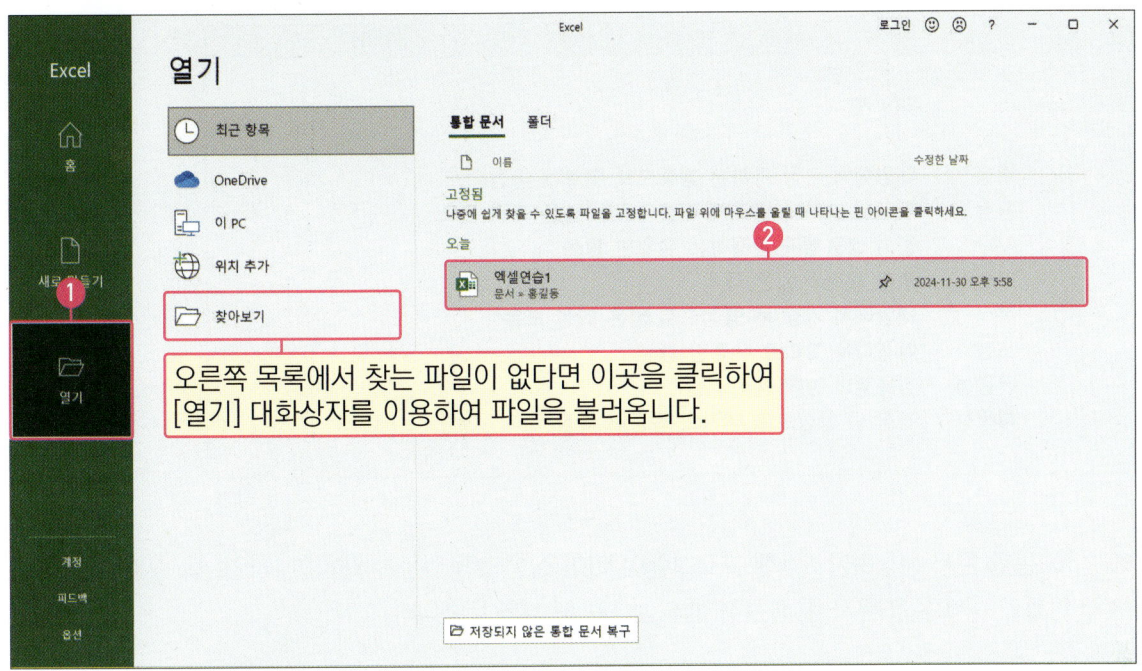

02 '통합 문서 저장하기'에서 작업한 내용 그대로 파일이 열린 것을 확인할 수 있습니다.

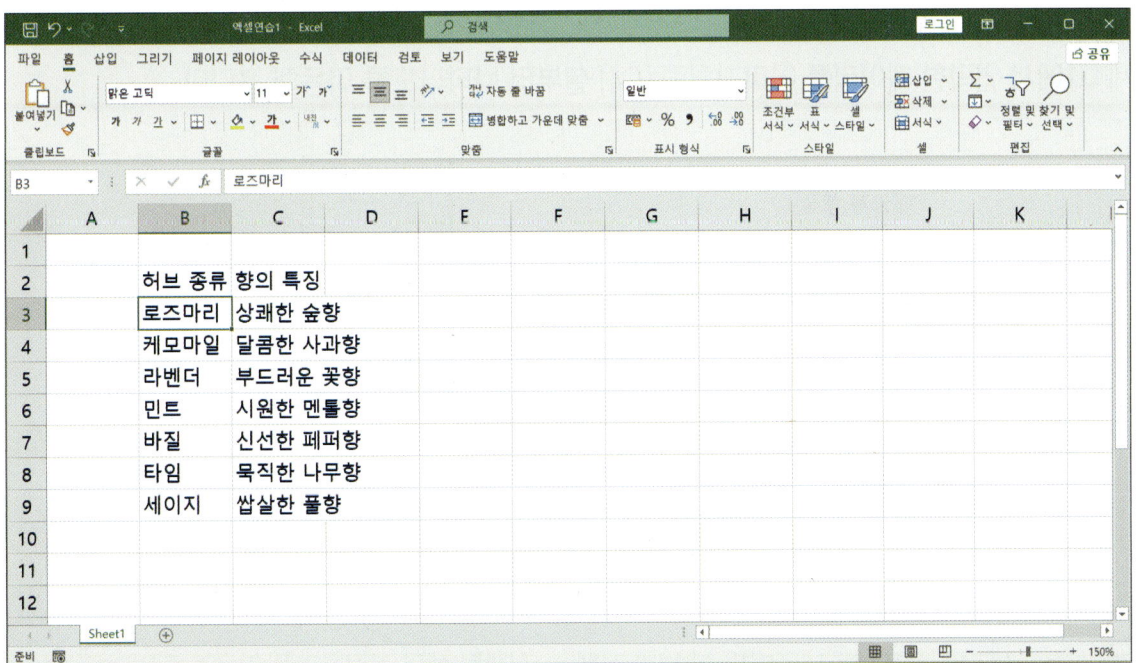

응용력 키우기

01 새 통합 문서를 생성한 후 다음과 같이 입력해 봅니다.

	A	B	C	D	E	F	G	H	I
1									
2			태양계						
3									
4		수성	태양에서 가장 가까운 행성으로 빠르게 공전						
5		금성	지구의 크기와 밀도가 비슷하지만 높은 표면 온도						
6		지구	물과 생명체가 존재하는 유일한 행성						
7		화성	붉은 표면과 얇은 대기						
8		목성	태양에서 가장 큰 행성으로 많은 위성 보유						
9		토성	아름다운 고리로 유명한 행성						
10		천왕성	청록색의 빙하 행성						
11		해왕성	가장 먼 행성으로 대기의 폭풍이 특징						
12									

새 통합 문서 생성하기 : 엑셀 프로그램이 이미 실행되어 있는 상태라면 [파일] 탭–[새로 만들기]–[새 통합 문서]를 클릭하거나 Ctrl + N 키를 누릅니다.

02 [C2] 셀의 텍스트를 문제 **03** 이미지처럼 수정해 봅니다.

03 문제 **01**에서 입력한 데이터를 이미지처럼 [C4] 셀부터 나타나도록 이동해 봅니다.

	A	B	C	D	E	F	G	H	I
1									
2			태양계 행성						
3									
4			수성	태양에서 가장 가까운 행성으로 빠르게 공전					
5			금성	지구의 크기와 밀도가 비슷하지만 높은 표면 온도					
6			지구	물과 생명체가 존재하는 유일한 행성					
7			화성	붉은 표면과 얇은 대기					
8			목성	태양에서 가장 큰 행성으로 많은 위성 보유					
9			토성	아름다운 고리로 유명한 행성					
10			천왕성	청록색의 빙하 행성					
11			해왕성	가장 먼 행성으로 대기의 폭풍이 특징					
12									

[B4] 셀부터 [C11] 셀까지(B2:C11) 셀 범위 선택 → 선택된 셀의 가장자리로 마우스 포인터 이동 → 마우스 포인터가 로 변경되면 [C4] 셀 방향으로 드래그

04 문제 **03**에서 작성한 데이터를 '행성.xlsx'로 저장해 봅니다.

05 새 통합 문서를 생성한 후 다음과 같이 입력해 봅니다.

	A	B	C	D	E	F	G	H	I
1									
2		아름다운 도시 숲							
3									
4		도시숲명		소재지					
5		남산공원		서울 용산구					
6		푸른수목원		서울 구로구					
7		한밭수목원		대전 서구					
8		두류공원		대구 달서구					
9		바람길다님숲		울산 중구					
10		부산시민공원		부산 진구					
11									
12									

06 문제 **05**에서 입력한 [D5:D10] 영역의 데이터 내용을 문제 **07** 이미지처럼 수정하여 입력해 봅니다.

07 입력한 데이터를 이미지처럼 [B6] 셀부터 나타나도록 이동해 봅니다.

	A	B	C	D	E	F	G	H	I
1									
2		아름다운 도시 숲							
3									
4		도시숲명		소재지					
5									
6		남산공원		서울특별시 용산구					
7		푸른수목원		서울특별시 구로구					
8		한밭수목원		대전광역시 서구					
9		두류공원		대구광역시 달서구					
10		바람길다님숲		울산광역시 중구					
11		부산시민공원		부산광역시 부산진구					
12									

08 문제 **07**에서 작성한 데이터를 '도시숲.xlsx'로 저장해 봅니다.

 예약 관리 프로그램 입력하기

- 문자 데이터 입력
- 숫자 데이터 입력
- 날짜 데이터 입력
- 기호 입력
- 시간 데이터 입력
- 한자 입력
- 동일 데이터 입력

미/리/보/기

완성파일 : 예약(완성).xlsx

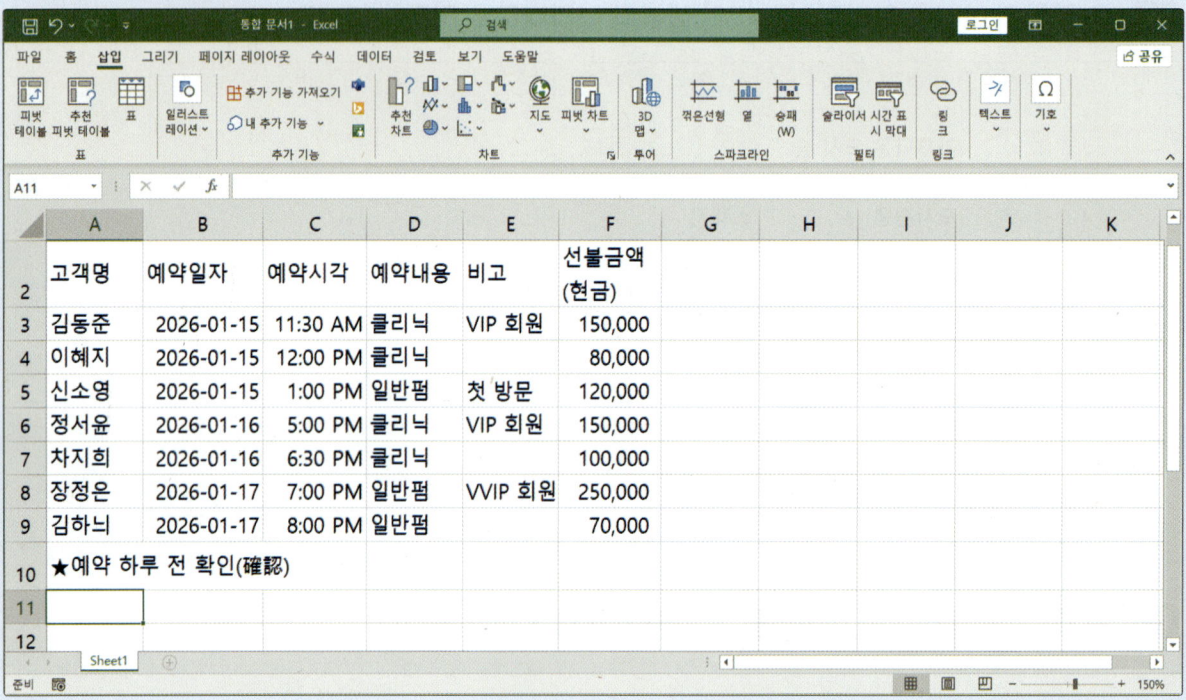

이번 장에서는 예약 관리 프로그램을 입력하면서 문자/숫자 데이터, 날짜/시간 데이터, 기호/한자를 입력하는 방법과 데이터의 특징을 알아보고 데이터를 수정 및 삭제하는 방법 등을 알아보겠습니다.

01 데이터 종류와 특징 알아보기

▶ 데이터의 특징

문자 데이터를 입력하면 셀의 왼쪽에 정렬되고 계산할 수 없는 반면, 숫자 데이터는 셀의 오른쪽으로 정렬되고 계산을 할 수 있습니다. 날짜/시간도 숫자와 같이 셀의 오른쪽으로 정렬되며, 연산 및 대소 비교가 가능합니다. 즉, 왼쪽으로 정렬되는 데이터는 계산이 불가능합니다.

▶ 문자(텍스트) 데이터

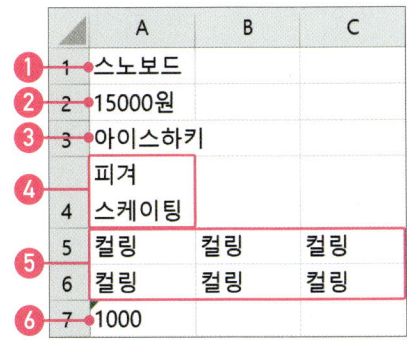

① 한글, 영문, 특수 문자를 입력하면 왼쪽으로 정렬됩니다.

② 문자와 숫자 또는 기호가 혼합된 '혼합 데이터'는 셀의 왼쪽 기준으로 정렬됩니다.

③ 문자 데이터가 셀의 너비보다 긴 경우, 오른쪽 셀이 비어 있으면 글자 모두가 표시되지만, 오른쪽에 데이터가 있을 경우, 셀의 너비만큼만 데이터가 표시되어 마치 글자 일부가 잘려 나간 것처럼 보입니다.

④ 한 셀에 여러 줄의 데이터를 입력하려면, 데이터를 입력한 후 [Alt] + [Enter] 키를 눌러 줄을 바꾸고 입력합니다.

⑤ 동일한 데이터를 한 번에 여러 셀에 입력하려면, 셀 범위를 설정한 후 데이터를 입력하고 [Ctrl] + [Enter] 키를 누릅니다.

⑥ 숫자 데이터 앞에 접두어(')를 입력하면 문자 데이터로 변경됩니다. 예 '1000 입력

▶ 수치(숫자) 데이터

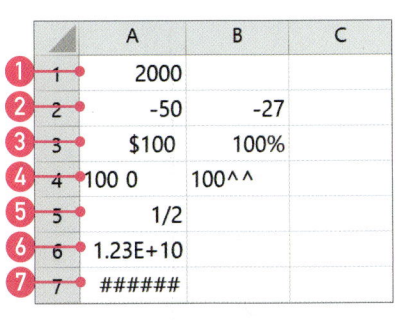

① 숫자를 입력하면 오른쪽으로 정렬됩니다.

② 음수는 ' - ' 기호로 시작하거나 '( )'로 둘러싸서 입력합니다. 예 -50, (27) 입력

③ 숫자와 같이 수치 측정에 사용되는 소수점(.), 천 단위 구분 기호 쉼표(,), 부호(+, -), 통화 스타일(₩, $), 지수(E), 백분율(%) 등은 오른쪽으로 정렬됩니다. 예 $100, 100% 입력

④ 수치 데이터 중간에 공백(빈칸)을 사용하거나 특수 문자를 사용하면 왼쪽으로 정렬되면서 계산을 할 수 없습니다.

⑤ 분수를 입력하려면 숫자와 공백(빈칸)으로 시작해야 합니다.

예 $\frac{1}{2}$을 입력하려면 셀에 '0'을 입력하고 한 칸 띄고 ([Space Bar]) '1/2'을 입력

❻ 긴 숫자 데이터를 입력한 경우 셀 너비보다 길이가 길면 지수 형식으로 짧게 표시됩니다. 셀의 너비를 확대하면 정상적으로 보입니다. 예) 12345678910을 입력, 1.23E+10 표시됨

❼ 긴 수치 데이터가 셀 서식의 표시 형식 기능을 사용한 경우, ####으로 표시되며 셀의 너비를 확대하면 정상적으로 표시됩니다.

▶ 날짜 및 시간 입력

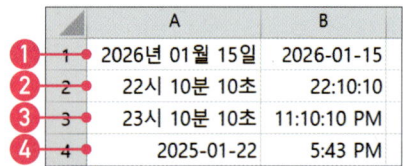

❶ 날짜는 하이픈(-)이나 슬래시(/)를 년, 월, 일의 구분자로 사용하여 입력합니다. 또는 년, 월, 일 숫자 사이에 직접 '년', '월', '일'을 입력해도 됩니다.

❷ 시간은 콜론(:)을 시, 분, 초의 구분자로 사용하여 입력합니다. 또한 시, 분, 초 숫자 사이에 직접 '시', '분', '초'를 입력해도 됩니다.

❸ 시간은 24시간제로 표시되는데 12시간제로 표시할 경우에는 시간 입력 후 공백을 하나 입력하고 'PM(또는 P)'이나 'AM(또는 A)'을 입력합니다.

❹ 셀에 Ctrl + ;(세미콜론) 키를 누르면 오늘 날짜가 입력됩니다. 셀에 Ctrl + Shift + ;(세미콜론) 키를 누르면 현재 시간이 입력됩니다.

▶ 한자

한자 변환은 단어나 한 개의 글자를 입력하고 [검토] 탭-[언어] 그룹-[한글/한자 변환]을 클릭하거나 키보드의 한자 키를 눌러 한자를 선택합니다.

▶ 특수 문자

- 특수 문자는 [삽입] 탭-[기호] 그룹-[기호]를 클릭하여 선택할 수 있습니다.
- 한글 자음(ㄱ, ㄴ, ㄷ,…) 중 하나를 입력하고 한자 키를 누르면 특수 문자 목록이 표시되어 원하는 기호를 선택할 수 있습니다.
  예) ㄷ : 수학식 기호, ㅁ : 일반 특수 문자 기호, ㅈ : 아라비아, 로마자 숫자, ㄹ : 계량 단위(cm, km), ㄴ : 괄호 표시

▲ 자음 입력 후 한자 키(Tab 키를 누르면 목록이 확장됨)

 예약 관리 프로그램 입력하기

▶ **문자 입력하기**

01 [시작(■)]-[Excel]을 선택한 후 엑셀 프로그램이 실행되면 첫 화면에서 [새 통합 문서]를 클릭합니다. 새 통합 문서가 생성되면 기본적으로 [A1] 셀이 선택되어 있습니다. '예약 관리 프로그램'이라고 입력한 후 Enter 키를 누릅니다.

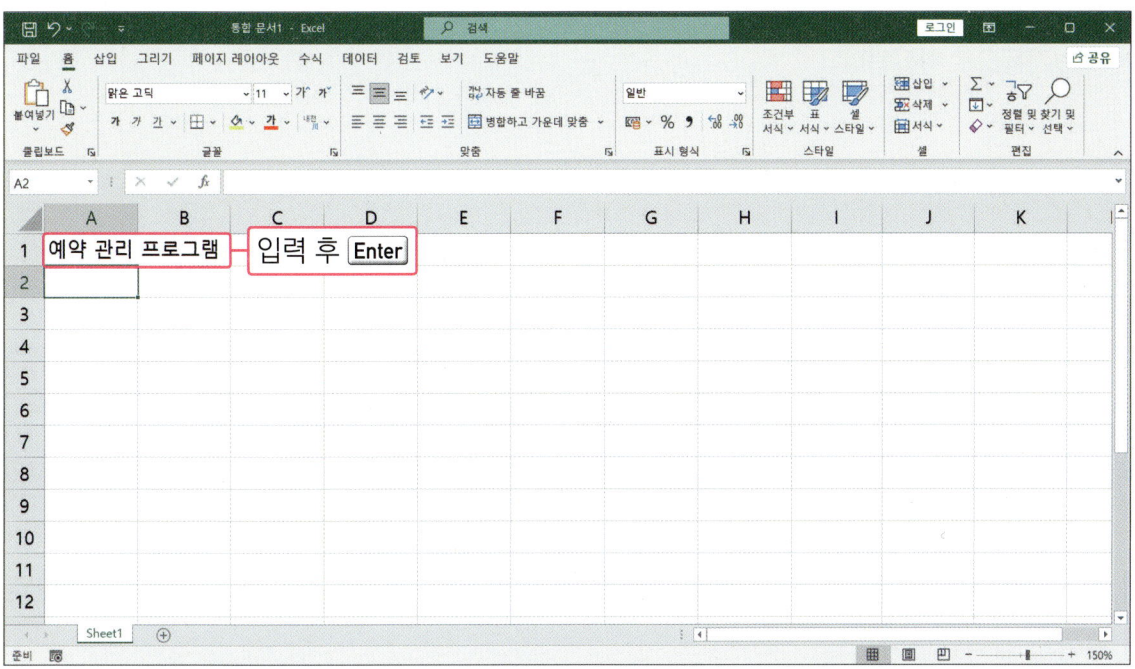

02 [A2] 셀이 선택된 상태에서 '고객명'를 입력한 후 Tab 키를 누릅니다. [B2] 셀이 선택되면 '예약일자'라고 입력하고 Tab 키를 누릅니다. [C2], [D2], [E2] 셀도 같은 방법으로 입력합니다. [F2] 셀이 선택되면 '선불금액'이라고 입력한 후 동일한 셀 안에서 줄을 변경하여 두 줄을 입력하기 위해 Alt + Enter 키를 누릅니다.

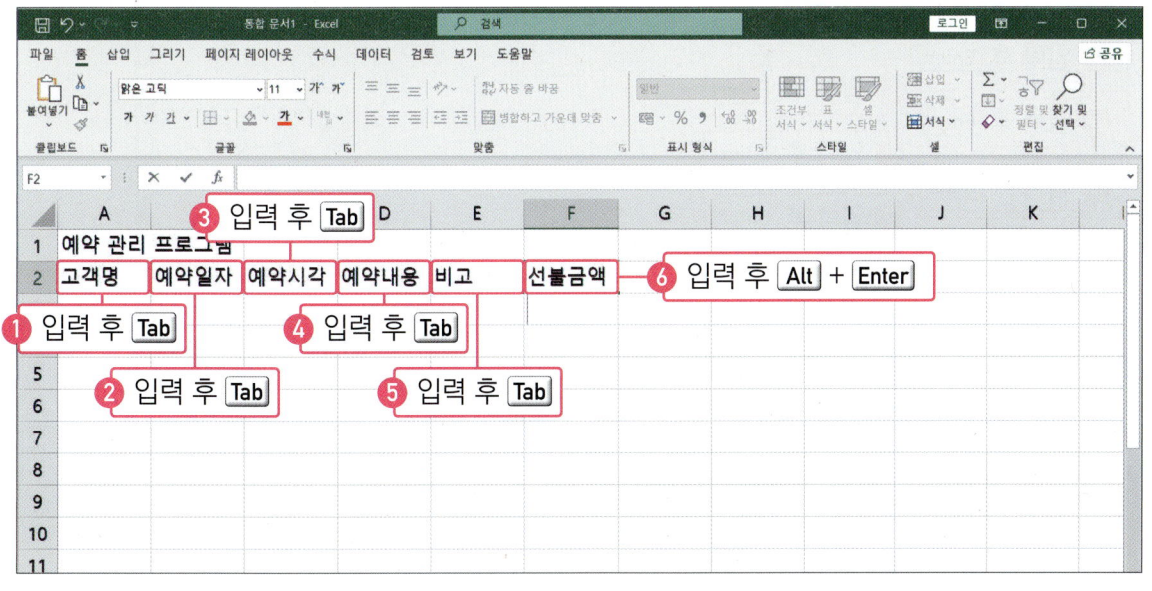

03 커서가 아래로 내려가면 '(현금)'이라고 입력한 후 Enter 키를 누릅니다.

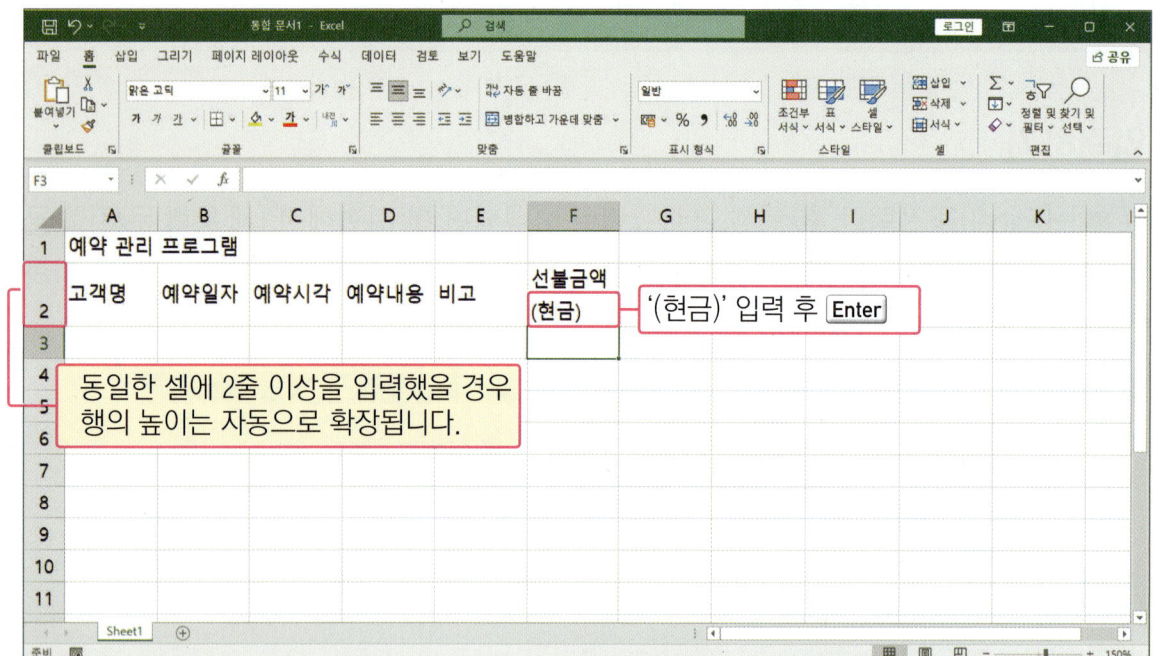

 셀 안에 데이터를 입력한 후 Alt + Enter 키를 누르면 줄이 생성되어 하나의 셀 안에 2줄 이상 입력할 수 있습니다.

04 [A3] 셀을 클릭하여 선택한 후 '김동준'이라 입력하고 Enter 키를 누릅니다. 같은 방법으로 [A9] 셀까지 입력합니다.

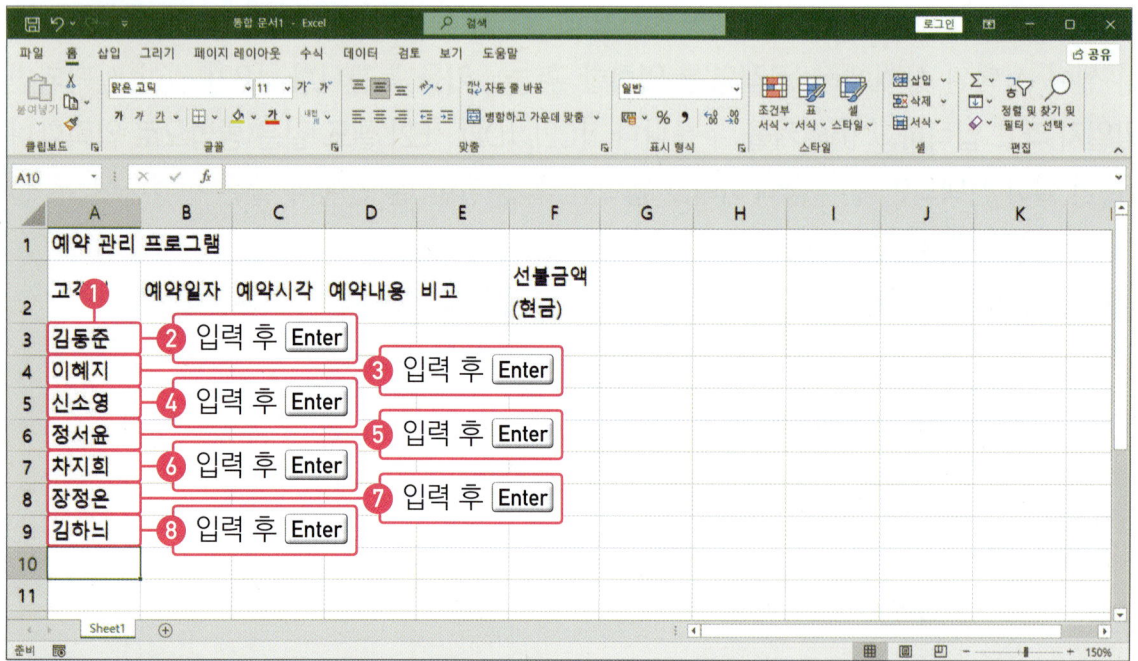

 문자 데이터와 혼합 데이터는 자동으로 왼쪽 정렬됩니다.

▶ 날짜 입력하기

01 [B3] 셀을 클릭하여 선택한 후 '**26-1-15**'를 입력하고 Enter 키를 누릅니다. '2026-01-15'로 입력됩니다.

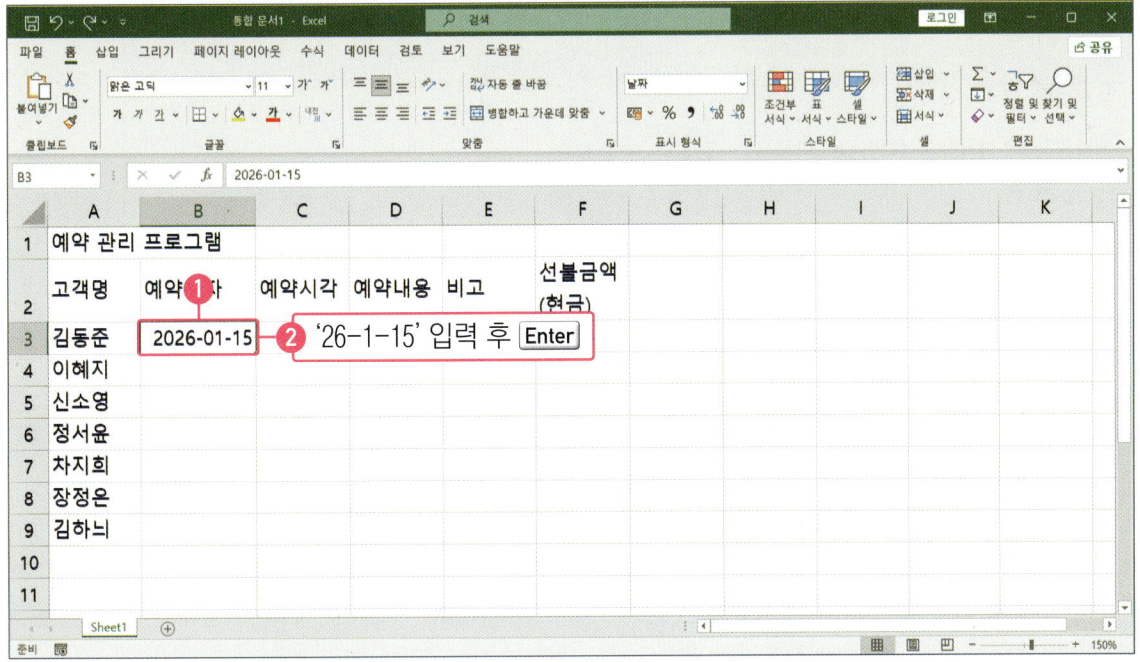

02 [B4] 셀이 선택된 상태에서 '**26/1/15**'로 입력하고 Enter 키를 누릅니다. '2026-01-15'로 입력됩니다.

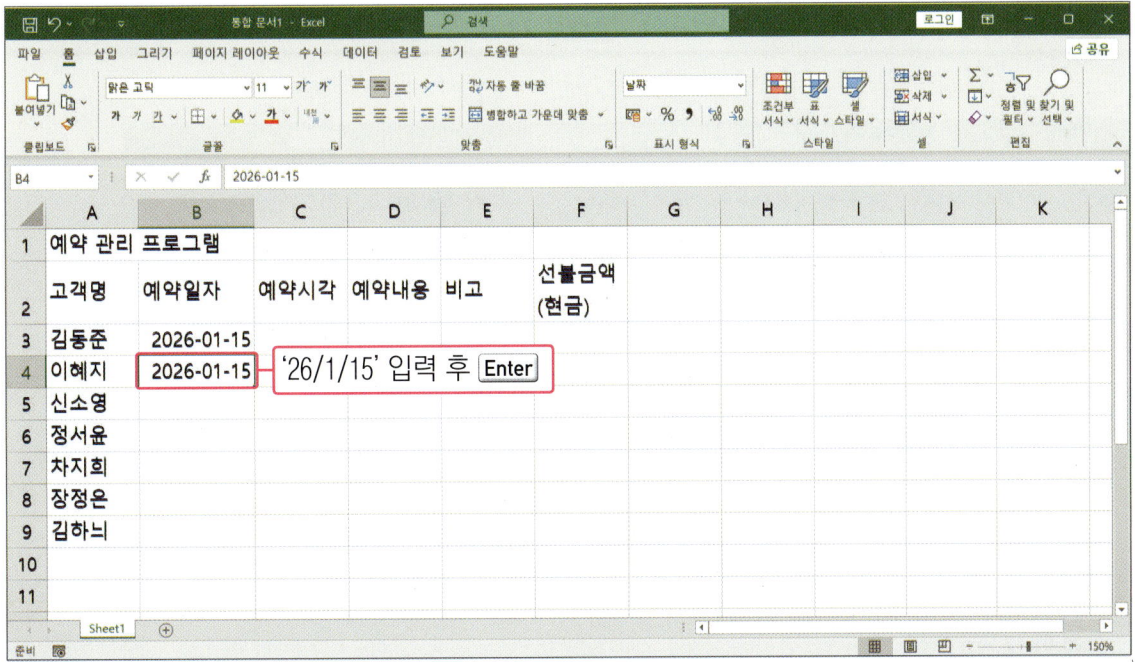

 날짜는 슬래시(/)를 구분자로 사용하여 입력하면 하이픈(-)으로 구분되어 나타납니다.

03 [B5] 셀에서 [B9] 셀까지 다음처럼 입력합니다.

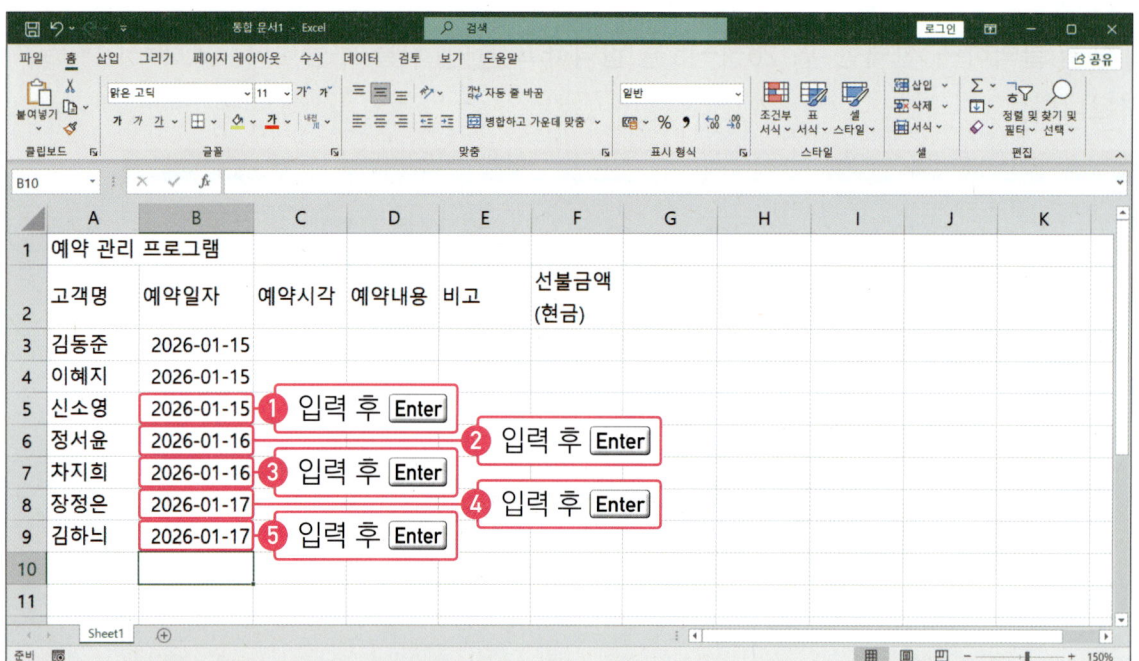

 '1/15'나 '1-15'처럼 연도 없이 입력하는 경우, 현재 연도로 인식하며 '-(하이픈)'이나 '/(슬래시)'의 표시는 사라지고 '01월 15일'로 월과 일만 표시됩니다.

▶ 시간 입력하기

01 [C3] 셀을 클릭한 후 '11:30 A'를 입력하고 Enter 키를 누릅니다. '11:30 AM'으로 나타납니다.

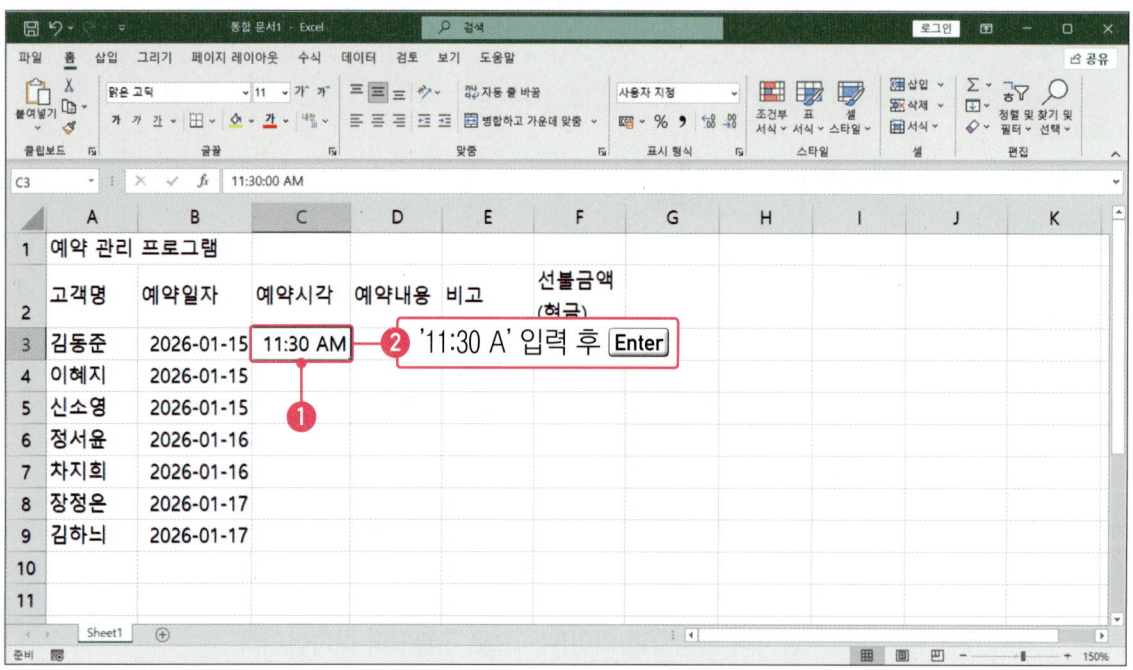

02 [C4] 셀에 '12:00 P'를 입력하고 Enter 키를 누릅니다. '12:00 PM'으로 나타납니다.

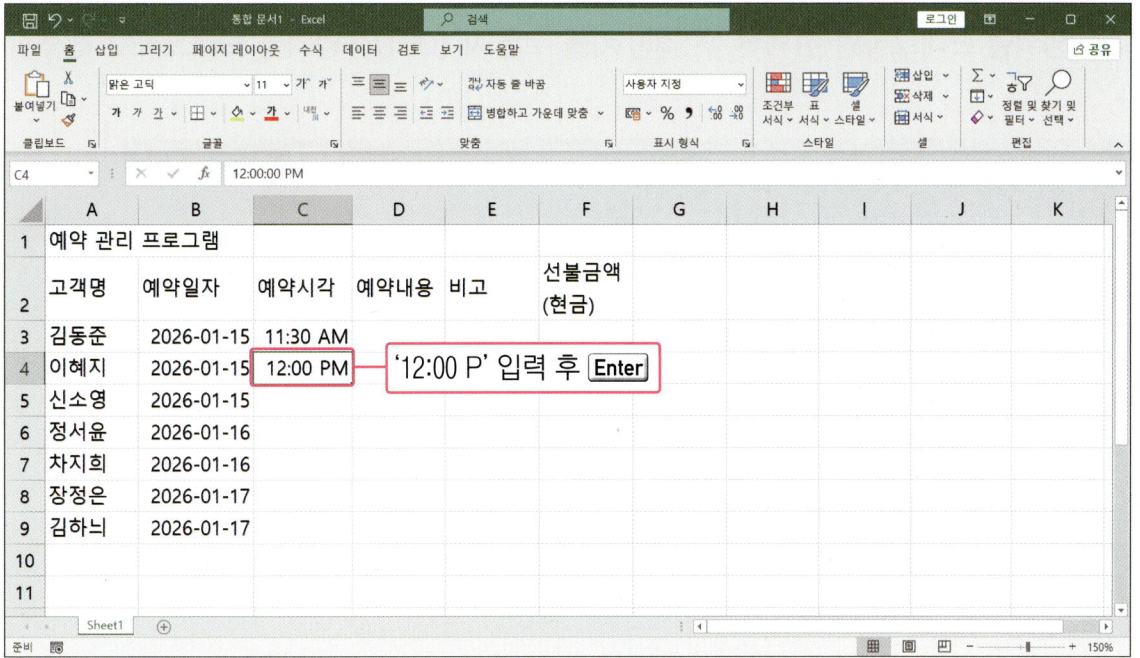

03 [C5]에서 [C9] 셀까지 다음처럼 시간 데이터를 입력합니다.

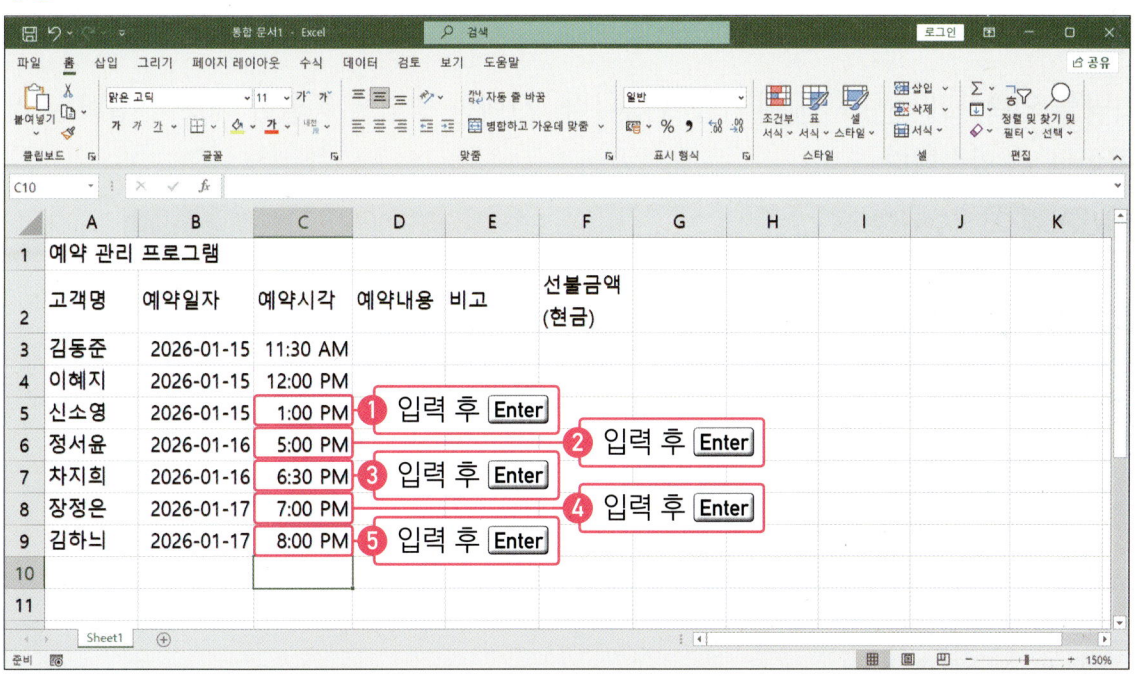

잠깐

[C5]에서 [C9] 셀까지의 연속적인 참조는 [C5:C9]라고 표시합니다. ': (콜론)'의 의미는 시작 셀과 끝 셀 사이의 모든 셀을 포함한다는 것입니다. 앞으로는 연속적인 셀의 참조는 ': (콜론)'을 사용하여 표시하겠습니다.

▶ 동일 데이터 입력하기

01 [D3:D4] 영역을 드래그하여 선택한 후 Ctrl 키를 누른 채 [D6:D7] 영역을 드래그하여 선택합니다.

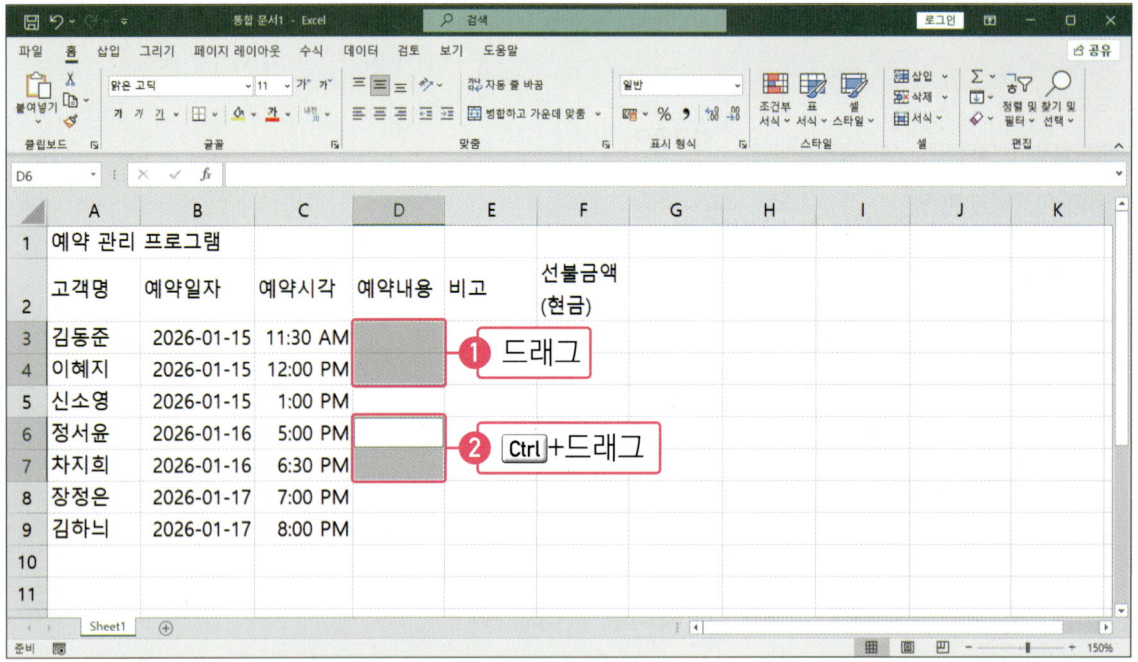

02 '클리닉'을 입력하고 Ctrl + Enter 키를 누릅니다. 선택한 영역에 동일한 내용이 입력된 것을 확인할 수 있습니다.

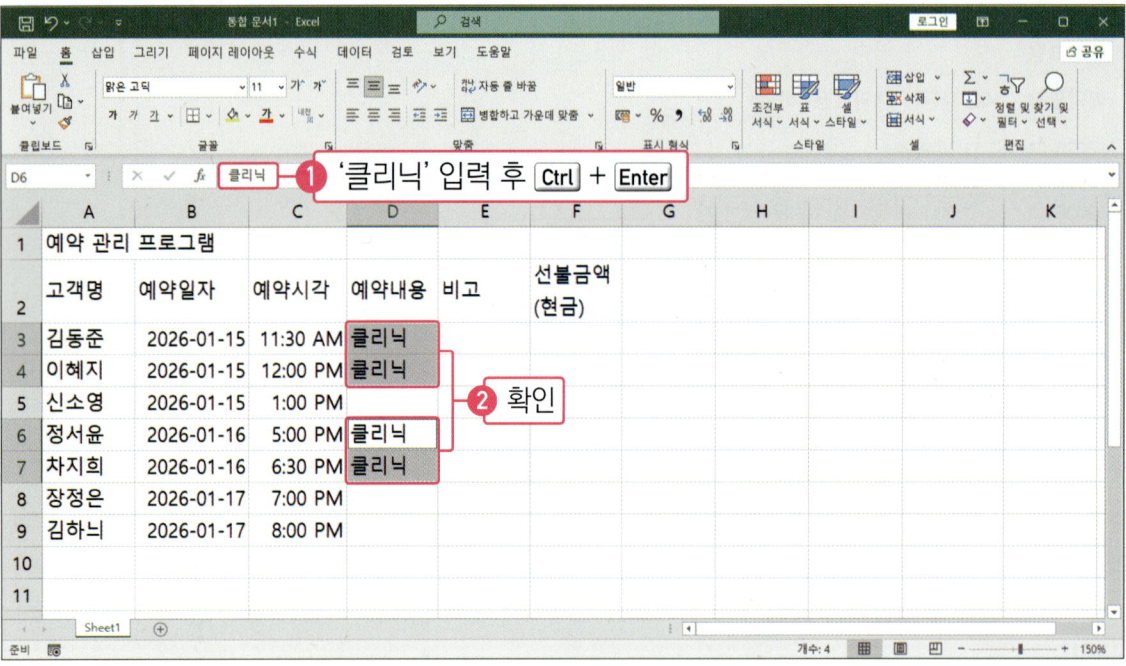

03 [D5] 셀을 클릭하고 Ctrl 키를 누른 채 [D8:D9] 영역을 드래그하여 선택합니다.

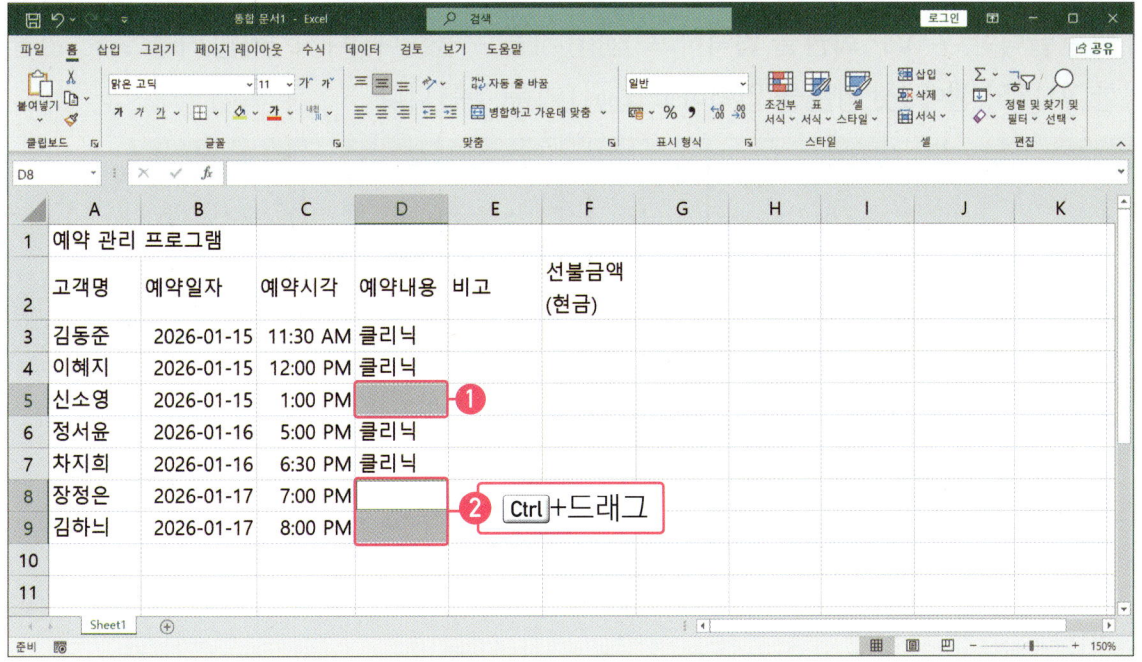

04 '일반펌'을 입력하고 Ctrl + Enter 키를 누릅니다. 선택한 영역에 동일한 내용이 입력된 것을 확인할 수 있습니다.

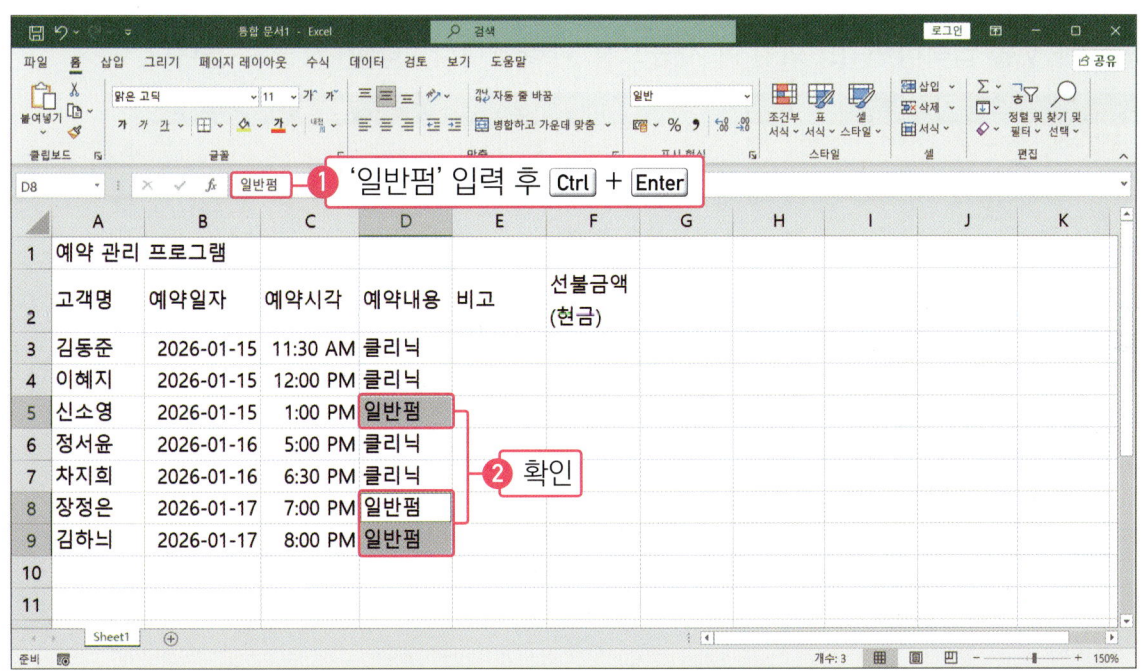

▶ 자동 완성 입력하기

01 [E3] 셀을 클릭한 후 'VIP 회원'을 입력하고 Enter 키를 누릅니다. 다시 Enter 키를 눌러 줄을 변경한 후 [E5] 셀에 '첫 방문'을 입력하고 Enter 키를 누릅니다.

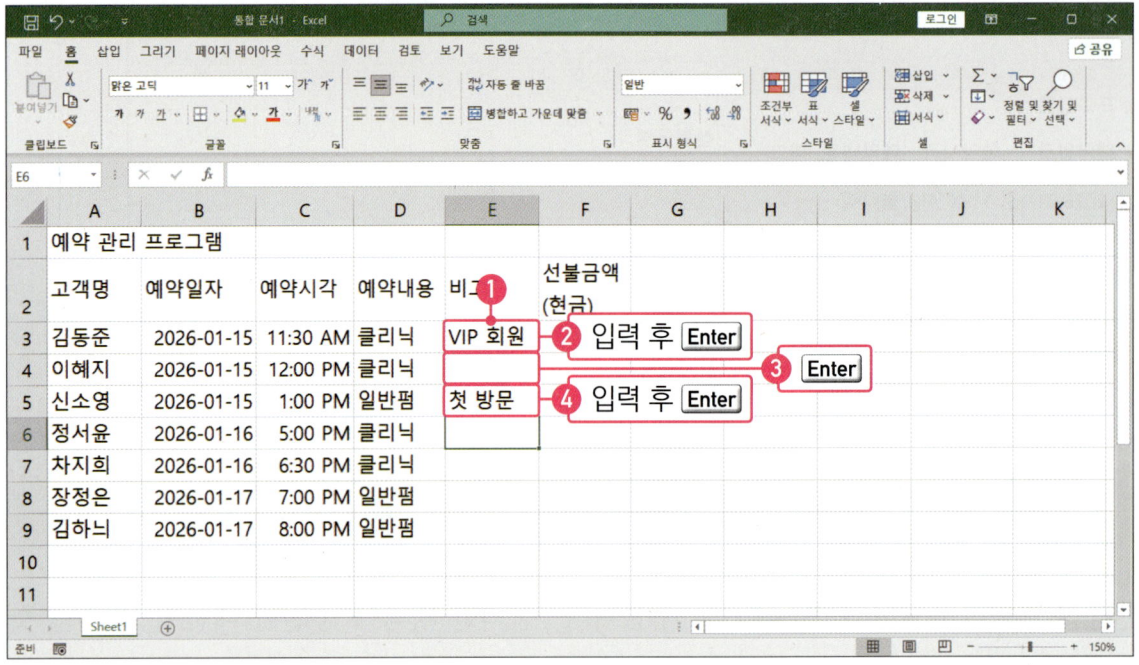

02 [E6] 셀에 'V'를 입력하면 'IP 회원'이 자동으로 나타납니다. Enter 키를 누릅니다.

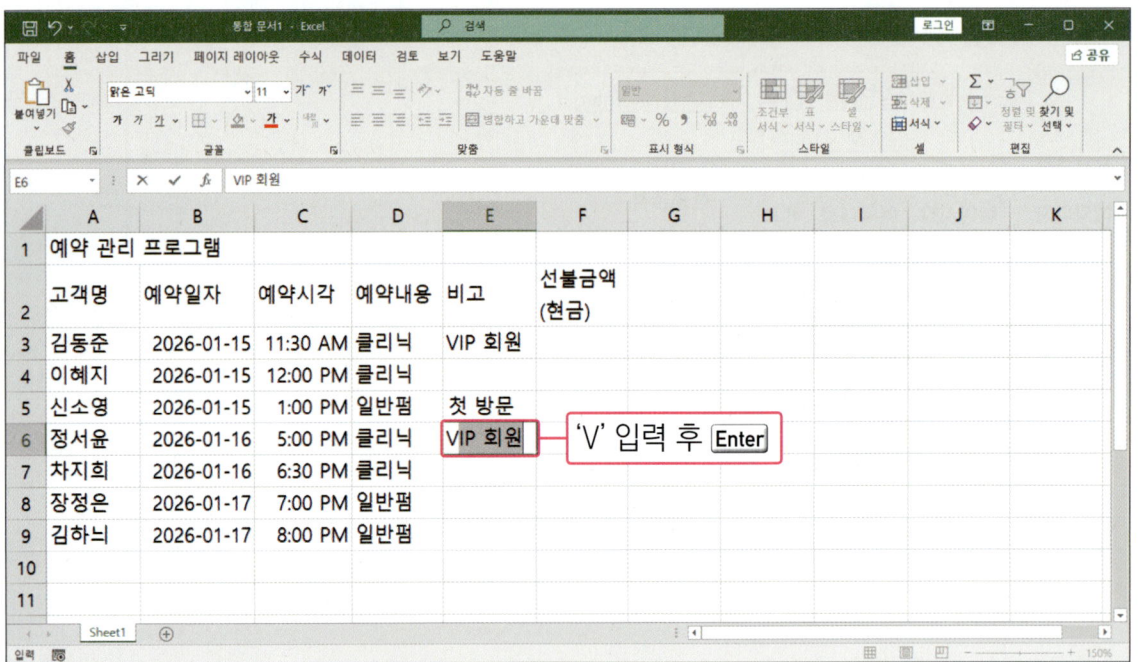

 같은 열에 동일한 내용이 입력되어 있다면 첫 글자를 입력하면 다음 내용을 자동으로 완성해 주는 기능으로 Enter 키를 눌러 빠르게 내용을 입력할 수 있습니다. 만일 자동 완성이 되지 않으면 [파일]-[옵션]-[고급]-[셀 내용을 자동 완성]을 체크합니다.

03 [E8] 셀을 클릭하고 'VVIP 회원'으로 입력하기 위해서 'V'를 입력하면 자동 완성 기능 때문에 'IP 회원'이 자동으로 나타납니다.

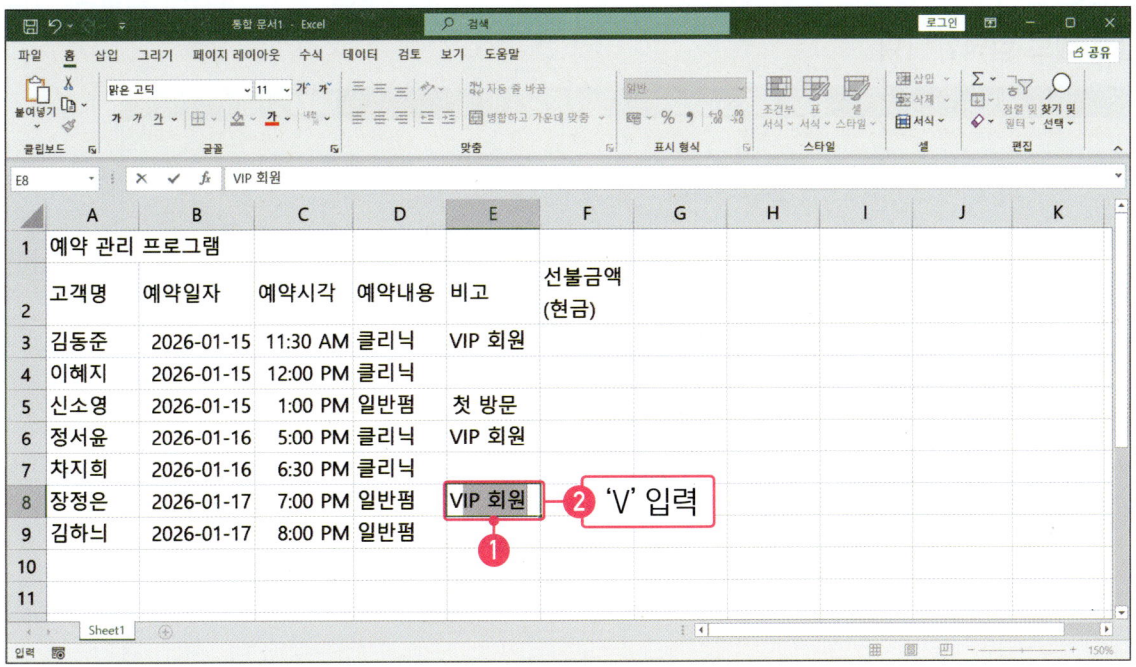

04 무시하고 'VIP 회원'을 입력한 후 Enter 키를 누릅니다.

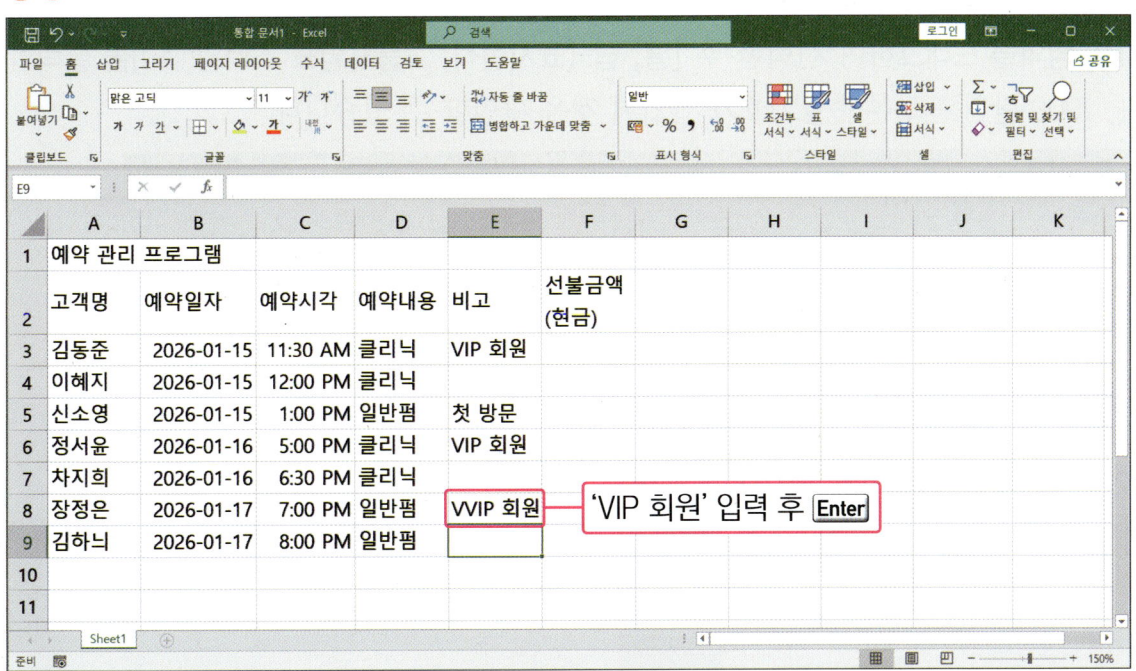

 입력하려는 내용의 첫 글자가 동일해서 자동 완성이 활성화되어 표시되었더라도 다른 내용을 입력하려면 무시하고 계속해서 입력하면 됩니다.

▶ 숫자 입력하기

01 [F3] 셀을 클릭하여 선택한 후 '150000'을 입력하고 Enter 키를 누릅니다. 나머지 셀들도 다음처럼 차례로 입력합니다.

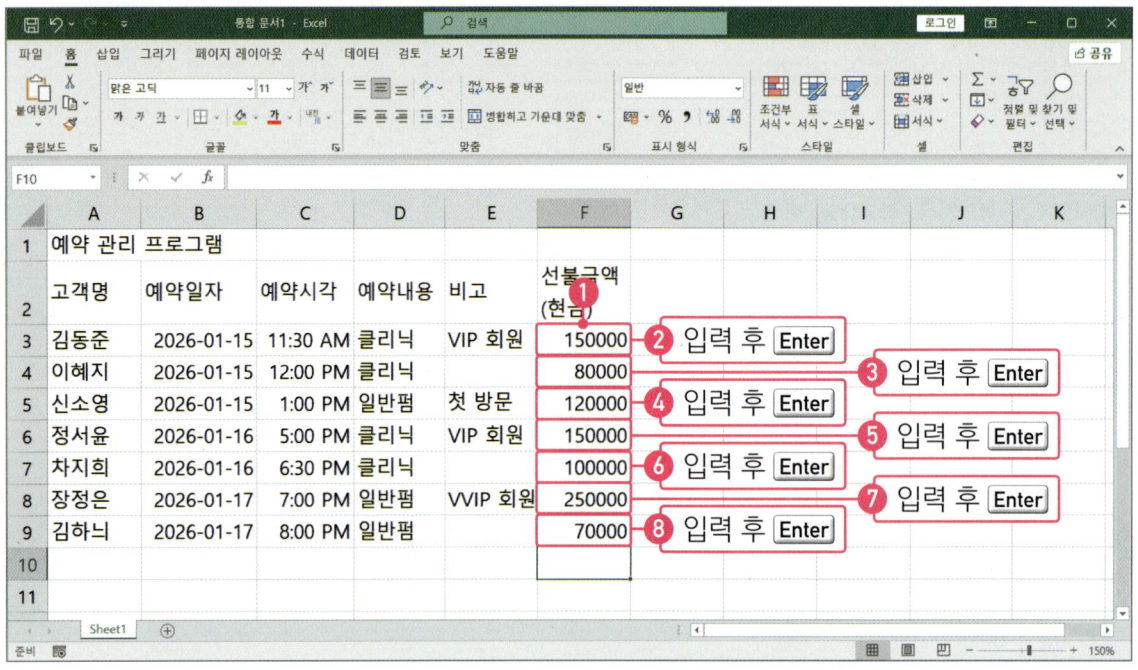

02 [F3:F9] 영역을 드래그하여 선택한 후 [홈] 탭-[표시형식] 그룹-[쉼표 스타일(,)]을 클릭합니다. 1000 단위를 구분하는 기호가 삽입된 것을 확인할 수 있습니다.

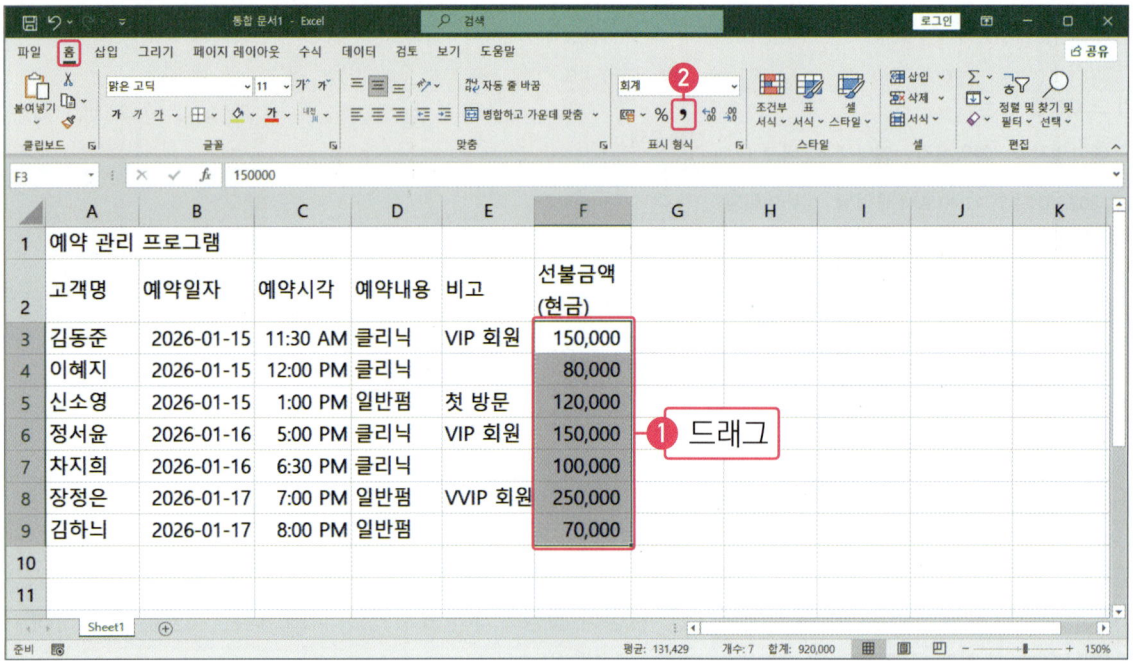

▶ 기호 입력하기

01 [A10] 셀을 클릭하여 선택한 후 [삽입] 탭-[기호] 그룹의 [기호]를 클릭합니다. [기호] 대화상자가 나타나면 [글꼴]은 '(현재 글꼴)', [하위 집합]은 '기타 기호'로 설정하고 '★' 모양을 선택한 후 [삽입] 버튼을 클릭합니다. 이어서 [닫기] 버튼을 클릭합니다.

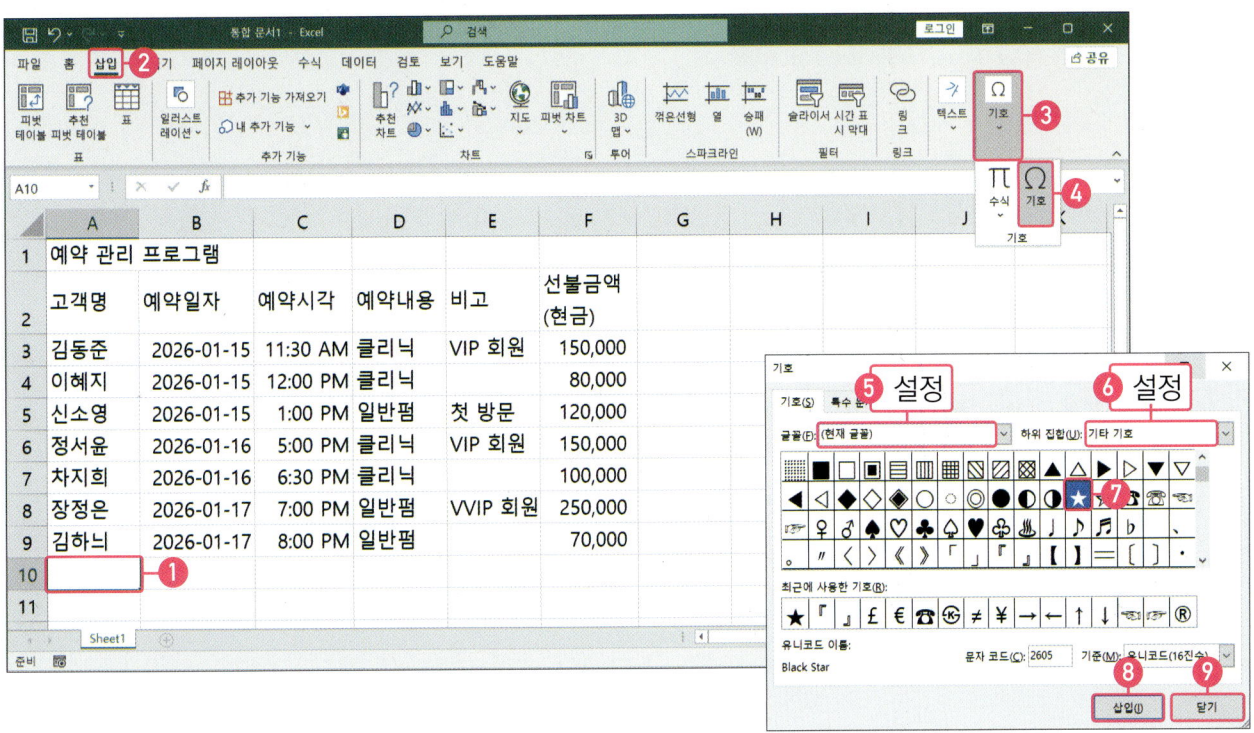

02 기호가 삽입된 것을 확인할 수 있습니다.

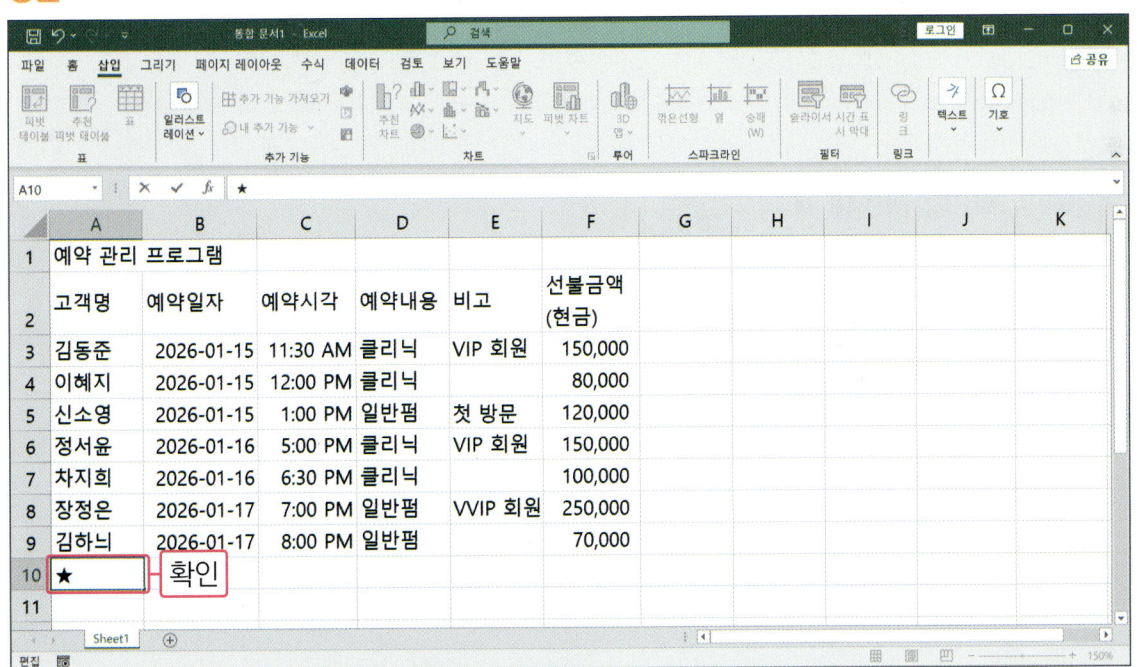

▶ 한자 입력하기

01 기호 입력 후 [A10] 셀에 커서가 깜박이면 '**예약 하루 전 확인**'을 입력하고 '확인'을 드래그하여 블록으로 지정합니다. 한자 키를 누른 후 [한글/한자 변환] 대화상자에서 [**確認**]을 선택합니다. [입력 형태]에서 [**한글(漢子)**]를 선택하고 [**변환**] 버튼을 클릭합니다.

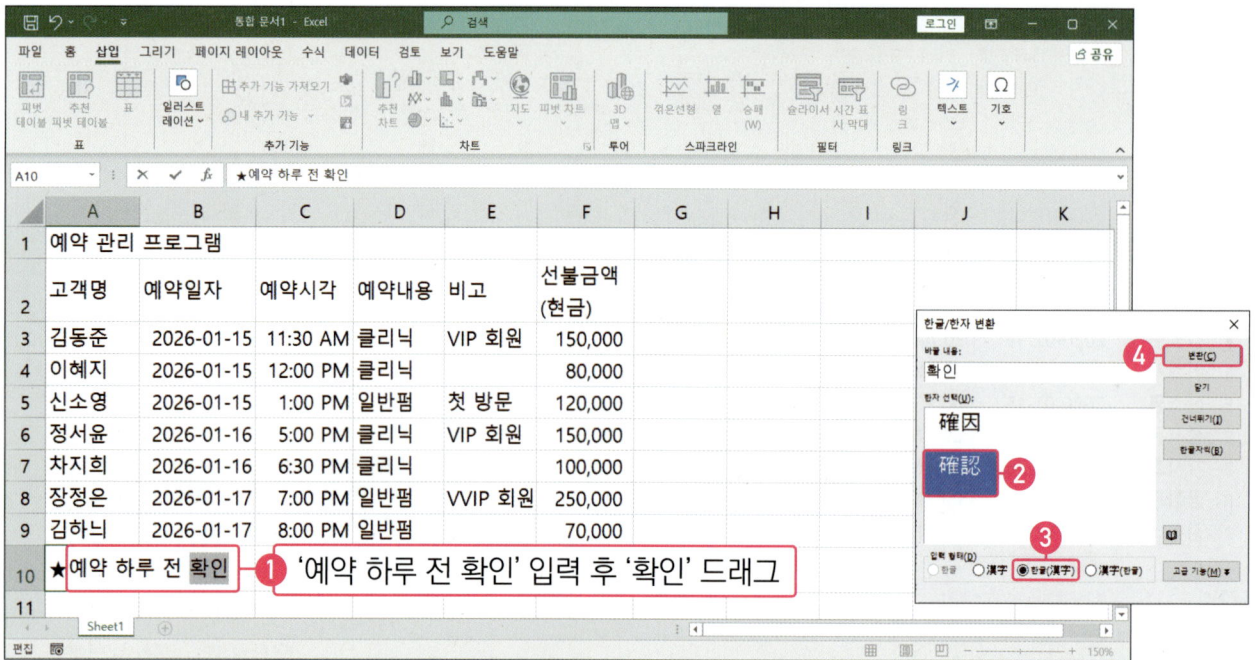

02 한자가 삽입된 것을 확인할 수 있습니다.

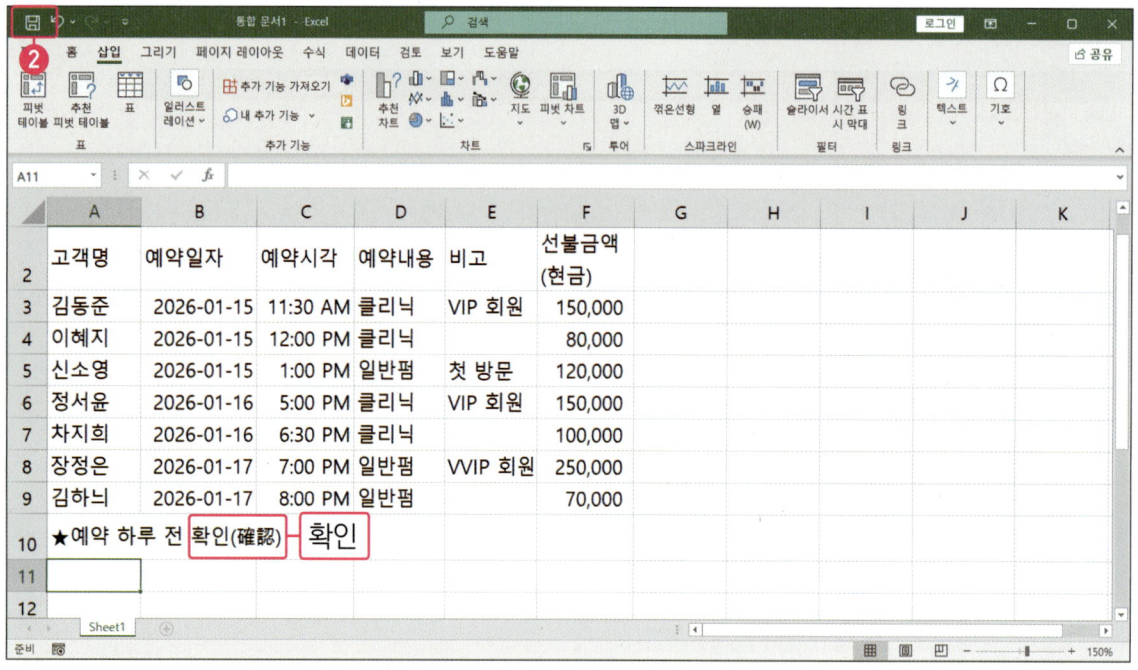

03 빠른 실행 도구 모음의 🖫(저장)을 클릭한 후 파일 이름을 '**예약**'으로 저장합니다.

응용력 키우기

01 새 통합 문서를 생성한 후 다음처럼 데이터를 입력해 봅니다.

	A	B	C	D	E	F	G	H	I
1									
2		시즌 한정 예약 스케줄							
3									
4		예약자	메뉴	가격	예약일	예약시간	인원		
5		홍길동	A-Set	62000	12월 24일	6:00	2		
6		장보고	A-Set	96000	12월 24일	6:30	2		
7		김유신	C-Set	123000	12월 24일	7:00	4		
8		최영	C-Set	96000	12월 24일	7:30	3		
9		강감찬	B-Set	68000	12월 24일	8:00	2		
10		이율곡	B-Set	123000	12월 24일	8:30	2		
11									
12									

02 문제 **03**처럼 [B2] 셀에 기호를 삽입하고, [G4] 셀에 한자를 추가해 봅니다.

 힌트 : 한글 자음 'ㄴ'을 입력한 후 한자 키를 누르면 괄호 특수 문자 목록이 표시되며, Tab 키를 누르면 목록이 확장되어 더 많은 특수 문자를 선택할 수 있습니다.

03 [D5:D10] 영역에 1000 단위 구분 기호를 삽입해 봅니다.

	A	B	C	D	E	F	G	H	I
1									
2		【시즌 한정 예약 스케줄】							
3									
4		예약자	메뉴	가격	예약일	예약시간	인원(人員)		
5		홍길동	A-Set	62,000	12월 24일	6:00	2		
6		장보고	A-Set	96,000	12월 24일	6:30	2		
7		김유신	C-Set	123,000	12월 24일	7:00	4		
8		최영	C-Set	96,000	12월 24일	7:30	3		
9		강감찬	B-Set	68,000	12월 24일	8:00	2		
10		이율곡	B-Set	123,000	12월 24일	8:30	2		
11									
12									

04 문제 **03**의 파일을 '레스토랑.xlsx'로 저장해 봅니다.

05 새 통합 문서를 생성한 후 다음처럼 데이터를 입력해 봅니다.

	A	B	C	D	E
1		제주도 여행 일정표			
2					
3		구분	출발시간	장소	비용
4		출발	10:00	에코호텔	80000
5		관람	11:30	성산봉	10000
6		식사	13:00	백반집	15000
7		이동	14:00	우도	25000
8		레저	14:30	스쿠터	50000
9		식사	17:00	우리수산	40000
10		이동	18:40	숙소복귀	20000
11					

06 문제 **07**처럼 파일에서 [B2] 셀에 기호를 삽입해 봅니다.

07 [B3:B10]의 내용을 다음처럼 수정해 봅니다.

	A	B	C	D	E
1		◆제주도 여행 일정표◆			
2					
3		구분	출발시간	장소	비용
4		출발(차량)	10:00	에코호텔	₩ 80,000
5		관람(도보)	11:30	성산봉	₩ 10,000
6		식사(차량)	13:00	백반집	₩ 15,000
7		이동(차량)	14:00	우도	₩ 25,000
8		레저(배편)	14:30	스쿠터	₩ 50,000
9		식사(차량)	17:00	우리수산	₩ 40,000
10		이동(도보)	18:40	숙소복귀	₩ 20,000
11					

08 문제 **07**의 파일을 '제주도.xlsx'로 저장해 봅니다.

03 시간표 만들기

- 자동 채우기
- 사용자 지정 목록으로 채우기
- 데이터 복사하며 이동
- 열 너비 행 높이 조절
- 행 삽입
- 병합하고 가운데 맞춤

미/리/보/기

 완성파일 : 시간표(완성).xlsx

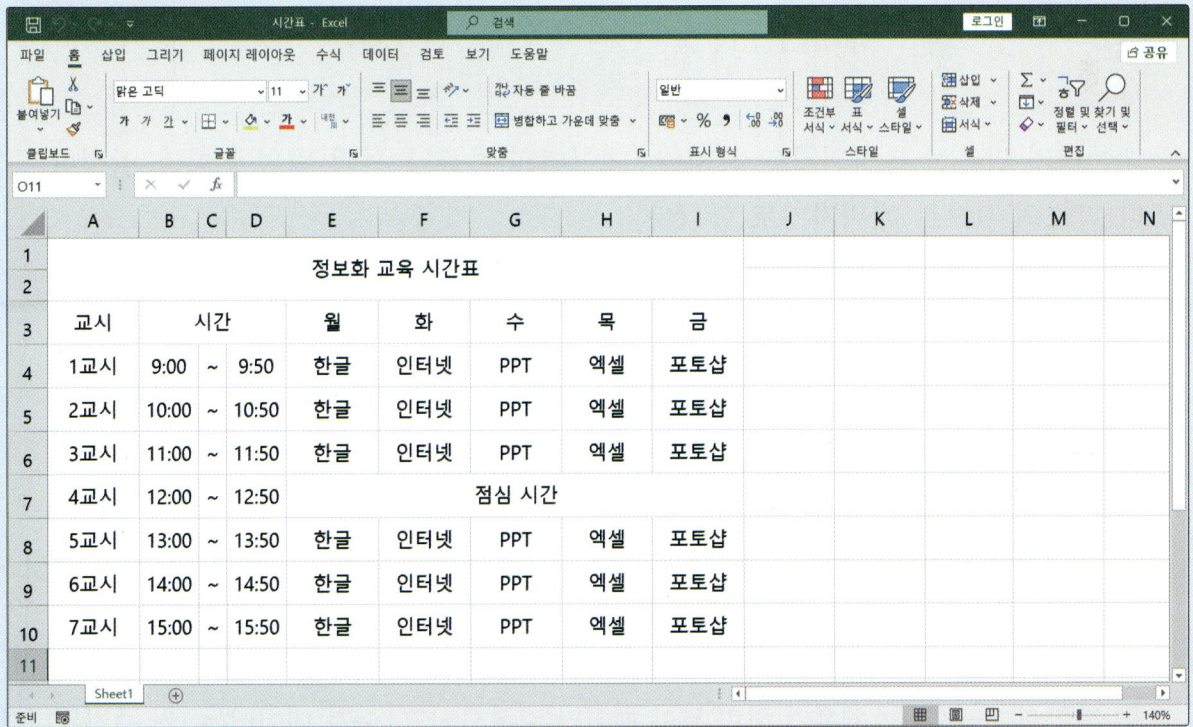

이번 장에서는 시간표 만들기를 통해 데이터를 자동으로 채우는 방법과 행 높이와 열 너비, 행을 삽입하는 방법 등에 대하여 알아보겠습니다.

01 행과 열, 셀 다루기

▶ 셀 자동 채우기

1 자동 채우기란?

- 자동 채우기 기능은 셀에 입력된 데이터, 값, 수식을 연속적으로 복사하여 붙여 넣고자 하는 경우 사용합니다.
- 마우스 포인터를 셀의 오른쪽 아래 모서리에 표시된 ▪(채우기 핸들)로 이동하면 마우스 포인터의 모양이 ✚로 표시되는데, 이때 드래그하면 자동으로 채우기가 실행됩니다.

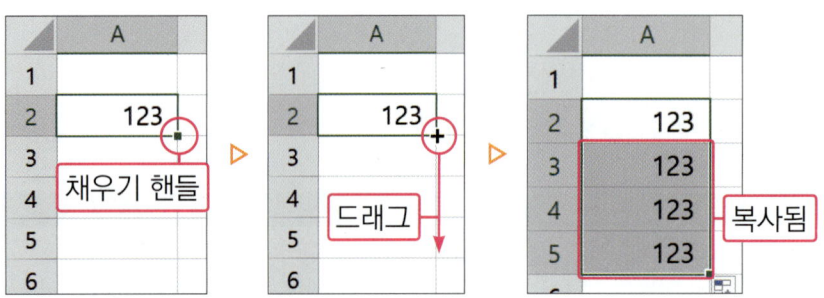

- 데이터가 단순히 복사되기도 하지만, 데이터의 종류나 선택 범위에 따라 일정한 증가나 감소의 값으로 채워지기도 합니다.

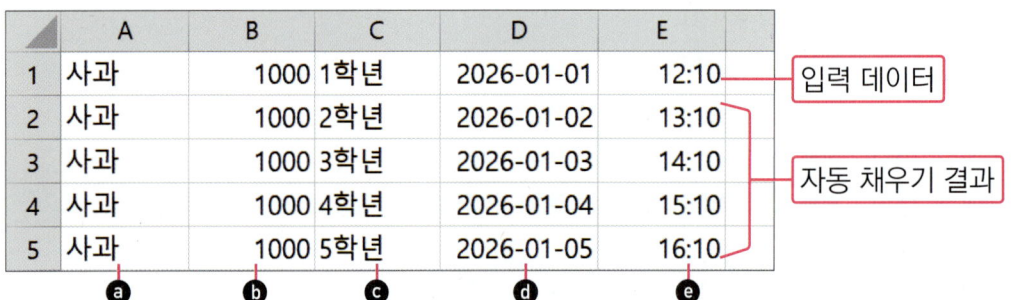

- ⓐ 문자 데이터 : 자동 채우기 하면 셀이 복사됩니다.
- ⓑ 숫자 데이터 : 자동 채우기 하면 셀이 복사됩니다.
- ⓒ 혼합 데이터 : 자동 채우기 하면 문자 데이터는 복사되고, 숫자 데이터는 1씩 증가됩니다.
- ⓓ 날짜 : 자동 채우기 하면 1일 단위로 증가됩니다.
- ⓔ 시간 : 자동 채우기 하면 1시간 단위로 증가됩니다.

 Ctrl 키를 누른 채 자동 채우기 하면 숫자 데이터는 1씩 증가되며, 그 외 다른 데이터들은 셀이 복사됩니다.

❷ 자동 채우기 옵션

- 자동 채우기를 실행하면 오른쪽 아래에 ▦(자동 채우기 옵션)이 생성되는데, 클릭하여 셀 복사, 연속 데이터 채우기 등을 선택하여 사용할 수 있습니다.
- '셀 복사'를 선택하면 셀이 그대로 복사되며, '연속 데이터 채우기'를 실행하면 숫자인 경우 1씩 증가합니다.

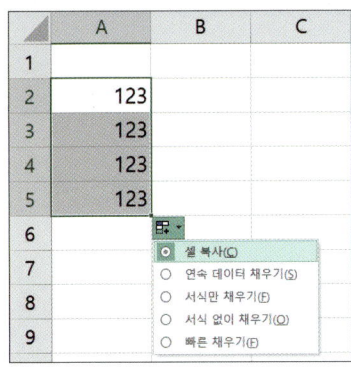
▲ '셀 복사' 선택

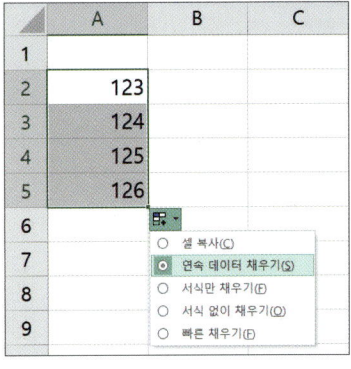
▲ '연속 데이터 채우기' 선택

❸ 사용자 지정 목록 데이터

- 자주 사용하는 문자 목록이나 연속되는 데이터를 [사용자 지정 목록]에 지정해 놓은 후 ▦(채우기 핸들)을 이용하면 데이터를 빠르게 채울 수 있습니다.
- 사용자 지정 목록은 [파일] 탭-[옵션]을 선택하면 나타나는 [Excel 옵션] 대화상자의 [고급]-[일반]에서 [사용자 지정 목록 편집] 버튼을 클릭해 만들 수 있습니다. [사용자 지정 목록] 대화상자의 [목록 항목]에 데이터를 입력한 후 [추가] 버튼을 클릭하면 저장되어 사용할 수 있습니다. 등록된 순서에 따라 데이터가 채워집니다.

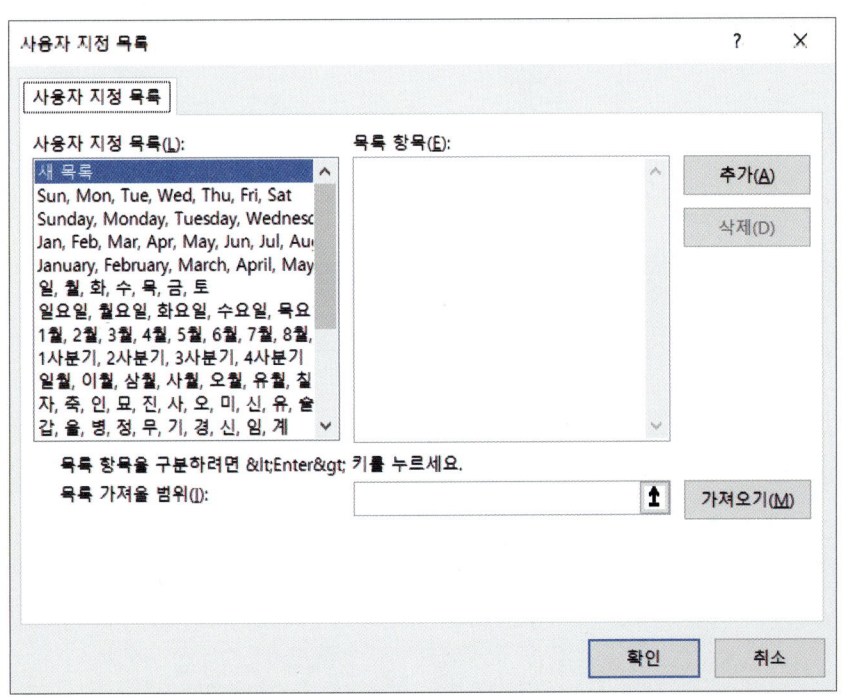

▶ 행과 열 크기 및 삽입/삭제하기

1 행/열의 크기 조절

- 행 또는 열을 선택한 후 [홈] 탭-[셀] 그룹-[서식]을 클릭하면 나타나는 [셀 크기] 항목을 이용해서 행 높이 또는 열 너비를 조정할 수 있습니다.

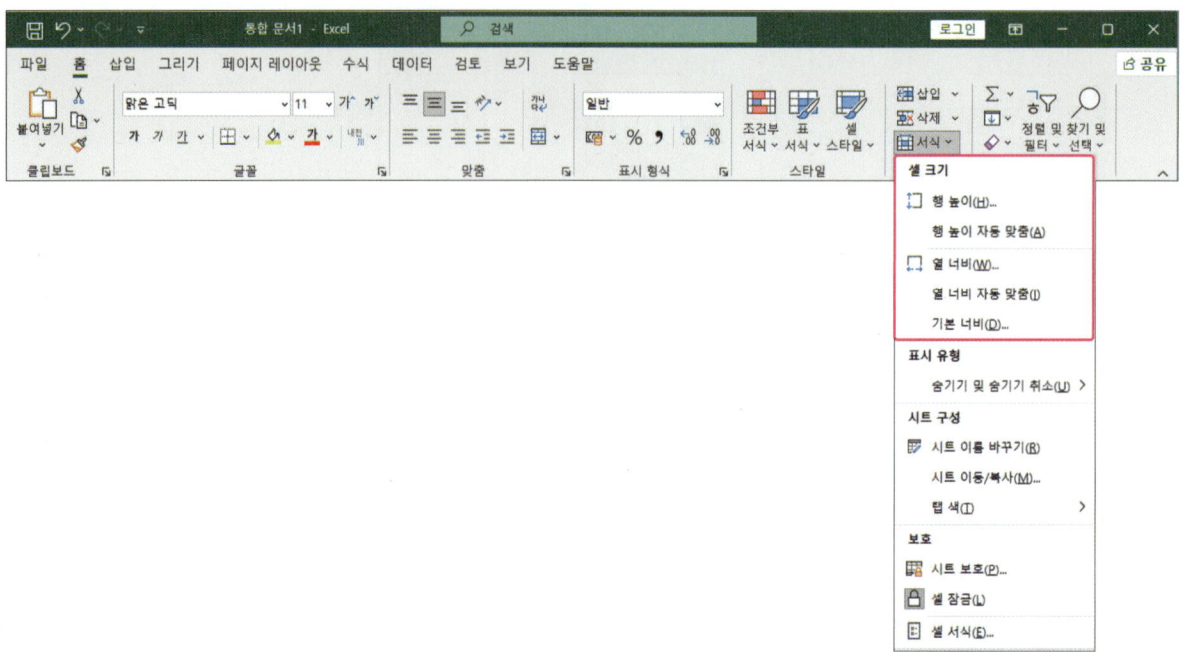

- 행 또는 열의 머리글 경계선을 이용하여 조정할 수도 있습니다.

  ⓐ 행의 크기 조절 : 행 머리글의 경계선을 드래그하여 높이를 조절합니다.

  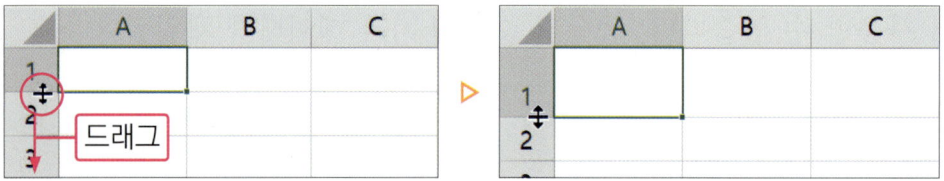

  ▲ 행의 경계선을 선택한 후 크기 조정

  ⓑ 열의 크기 조절 : 열 머리글의 경계선을 드래그하여 너비를 조절합니다.

  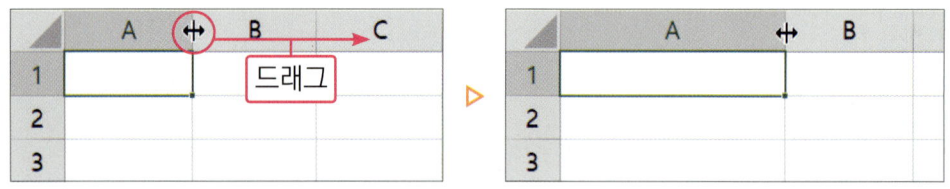

  ▲ 열의 경계선을 선택한 후 크기 조정

  ⓒ 텍스트 크기에 맞게 셀의 크기 조절 : 경계선을 더블 클릭하면 자동으로 텍스트 길이에 맞게 크기를 조절합니다.

  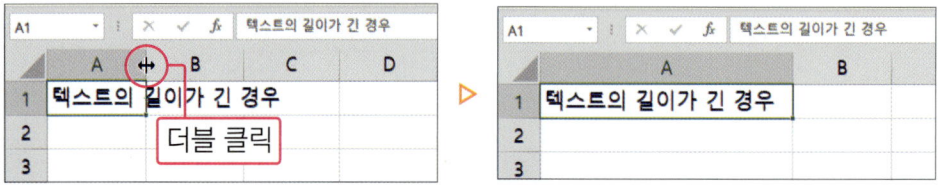

❷ 행/열 삽입

- 행 또는 열 머리글을 선택하거나 셀 포인터의 위치를 지정한 후 [홈] 탭-[셀] 그룹-[삽입(삽입)]에서 ▼를 클릭하여 [시트 행 삽입] 또는 [시트 열 삽입]을 선택하면 삽입할 수 있습니다. 선택한 행의 위쪽이나 선택한 열의 왼쪽에 삽입됩니다.

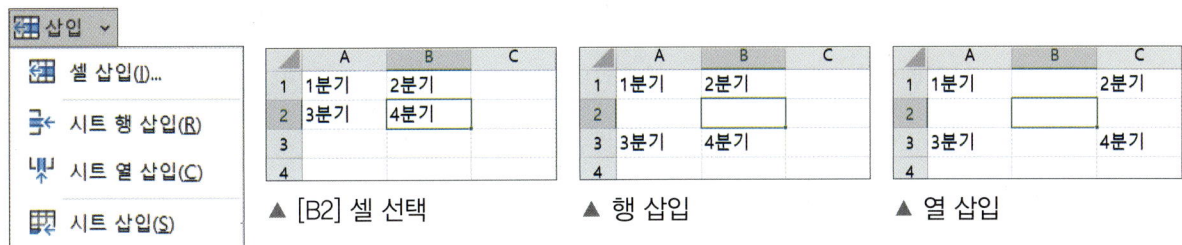

- [삽입(삽입)]에서 아이콘(⬅)을 클릭하면 선택한 셀 개수만큼 선택 위치에 셀이 삽입되고, 선택되었던 기존 셀들은 아래로 밀립니다.

❸ 행/열 삭제

- 행 또는 열 머리글을 선택하거나 셀 포인터의 위치를 지정한 후 [홈] 탭-[셀] 그룹-[삭제(삭제)]에서 ▼를 클릭하여 [시트 행 삭제] 또는 [시트 열 삭제]을 선택하면 삭제할 수 있습니다. 선택한 행이 삭제되고 아래쪽의 셀들이 위쪽으로 당겨지거나 선택한 열이 삭제되고 오른쪽의 셀들이 왼쪽으로 당겨집니다.

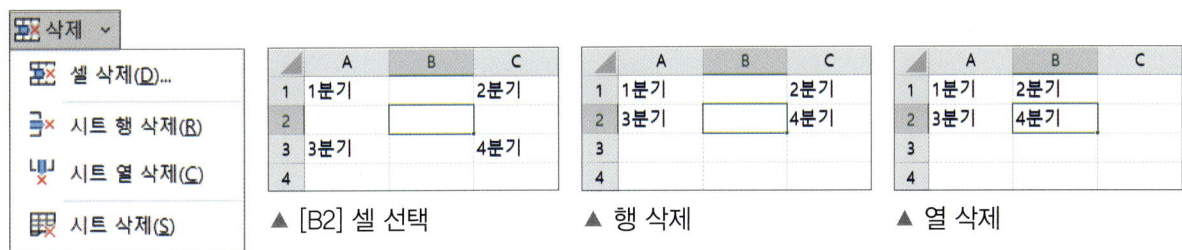

- [삭제(삭제)]에서 아이콘(❌)을 클릭하면 선택한 셀만 삭제되고, 아래쪽의 셀들이 위로 당겨집니다.

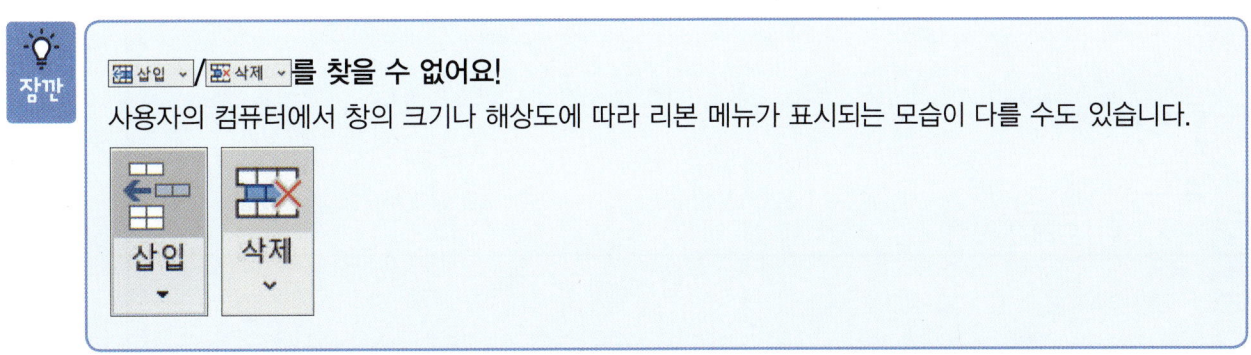

삽입/삭제를 찾을 수 없어요!
사용자의 컴퓨터에서 창의 크기나 해상도에 따라 리본 메뉴가 표시되는 모습이 다를 수도 있습니다.

02 교육 시간표 만들기

▶ 혼합 데이터 자동 채우기

01 엑셀을 실행한 후, [새 통합 문서]를 클릭합니다. 새 통합 문서의 [A1] 셀에 '**정보화 교육 시간표**'라고 입력한 후 Enter 키를 눌러 [A2] 셀로 이동하면 '**교시**'라고 입력합니다. Enter 키를 눌러 [A3] 셀로 이동하면 '**1교시**'라고 입력합니다.

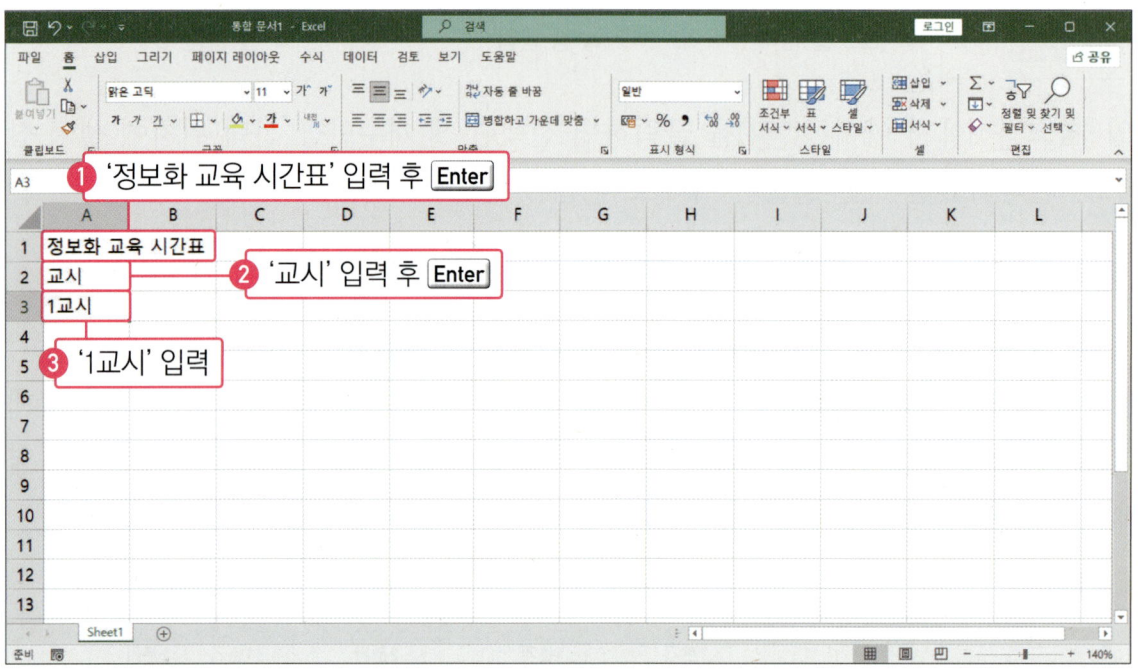

02 [A3] 셀의 오른쪽 아래 모서리에 표시된 ▪(채우기 핸들)로 마우스 포인터를 이동합니다. ✛ 모양의 마우스 포인터를 [A9] 셀까지 드래그합니다.

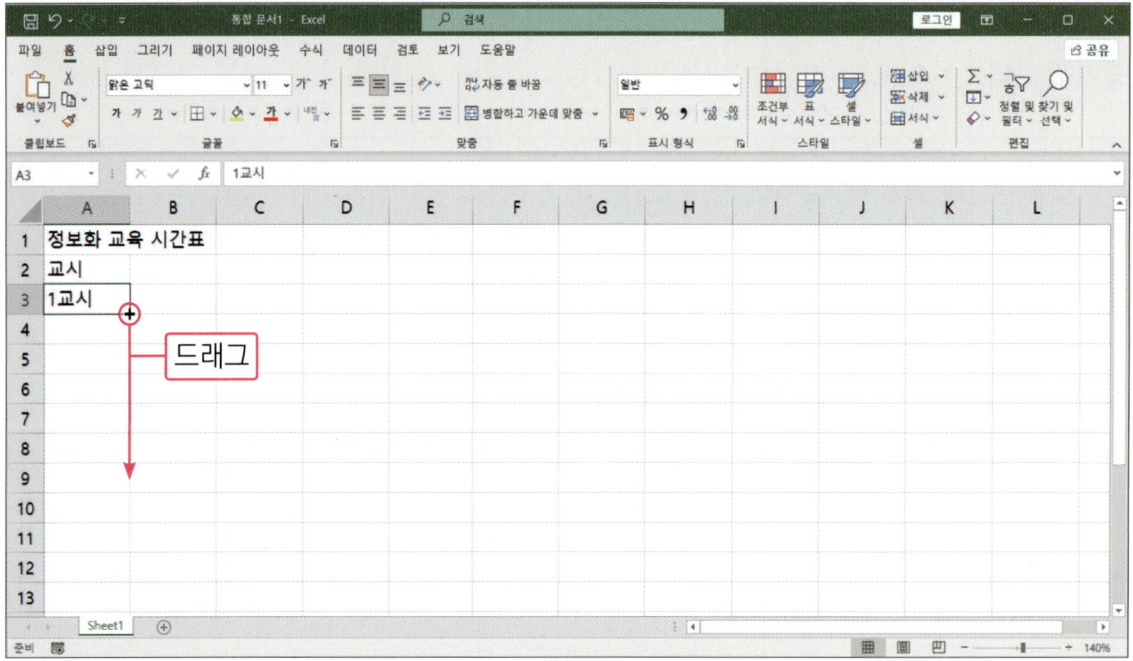

03 혼합 데이터이기 때문에 숫자는 1씩 증가하고 문자는 복사되어 채워집니다.

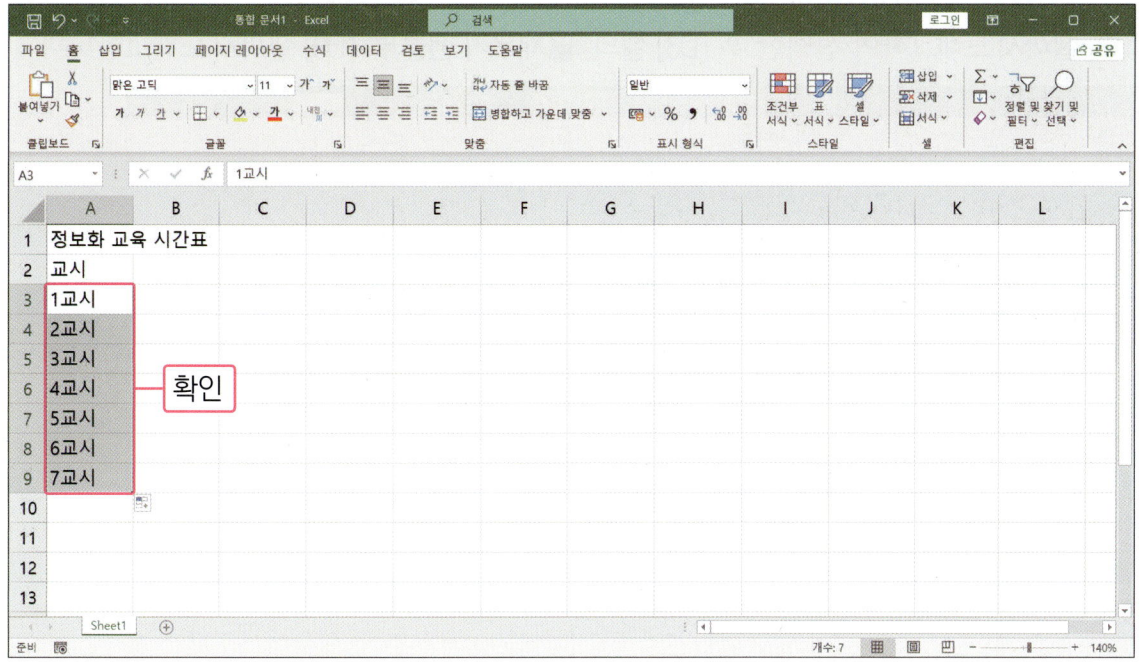

04 [B2] 셀을 클릭하여 '시간'이라고 입력한 후 Enter 키를 눌러 [B3] 셀로 이동합니다. '9:00'라고 입력하고 Tab 키를 눌러 [C3] 셀로 이동한 후 '~' 입력하고 Tab 키, '9:50'을 입력하고 Enter 키를 누릅니다.

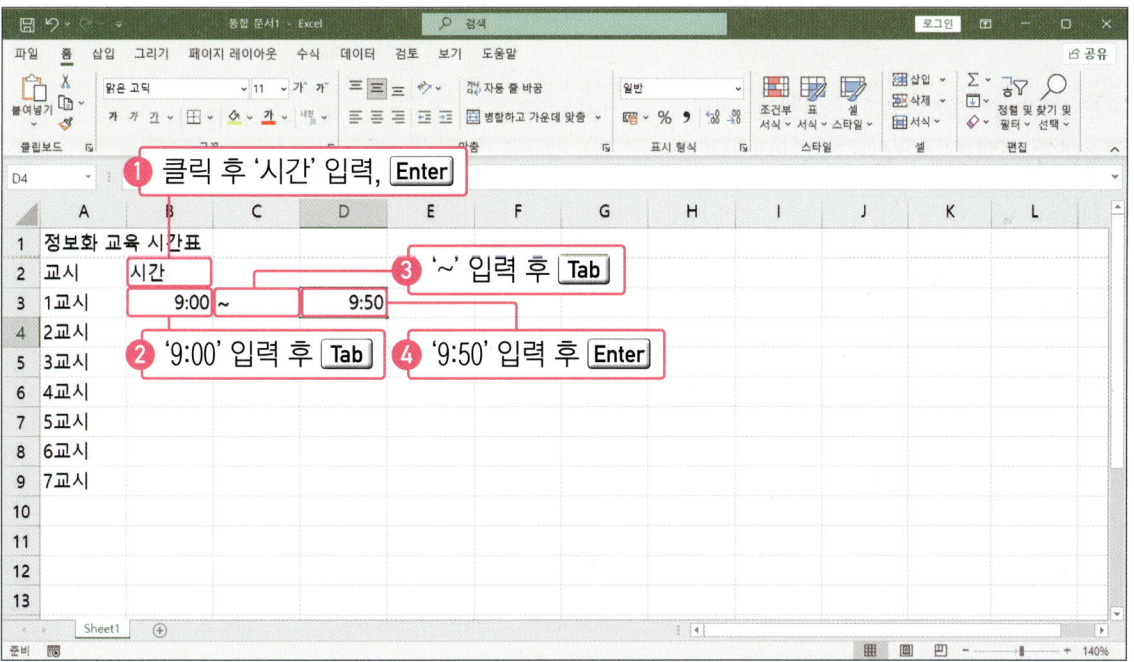

▶ 시간 데이터 자동 채우기

01 [B3:D3] 셀까지 드래그하여 선택한 후 [D3] 셀의 ▇(채우기 핸들)을 [D9] 셀까지 드래그합니다.

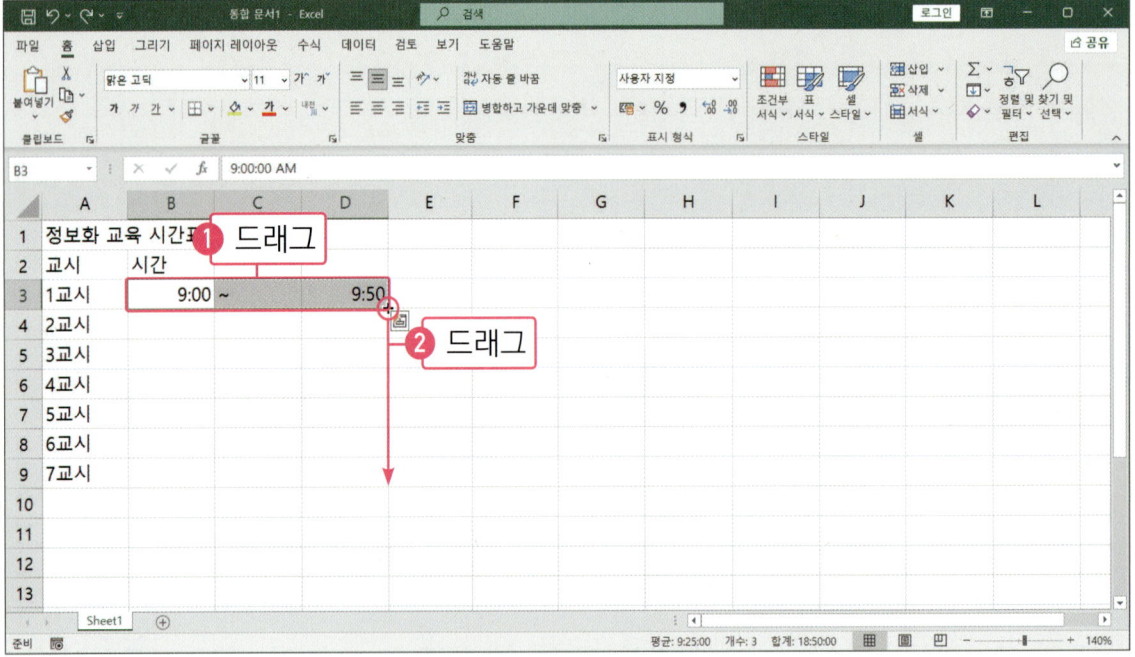

02 시간 데이터는 1시간씩 증가하며 채워집니다.

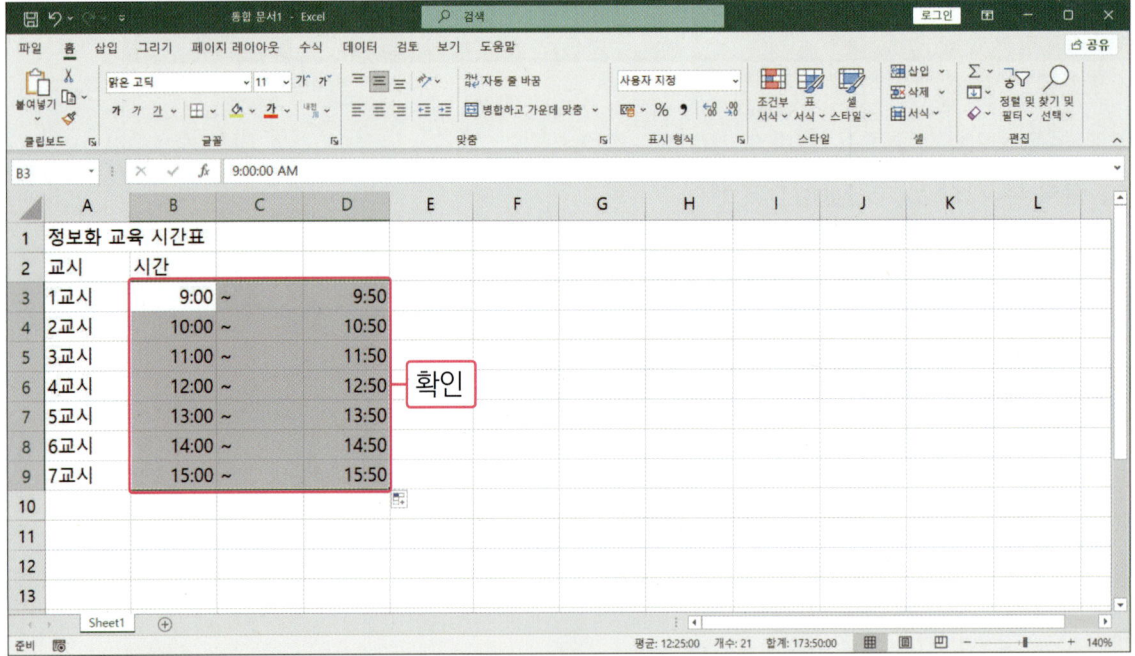

▶ 사용자 지정 목록으로 자동 채우기

01 [E2] 셀을 클릭하여 선택하고 '월'이라고 입력한 후 [E2] 셀의 ▪(채우기 핸들)을 [I2] 셀까지 드래그합니다.

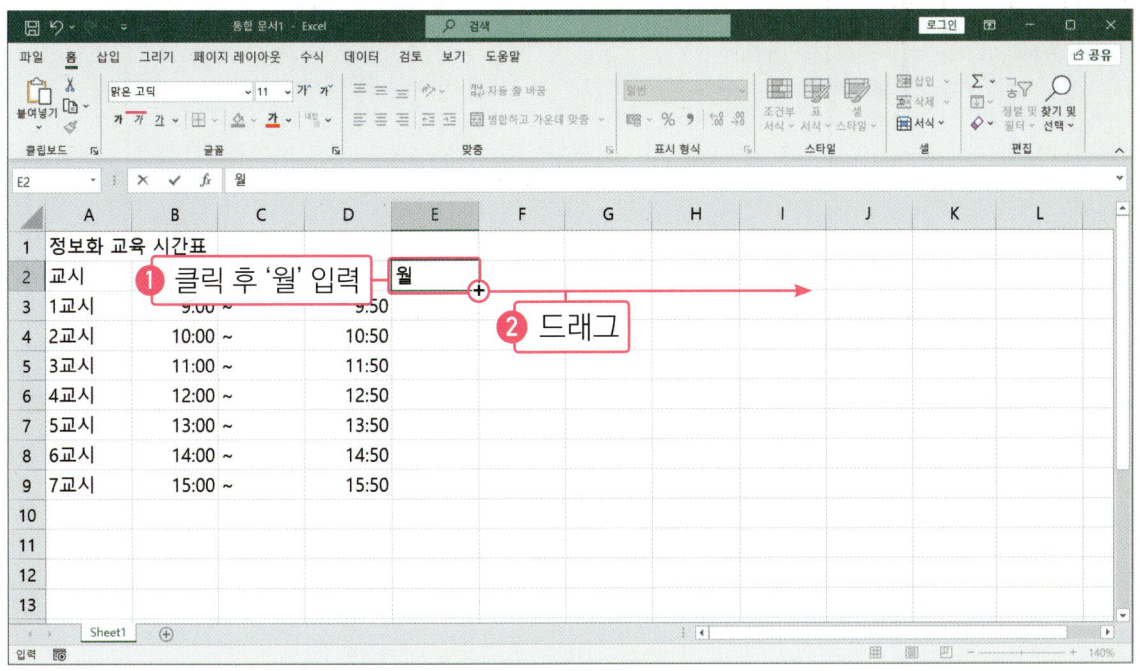

02 요일이 변경되어 채워진 것을 확인할 수 있습니다.

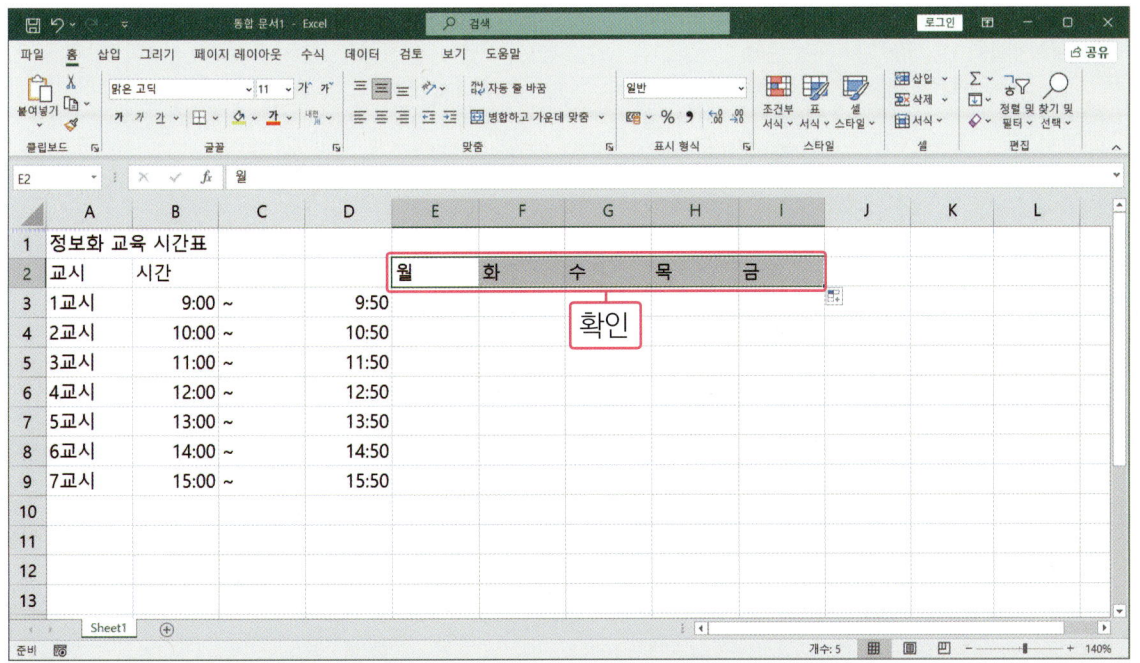

 요일은 사용자 지정 목록에 이미 등록되어 있는 항목이므로, 자동 채우기를 하면 순차적으로 요일 데이터가 나타납니다. Ctrl 키를 누른 채 자동 채우기를 실행하면 같은 데이터가 반복하여 나타납니다.

▶ 문자 데이터 자동 채우기

01 [E3] 셀을 클릭하여 선택한 후 '**한글**'을 **입력**하고 Tab 키를 눌러 셀을 이동하며 다음처럼 입력합니다.

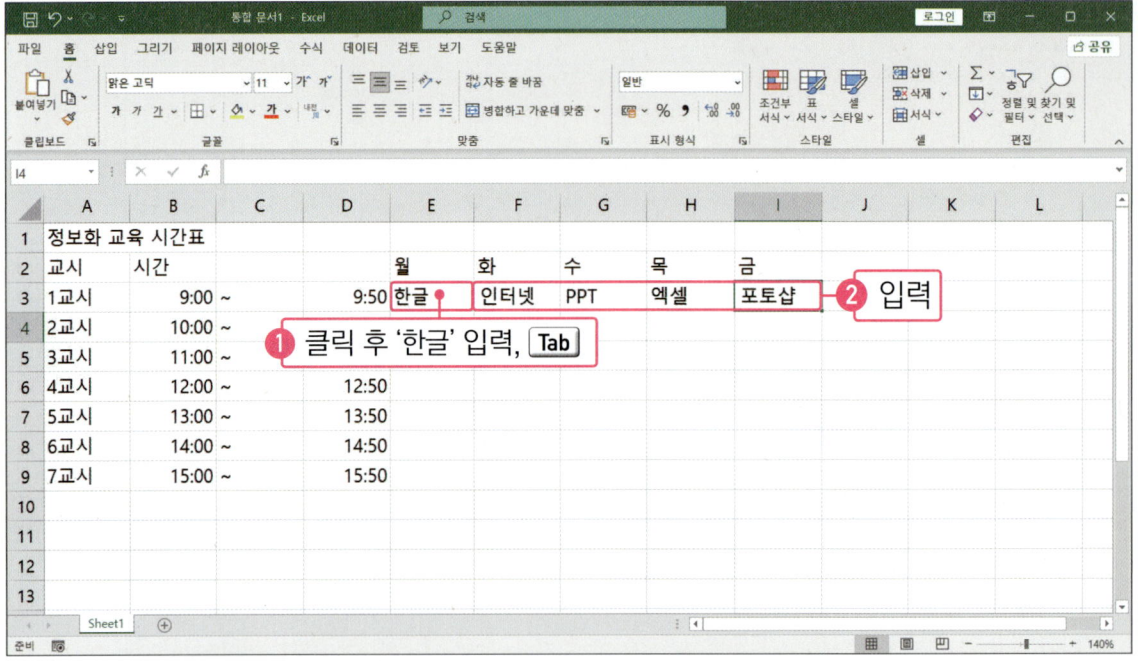

02 [E3:I3] 영역을 드래그하여 선택한 후 [I3] 셀의 ■(채우기 핸들)을 [I5] 셀까지 드래그합니다.

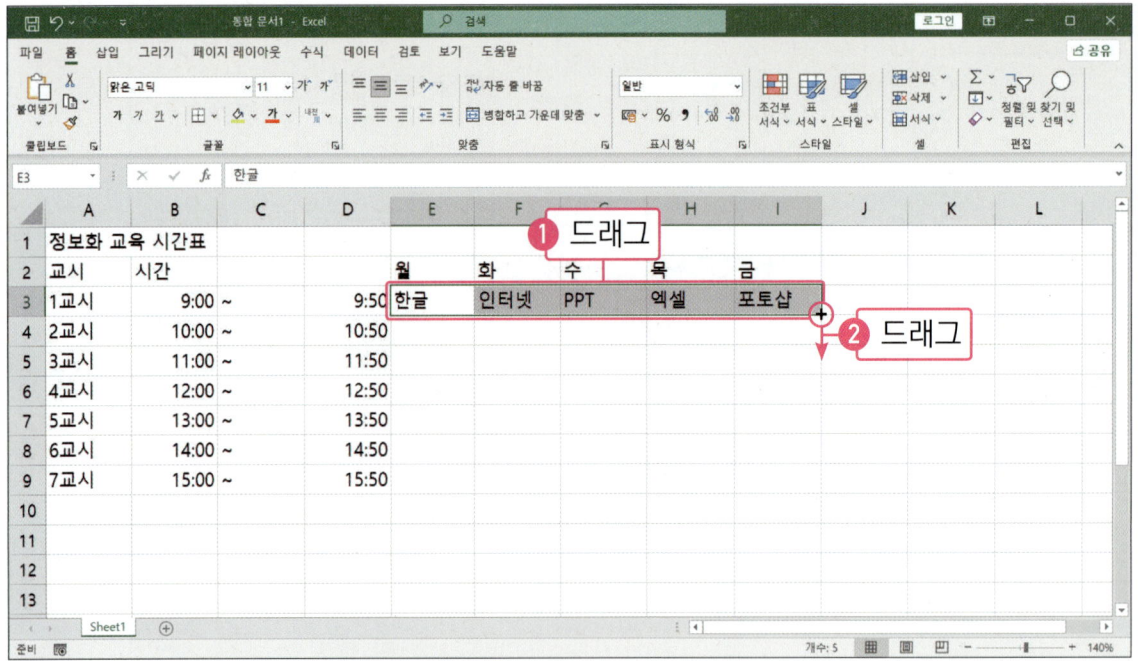

 자동 채우기 하려는 데이터가 '숫자'인 경우 동일한 데이터로 복사되어 나타납니다. Ctrl 키를 누른 채 자동 채우기를 실행하면 1씩 증가합니다.

03 문자 데이터가 복제되어 채워집니다.

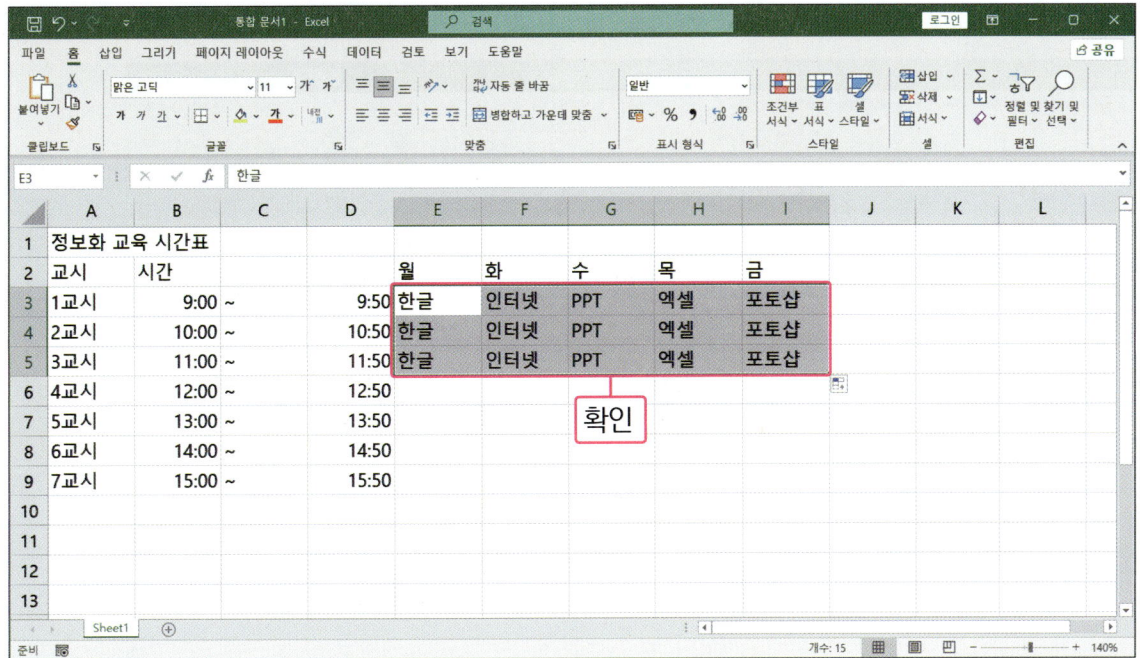

▶ 데이터 복사하며 이동하기

01 [E6] 셀을 클릭하여 '점심 시간'이라고 입력하고 Enter 키를 누릅니다.

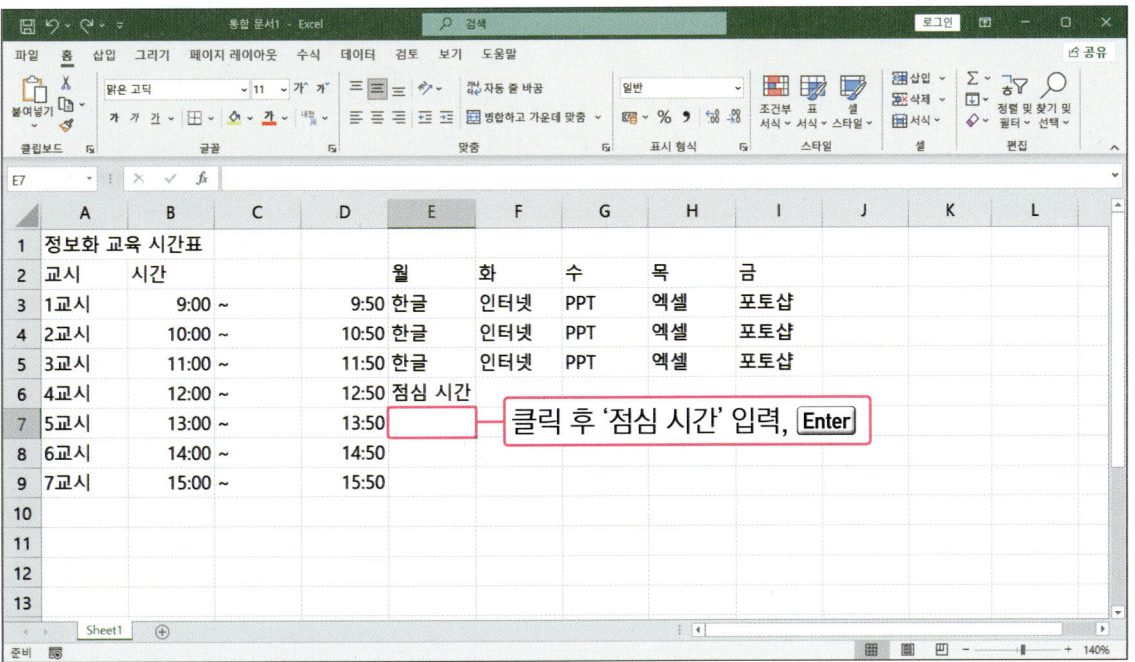

잠깐

자동 채우기 옵션( )
자동 채우기 옵션( )을 클릭하여 메뉴가 나타나면 셀 복사, 연속 데이터 채우기를 선택적으로 사용할 수 있습니다.

02 [E3:I5] 영역을 드래그하여 선택한 후 Ctrl 키를 누른 채 마우스 포인터를 초록색 테두리에 위치합니다. 마우스 포인터 모양이 ▶로 변경될 때 [E7:I9] 영역까지 드래그합니다.

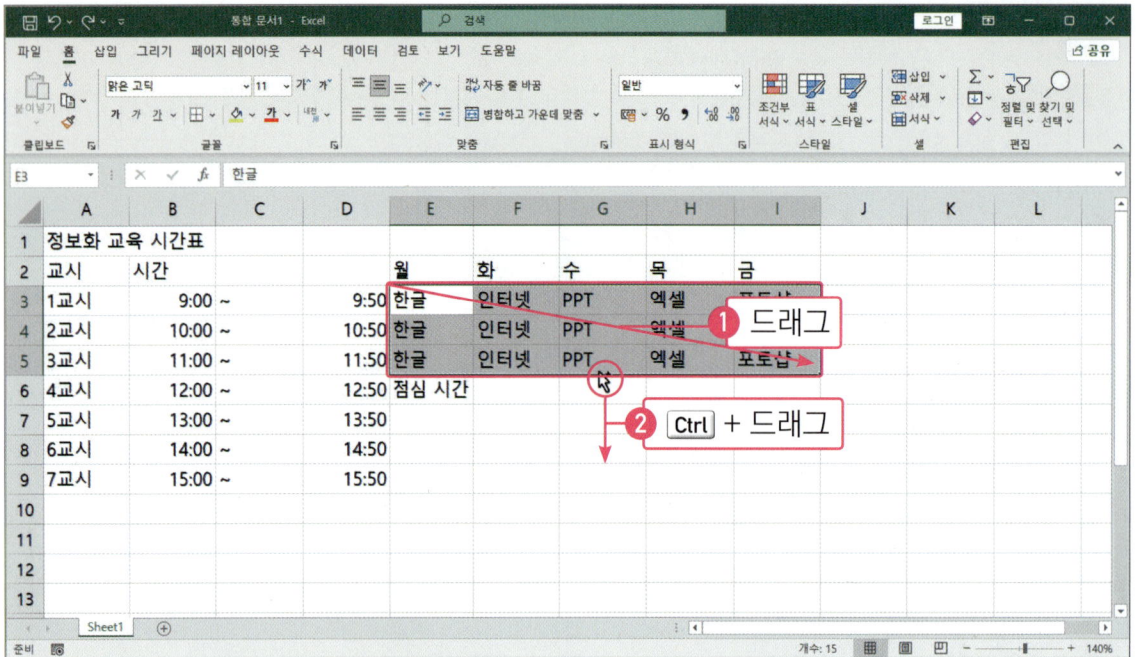

03 선택한 데이터가 복사되어 채워집니다.

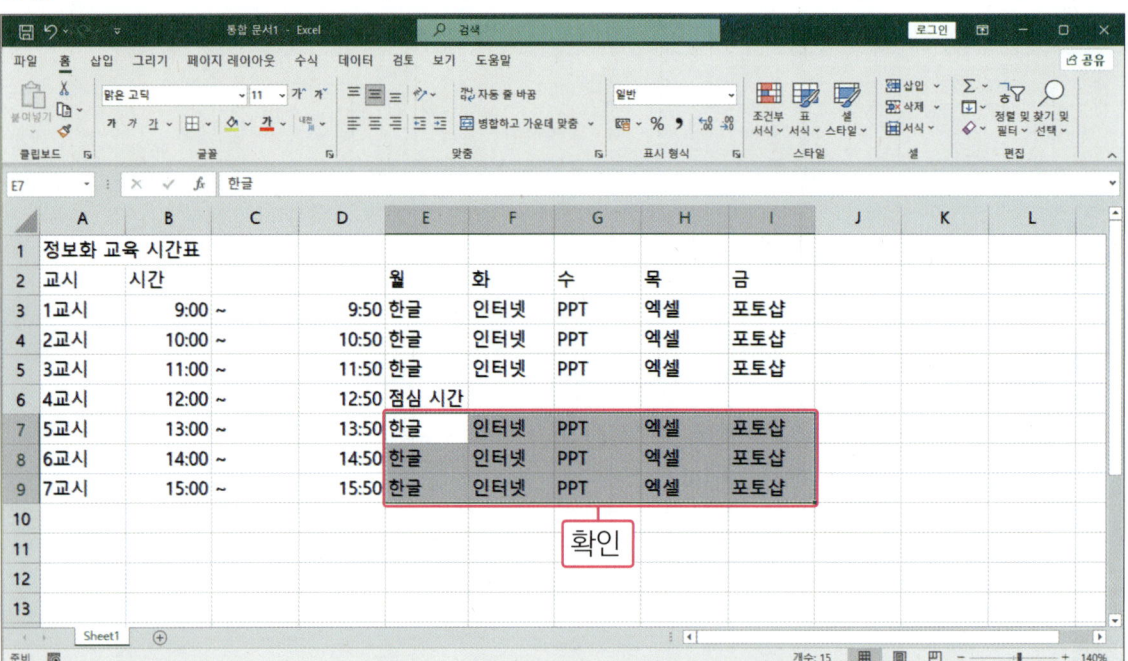

▶ 열 너비 조절하기

01 B열부터 D열까지 머리글을 드래그하여 선택합니다. D열의 머리글과 E열의 머리글 경계로 마우스 포인터를 이동한 후 마우스 포인터의 모양이 ↔로 변경되면 더블 클릭합니다.

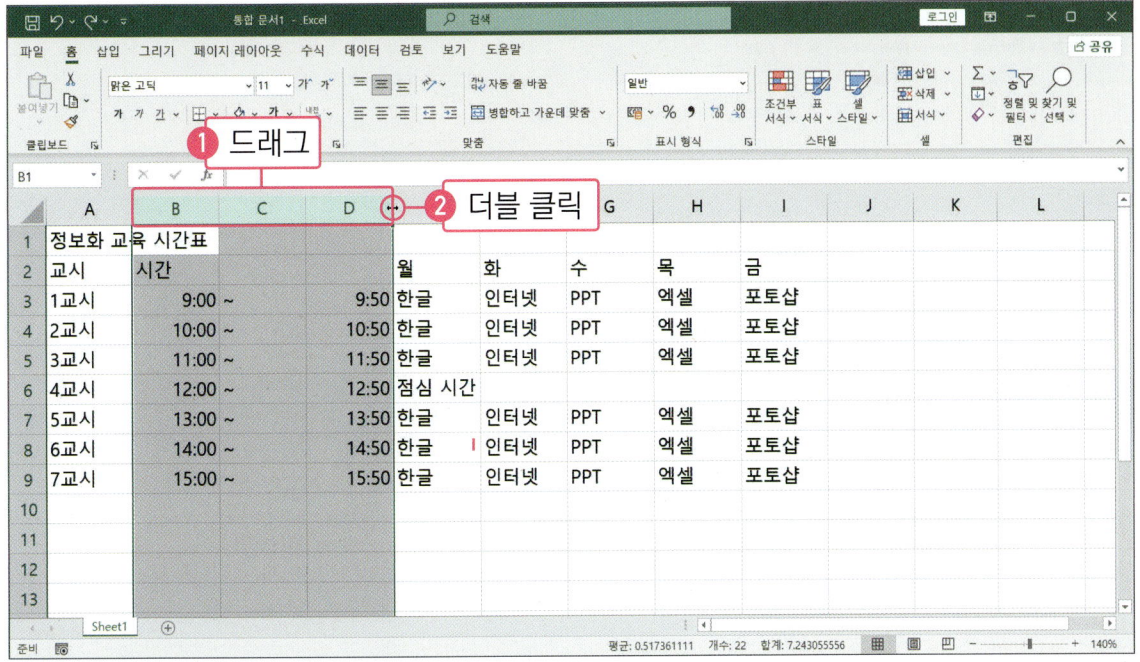

02 셀의 빈 여백 없게 열 너비가 자동 맞춤으로 적용됩니다.

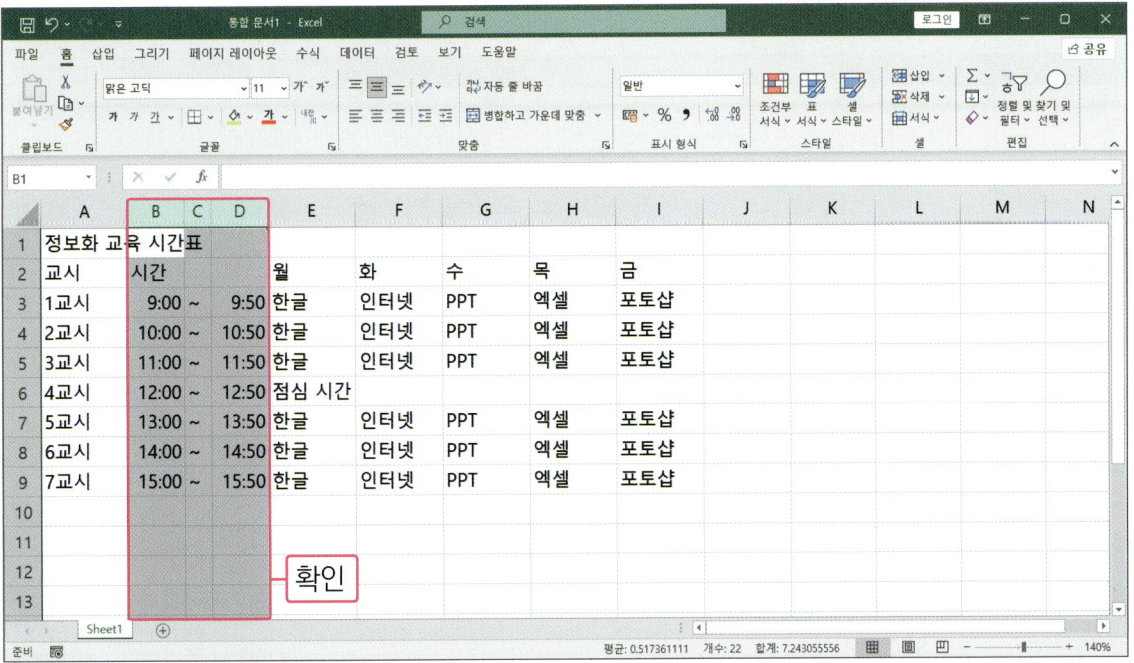

열 너비가 자동 맞춤
[홈] 탭-[셀] 그룹에서 [서식]-[열 너비 자동 맞춤]을 클릭합니다.

▶ 행 높이 조절하기

01 2행에서 9행까지 머리글을 드래그하여 선택한 후 [홈] 탭-[셀] 그룹에서 [서식]-[행 높이]를 클릭합니다. [행 높이] 대화상자가 나타나면 '25'를 입력한 후 [확인] 버튼을 클릭합니다.

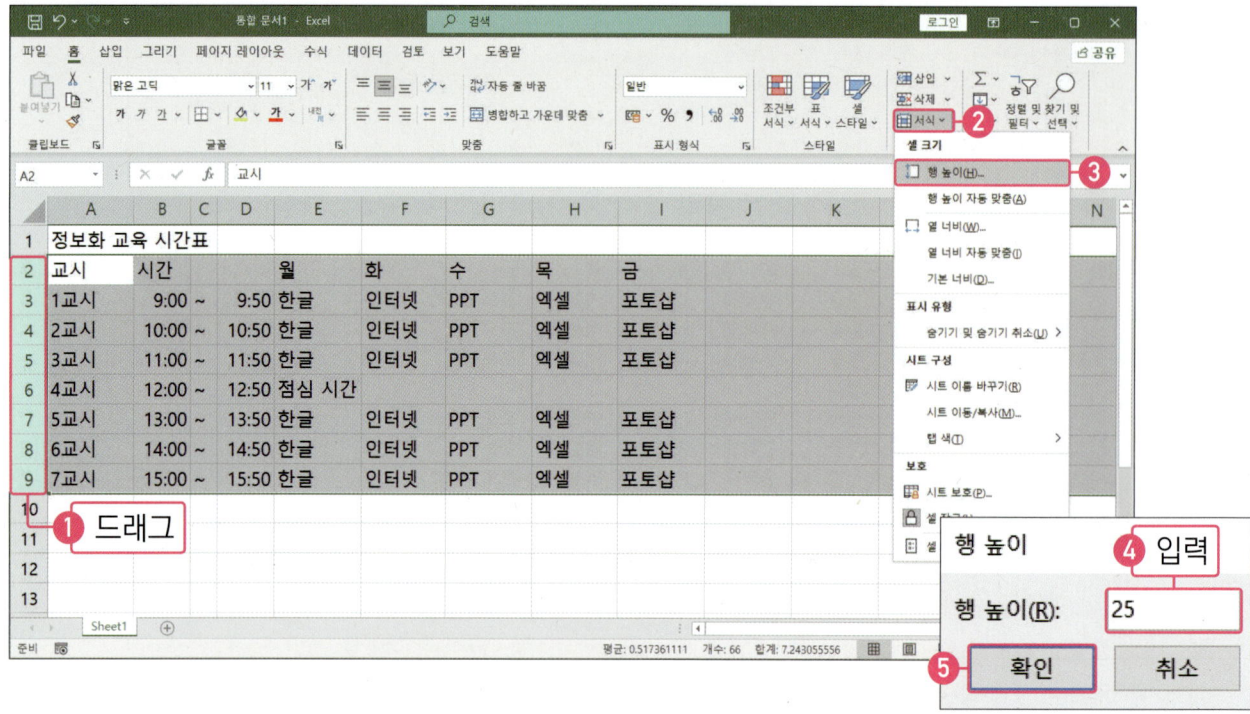

02 행의 높이가 조절된 것을 확인할 수 있습니다.

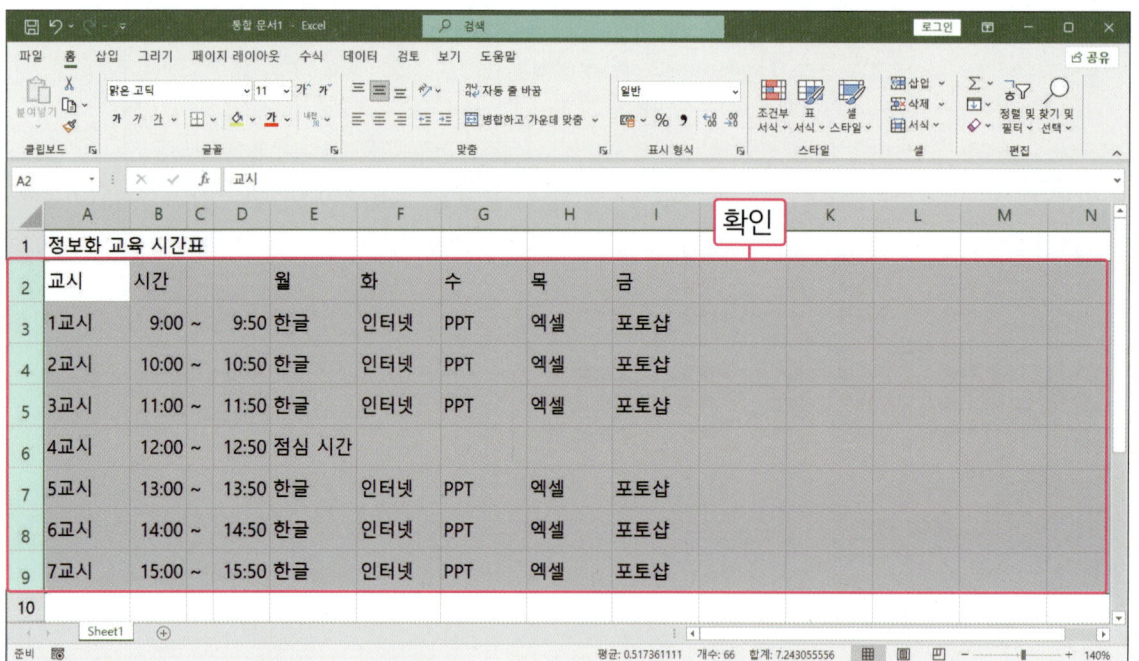

> 잠깐
>
> 머리글을 선택한 후 마우스 오른쪽 버튼을 클릭하여 바로가기 메뉴가 나타나면 [행 높이]를 클릭해도 됩니다.

▶ 행 삽입하기

01 1행의 머리글을 클릭하여 선택한 후 [홈] 탭-[셀] 그룹에서 [삽입]을 클릭합니다.

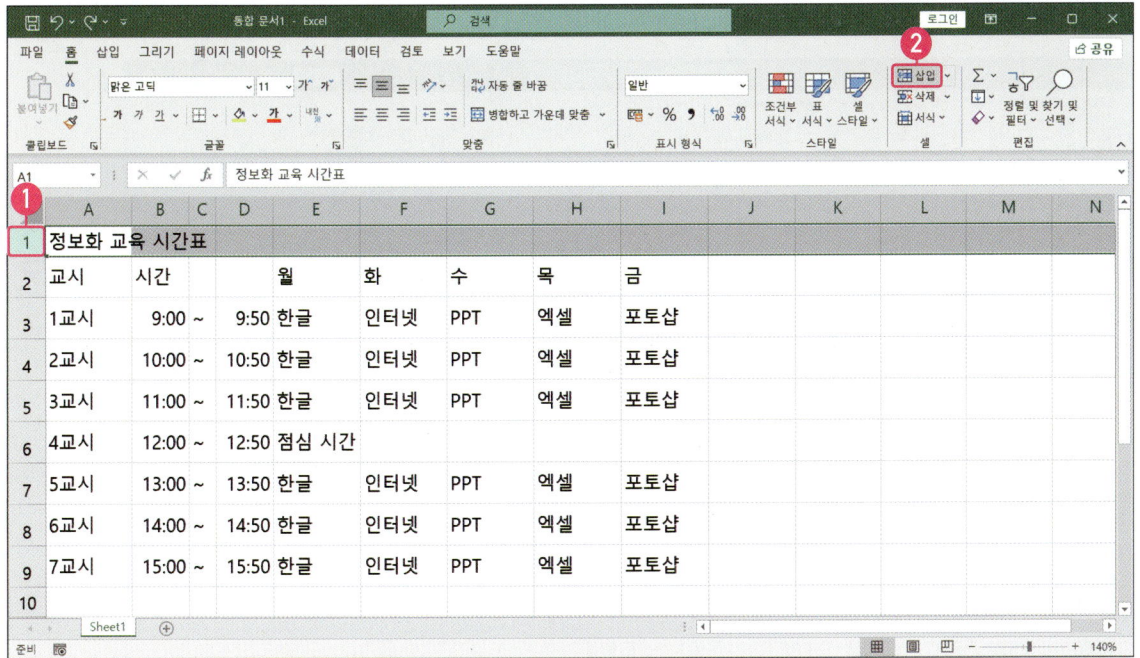

02 새로운 1행이 생성되었습니다. 기존에 입력되어 있던 데이터가 한 행씩 밀린 것을 확인할 수 있습니다.

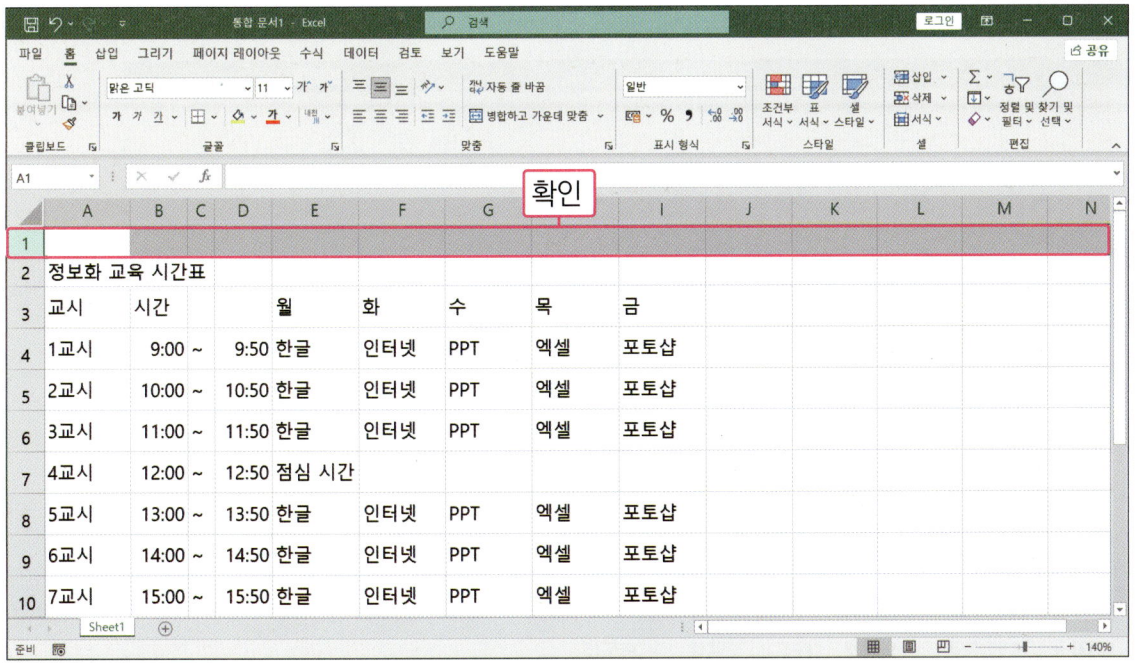

▶ 병합하고 가운데 맞춤하기

01 [A1:I2] 영역을 드래그하여 선택하고 Ctrl 키를 누른 채 [B3:D3] 영역을 드래그하고, 계속해서 Ctrl 키를 누른 채 [E7:I7] 영역을 드래그하여 선택합니다.

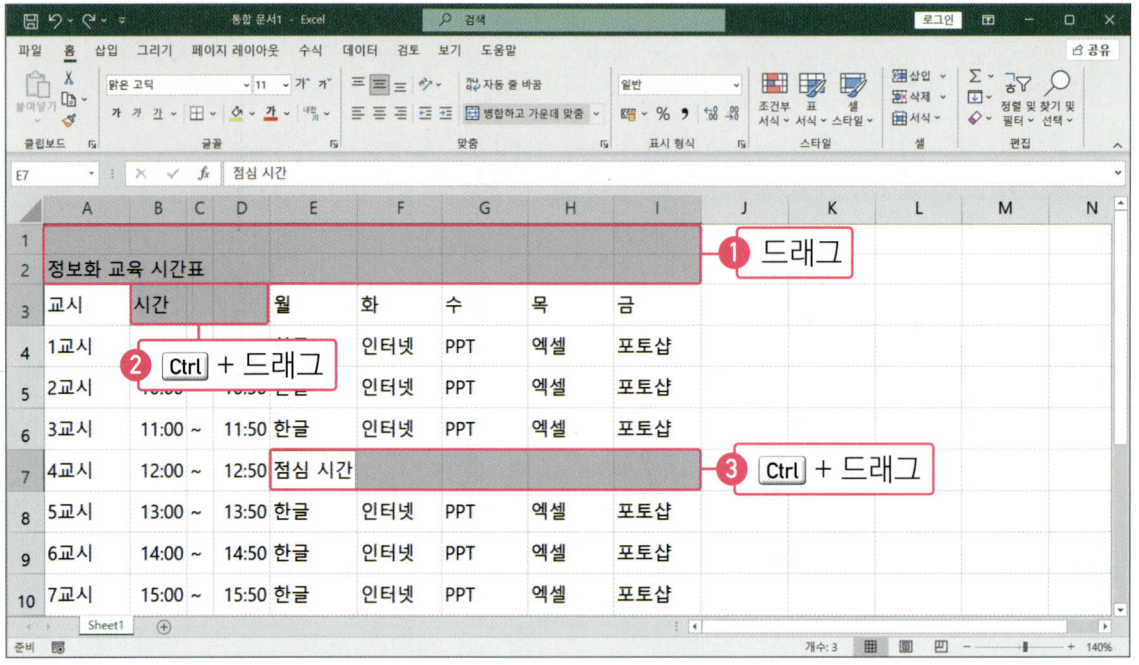

02 [홈] 탭-[맞춤] 그룹-[병합하고 가운데 맞춤]을 클릭합니다. 셀이 병합된 것을 확인할 수 있습니다.

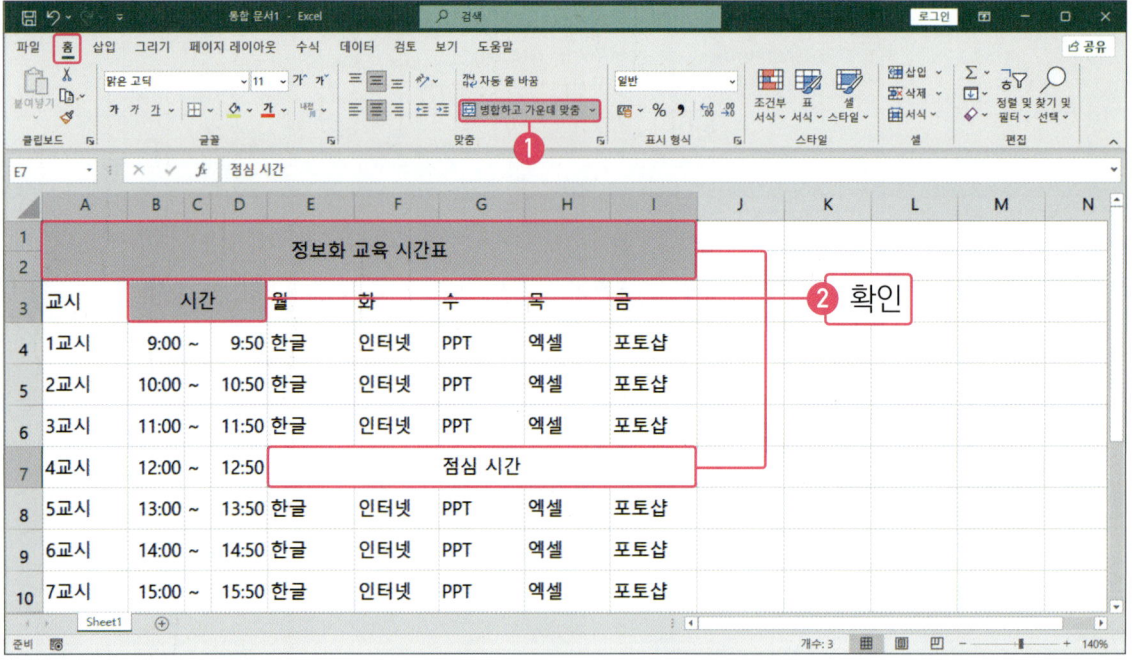

> 잠깐 병합한 셀을 다시 원래대로 분리하려면 [병합하고 가운데 맞춤]을 다시 클릭합니다.

03 빠른 실행 도구 모음의 ■(저장)을 클릭하여 '시간표'로 저장합니다.

응용력 키우기

01 새 통합 문서를 생성한 후 자동 채우기 기능을 활용하여 다음처럼 데이터를 입력해 봅니다.

	A	B	C	D	E	F	G	H
1	소독 일정							
2								
3	세대주	동	호수	1차 방문	2차 방문	3차 방문		
4	홍길동	1동	101호	월요일	월요일	월요일		
5	박문수	2동	102호	화요일	화요일	화요일		
6	김삿갓	3동	103호	수요일	수요일	수요일		
7	장영실	4동	104호	목요일	목요일	목요일		
8	정약용	5동	105호	금요일	금요일	금요일		
9	허준	6동	106호	토요일	토요일	토요일		
10	신윤복	7동	107호	일요일	일요일	일요일		
11								

02 문제 **01**의 파일을 다음과 같이 수정한 후 '소독 일정.xlsx'로 저장해 봅니다.

	A	B	C	D	E	F	G	H
1			소독 일정					
2								
3	세대주	동	호수	1차 방문	2차 방문	3차 방문		
4	홍길동	1동	101호	월요일	수요일	금요일		
5	박문수	1동	102호	화요일	목요일	토요일		
6	김삿갓	1동	103호	수요일	금요일	일요일		
7	장영실	1동	104호	목요일	토요일	월요일		
8	정약용	1동	105호	금요일	일요일	화요일		
9	허준	1동	106호	토요일	월요일	수요일		
10	신윤복	1동	107호	일요일	화요일	목요일		
11								

- [A1:F1] 영역을 드래그하여 선택한 후 [홈] 탭–[맞춤] 그룹–[병합하고 가운데 맞춤] 클릭
- [B4] 영역의 채우기 핸들(➕)을 Ctrl 키를 누른 채 드래그하면 혼합 데이터를 복사할 수 있습니다

03 새 통합 문서를 생성한 후 자동 채우기 기능을 활용하여 다음처럼 데이터를 입력해 봅니다.

	A	B	C	D	E	F	G	H	I
1	2026년 9월								
2	월요일	화요일	수요일	목요일	금요일	토요일	일요일		
3		1	2	3	4	5	6		
4	7	8	9	10	11	12	13		
5	14	15	16	17	18	19	20		
6	21	22	23	24	25	26	27		
7	28	29	30	31					
8									
9									
10									
11									
12									

04 문제 **03**의 파일을 다음과 같이 수정한 후 '달력.xlsx'로 저장해 봅니다.

- [A1:G1] 영역 : '병합하고 가운데 맞춤' 설정
- A열~G열의 열 너비 : 10
- 1행~7행의 행 높이 : 30

재고 현황표 만들기

- 열 너비 조정
- 시트 이름 변경
- 시트 숨기기
- 시트 삽입, 삭제
- 시트 복사본 만들기
- 수식 자동 채우기

미/리/보/기

■ 완성파일 : 재고현황(완성).xlsx

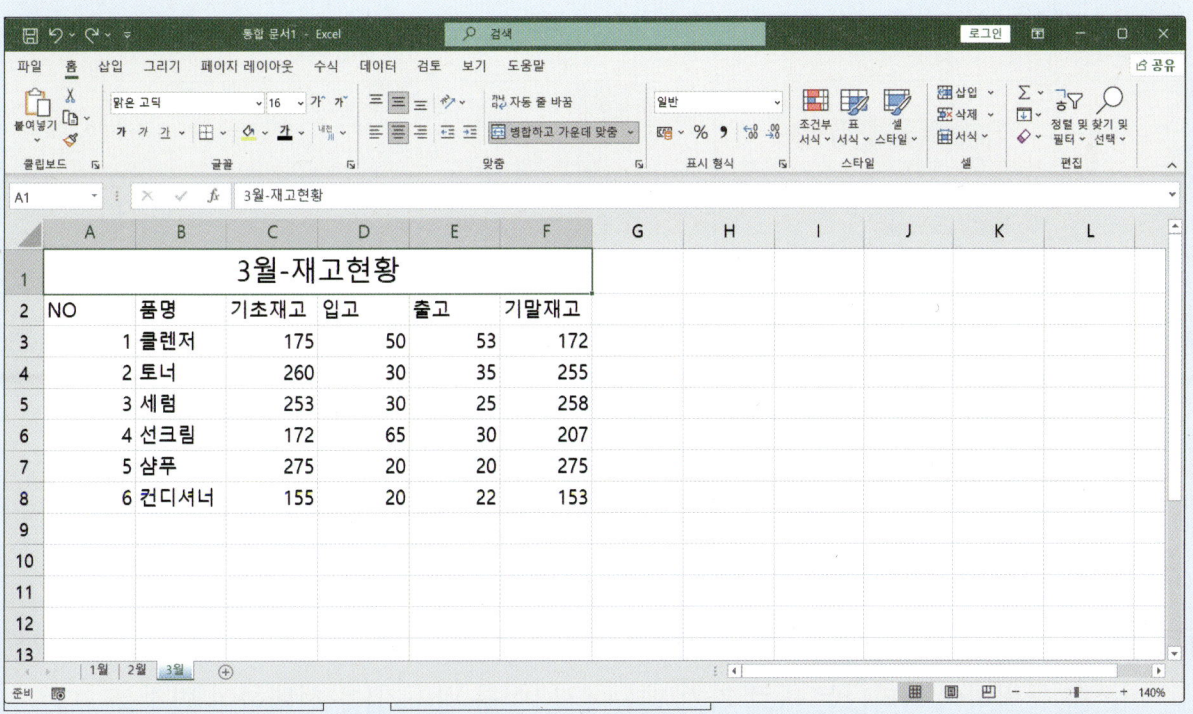

이번 장에서는 재고 현황표를 통해 열 너비를 조정해 보고 시트를 삽입, 삭제, 이름 변경, 복사본 만들기 등 시트를 관리하는 방법과 간단하게 수식 자동 채우기를 하는 방법에 대해 알아보겠습니다.

01 워크시트 다루기

▶ 워크시트 생성하기

(새 시트)를 클릭하면 선택된 시트 뒤에 새로운 시트가 추가됩니다.

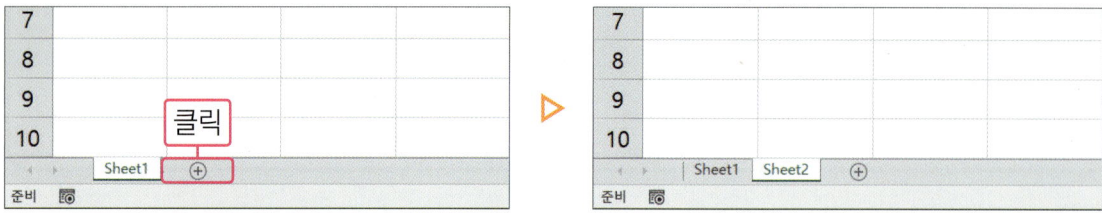

▶ 워크시트 삭제하기

시트 탭에서 시트를 선택한 후 마우스 오른쪽 버튼을 클릭하여 나타나는 바로 가기 메뉴에서 [삭제]를 선택합니다.

▶ 워크시트 이름 변경하기

시트 탭에서 시트 이름 부분을 더블 클릭한 후 이름을 변경하거나, 시트를 선택한 후 마우스 오른쪽 버튼을 클릭하여 나타나는 바로 가기 메뉴에서 [이름 바꾸기]를 선택하여 변경합니다.

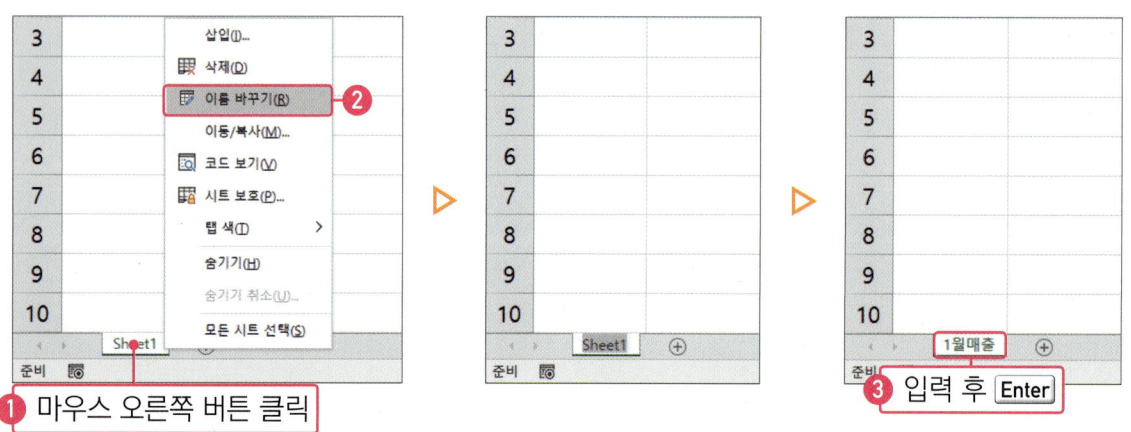

▶ 시트 이동하기

시트 탭에서 시트를 드래그하여 이동합니다.

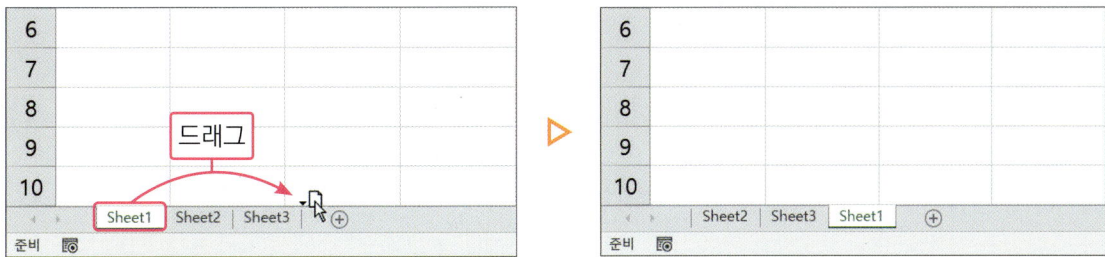

▶ 시트 복사하기

시트 탭에서 Ctrl 키를 누른 채 시트를 드래그하여 이동하면 시트가 복사됩니다.

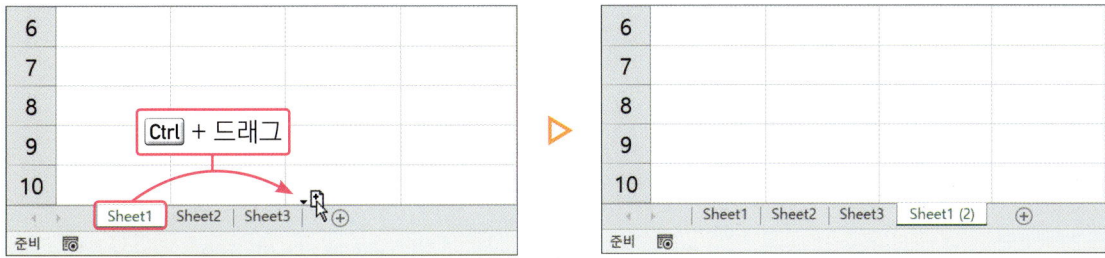

▶ 시트 숨기기

시트를 선택한 후 마우스 오른쪽 버튼을 클릭하여 나타나는 바로 가기 메뉴에서 [숨기기]를 선택합니다.

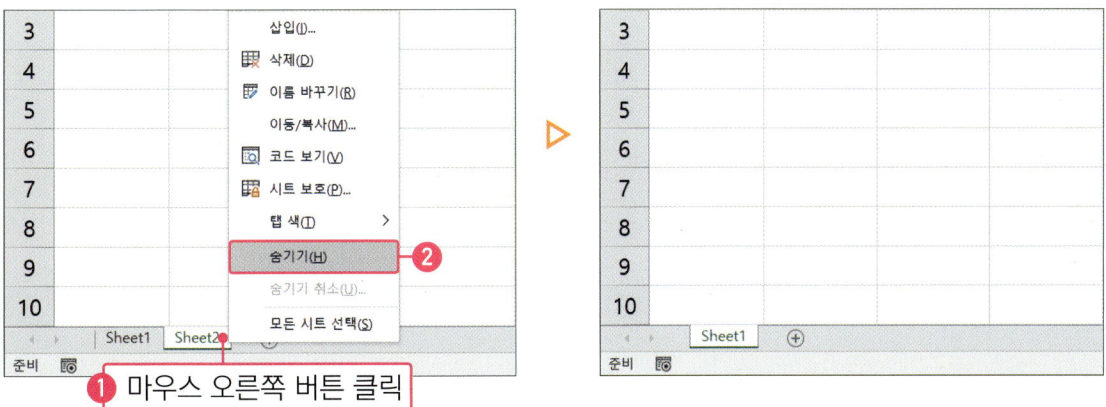

워크시트를 생성하거나 이동, 복사, 삭제 등을 하는 경우 실행 취소(↺)가 되지 않습니다. 특히 워크시트 삭제는 주의해서 실행합니다.

02 재고 현황 만들기

▶ 워크시트 삽입하기

01 엑셀을 실행한 후 [새 통합 문서]를 클릭합니다. ⊕(새 시트)를 클릭합니다.

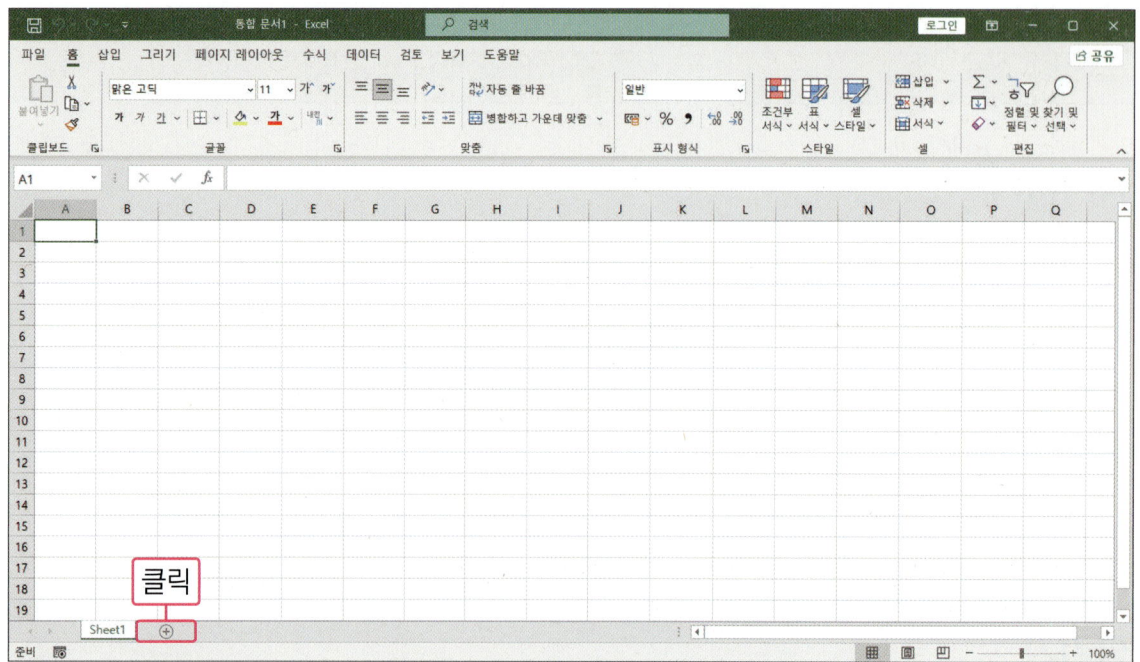

02 시트 탭에 'Sheet2'가 생성된 것을 확인할 수 있습니다.

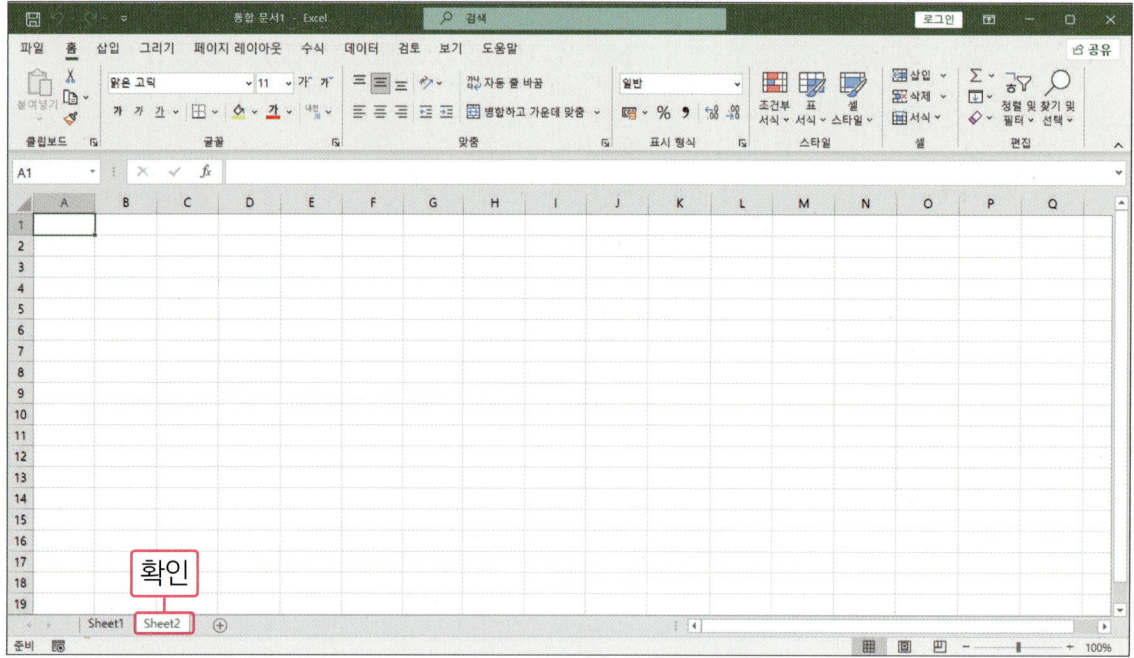

▶ 동시에 워크시트 화면 확대하기

01 시트 탭의 'Sheet2'를 마우스 오른쪽 버튼으로 클릭한 후 바로 가기 메뉴가 나타나면 [모든 시트 선택]을 선택합니다.

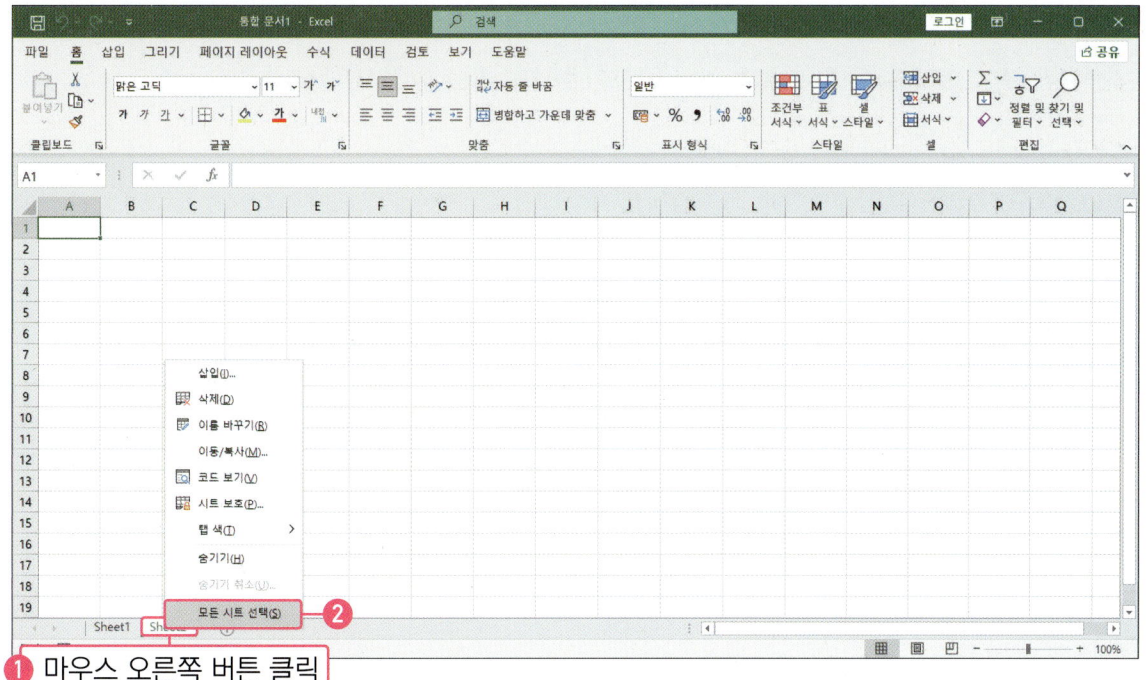

02 제목 표시줄에 '[그룹]'이 표시되며 두 개의 시트가 모두 선택되었습니다. 오른쪽 하단의 100%를 클릭합니다. [확대/축소] 대화상자가 나타나면 '140'을 입력한 후 [확인] 버튼을 클릭합니다.

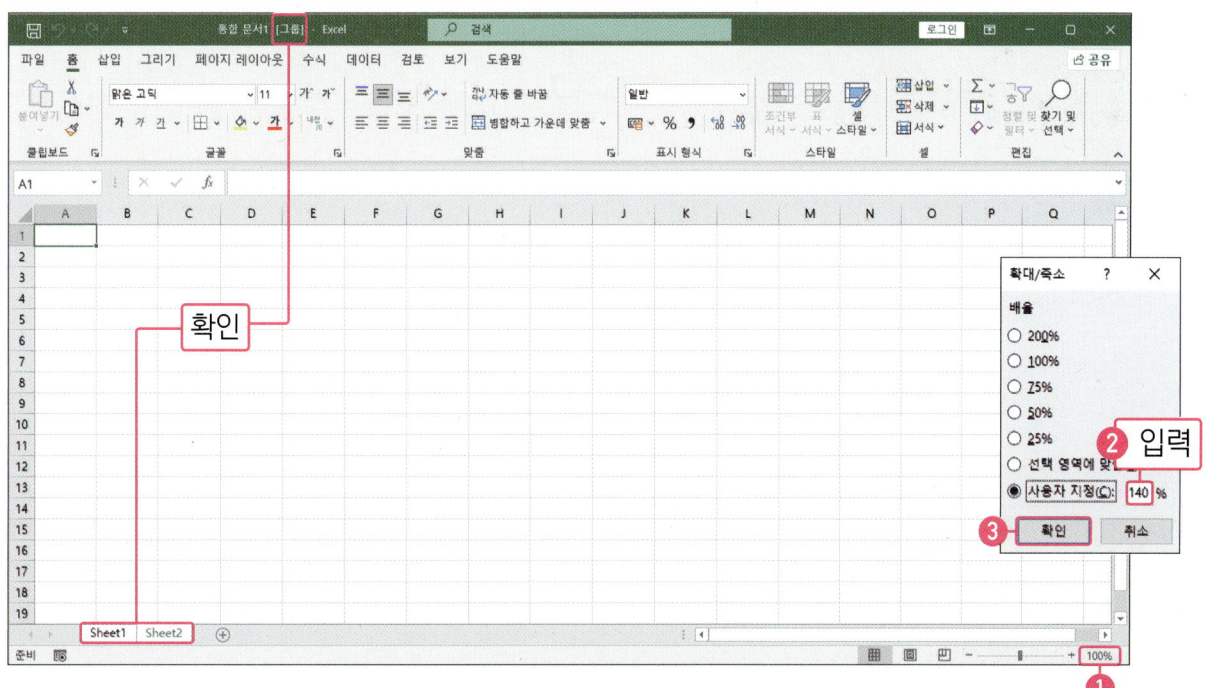

03 워크시트의 셀이 확대되어 크게 보이는 것을 확인할 수 있습니다.

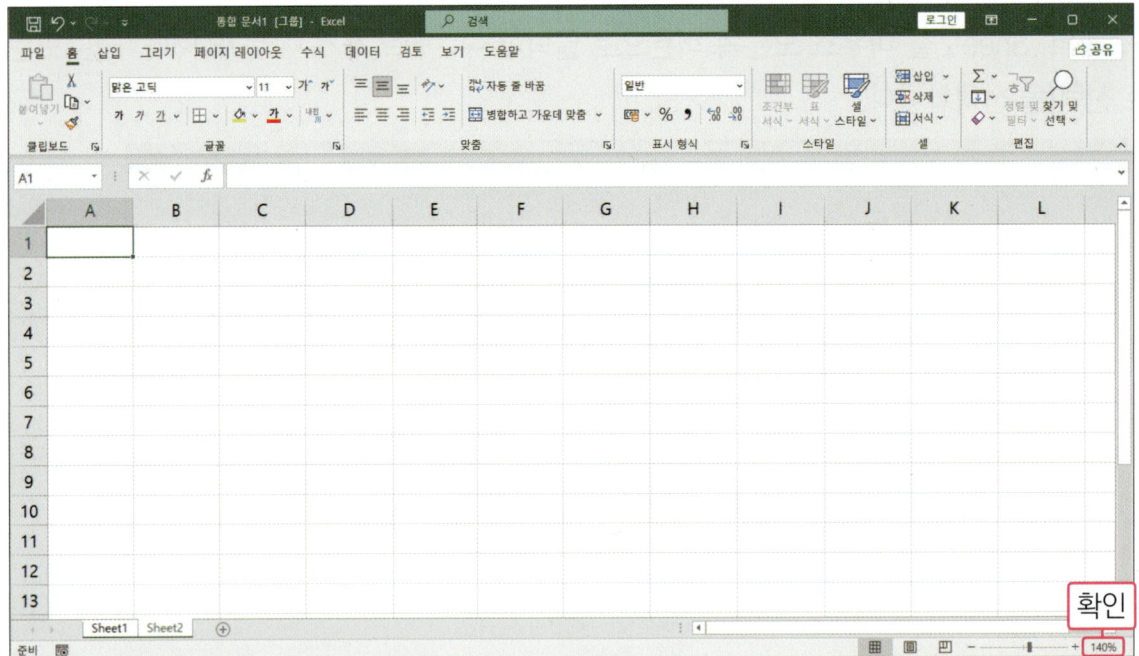

▶ **데이터 입력하기**

01 다음과 같이 데이터를 입력하고 [A1:F1] 영역을 드래그 한 후 [홈] 탭-[맞춤] 그룹-[병합하고 가운데 맞춤]을 클릭합니다.

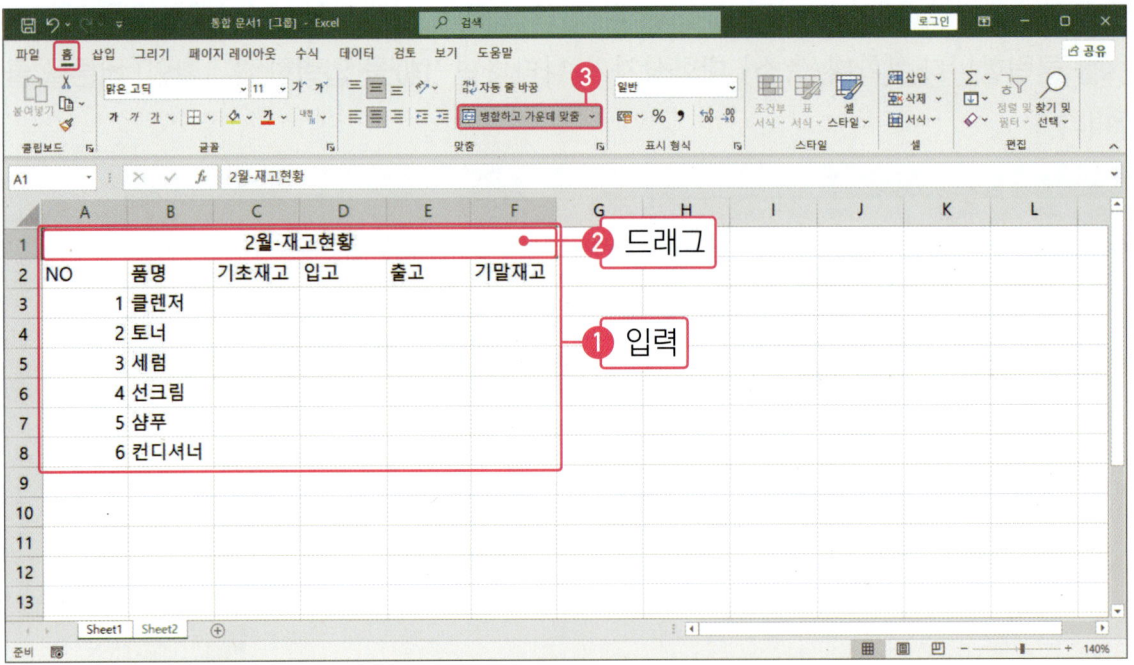

02 'Sheet1'을 클릭하여 선택하고 [A1] 셀의 '2'를 '1'로 수정하여 입력합니다.

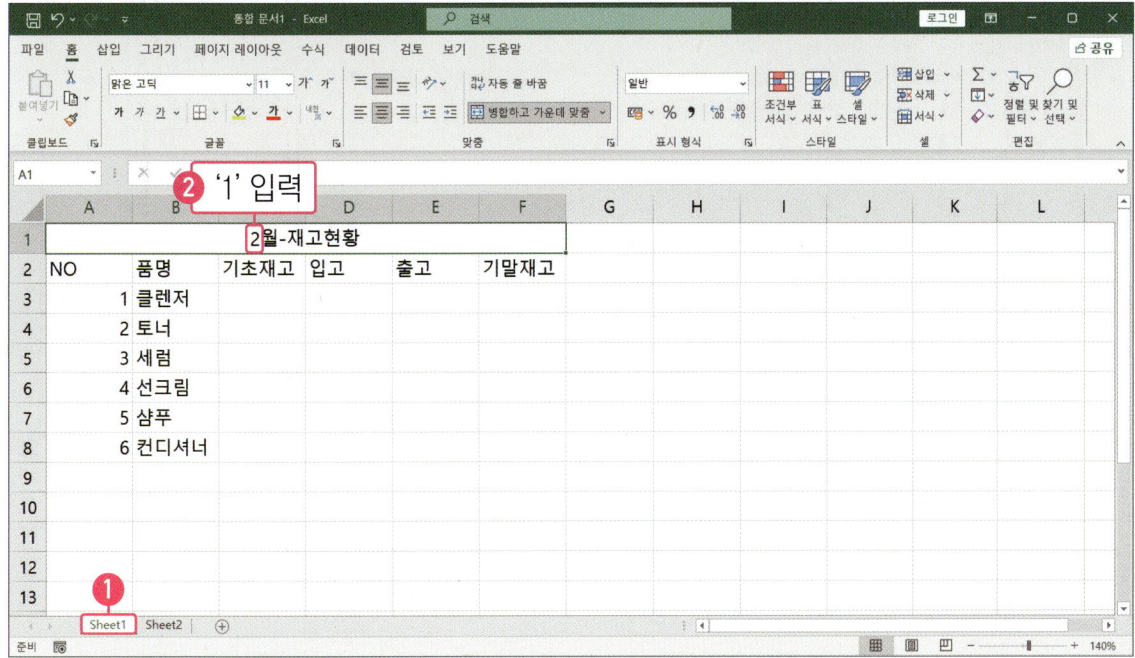

▶ 워크시트 이름 변경하기

01 시트 탭의 'Sheet1'을 마우스 오른쪽 버튼으로 클릭한 후 바로 가기 메뉴가 나타나면 [이름 바꾸기]를 선택합니다.

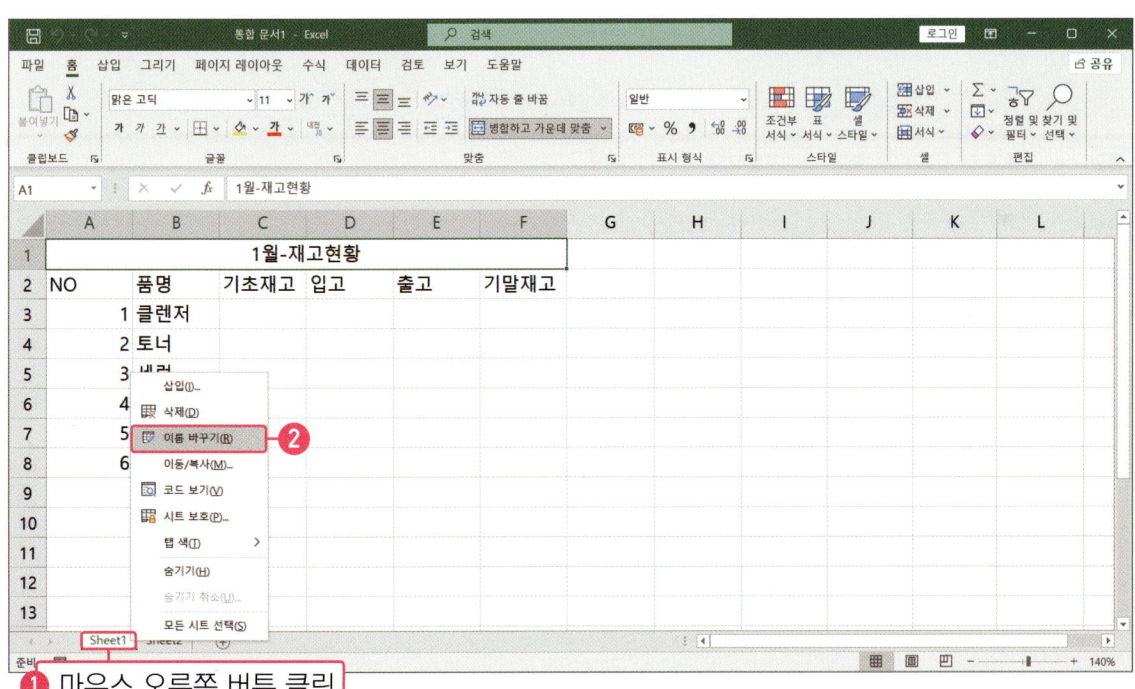

02 '1월'로 입력한 후 Enter 키를 누릅니다.

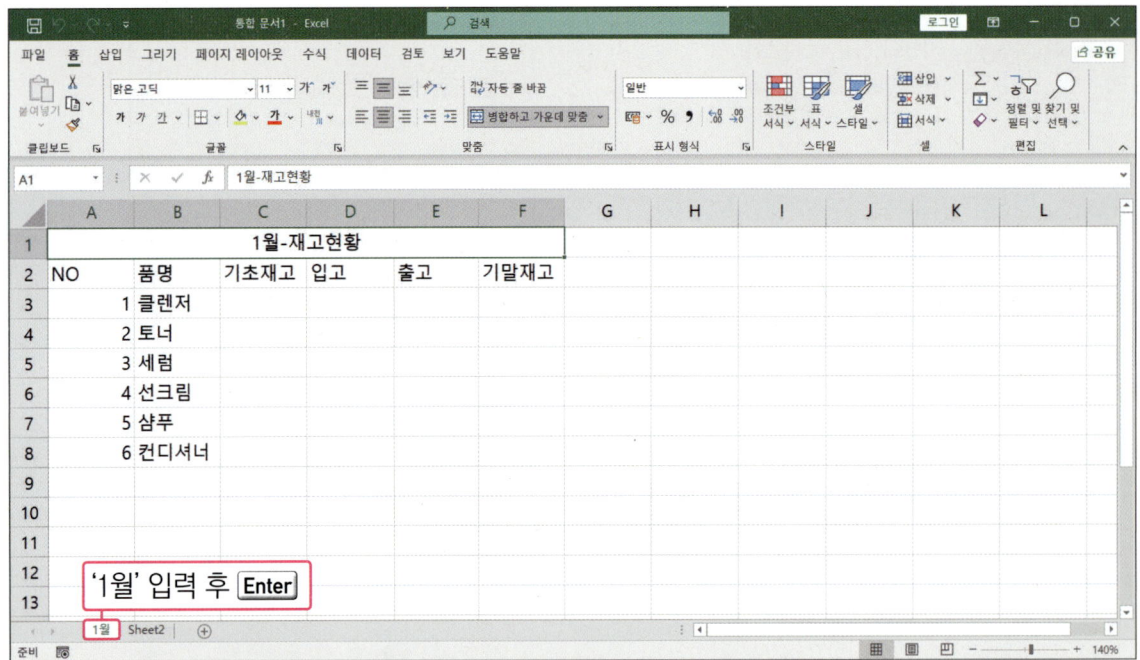

03 'Sheet2'를 더블 클릭한 후 '2월'로 입력하고 Enter 키를 누릅니다.

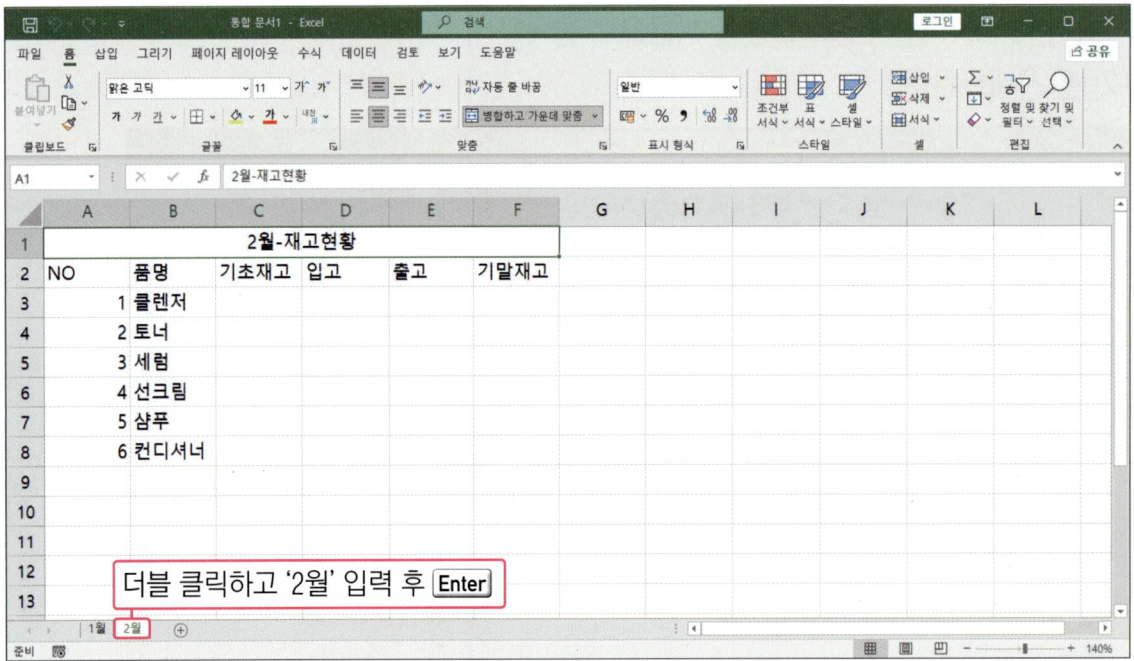

▶ 수식 자동 채우기

01 [C3:E8] 영역을 드래그한 후 데이터를 입력하고 다음 셀로 이동하기 위해 Enter 키를 누릅니다. 선택 영역을 지정하고 입력하면 열을 이동할 때 편리합니다.

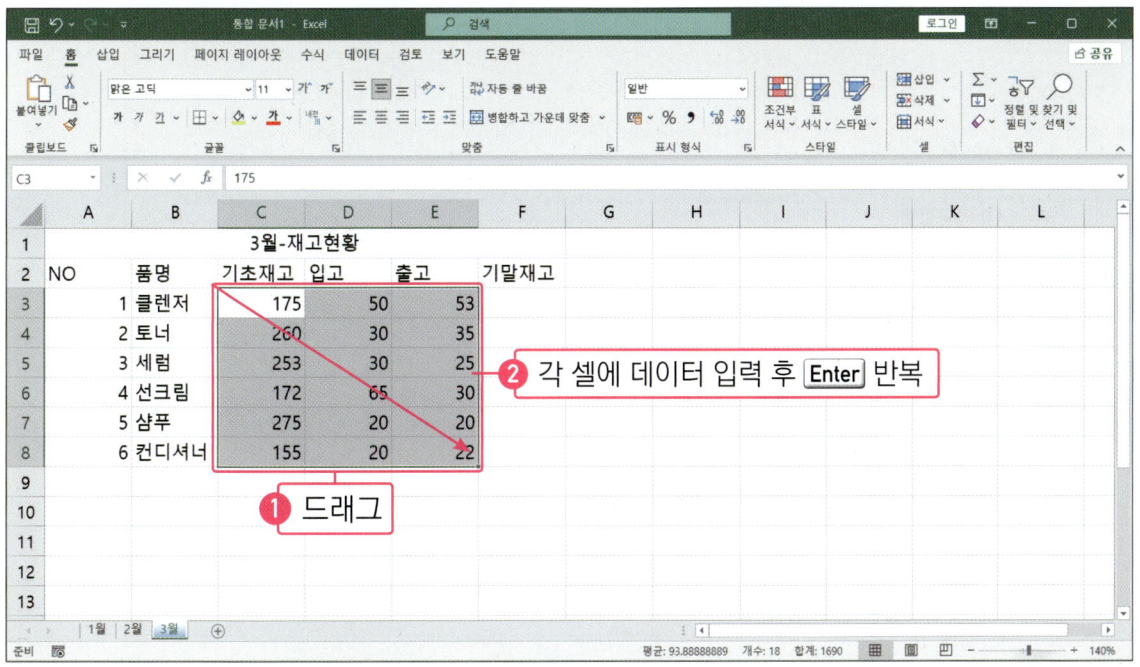

 셀 범위를 지정하고 데이터를 입력하는 경우 다음 열로 이동 시 Enter 키를 누르면 바로 이동되어 편리합니다. [C3:E8] 영역의 첫 번째 셀인 [C3] 셀부터 입력하여 [C8] 셀까지 입력을 마친 후 Enter 키를 누르면 다음 열의 시작 셀인 [D3] 셀로 이동됩니다.

02 [F3] 셀을 클릭한 후 '='를 입력합니다. [C3] 셀을 클릭한 후 '+'를 입력합니다. [D3] 셀을 클릭한 후 '-'를 입력하고 [E3] 셀을 클릭한 후 Enter 키를 누릅니다.

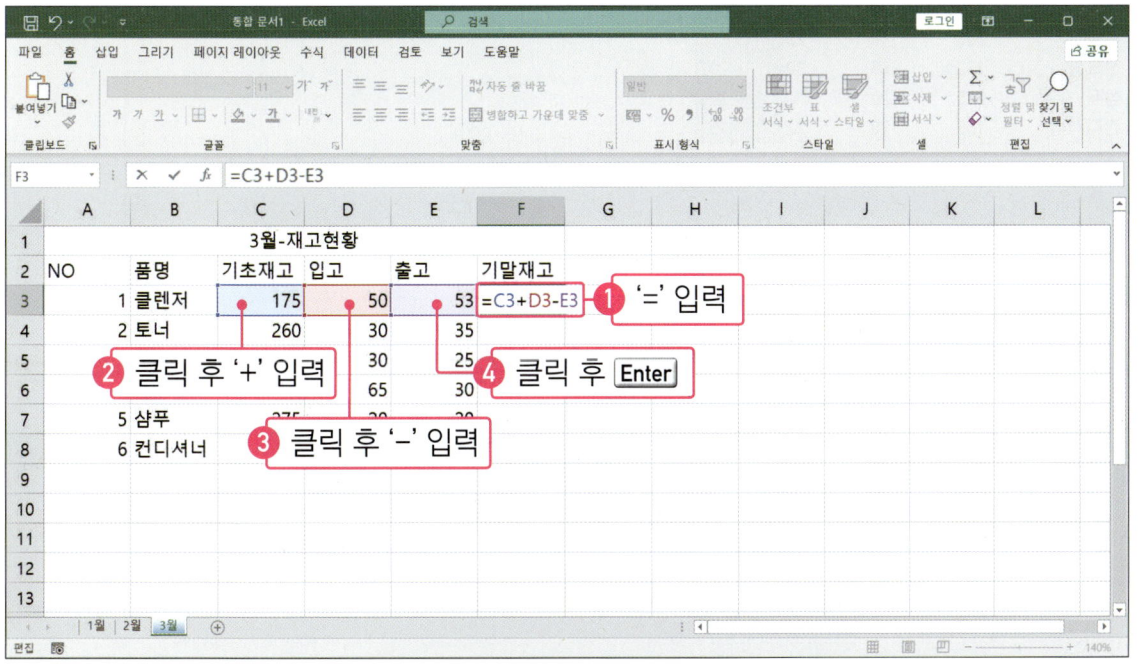

03 [F3] 셀에 자동으로 계산된 결괏값이 표시됩니다. **[F3] 셀을 클릭**한 후 **마우스 포인터를 오른쪽 아래 모서리 채우기 핸들(▪)에 위치**하여 십자가 모양(+)으로 변경되면 [F8] 셀까지 드래그합니다.

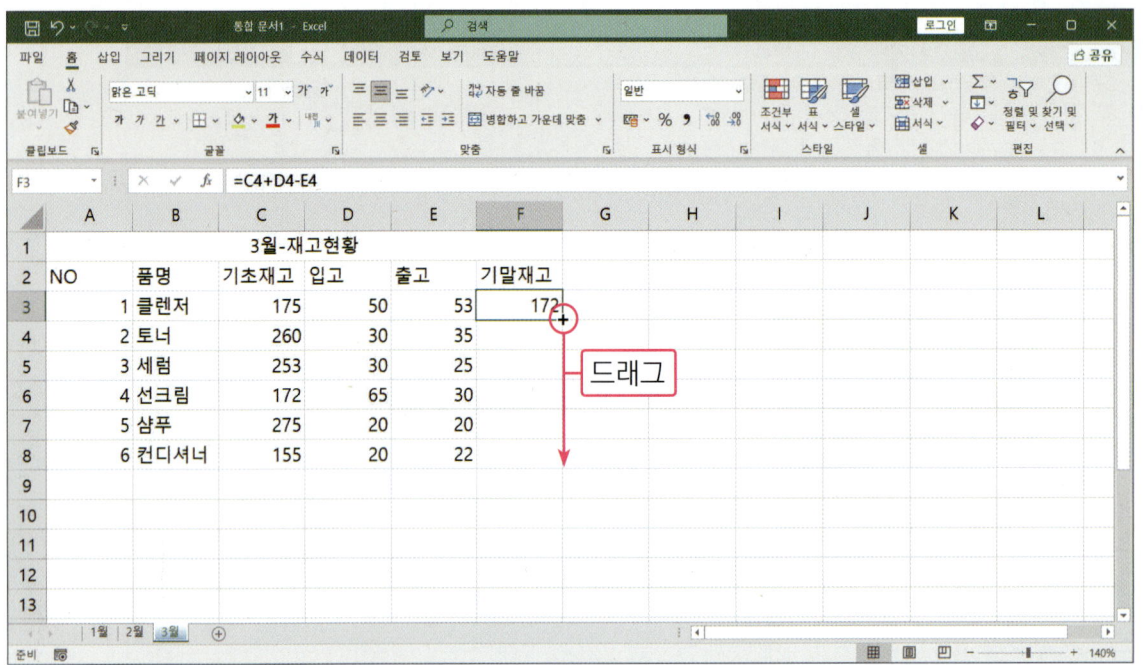

04 자동으로 셀의 내용이 채워집니다.

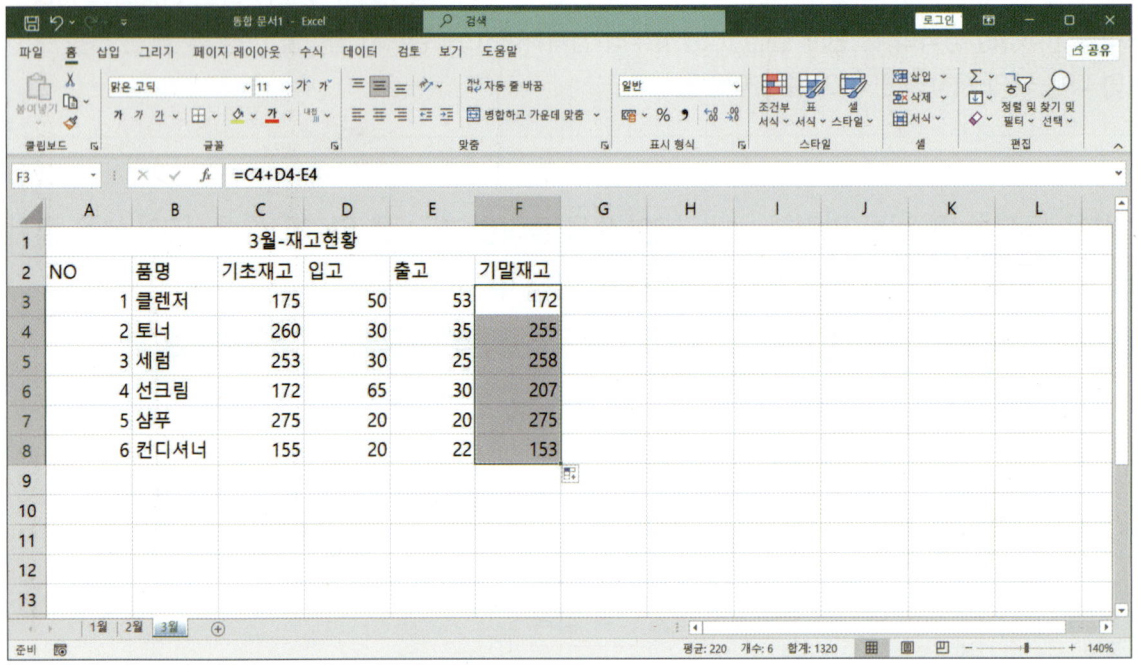

05 [F4] 셀을 클릭하여 수식 입력줄을 살펴보면 행 번호가 변경되면서 수식이 자동으로 입력된 것을 확인할 수 있습니다.

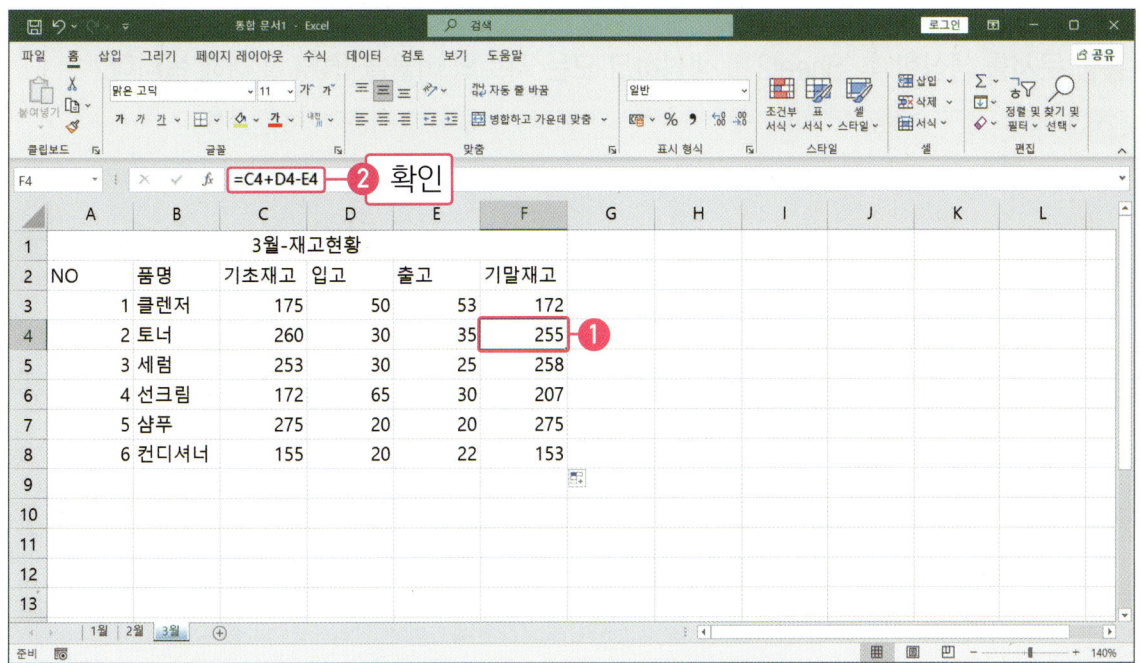

 수식 자동 채우기는 '06장. 급여 내역서 만들기'에서 학습합니다.

06 [A1] 셀을 클릭하여 선택한 후 [홈] 탭-[글꼴] 그룹에서 [글꼴 크기]를 '16'으로 입력하고 Enter 키를 누릅니다.

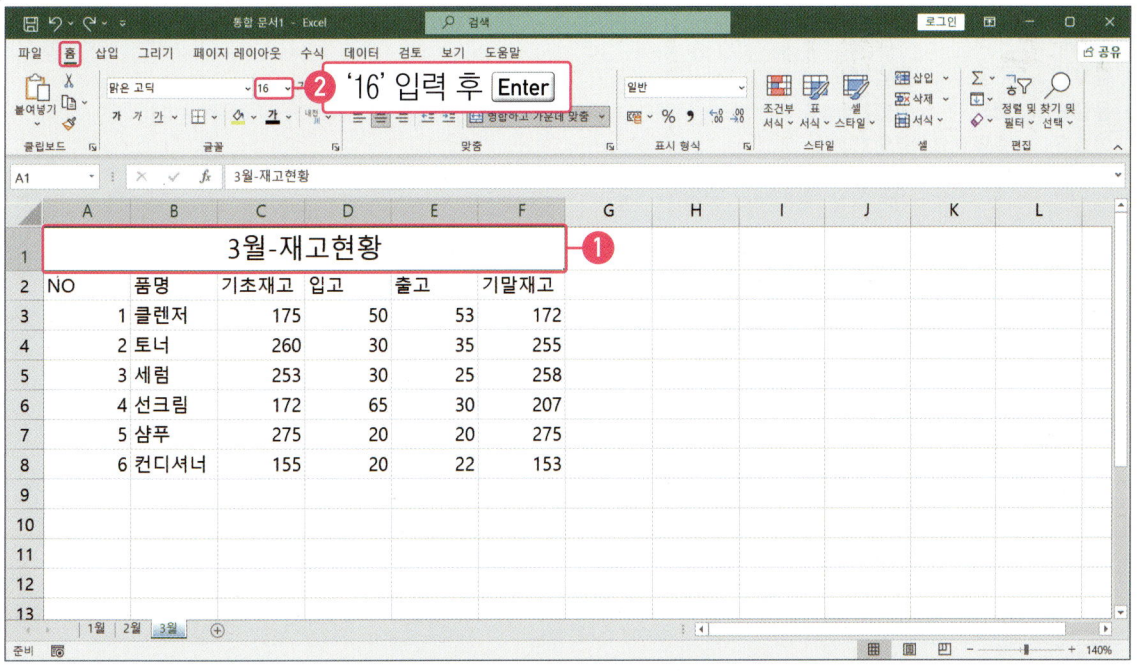

07 빠른 실행 도구 모음의 (저장)을 클릭한 후 '재고현황'으로 저장합니다.

응용력 키우기

01 새 통합 문서를 생성한 후 'Sheet2'를 생성하고 모든 시트의 비율을 150% 확대해 봅니다.

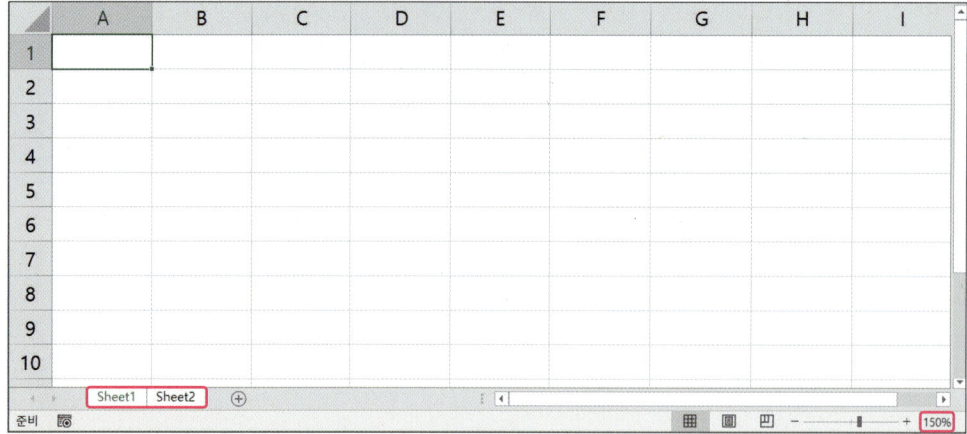

 시트 탭에서 마우스 오른쪽 버튼을 클릭 → 바로 가기 메뉴에서 [모든 시트 선택]을 선택 → 확대/축소 비율을 150%로 설정

02 문제 **01**의 파일을 다음처럼 입력해 봅니다.

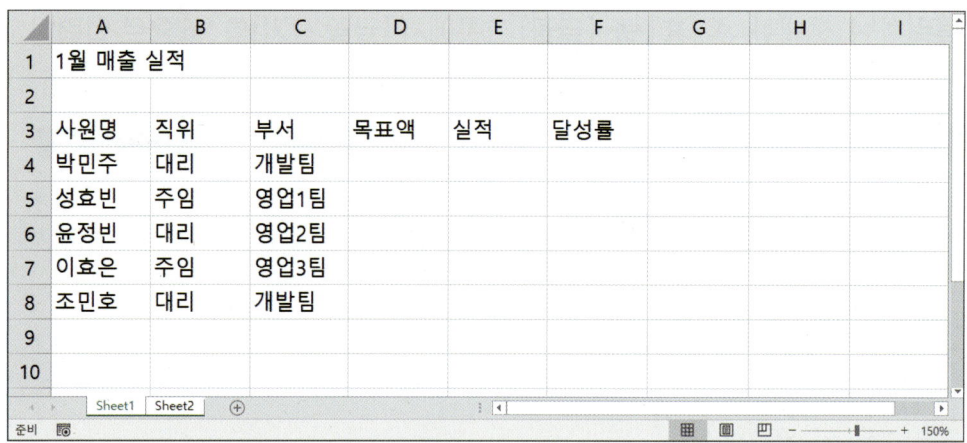

03 문제 **02**의 파일을 다음처럼 변경해 봅니다. 시트 이름을 '2월 매출'로 변경해 보고 시트 탭 색을 노랑으로 변경해 봅니다.

- [A1] 셀 : '2월 매출 실적'으로 변경
- 시트 이름 : '2월 매출'로 변경
- 시트 탭 색 : '노랑'으로 변경
- [D4:E8] 영역 : 입력

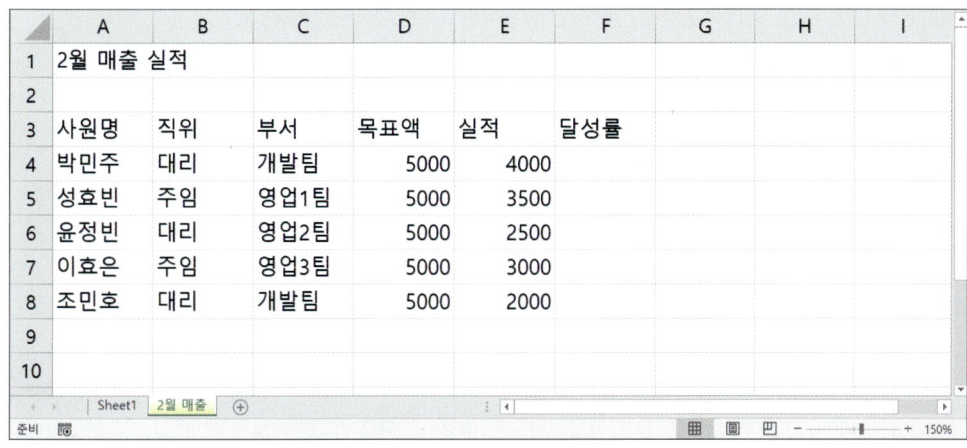

04 문제 **03**의 파일에서 [F4] 셀에 'E4/D4'의 수식을 작성하고 [F8] 셀까지 자동 채우기를 한 후 '매출실적.xlsx'로 저장해 봅니다.

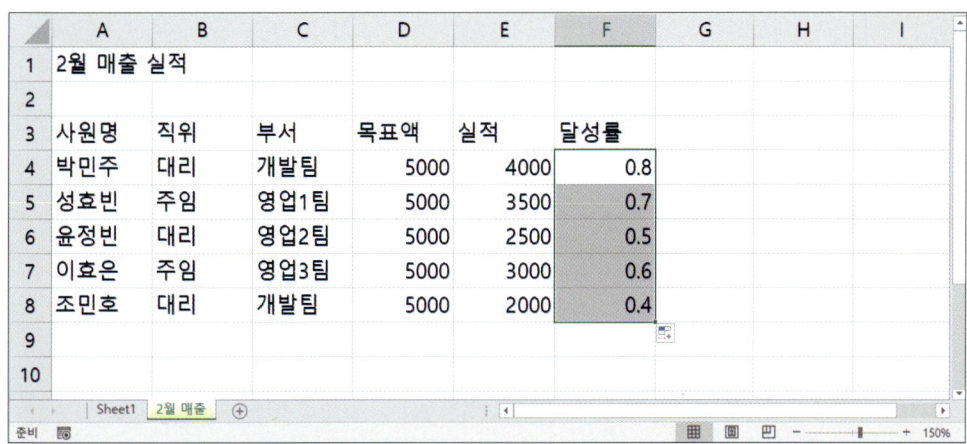

[F4] 셀의 수식 =E4/D4

05 품의서 만들기

- 서식 지정
- 서식 복사
- 복사하여 그림으로 붙이기
- 인쇄 영역 설정
- 머리글/바닥글
- 페이지 번호 삽입

미/리/보/기

완성파일 : 지출품의서(완성).xlsx

이번 장에서는 품의서를 만들어 보며 셀에 서식을 지정하는 방법과 표시 형식을 변경하는 방법, 인쇄하는 방법에 대하여 알아보겠습니다.

01 셀 서식과 인쇄 기능 알아보기

▶ [홈] 탭의 [글꼴] 그룹 살펴보기

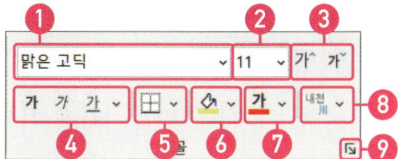

① **글꼴** : 입력 상자에 글꼴 이름을 입력하거나 ▼를 클릭하여 목록에서 글꼴을 선택합니다.

② **글꼴 크기** : 입력 상자에 글꼴 크기를 입력하거나 ▼를 클릭하여 목록에서 글꼴 크기를 선택합니다.

③ **글꼴 크기 크게/글꼴 크기 작게** : 텍스트 크기를 한 단계 크게 또는 작게 조정합니다.

④ **굵게 / 기울임꼴 / 밑줄** : 굵게, 기울임꼴, 밑줄을 적용합니다.

⑤ **테두리** : 선택한 셀에 테두리를 적용합니다.

⑥ **채우기 색** : 셀의 배경에 적용할 색상을 선택합니다.

⑦ **글꼴 색** : 텍스트의 색상을 선택합니다.

⑧ **윗주 필드 표시/숨기기** : 선택한 셀의 텍스트 위에 보충 글을 삽입합니다.

⑨ [셀 서식] 대화상자에서 글꼴 관련 서식을 변경할 수 있습니다.

▶ [홈] 탭의 [맞춤] 그룹 살펴보기

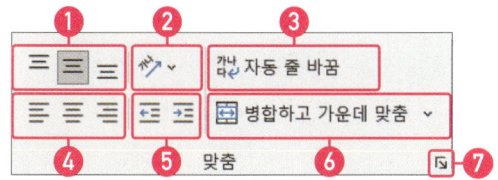

① **위쪽 맞춤 / 가운데 맞춤 / 아래쪽 맞춤** : 셀 안의 텍스트를 세로 기준으로 위쪽 맞춤, 가운데 맞춤, 아래쪽 맞춤을 적용합니다.

② **방향** : 텍스트의 방향을 설정합니다.

③ **자동 줄 바꿈** : 텍스트가 셀의 너비보다 길면 자동으로 다음 줄을 생성해 표시해 줍니다.

④ **왼쪽 맞춤 / 가운데 맞춤 / 오른쪽 맞춤** : 셀 안의 텍스트를 가로 기준으로 왼쪽 맞춤, 가운데 맞춤, 오른쪽 맞춤을 적용합니다.

⑤ **내어 쓰기 / 들여쓰기** : 텍스트를 왼쪽으로 내어 쓰거나 오른쪽으로 들여 씁니다.

⑥ **병합하고 가운데 맞춤** : 여러 셀을 병합하고 데이터를 가운데 맞춤합니다.

⑦ [셀 서식] 대화상자에서 맞춤 관련 설정을 변경할 수 있습니다.

▶ [셀 서식] 대화상자 살펴보기(Ctrl + 1)

- '셀 서식'이란 실제로 데이터값은 변하지 않지만, 보이는 형식을 변경하는 기능입니다.
- 입력한 데이터에 표시 형식을 적용한 후 Delete 키를 눌러 데이터를 삭제하면 데이터는 삭제되어도 셀에 지정한 표시 형식은 적용되어 있습니다.
- 표시 형식을 지우려면 [홈] 탭-[표시 형식] 그룹-[일반(특정 서식 없음)]을 선택합니다.
- 디자인 서식을 포함하여 완전히 지우려면 [홈] 탭-[편집] 그룹-[지우기]-[모두 지우기]를 선택합니다.

① [표시 형식] 탭 : 숫자, 통화, 회계, 날짜, 시간 등의 표시 형식을 지정합니다. 사용자 지정은 사용자가 직접 서식을 설정하여 데이터를 표시할 수 있습니다.

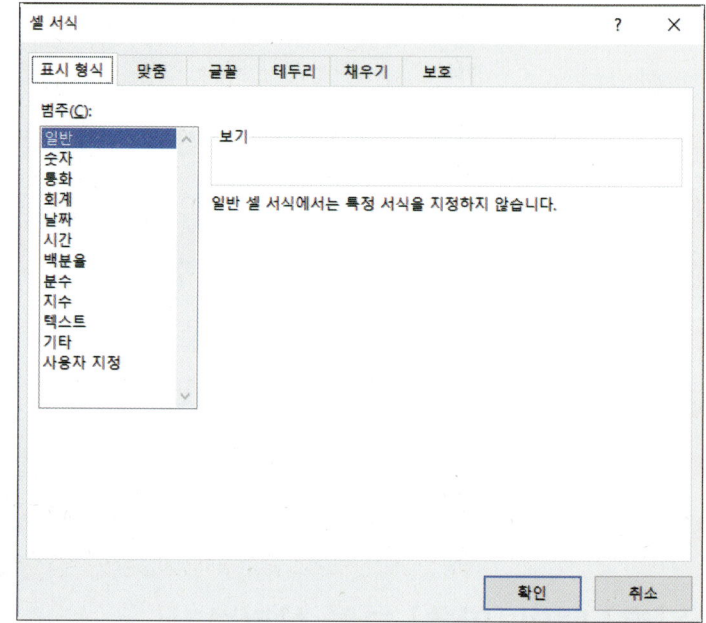

② [맞춤] 탭 : 선택한 셀 내에서 텍스트를 가로 또는 세로 맞춤, 들여쓰기, 텍스트 조정, 텍스트 방향 등을 지정합니다.

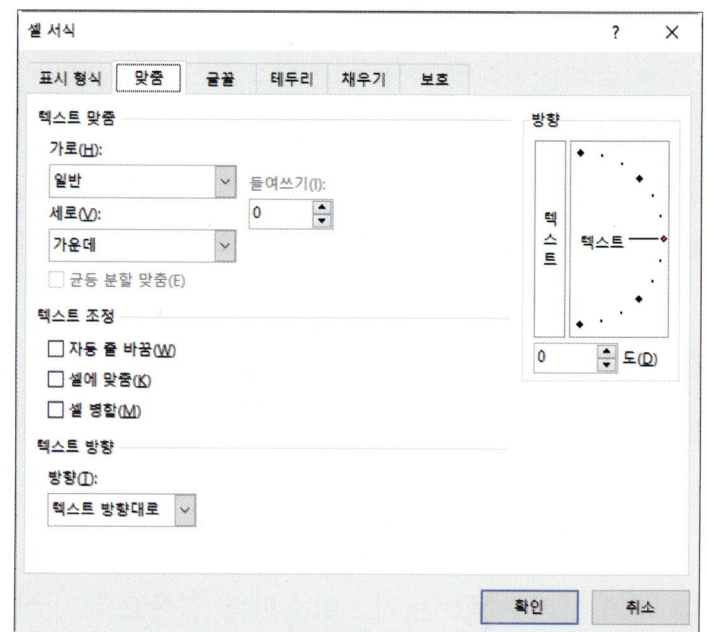

❸ [글꼴] 탭 : 글꼴, 글꼴 스타일, 크기, 밑줄, 색, 효과 등을 지정합니다.

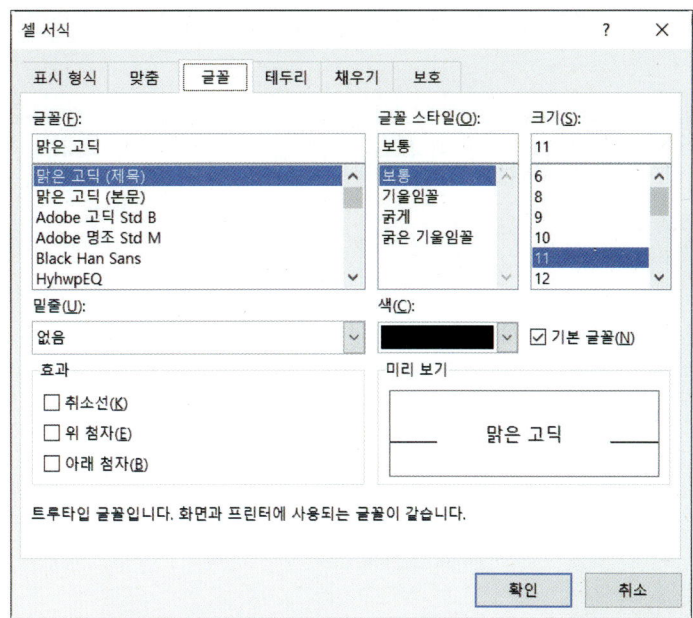

❹ [테두리] 탭 : 선택한 셀의 선 스타일, 색, 테두리를 지정합니다.

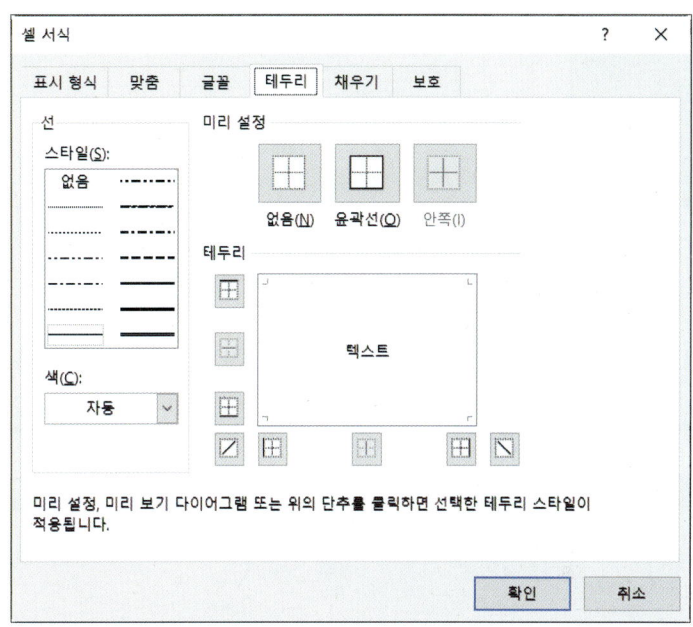

❺ [채우기] 탭 : 선택한 셀에 배경색을 지정하거나 무늬 색, 무늬 스타일을 지정합니다.

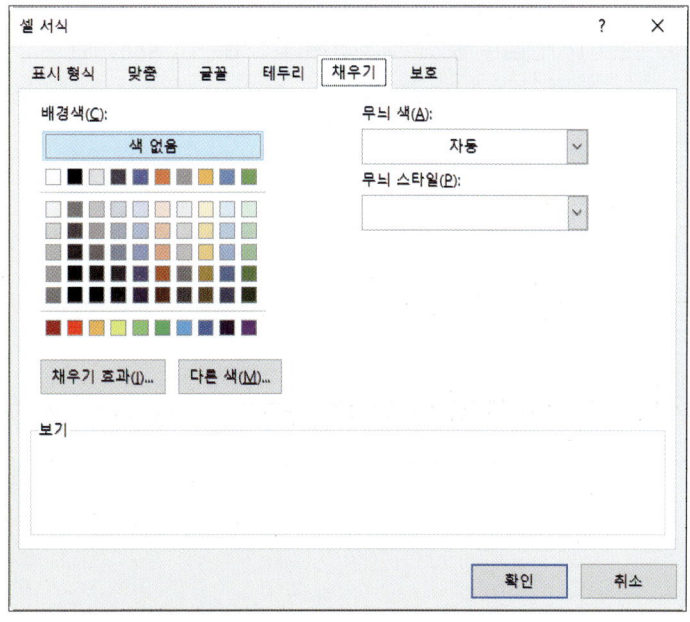

▶ [인쇄] 화면 살펴보기(Ctrl + P)

[파일] 탭-[인쇄]에서 [설정] 항목과 [페이지 설정]을 클릭하여 옵션을 설정한 후 인쇄 미리 보기 창에서 내용을 확인하고 인쇄를 클릭하여 인쇄할 수 있습니다.

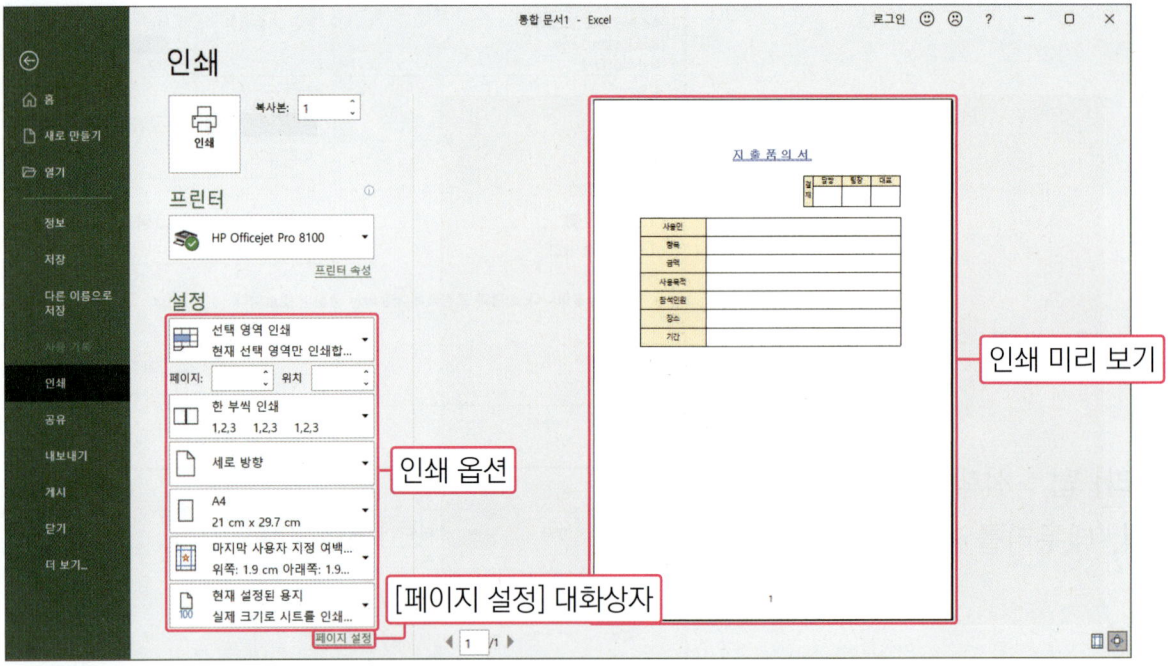

▶ [페이지 설정] 대화상자 살펴보기

[페이지 레이아웃] 탭-[페이지 설정] 그룹의 확장 버튼을 클릭하여 [페이지 설정] 대화상자를 나타낼 수 있습니다.

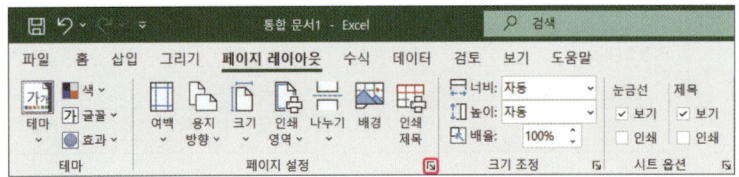

① [페이지] 탭 : 용지 방향, 배율, 용지 크기, 인쇄 품질, 시작 페이지 번호를 설정합니다.

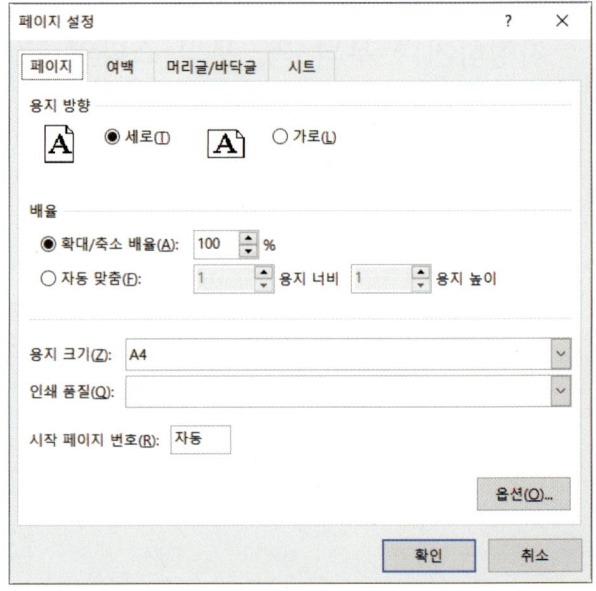

❷ [여백] 탭 : 위쪽, 아래쪽, 왼쪽, 오른쪽 및 머리글과 바닥글의 여백을 지정하고 [페이지 가운데 맞춤]의 기준을 설정합니다.

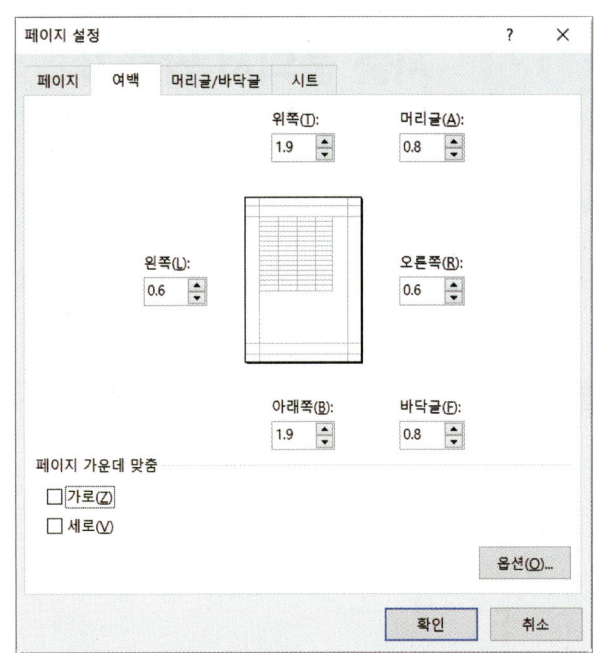

❸ [머리글/바닥글] 탭 : [머리글 편집] 버튼이나 [바닥글 편집] 버튼을 클릭하면 나타나는 대화상자에서 글꼴, 페이지 번호, 전체 페이지 수, 날짜, 시간, 파일 경로, 파일 이름, 시트 이름, 그림 삽입, 그림 서식을 설정합니다.

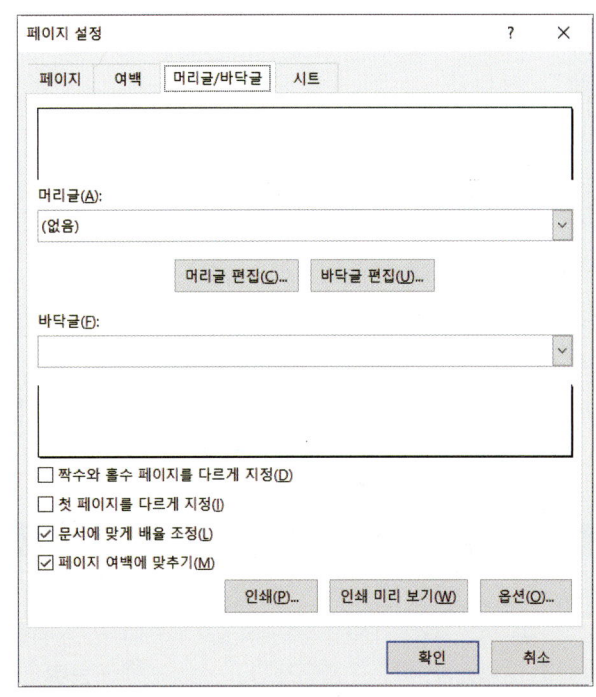

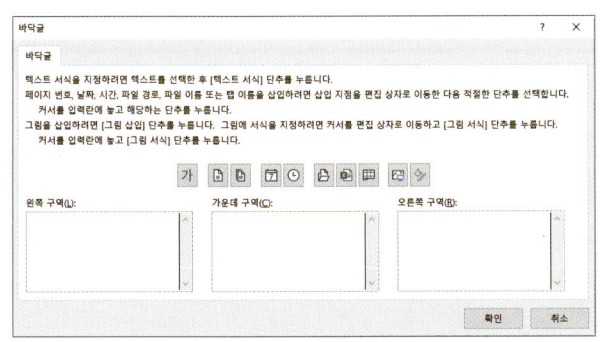

❹ [시트] 탭 : [인쇄 영역]을 지정하여 특정 영역만 인쇄할 수 있고, [반복할 행/반복할 열]을 지정할 수 있습니다. [인쇄]에서는 눈금선, 흑백으로, 간단하게 인쇄(서식 없이 인쇄), 행/열 머리글의 표시 유무를 설정할 수 있고, 메모와 셀 오류 표시도 설정할 수 있습니다. [페이지 순서]에서는 행/열의 우선 순위를 설정합니다.

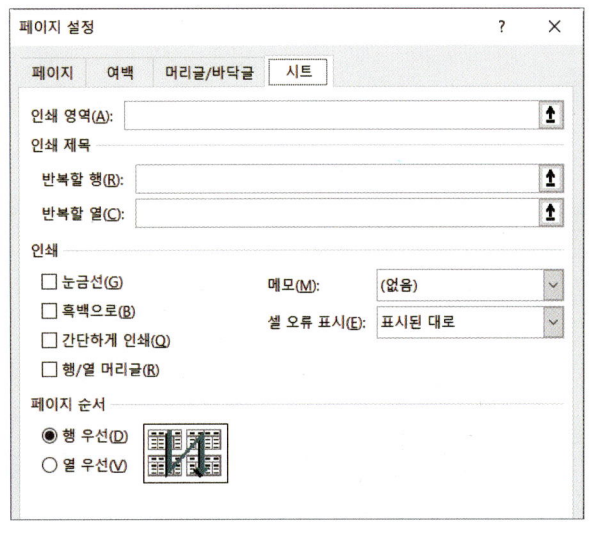

 **지출 품의서 만들기**

▶ 셀 병합과 글꼴 서식 지정하기

01 엑셀을 실행한 후 [새 통합 문서]를 클릭합니다. 새 통합 문서의 [B2:I3] 영역을 드래그하여 선택합니다.

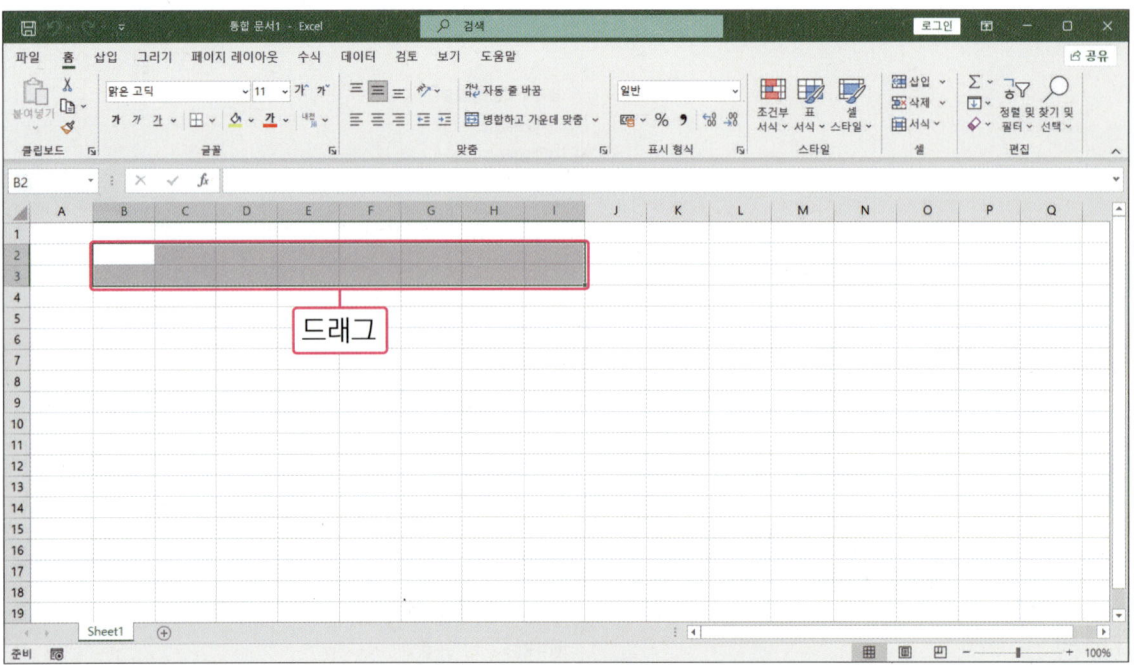

02 [홈] 탭-[맞춤] 그룹-[병합하고 가운데 맞춤]을 클릭하여 선택한 셀 범위를 하나의 셀로 합칩니다.

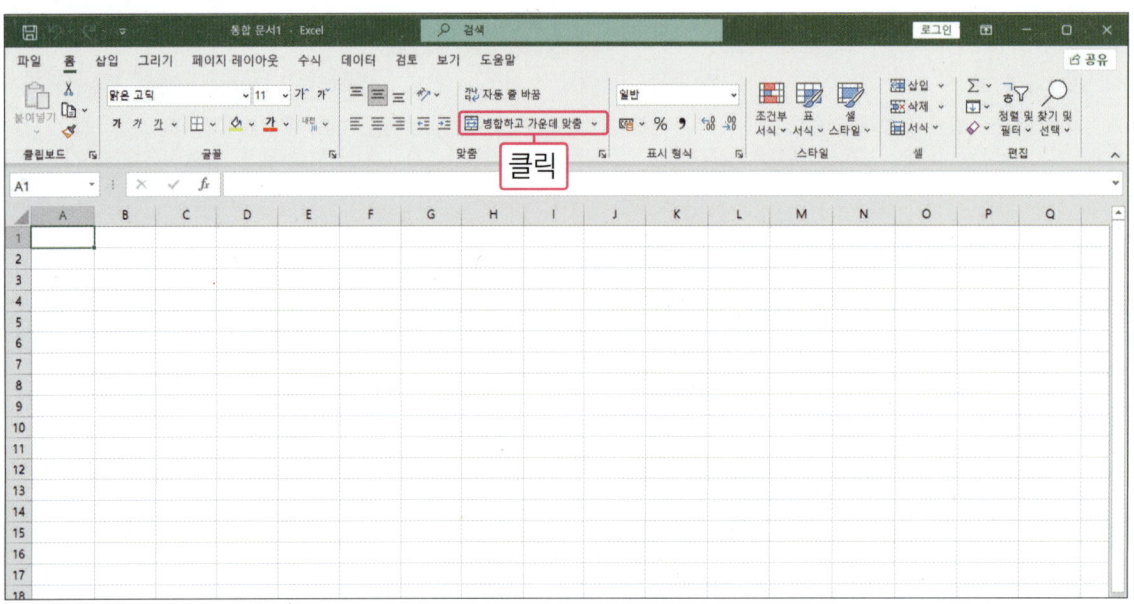

 여러 셀을 병합하여도 첫 번째 셀의 주소를 갖습니다.

03 [B2] 셀에 '지 출 품 의 서'라고 입력한 후 드래그하여 블록으로 지정합니다.

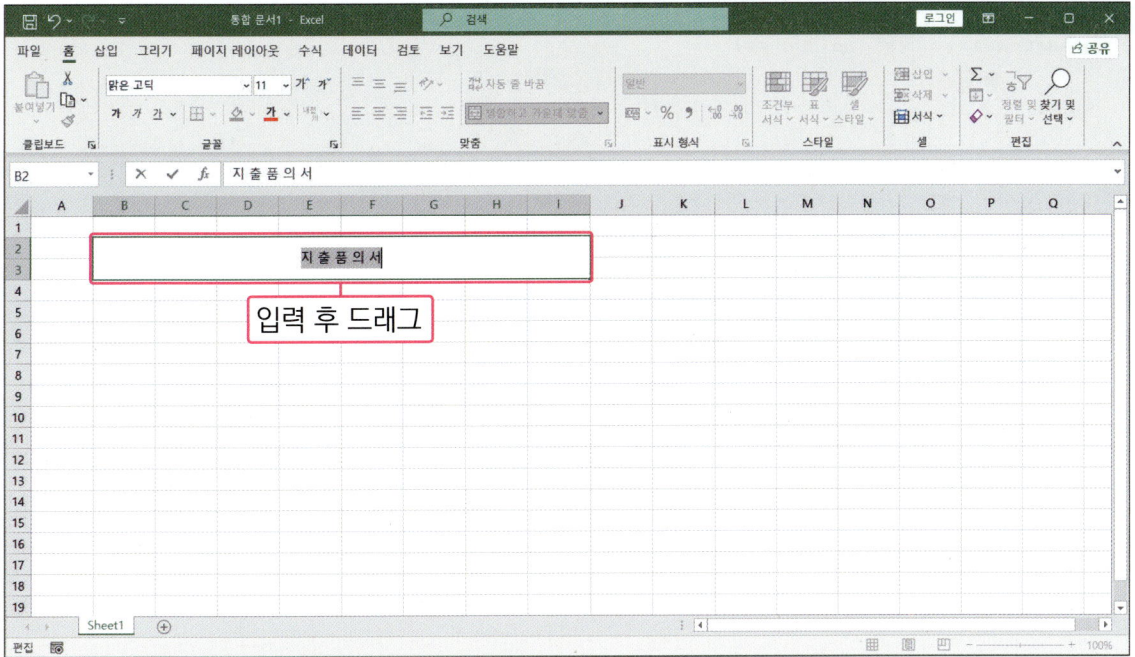

04 [홈] 탭-[글꼴] 그룹-[글꼴]에서 ▼를 클릭한 후 [굴림]을 선택합니다.

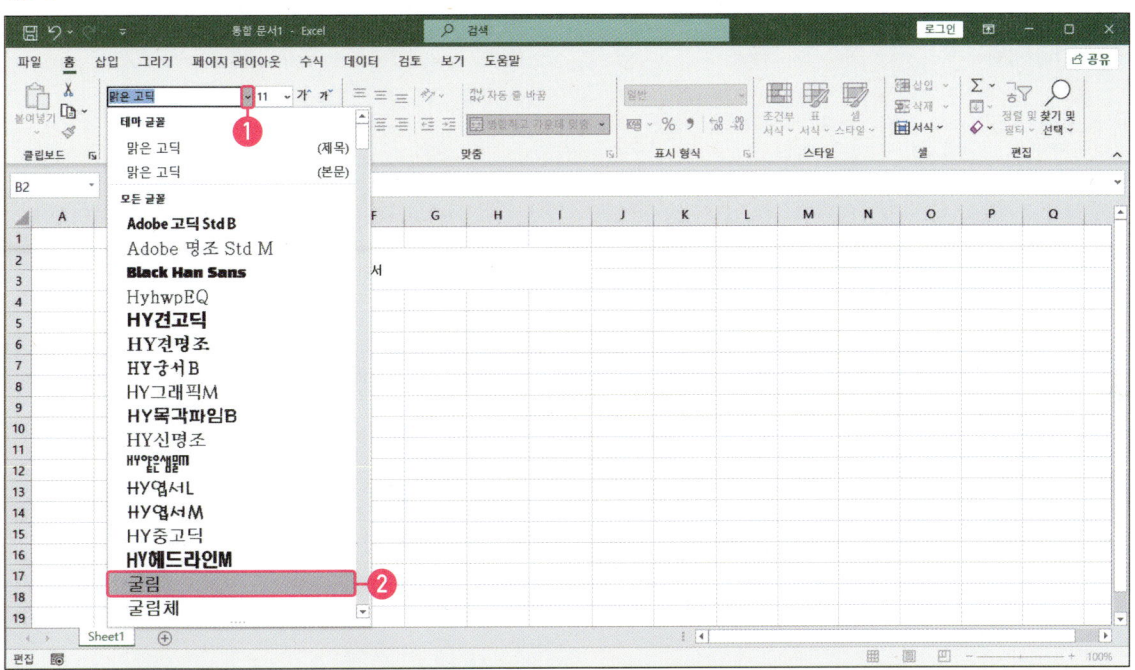

05 [홈] 탭-[글꼴] 그룹-[글꼴 크기]의 ▼를 클릭하고 [20]을 선택합니다.

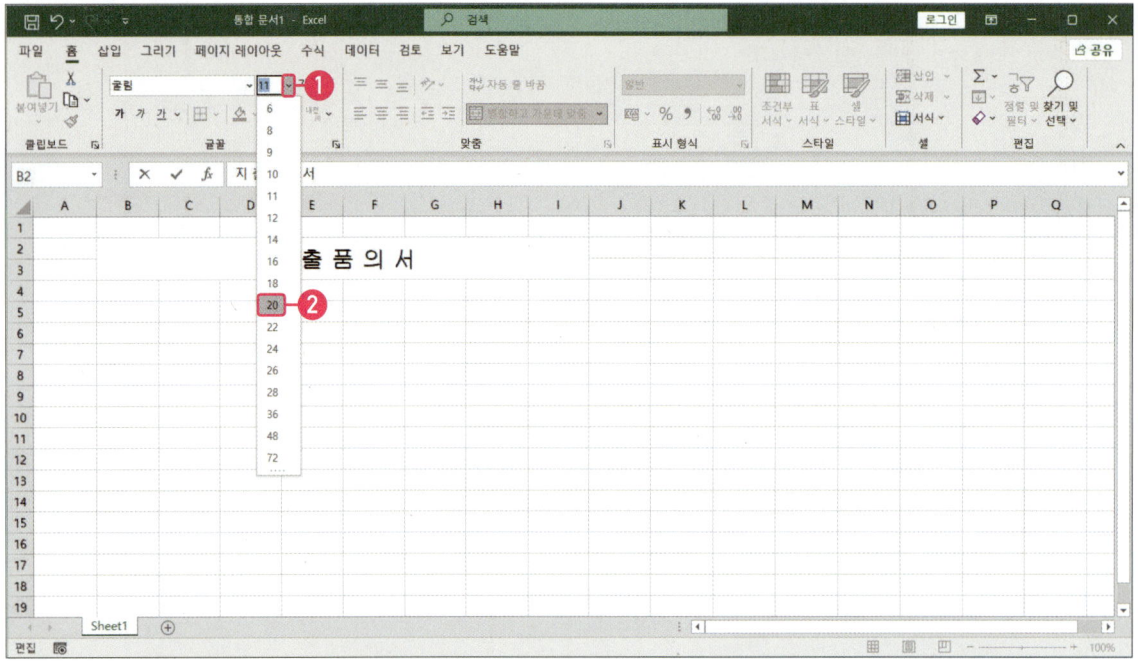

06 [홈] 탭-[글꼴] 그룹-[굵게]를 클릭하고 [밑줄]의 ▼를 클릭한 후 [이중 밑줄]을 선택합니다.

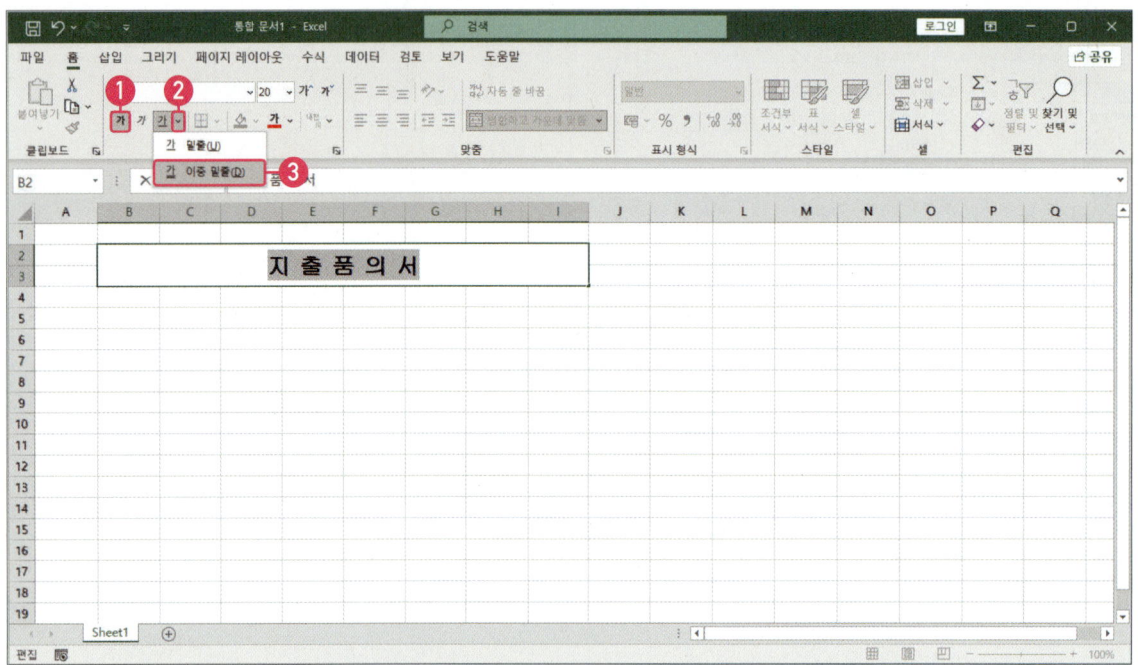

07 [홈] 탭-[글꼴] 그룹-[글꼴 색]의 ▼를 클릭한 후 [파랑]을 선택합니다.

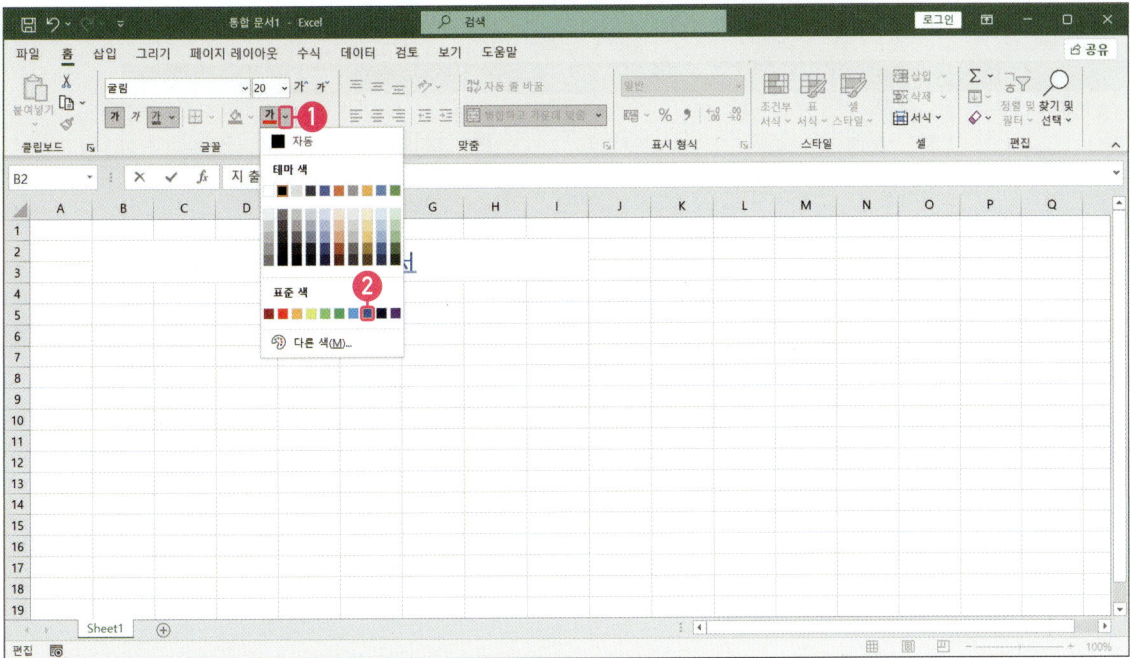

▶ 비연속으로 선택하여 서식 지정하기

01 [B9:C9] 영역을 드래그하여 선택한 후 Ctrl 키를 누른 채 [D9:I9] 영역을 드래그하여 선택합니다.

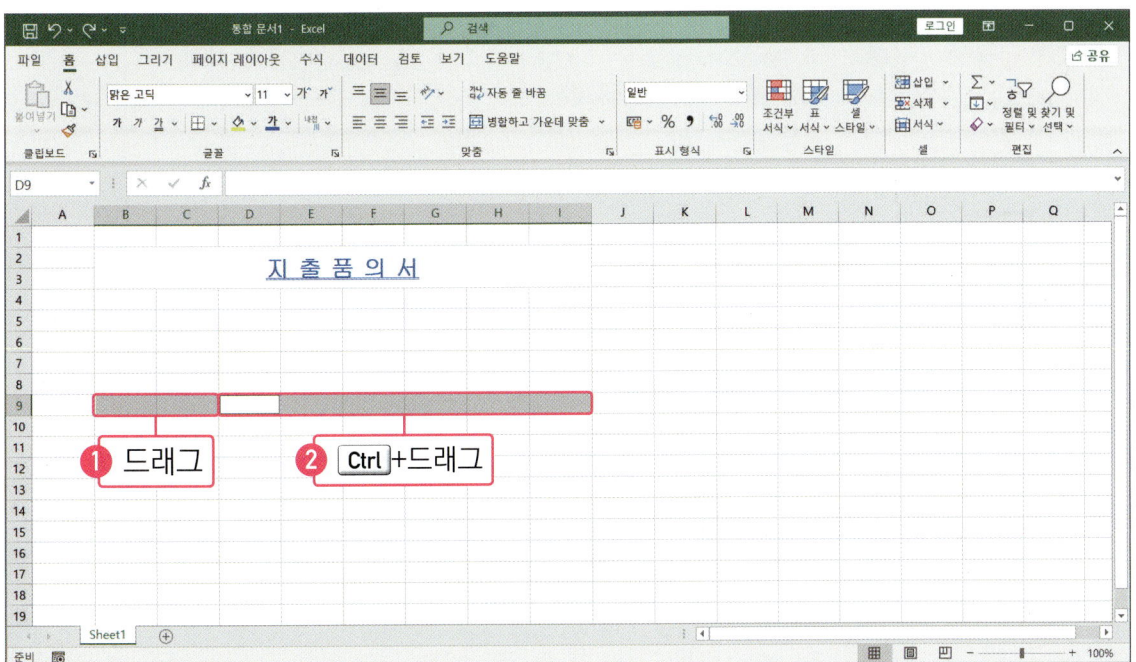

02 [홈] 탭-[맞춤] 그룹-[병합하고 가운데 맞춤]을 클릭하여 선택한 셀 범위를 하나의 셀로 합칩니다.

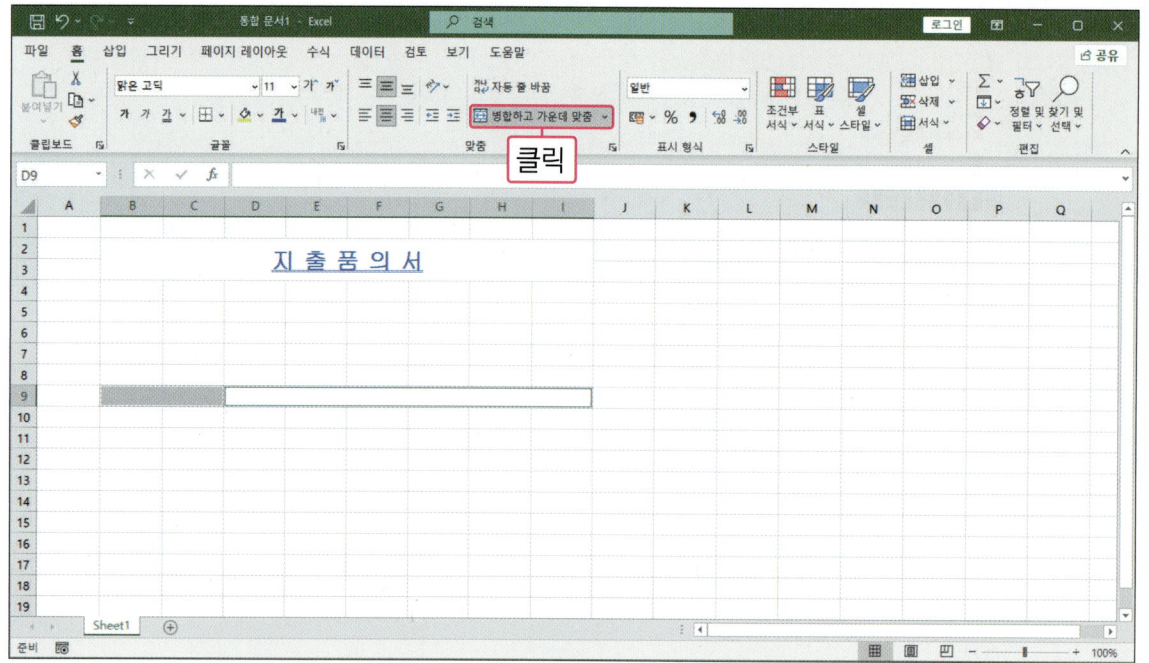

03 [홈] 탭-[글꼴] 그룹-[테두리]의 ▼를 클릭하여 [모든 테두리]를 선택합니다.

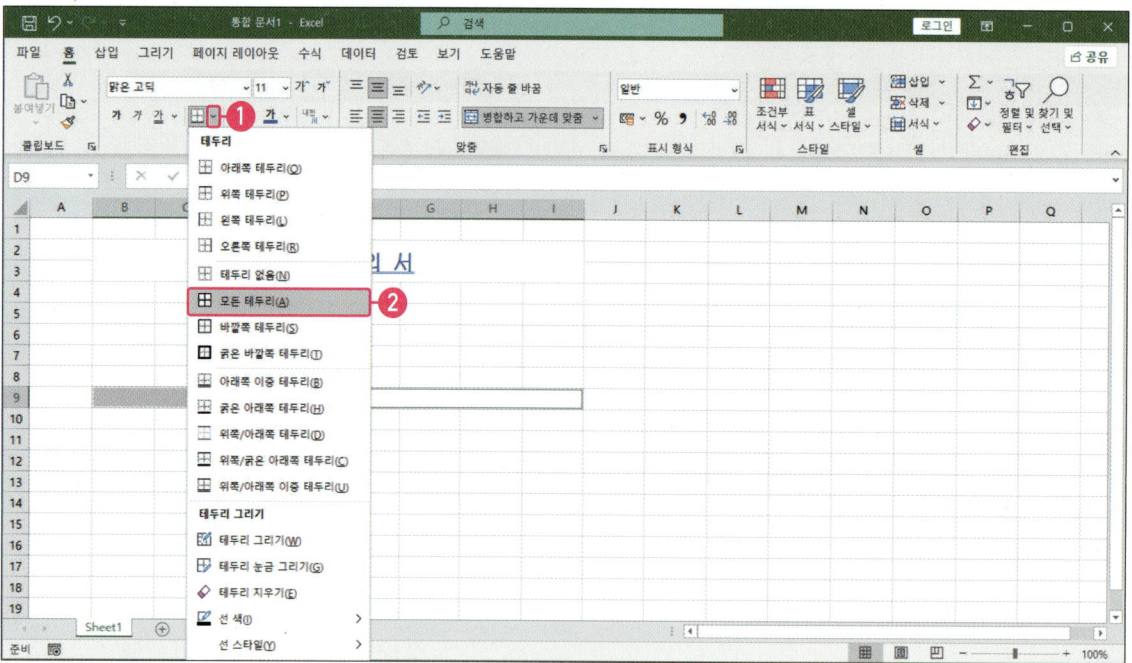

04 [B9] 셀을 클릭하여 선택하고 [홈] 탭-[글꼴] 그룹-[채우기 색]의 ▼를 클릭한 후 [황금색, 강조4, 80% 더 밝게]를 선택합니다.

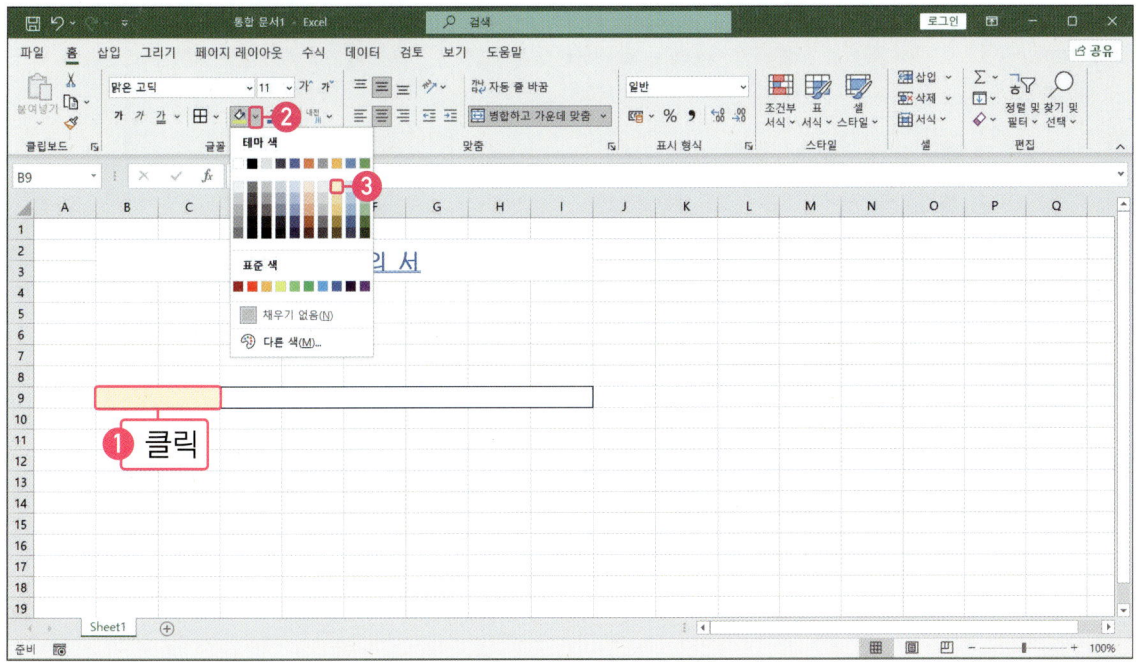

▶ 서식 복사하기

01 서식을 복사하기 위해 서식이 꾸며져 있는 [B9:D9] 영역을 드래그하여 선택한 후 [홈] 탭-[클립보드] 그룹-[서식 복사(🖌)]를 클릭합니다.

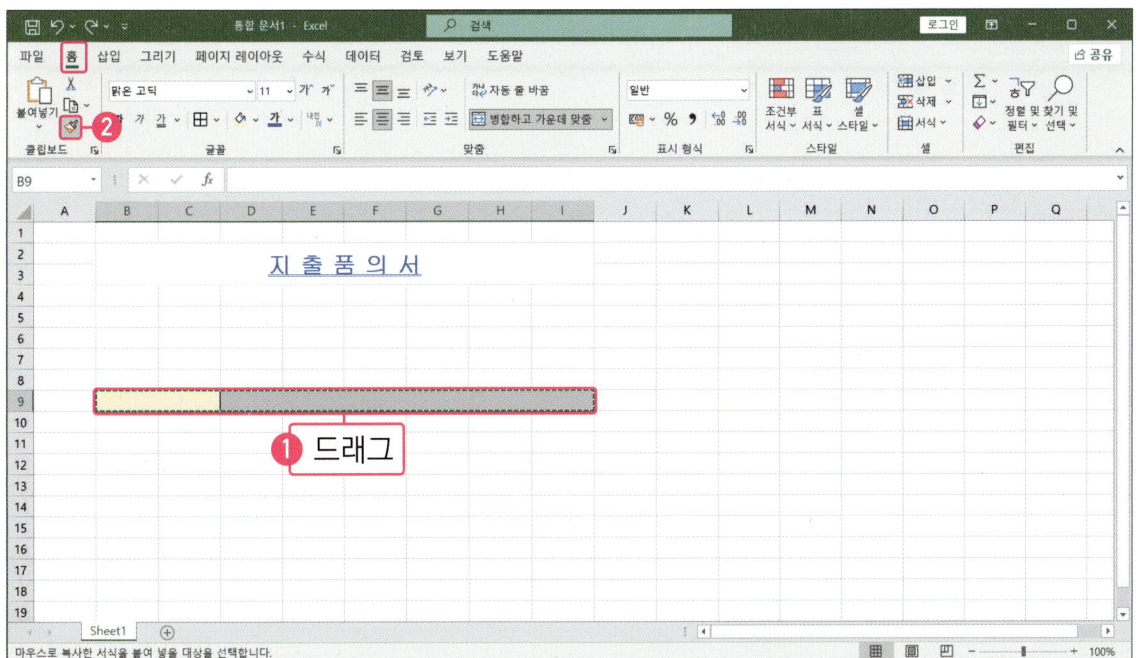

02 마우스 포인터가 로 변경되면 [B10:I15] 영역을 드래그합니다.

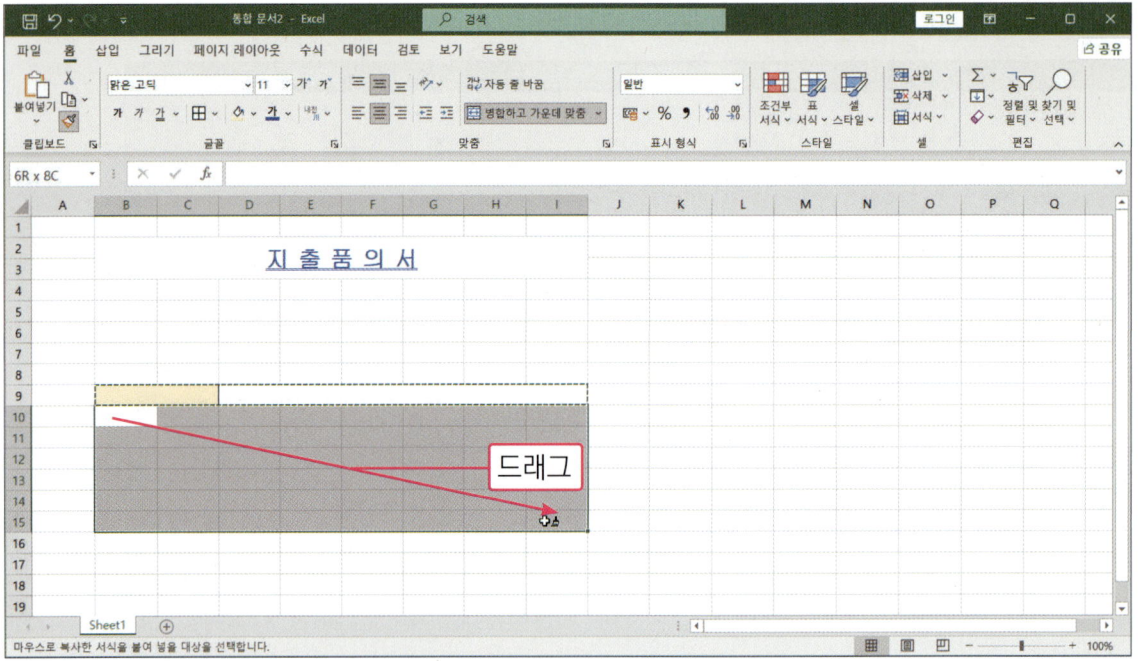

03 서식이 복사된 것을 확인할 수 있습니다.

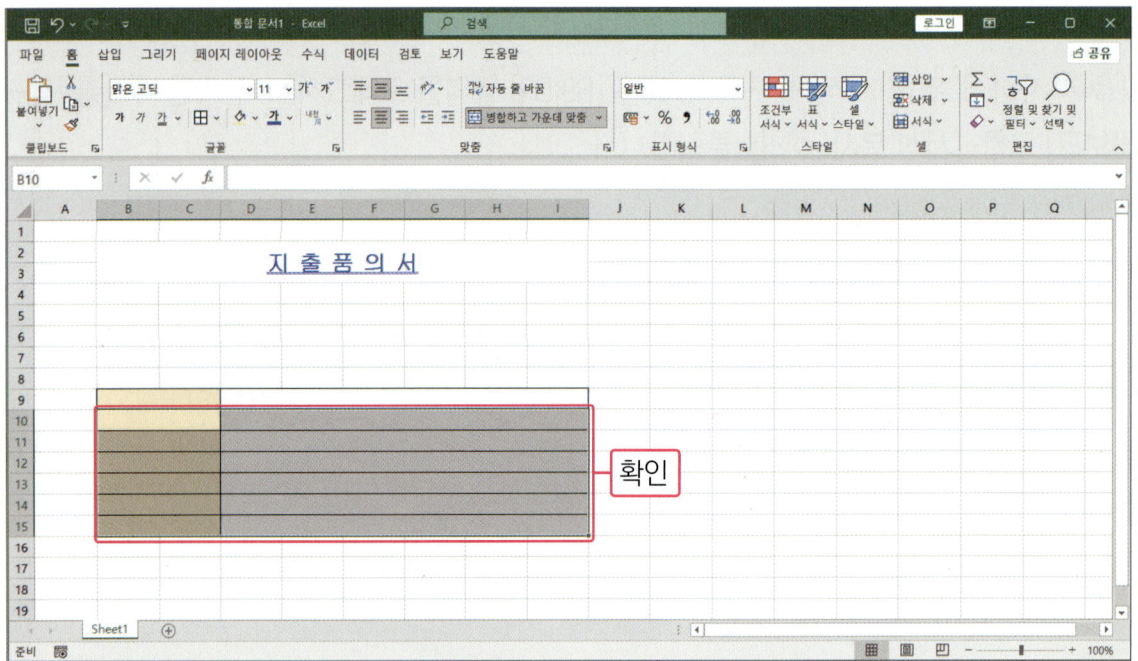

▶ 열 너비/ 조정하기

01 [B9:B15] 영역에 다음처럼 입력합니다.

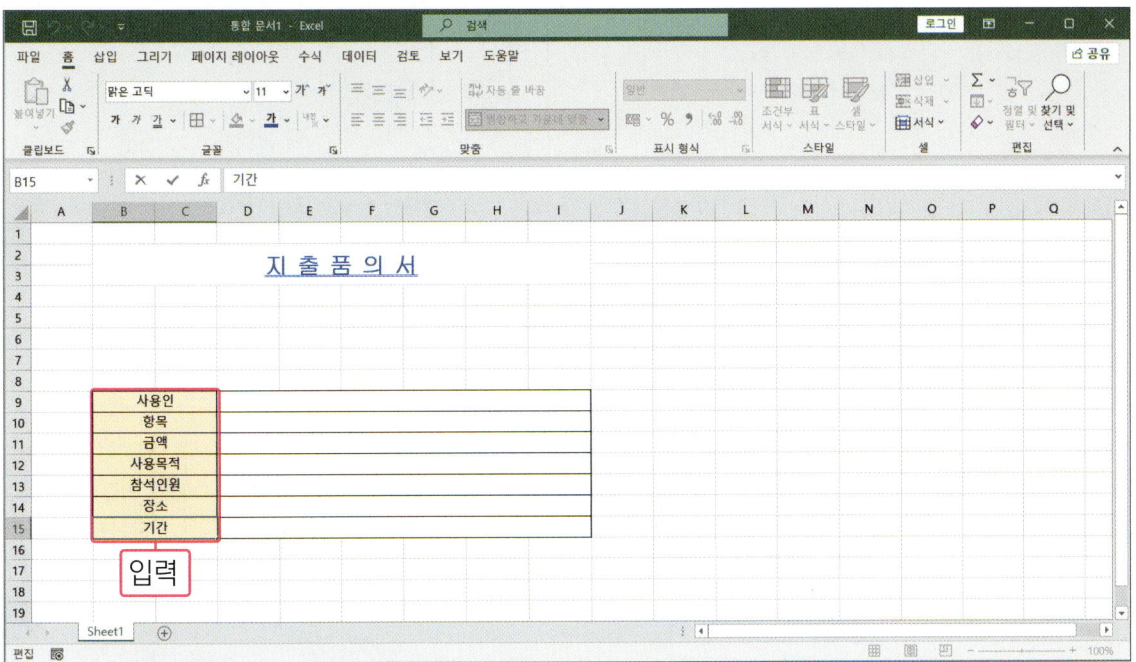

02 A열의 머리글을 클릭하고 Ctrl 키를 누른 채 J열의 머리글을 클릭하여 선택합니다. [홈] 탭-[셀] 그룹-[서식]에서 [열 너비]를 선택합니다. [열 너비] 대화상자가 나타나면 '2'를 입력한 후 [확인] 버튼을 클릭합니다.

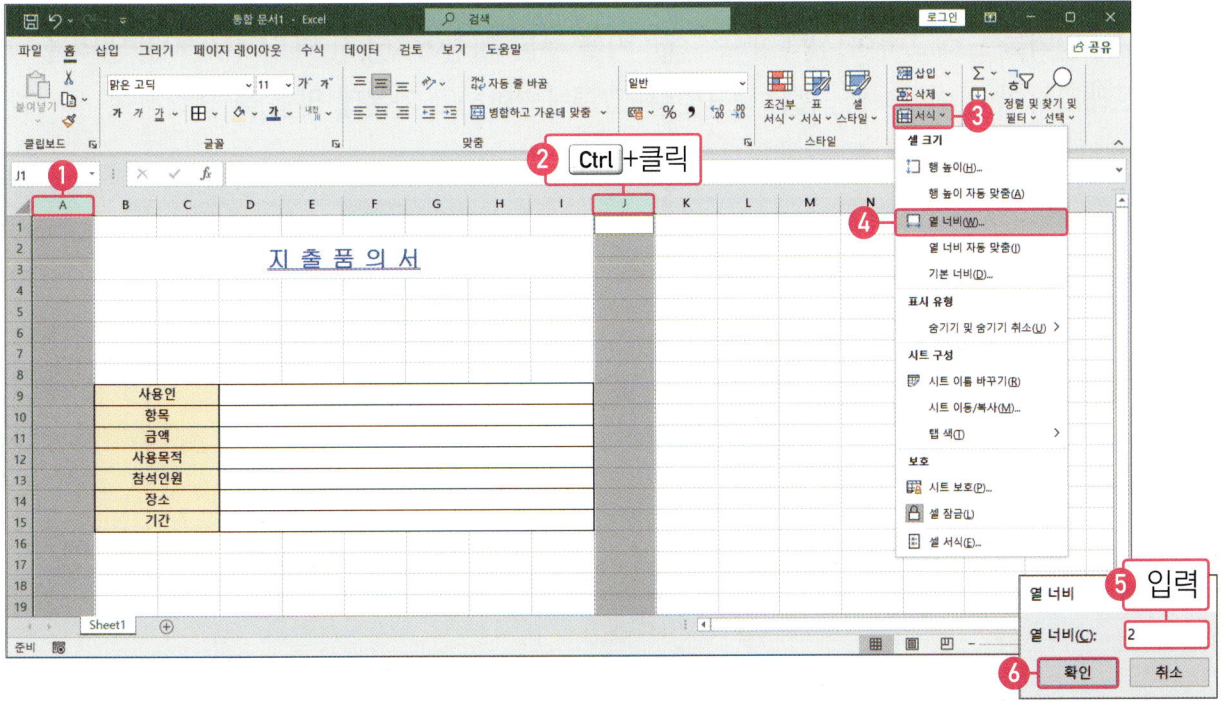

▶ 원본 서식 만들기

01 [J4:M6] 영역을 드래그하여 선택하고 [홈] 탭-[글꼴] 그룹-[모든 테두리]를 클릭합니다.

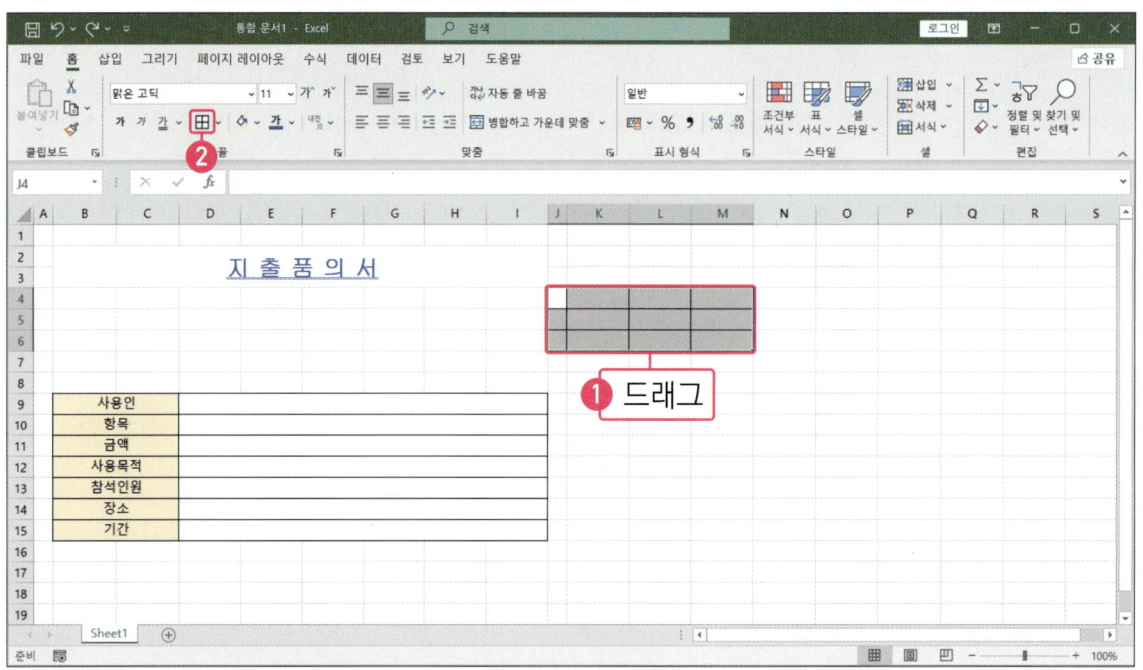

 마지막에 선택하여 사용한 [모든 테두리]가 표시되어 있습니다. 만약 다른 테두리로 설정되어 있다면 [홈] 탭-[글꼴] 그룹에서 [테두리]의 ▼를 클릭하여 [모든 테두리]를 선택합니다.

02 [J4:J6] 영역을 드래그하여 선택한 후 Ctrl 키를 누른 채 [K5:K6], [L5:L6], [M5:M6] 영역을 각각 드래그하여 선택합니다. [홈] 탭-[맞춤] 그룹-[병합하고 가운데 맞춤]을 클릭하여 선택한 셀 범위를 각각 하나의 셀로 합칩니다.

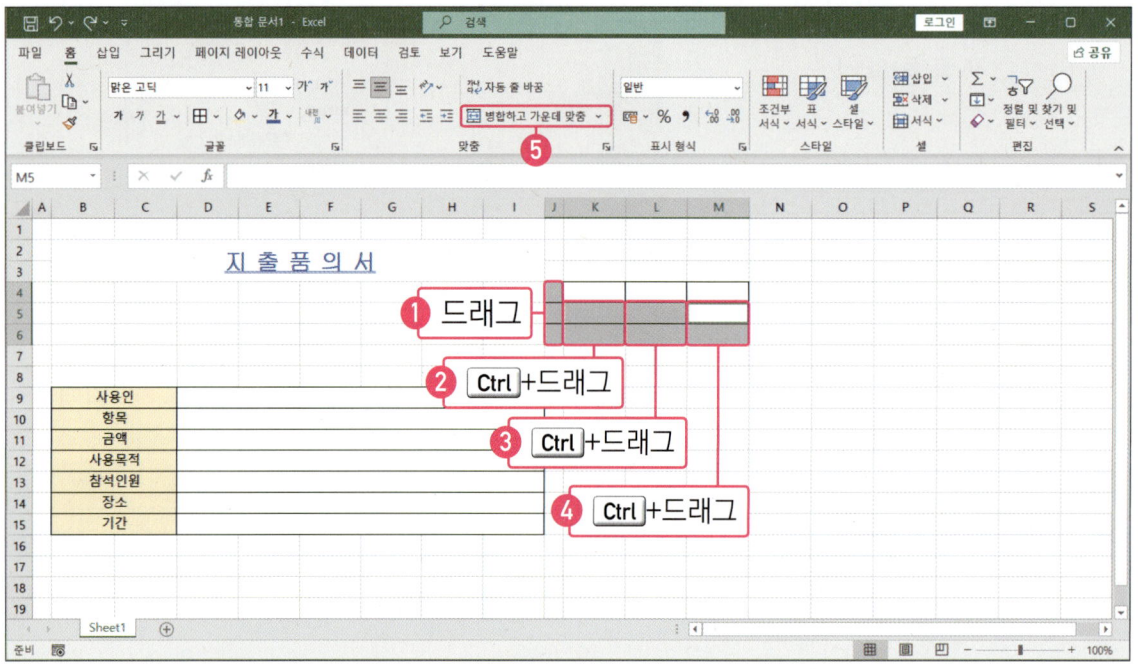

03 [J4] 셀을 클릭하여 선택하고 '결재'를 입력하고 Tab 키, '담당'을 입력하고 Tab 키, '팀장'을 입력하고 Tab 키, '대표'를 입력하고 Enter 키를 누릅니다.

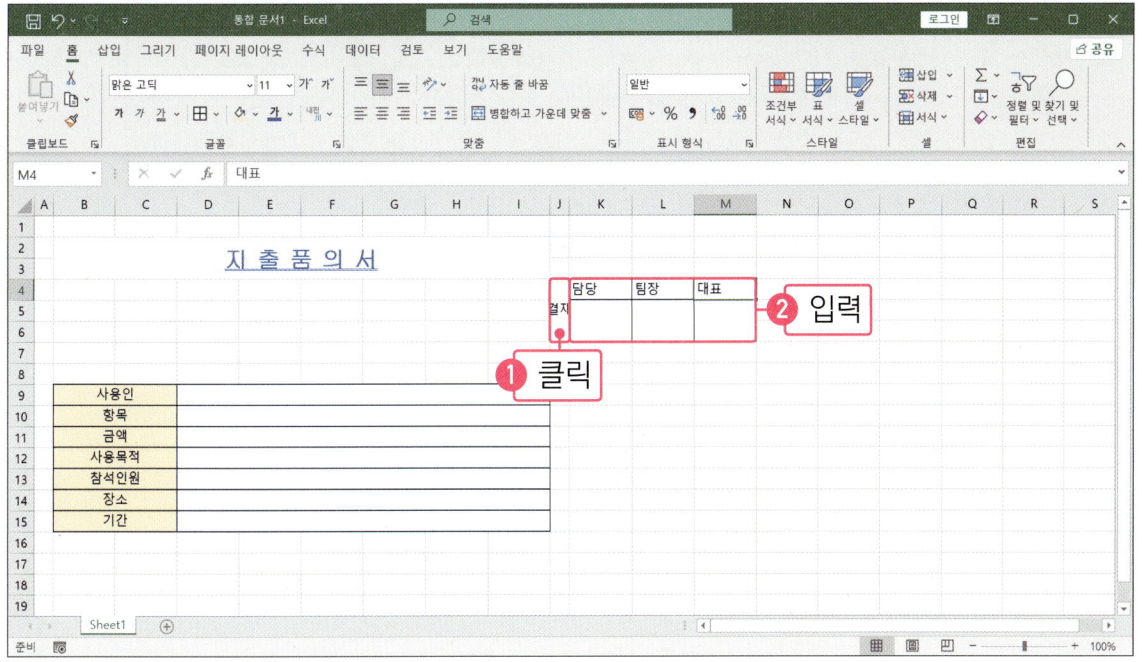

04 [J4] 셀을 클릭하여 선택하고 [홈] 탭-[맞춤] 그룹-[맞춤 설정]을 클릭합니다. [셀 서식] 대화상자가 나타나면 [방향]에서 '텍스트'를 클릭하고 [확인] 버튼을 클릭합니다.

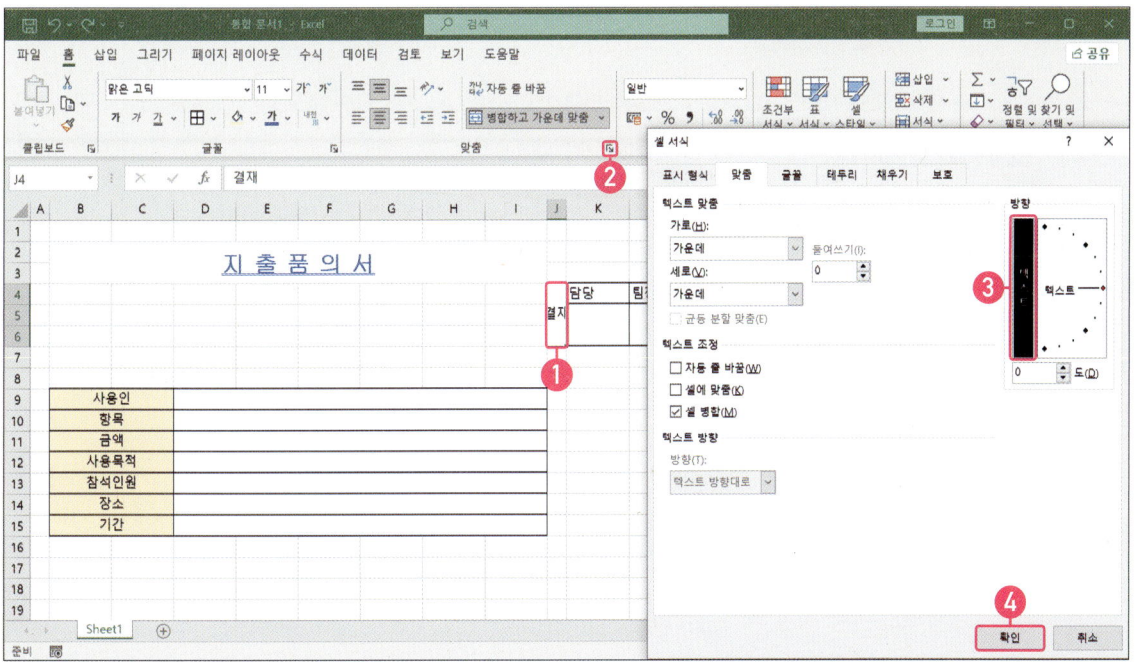

05 선택한 셀의 텍스트가 세로 방향인 것을 확인할 수 있습니다.

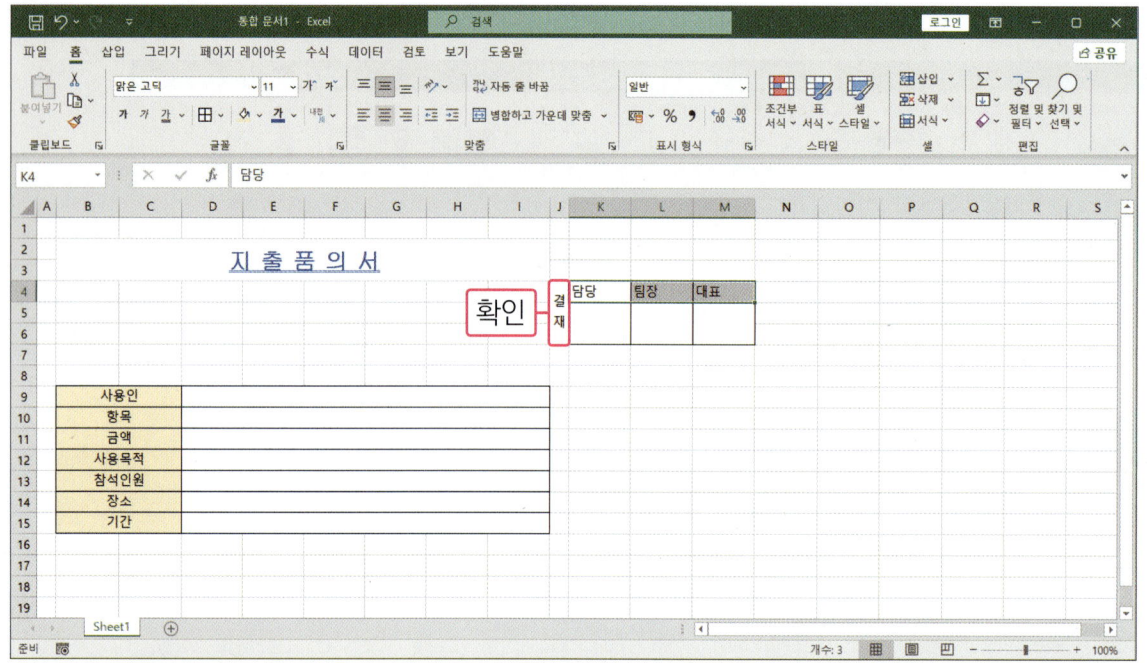

06 [K4:M4] 영역을 드래그하여 선택하고 [홈] 탭-[맞춤] 그룹-[가운데 맞춤]을 클릭합니다.

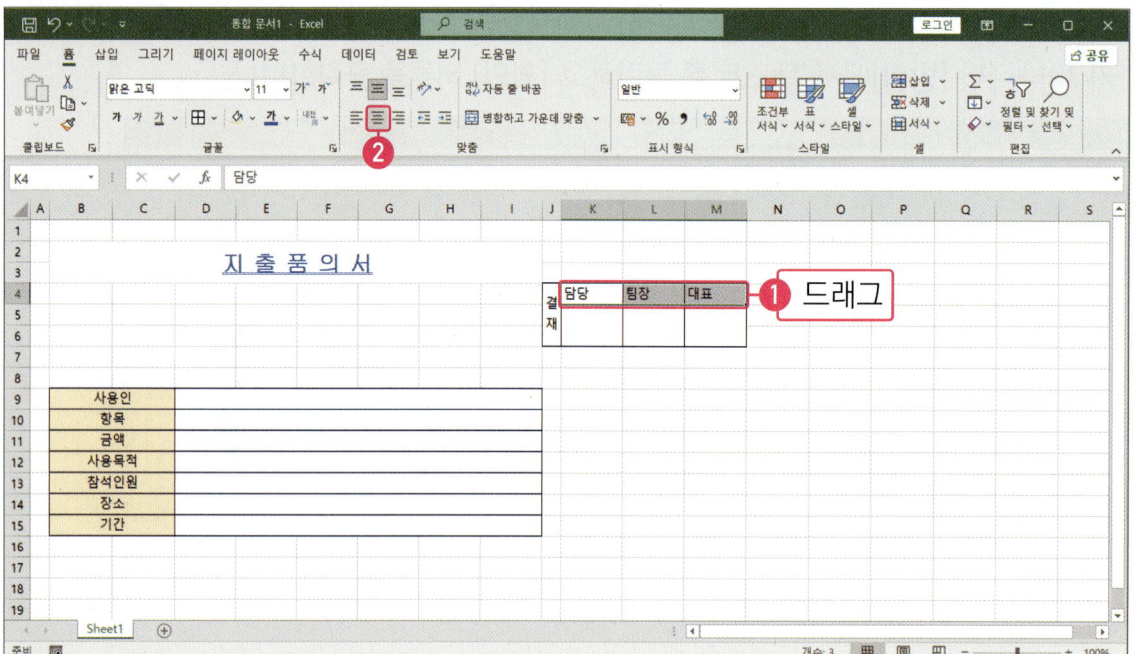

07 [J4] 셀을 클릭하여 선택하고 Ctrl 키를 누른 채 [K4:M4] 영역을 드래그하여 선택합니다. [홈] 탭-[글꼴] 그룹-[채우기 색]을 클릭합니다.

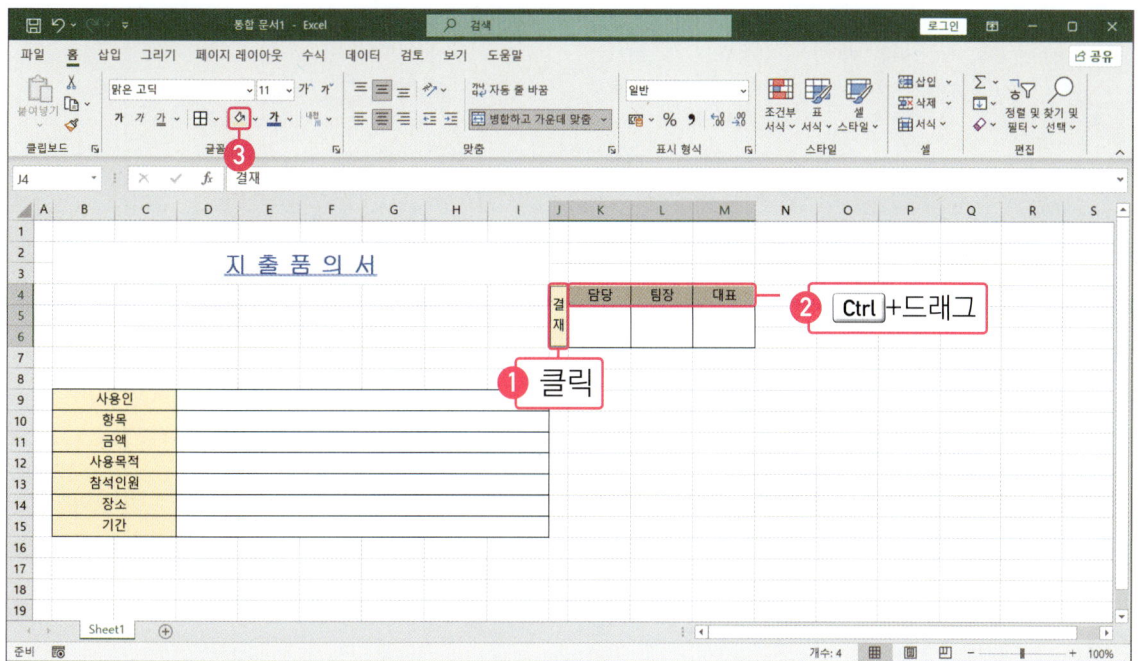

 마지막에 선택한 [채우기 색]이 자동으로 표시되어 있습니다. 다른 색이 표시되어 있다면 [홈] 탭-[글꼴] 그룹에서 [채우기 색]의 ▼를 클릭한 후 [황금색, 강조4, 80% 더 밝게]를 선택합니다.

▶ 복사하여 그림으로 붙이기

01 [J4:M5] 영역을 드래그하여 선택하고 [홈] 탭-[클립보드] 그룹-[복사]를 클릭합니다.

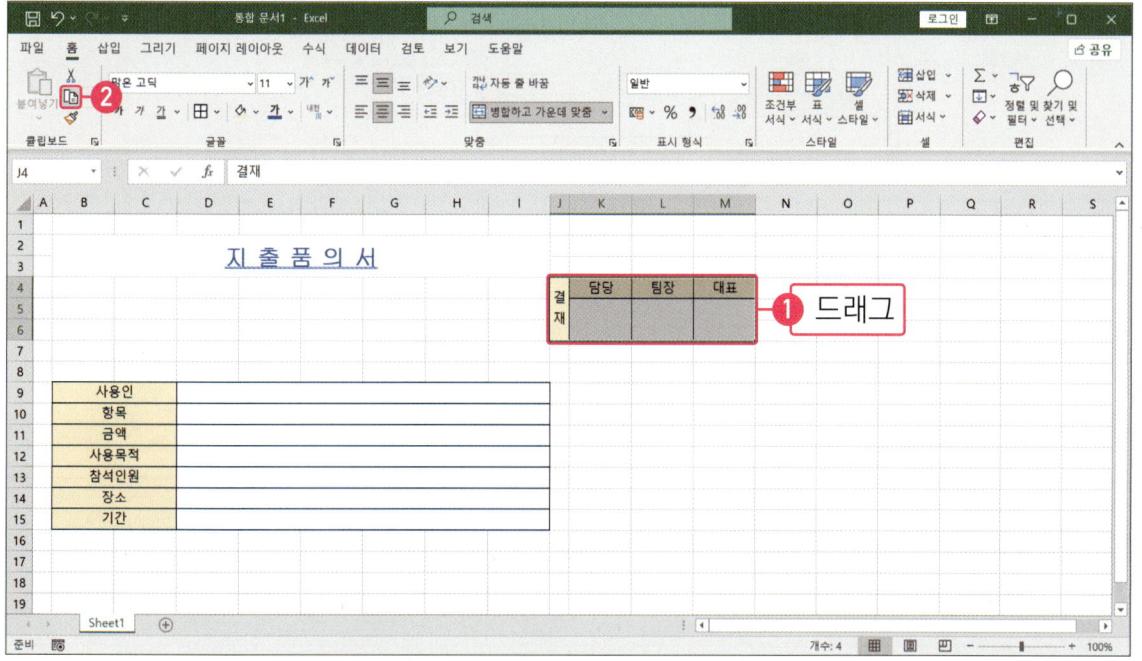

02 [G5] 셀을 클릭하여 선택하고 [홈] 탭-[클립보드] 그룹-[붙여넣기]의 ▼를 클릭한 후 [그림]을 선택합니다.

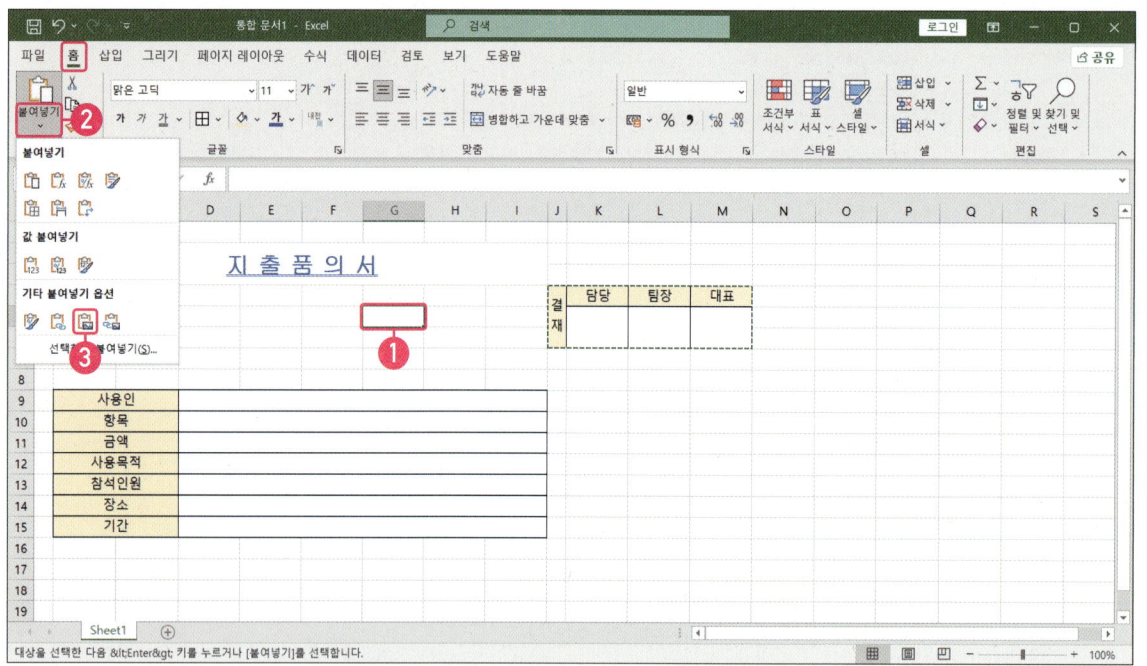

03 [G5] 셀을 시작 지점으로 붙여넣기 됩니다. Esc 키를 눌러 선택한 영역을 취소한 후 그림을 셀 윤곽에 맞게 줄이기 위해 Alt 키를 누른 채 I 열까지 드래그합니다.

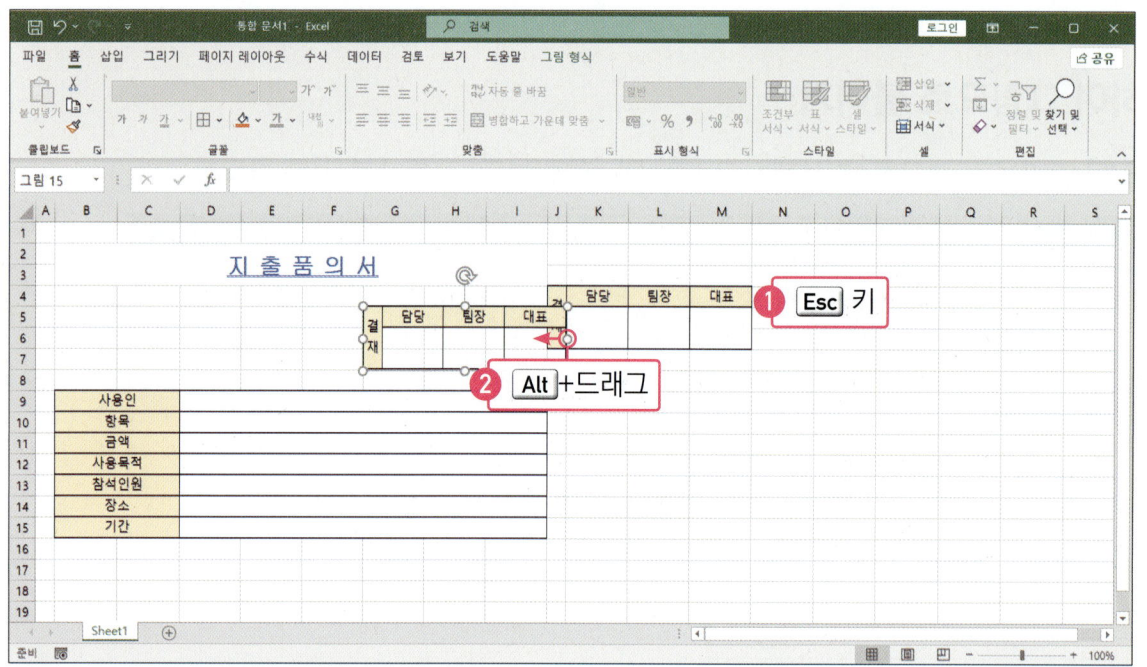

> **셀 윤곽에 맞추기**
> 도형이나 그림을 셀 윤곽에 정확히 맞추어 크기를 변경하거나 이동하려면 Alt 키를 누른 채 드래그합니다.

04 [J4:M5] 영역을 드래그하여 선택하고 [홈] 탭-[편집] 그룹-[지우기]의 을 클릭한 후 [모두 지우기]를 선택합니다.

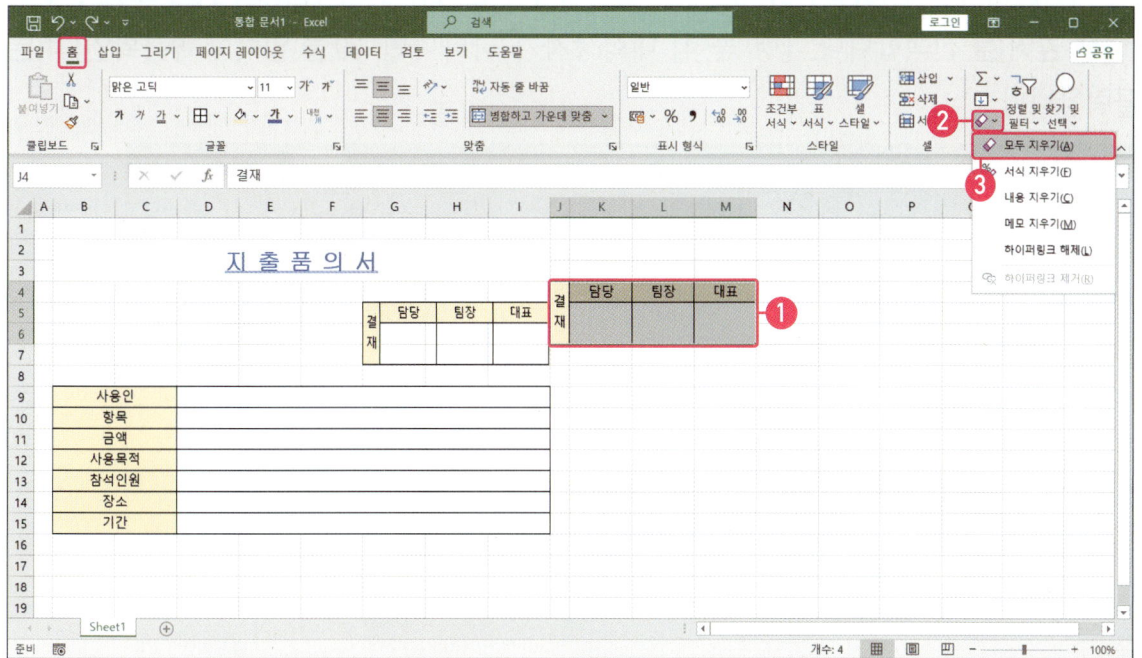

05 모두 지워진 것을 확인할 수 있습니다.

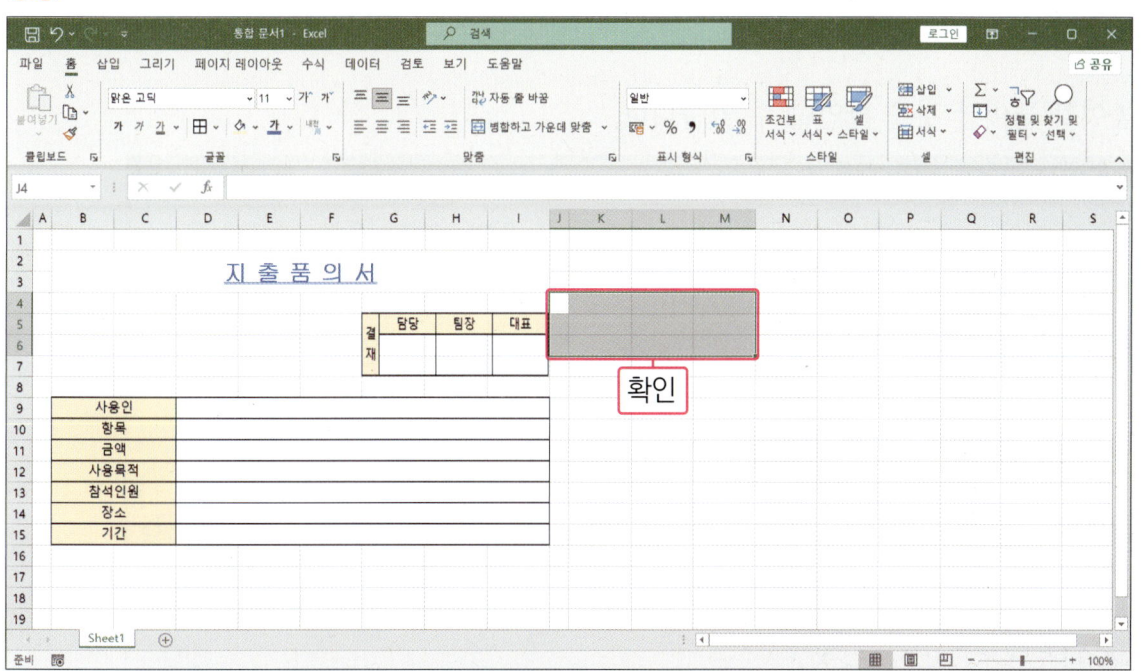

 셀을 복사하여 그림으로 붙여넣기 하면 이미지로 붙여 넣기가 되어 기존 셀의 크기에 제한을 받지 않고 크기 조절이 가능합니다.

▶ 행 높이 조절하기

01 9행의 머리글에서부터 15행의 머리글까지 드래그하여 선택합니다. [홈] 탭-[셀] 그룹-[서식]에서 [행 높이]를 선택합니다. [행 높이] 대화상자가 나타나면 '30'을 입력한 후 [확인] 버튼을 클릭합니다.

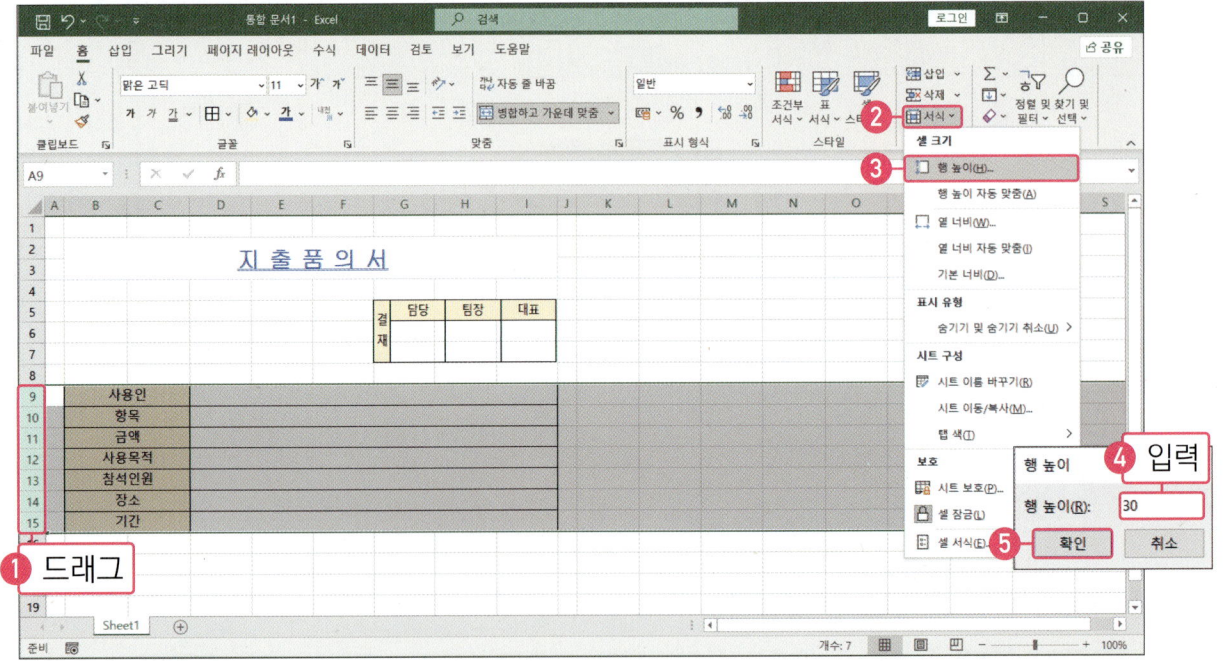

02 행 높이가 늘어난 것을 확인할 수 있습니다.

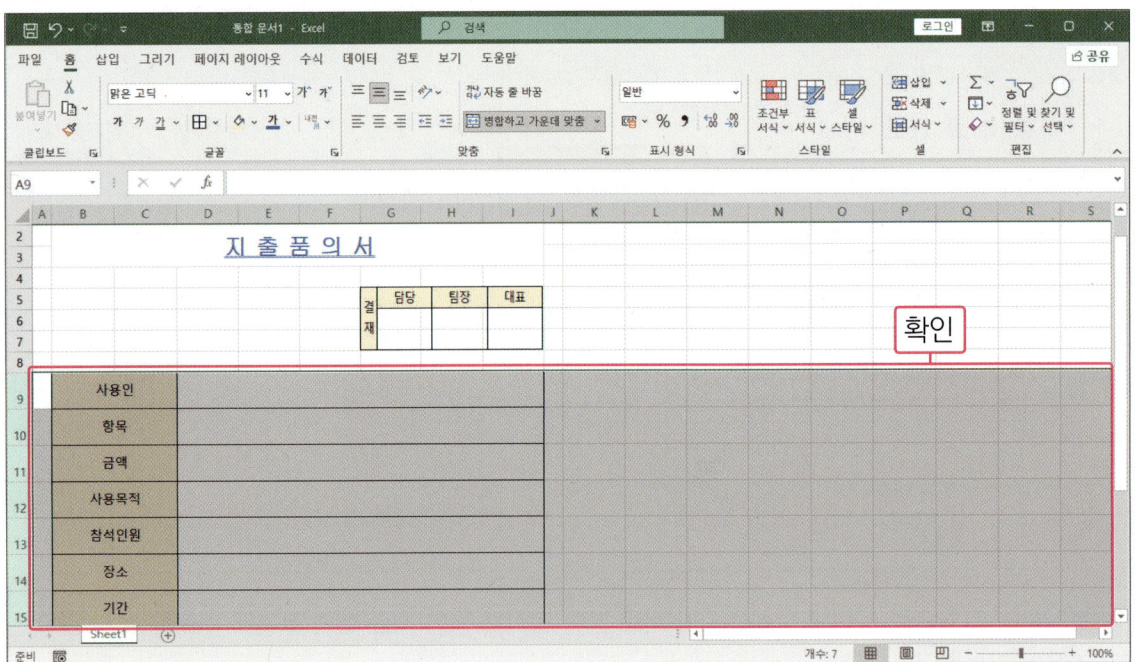

▶ 인쇄하기

01 선택 영역을 지정하여 인쇄하기 위해 [A1:J16] 영역을 드래그하여 선택한 후 [파일] 탭을 클릭합니다.

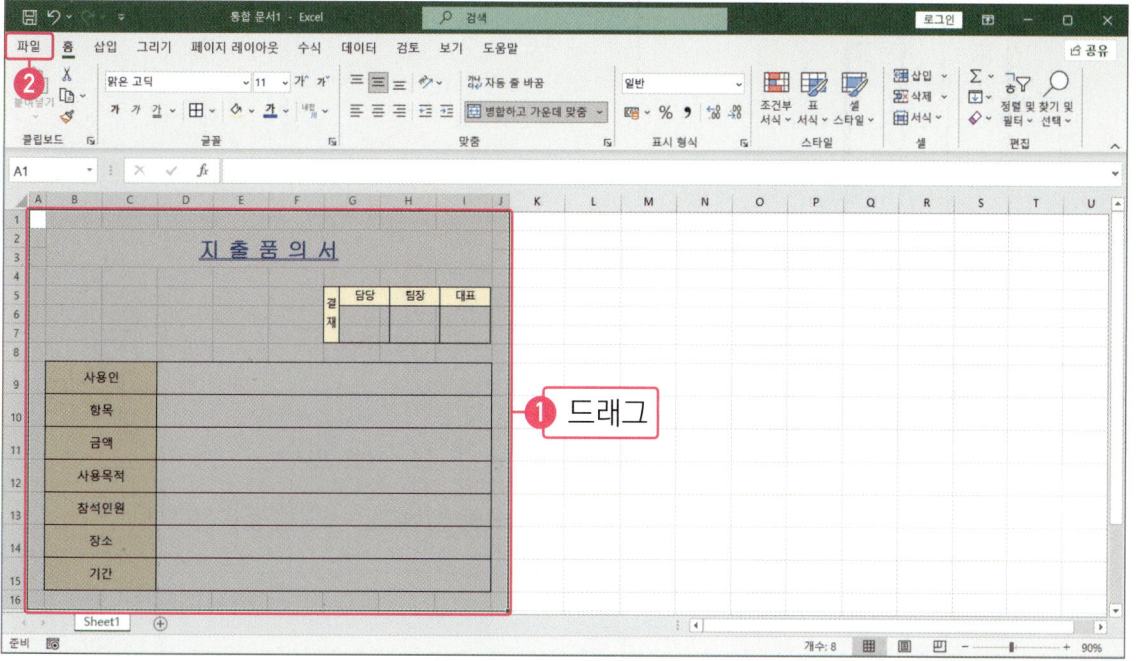

02 [인쇄]를 클릭한 후 [설정]에서 '선택 영역 인쇄'로 설정하고, [페이지 설정]을 클릭합니다.

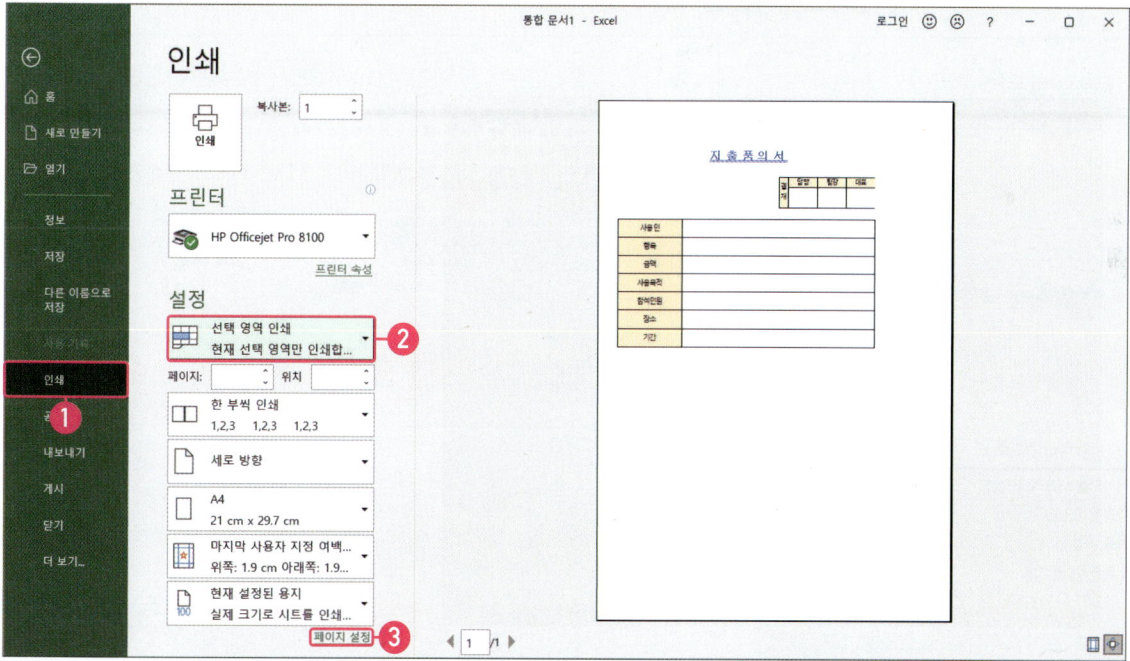

03 [페이지 설정] 대화상자가 나타나면 [여백] 탭을 클릭한 후 [페이지 가운데 맞춤]에서 '가로'를 체크하고 [확인] 버튼을 클릭합니다.

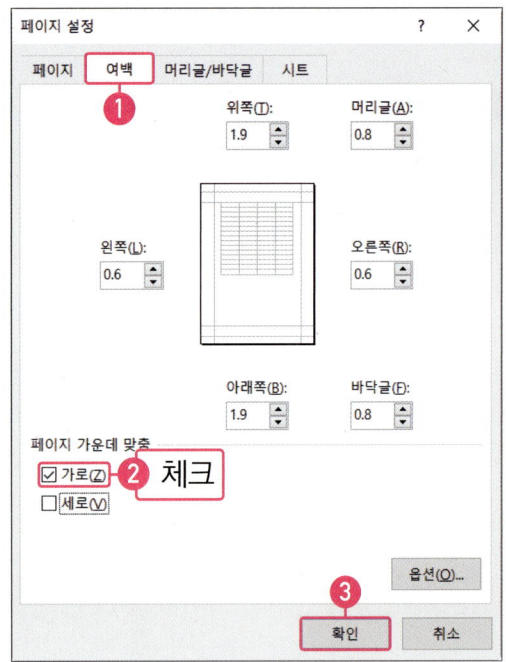

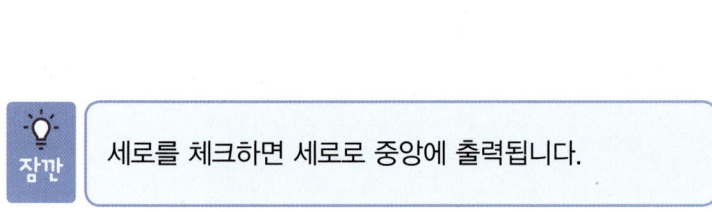

잠깐! 세로를 체크하면 세로로 중앙에 출력됩니다.

04 [머리글/바닥글] 탭을 클릭한 후 [바닥글 편집] 버튼을 클릭합니다. [바닥글] 대화상자에서 [가운데 구역]의 빈 공간을 클릭한 후 (페이지 번호 삽입)을 클릭하면 빈 공간에 '&[페이지 번호]'라고 나타납니다. [확인] 버튼을 클릭합니다.

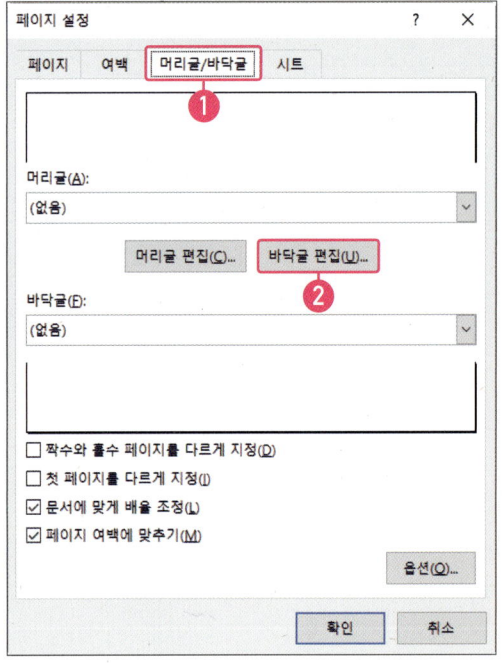

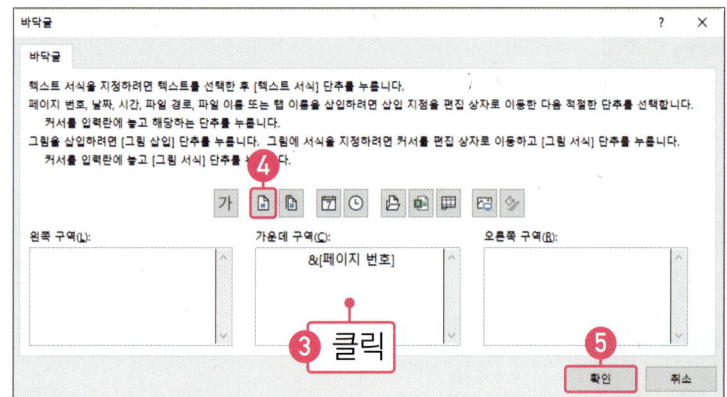

05 [머리글/바닥글] 탭의 [바닥글]에 '1'이 생성된 것을 확인할 수 있습니다. [확인] 버튼을 클릭합니다.

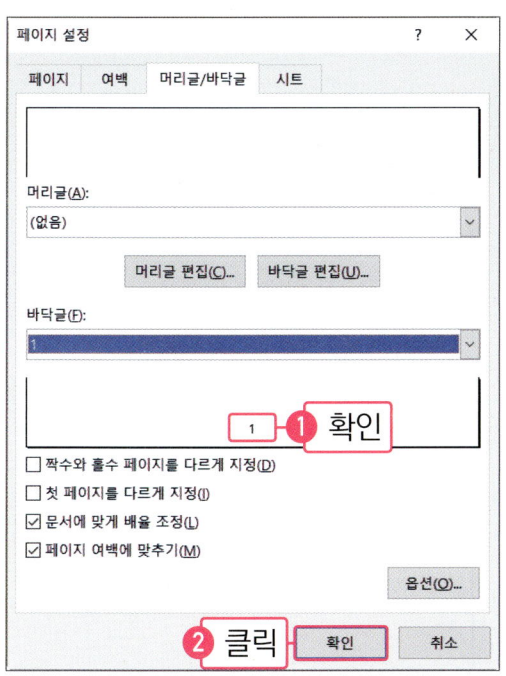

06 인쇄 창이 나타나면 사용자 프린터의 연결된 상태를 확인하고 [인쇄] 버튼을 클릭합니다.

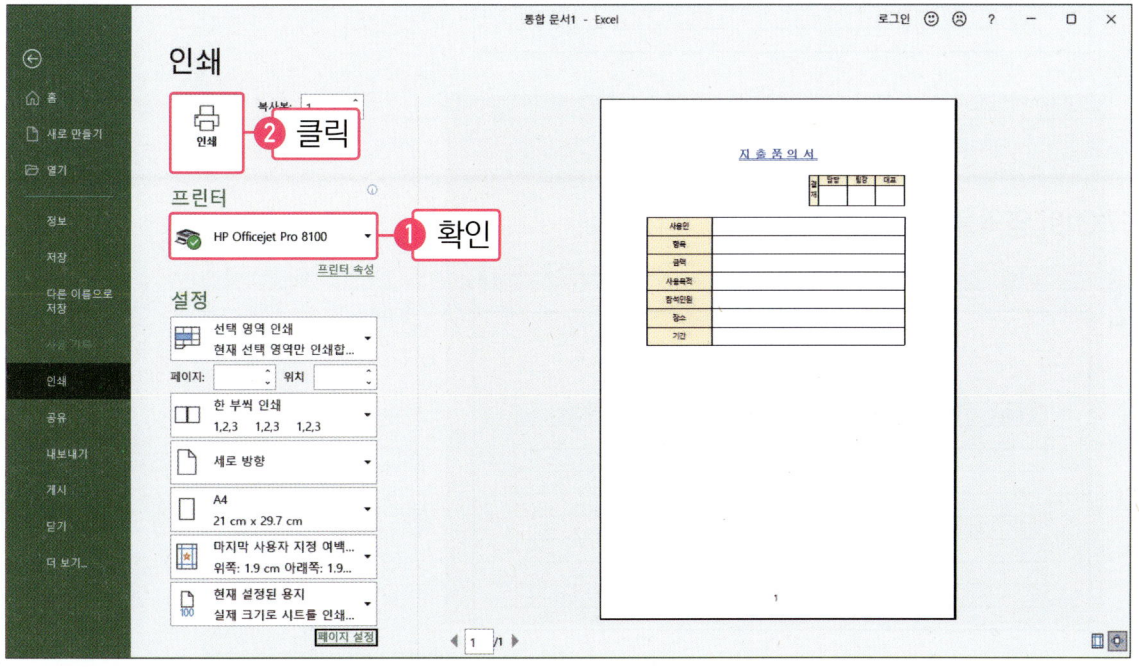

07 [저장]을 클릭하여 파일 이름을 '지출품의서'로 저장합니다.

01 새 통합 문서를 생성한 후 다음처럼 작성해 봅니다.

- [B2:K15] 영역 : '굵은 바깥쪽 테두리'를 설정
- [C6:J14] 영역 : '모든 테두리'를 설정
- [C3:G4] 영역 : '병합하고 가운데 맞춤', 글꼴 크기 '20pt'로 설정, 글꼴 색상 '파랑'
- [F6:H6], [I6:J6] 영역 : '병합하고 가운데 맞춤'하고 서식 복사 후 [F7:J14] 영역에 드래그
- [C6:I6] 영역 : 채우기 색 '파랑, 강조 5, 80% 더 밝게'로 설정하고 텍스트 입력 후 '가운데 맞춤' 설정
- A열, B열, K열 머리글 : 열 너비 '5' 설정

02 [K17:O19] 영역을 다음처럼 작성해 봅니다.

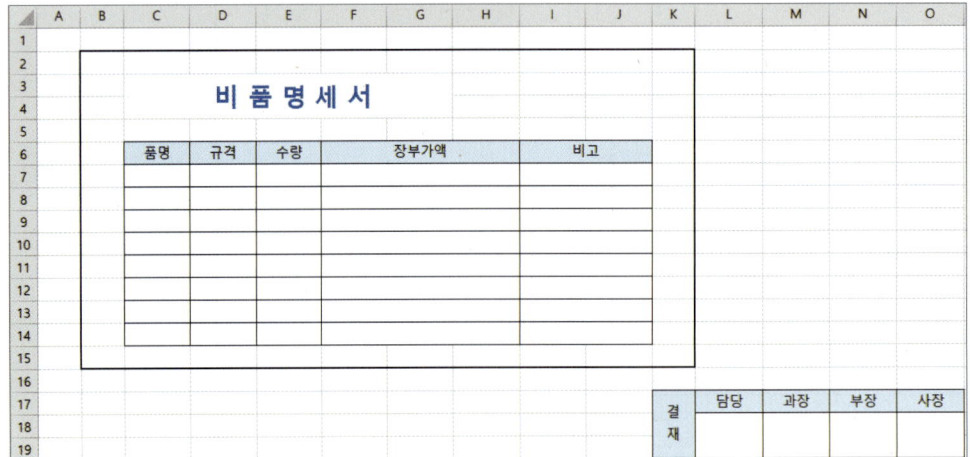

 텍스트를 세로로 나타내기 : 병합한 [K17] 셀을 선택하고 [홈] 탭-[맞춤] 그룹에서 [맞춤 설정]을 클릭하여 나타나는 [셀 서식] 대화상자에서 [방향]을 '텍스트'로 선택합니다.

03 문제 **02**에서 작성한 [K17:O18] 영역을 그림으로 붙여넣고, [K17:O18] 영역은 '모두 지우기'를 합니다.

04 문제 **03**의 인쇄 미리 보기 화면이 다음과 같이 나타나도록 설정해 봅니다.

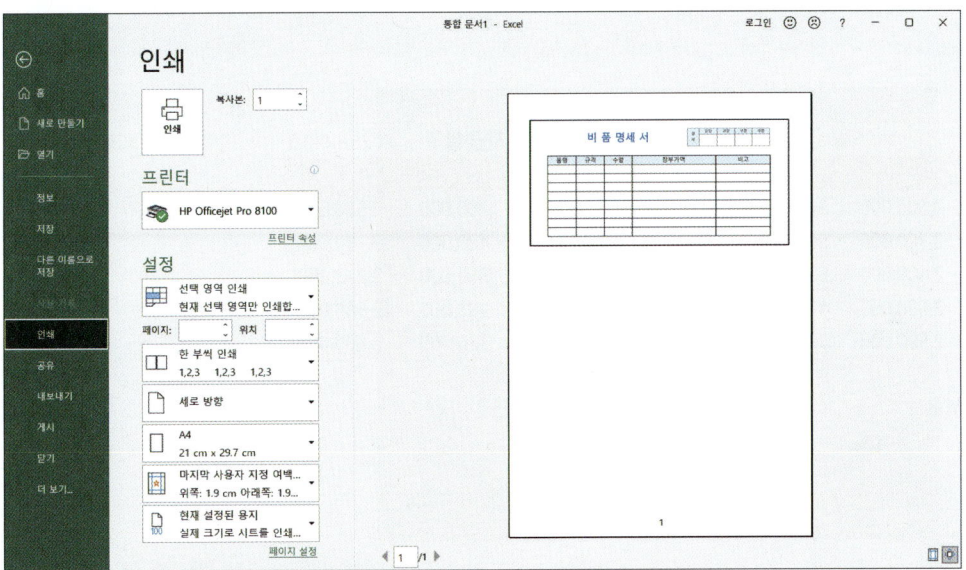

- [페이지 설정] 대화상자에서 [여백] 탭에서 [페이지 가운데 맞춤]을 '가로'로 설정해 봅니다.
- [페이지 설정] 대화상자에서 [머리글/바닥글]-[바닥글 편집] 버튼을 클릭하여 페이지 번호가 바닥글의 가운데 구역에 나타나도록 설정해 봅니다.

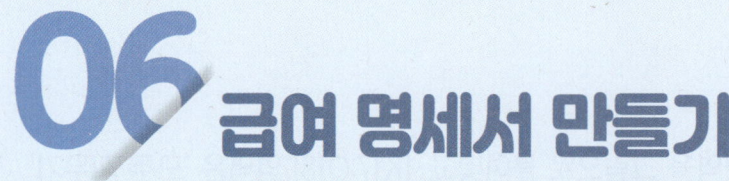

급여 명세서 만들기

- 상대 참조
- 절대 참조
- 표시 형식
- 서식 코드
- 표 서식
- 셀 스타일

미/리/보/기

📁 완성파일 : 급여 명세서(완성).xlsx

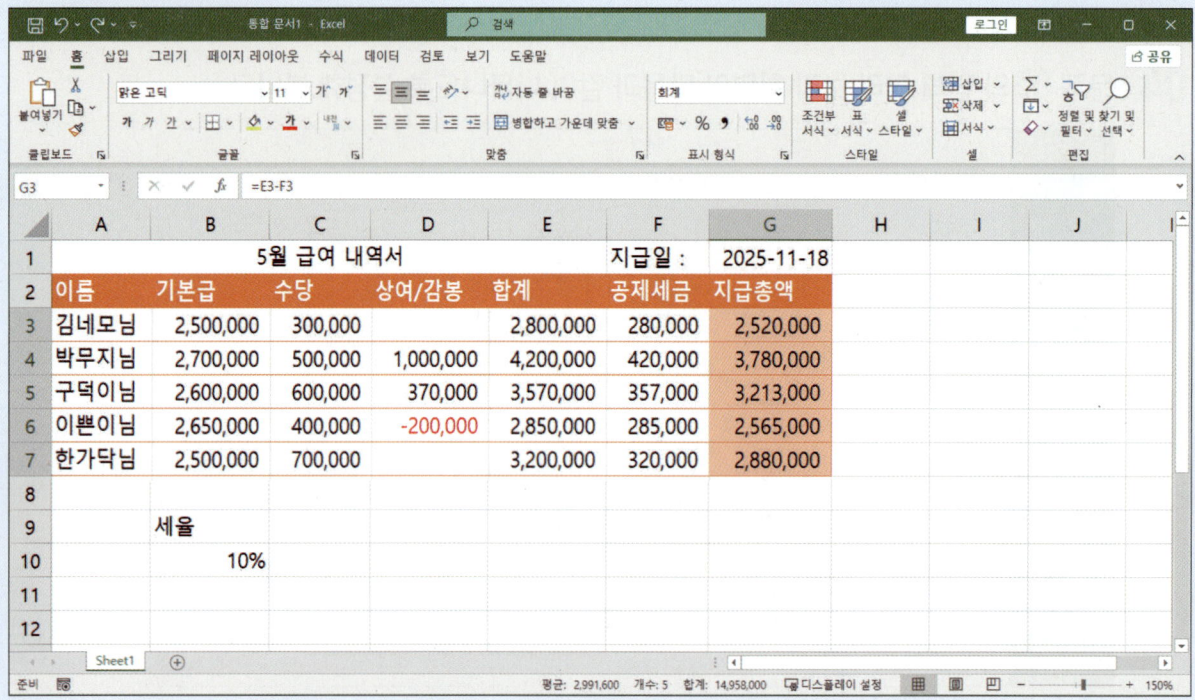

이번 장에서는 급여 명세서를 만들어 보면서 엑셀에서 참조하는 방식에 따른 수식 작성 방법 및 실제 입력과 셀에 표시되는 값을 다르게 하는 방법에 대하여 알아보겠습니다.

01 수식과 표시 형식 알아보기

▶ 수식의 작성 규칙

- 수식이란 셀의 데이터를 계산하기 위해 입력하는 수학적 표현식입니다.
- 수식은 숫자, 셀 참조, 연산자, 함수 등을 포함하며, 다른 셀의 데이터를 참조하거나 직접 입력된 값을 기반으로 한 계산을 수행합니다.
- 등호(=)로 시작해야 하며 수식에 문자열이 사용되면 큰따옴표("")로 묶어야 합니다.

▶ 연산자

1 산술 연산자 : 숫자 데이터로 수학적인 연산을 할 때 사용되는 연산자입니다.

연산자	설명	사용 예	결과
+	더하기	= 5+2	7
−	빼기	= 5−2	3
*	곱하기	= 5*2	10
/	나누기	= 5/2	2.5
%	백분율	= 50%("=" 생략 가능)	등호가 사용되었을 경우 : 0.5 등호가 생략되었을 경우 : 50%
^	거듭제곱	= 5^2	= 5*5 = 25

2 비교 연산자 : 두 개의 값에 대해 크기를 비교할 때 사용합니다. 맞으면 TRUE(참), 틀리면 FALSE(거짓)의 형태로 나타납니다.

연산자	설명	사용 예	결과
=	같다	= 5= 2	FALSE
>	크다(초과)	= 5>2	TRUE
>=	크거나 같다(이상)	= 5>= 2	TRUE
<	작다(미만)	= 5<2	FALSE
<=	작거나 같다(이하)	= 5<= 2	FALSE
<>	같지 않다(≠)	= 5<>2	TRUE

3 연결 연산자 : 두 개의 데이터를 하나로 연결합니다.

연산자	설명	사용 예	결과
&	데이터 연결	= "대한"&"민국"	대한민국

4 참조 연산자 : 수식에 필요한 셀 범위를 참조하기 위한 연산자입니다.

연산자	설명	사용 예	결과
: (콜론)	연속된 영역으로 참조	A1:B3	[A1] 셀에서 [B3] 셀까지 참조 영역으로 지정 → 6개의 셀
, (콤마)	떨어진 영역을 참조	A1,C3	[A1] 셀과 [C3] 셀을 참조 → 2개의 셀

▶ 참조

- 수식에서 다른 셀에 입력된 데이터를 이용할 때 입력된 실제 데이터가 아닌 셀 주소를 사용합니다. 이렇게 입력하면 수식에서 참조된 셀의 데이터가 변경될 경우 수식의 결과도 자동으로 변경됩니다.
- 셀 주소의 형식에 따라 상대 참조(A1), 절대 참조($A$1), 혼합 참조($A1, A$1)로 구분됩니다.

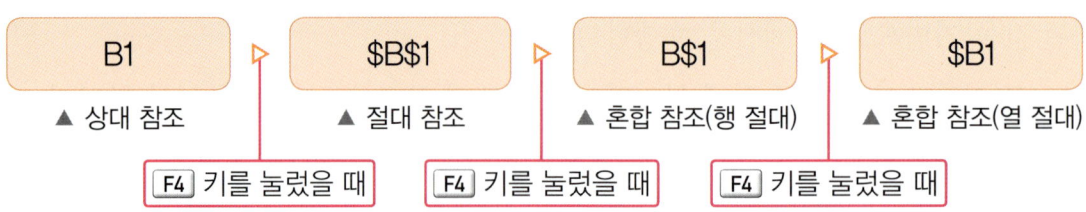

❶ 상대 참조

기본적으로 셀 참조는 상대 참조이며 수식의 복사되는 위치에 따라 상대적으로 변경되어 참조합니다.

예 [C1] 셀에 '=A1+B1' 형식의 수식을 작성한 후 [C1] 셀의 수식을 [C3] 셀까지 자동 채우기 한 경우

	A	B	C
1	10	2	12
2	20	4	24
3	30	6	36

▷

C
=A1+B1
=A2+B2
=A3+B3

❷ 절대 참조

수식을 복사해도 셀의 참조가 변경되지 않는 방식으로 셀 주소의 열과 행에 $ 표시를 붙입니다. $ 표시는 직접 입력해도 되지만 F4 키를 누르면 자동으로 변환시킬 수 있습니다.

예 [C1] 셀에 '=A1+$B$1' 형식의 수식을 작성한 후 [C1] 셀의 수식을 [C3] 셀까지 자동 채우기 한 경우

	A	B	C
1	10	2	12
2	20	4	14
3	30	6	16

▷

C
=A1+$B$1
=A2+$B$1
=A3+$B$1

❸ 혼합 참조

혼합 참조는 열과 행 중 어느 한쪽에만 절대 참조를 적용하고 나머지는 상대 참조를 사용한 것입니다. 절대 참조를 붙인 곳은 변하지 않고 상대 참조인 부분만 변화되는 주소를 확인할 수 있습니다.

예 [C1] 셀에 '=A$1+$B1' 형식의 수식을 작성한 후 [C1] 셀의 수식을 [C3] 셀까지 자동 채우기 한 경우

	A	B	C
1	10	2	12
2	20	4	14
3	30	6	16

▷

C
=A$1+$B1
=A$1+$B2
=A$1+$B3

▶ [홈] 탭-[표시 형식] 그룹 살펴보기

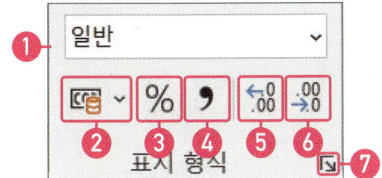

❶ **표시 형식** : 현재 셀에 설정된 표시 형식을 표시하며 [일반]으로 변경하면 설정된 표시 형식을 지웁니다. ⏷를 클릭하면 다양한 표시 형식을 선택할 수 있습니다.

❷ **회계 표시 형식** : 숫자 앞에 통화 기호를 붙이고, 천 단위마다 쉼표를 표시합니다.

❸ **백분율 스타일** : 숫자에 100을 곱한 후 %를 표시합니다.

❹ **쉼표 스타일** : 숫자를 천 단위마다 쉼표로 표시합니다.

❺ **자릿수 늘림** : 소수 이하 자릿수를 한 자리씩 늘려 표시합니다.

❻ **자릿수 줄임** : 소수 이하 자릿수를 한 자리씩 줄여 표시합니다.

❼ [셀 서식] 대화상자를 사용할 수 있습니다.

▶ 서식 코드 살펴보기

[셀 서식] 대화상자의 [표시 형식] 탭에서 원하는 표시 형식을 찾을 수 없을 때 사용자가 서식 코드를 이용하여 직접 표시할 수 있습니다. [사용자 지정]에서 표시 형식을 지정하기 위해 다양한 기호(코드)를 사용합니다.

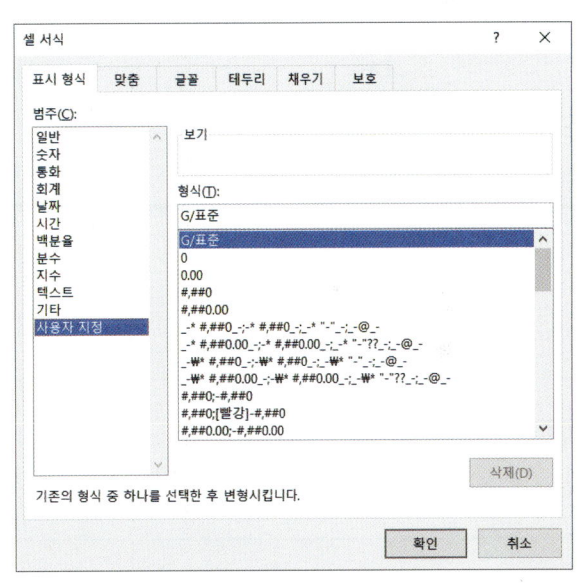

❶ 숫자 서식

'#'과 '0'은 모든 숫자를 대신하여 표시하는 자릿수 기호입니다.

기호	설명	사용 예		
		입력	표시 형식	결과
#	유효 자릿수만 나타내고 유효하지 않은 자릿수는 표시하지 않음	4.56	###.#	4.6
0	유효하지 않은 자릿수를 0으로 표시	4.56	000.0	004.6
, (쉼표)	① 숫자 천 단위 구분 기호	17000	#,##0원	17,000원
	② 끝에 사용되는 경우 1000을 대신함	17000	#,	17

❷ 날짜 서식

'y'는 연도, 'm'은 월, 'd'는 일을 표시하는 날짜 기호입니다.

기호	설명	사용 예		
		입력	표시 형식	결과
y	년(年) 표시	25-8-2	yyyy년 mm월 dd일 ddd	2025년 08월 02일 Sat
m	월(月) 표시			
mm	월을 두 자리로 표시			
mmm	월을 영문 세 글자로 표시(Jan~Dec)			
mmmm	월을 영문으로 표시(January~December)			
d	일(日) 표시			
dd	일을 두 자리로 표시			
ddd	요일을 영문 세 글자로 표시(Sun~Sat)			
dddd	요일을 영문으로 표시(Sunday~Saturday)			

❸ 시간 서식

기호	설명	사용 예		
		입력	표시 형식	결과
h	시간 표시	7:5:5	hh"시" mm"분" ss"초"	07시 05분 05초
m	분 표시			
s	초 표시			
am/pm	시간을 12시간제로 표시			

❹ 문자열 서식

기호	설명	사용 예		
		입력	표시 형식	결과
@	모든 문자를 대신함	홍길동	@"님"	홍길동님

❺ 색상 서식

조건에 맞는 숫자에 색상을 표시할 때 '[ ]'를 사용하며, 색상을 조건보다 앞에 사용합니다.

기호	설명	사용 예		
		입력	표시 형식	결과
[색상]	색상 표시	1234	[빨강][>=500]#,##0	1,234

❻ 구분 서식

기호	설명	사용 예		
		입력	표시 형식	결과
; (세미콜론)	양수, 음수, 0, 텍스트를 구분하는 기호 양수 ; 음수 ; 0 ; 텍스트	1000	[파랑]#,##0 ; [빨강]#,##0 ; 0.00 ; [녹색]@"님"	1,000
		-88		88
		0		0.00
		홍길동		홍길동님

 ## 급여 명세서 작성하기

▶ 상대 참조로 계산하기

01 엑셀을 실행한 후 [새 통합 문서]를 클릭합니다. [A1:G10] 영역에 다음처럼 입력합니다. [A1:E1] 영역은 병합하고 가운데 맞춤을 설정합니다.

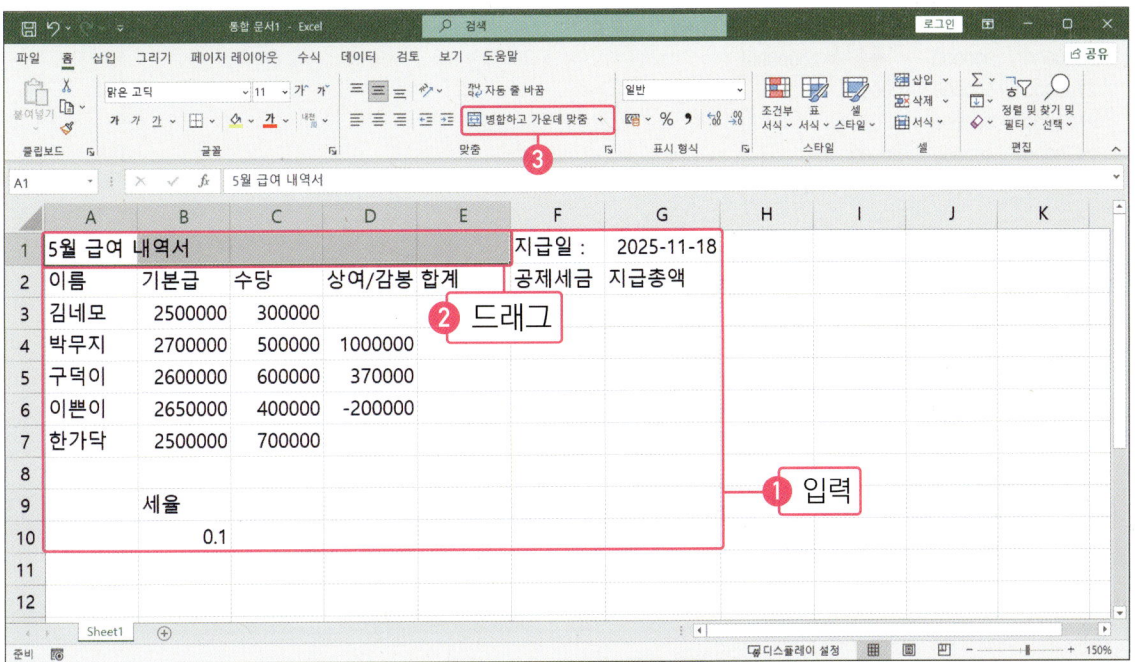

 제공하는 [준비파일] 폴더의 '급여 명세서.xlsx' 파일을 불러와 다음 작업을 진행해도 됩니다.

02 합계를 계산하기 위해 [E3] 셀을 클릭한 후 '='를 입력합니다. [B3] 셀을 클릭한 후 '+'를 입력합니다. [C3] 셀을 클릭한 후 다시 '+'를 입력하고 [D3] 셀을 클릭합니다. '=B3+C3+D3' 형태의 수식 입력이 완료되면 Enter 키를 누릅니다.

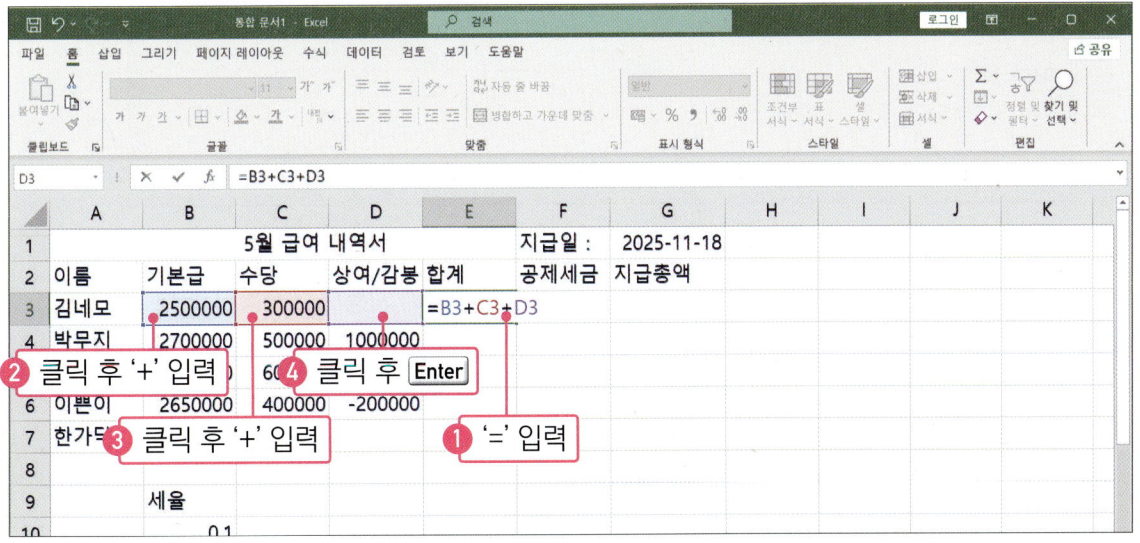

109

03 계산된 결괏값이 표시됩니다. [E3] 셀을 클릭하고 수식 입력줄을 살펴보면 수식이 입력되어 있는 것을 확인할 수 있습니다. [E3] 셀의 ▣(채우기 핸들)을 [E7] 셀까지 드래그합니다.

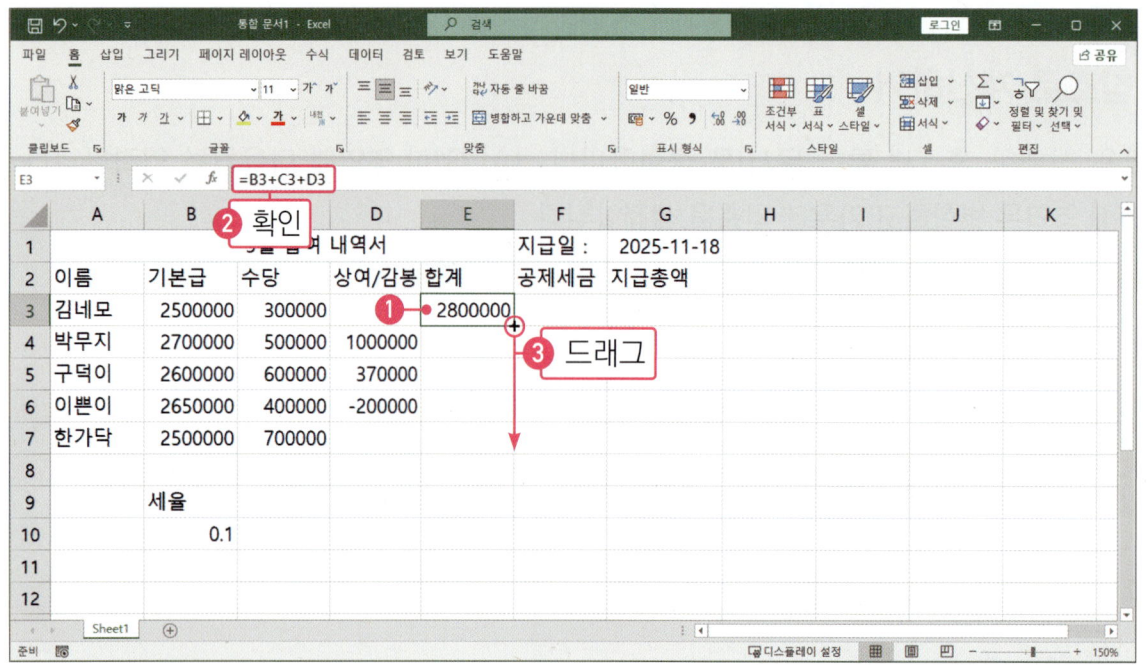

04 각 셀에 계산된 결과가 표시됩니다. [E4] 셀을 클릭하고 수식 입력줄을 살펴보면 '=B4+C4+D4'인 것을 확인할 수 있습니다.

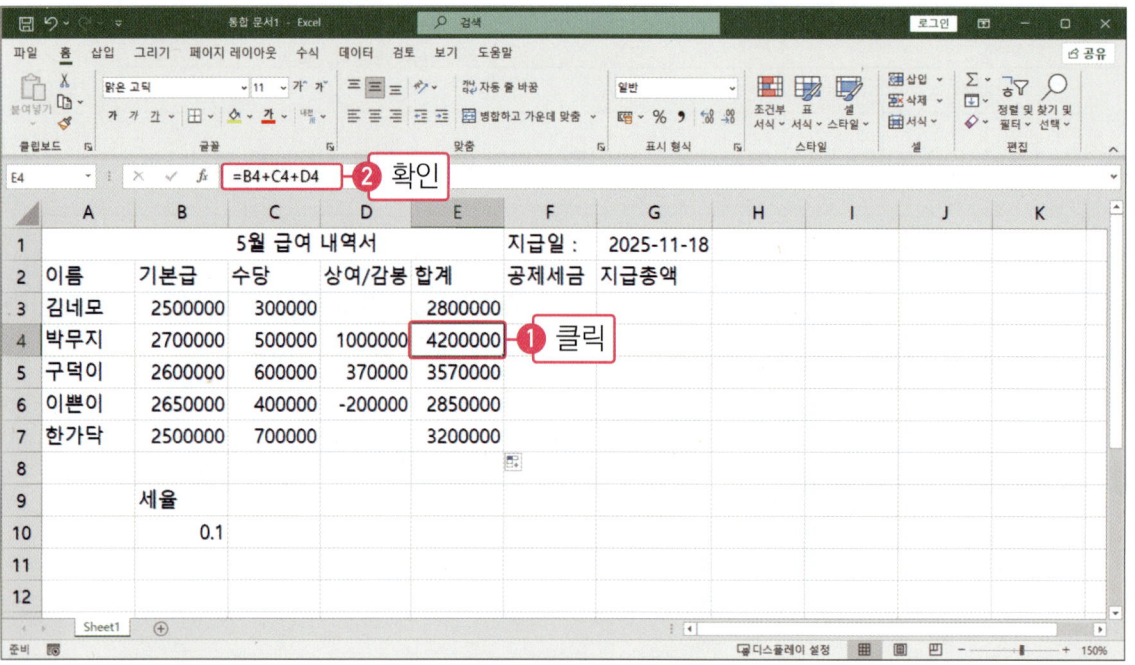

 [E3] 셀에서 [E4] 셀로 한 행을 내려 자동 채우기를 실행하였기 때문에 자동으로 적용된 수식도 'B3'에서 'B4', 'C3'에서 'C4', 'D3'에서 'D4'로 한 행씩 상대적으로 내려간 것을 확인할 수 있습니다. 같은 방법으로 'E5' 셀을 살펴보면 2행을 내려서 자동 채우기를 실행했으므로 수식도 2행씩 내려가면서 작성된 것을 확인할 수 있습니다.

▶ 절대 참조로 계산하기

01 '공제세금'을 계산하기 위해 [F3] 셀을 클릭한 후 '=E3*B10' 수식을 입력하고 Enter 키를 누릅니다.

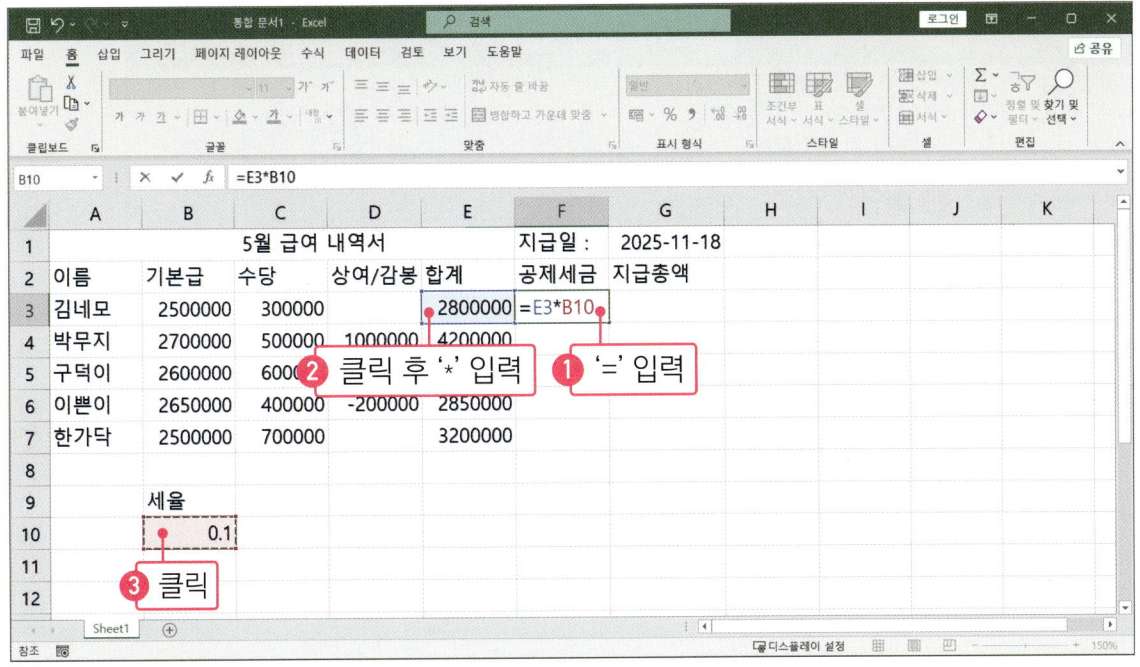

 공제세금[F3]=합계[E3]*세율[B10]

02 계산된 결괏값이 표시됩니다. [F3] 셀을 클릭한 후 [F3] 셀의 ▣(채우기 핸들)을 [F7] 셀까지 드래그합니다.

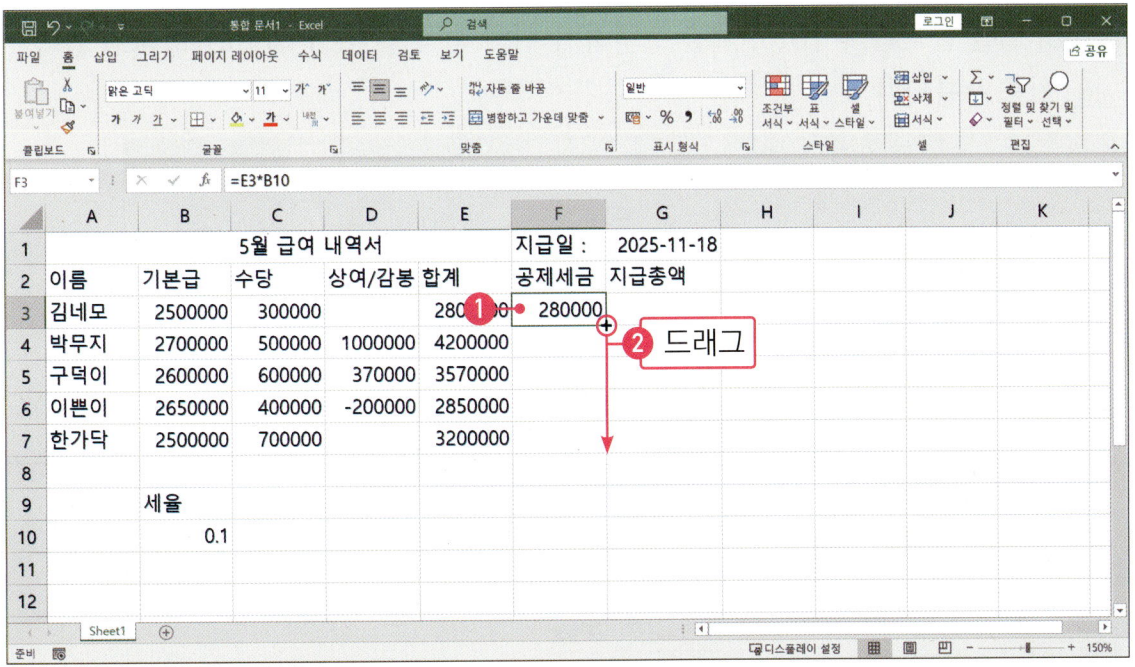

111

03 결과를 살펴보면 [F4:F7] 영역의 결과가 '0'으로 표시됩니다. **[F4] 셀을 클릭**한 후 **수식 입력줄을 살펴보면** '=E4*B11'이라고 나타난 것을 확인할 수 있습니다. 수식에 적용된 [B11]을 **살펴보면** 셀이 비어 있기 때문에 [F4] 셀의 결괏값이 '0'으로 나타난 것이므로, 수식에 사용되는 [B10] 셀을 고정해야 합니다.

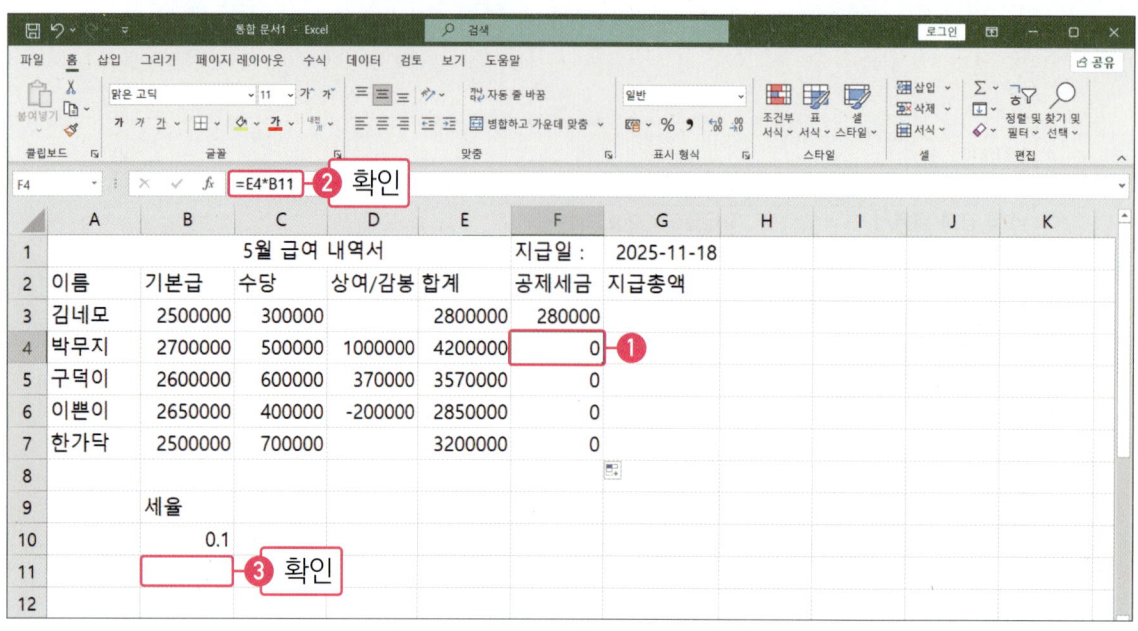

 [F3] 셀에서 [F4] 셀로 한 행을 내려 자동 채우기를 실행했기 때문에 자동으로 적용된 수식도 'E3'에서 'E4', 'B10'에서 'B11'로 한 행씩 상대적으로 내려간 것을 확인할 수 있습니다. 그러나 [B10] 셀의 세율은 고정되어 적용되어야 합니다.

04 [F3] 셀의 수식을 재작성하기 위해 [F3:F7] 영역을 드래그한 후 Delete 키를 눌러 삭제합니다. [F3] 셀을 클릭한 후 [B10] 셀을 고정하기 위해 수식을 '=E3*$B$10' 형태로 입력하고 Enter 키를 누릅니다.

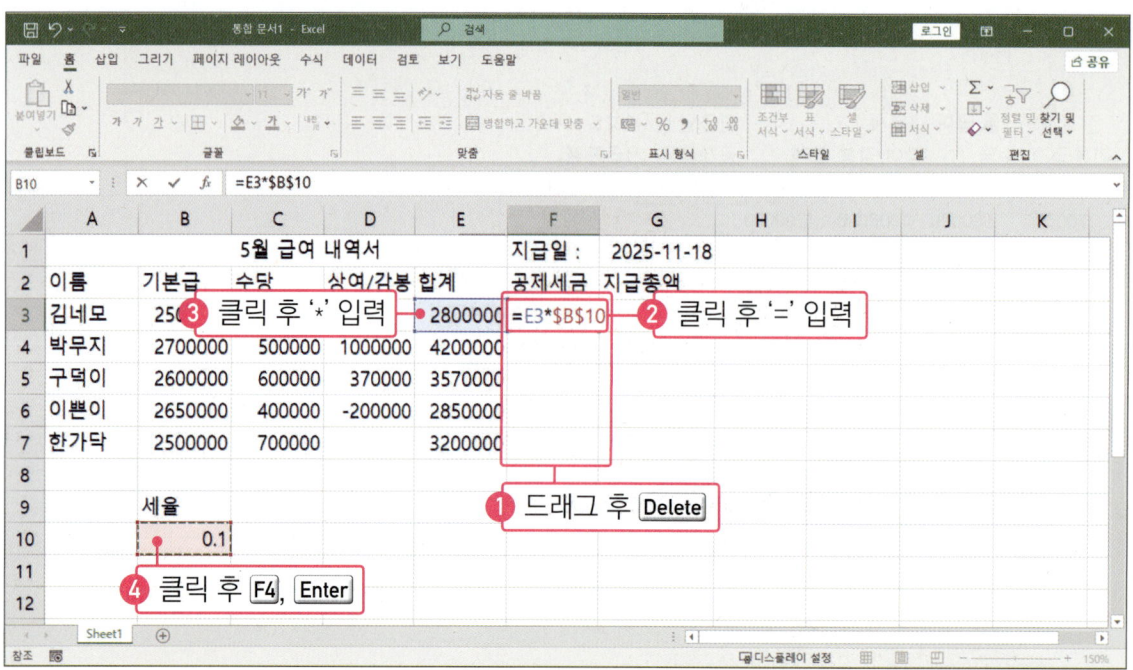

05 [F3] 셀을 클릭한 후 [F3] 셀의 (채우기 핸들)을 [F7] 셀까지 드래그합니다.

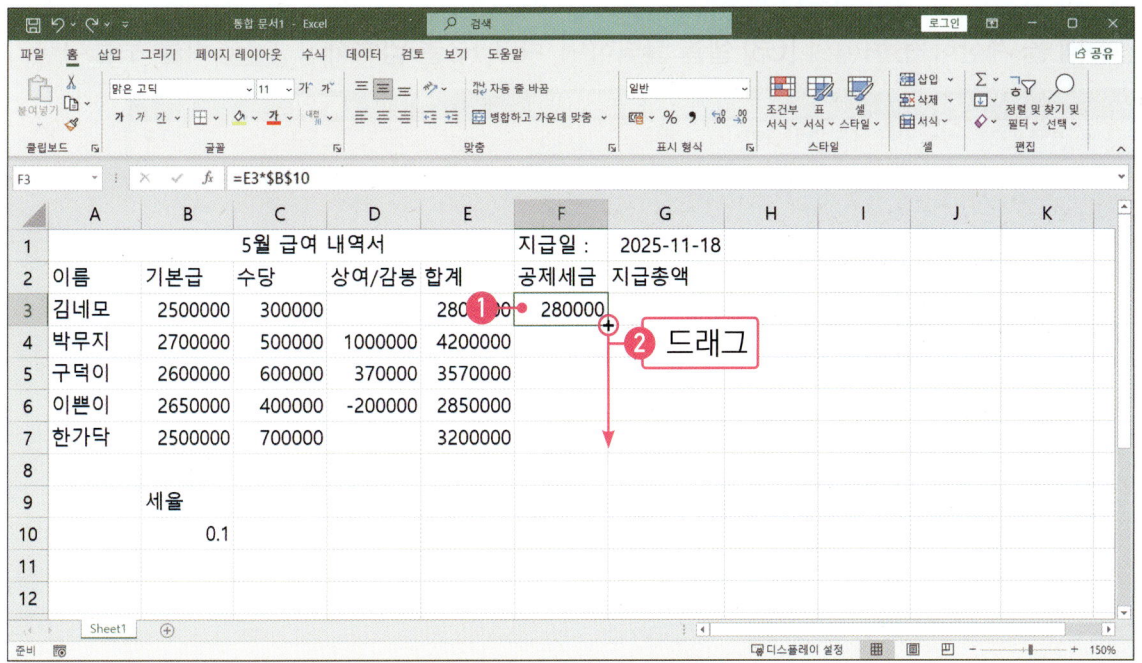

06 [F4] 셀을 클릭한 후 수식 입력줄을 살펴봅니다. 수식 중 참조한 [E3] 셀은 'E3'에서 'E4'로 한 행 내려진 셀 주소로 변경되었지만 [B10] 셀은 변동되지 않고 '$B$10' 형식으로 나타난 것을 확인할 수 있습니다.

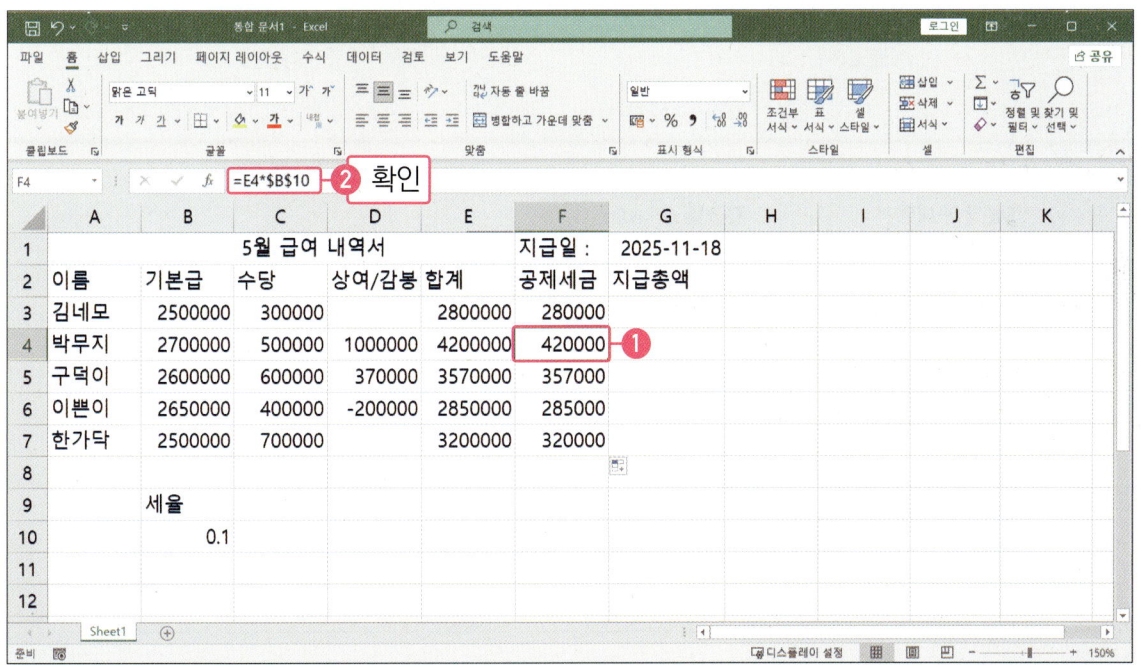

 '$B$10' 셀은 열 번호 앞과 행 번호 앞에 $로 고정시켰기 때문에 열 방향이나 행 방향으로 자동 채우기 하여 계산해도 셀 주소가 변경되지 않습니다.

▶ 더블 클릭하여 자동 채우기

01 '지급총액'을 계산하기 위해서 [G3] 셀을 클릭하여 '=E3-F3'을 입력하고 Enter 키를 누릅니다.

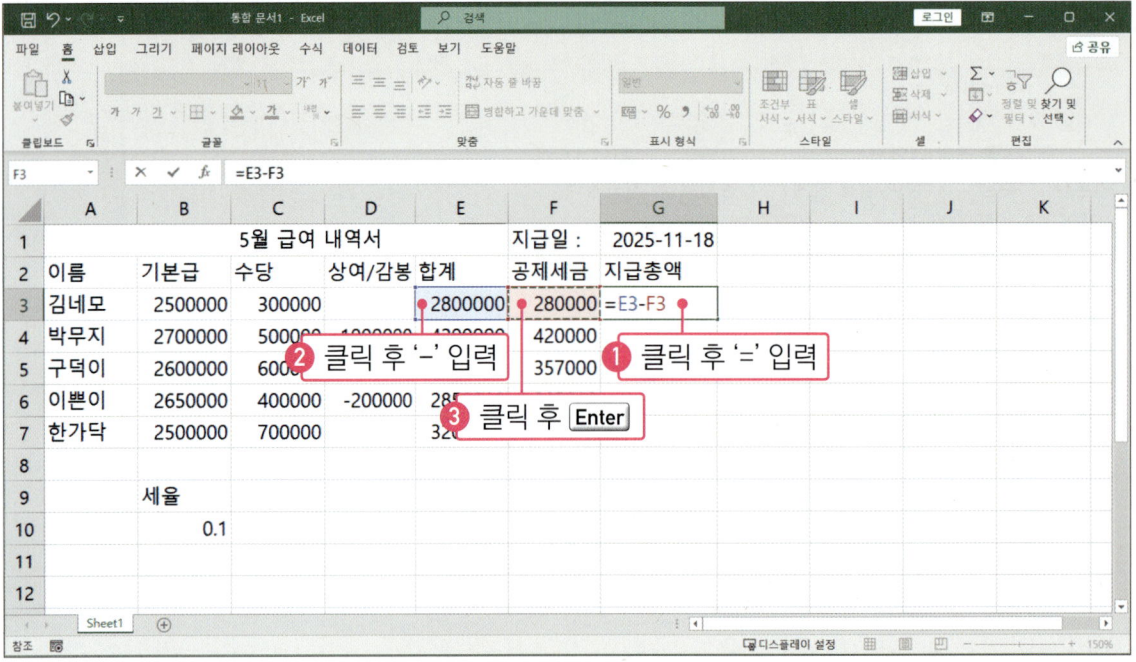

02 [G3] 셀을 클릭한 후 [G3] 셀의 (채우기 핸들)을 더블 클릭합니다.

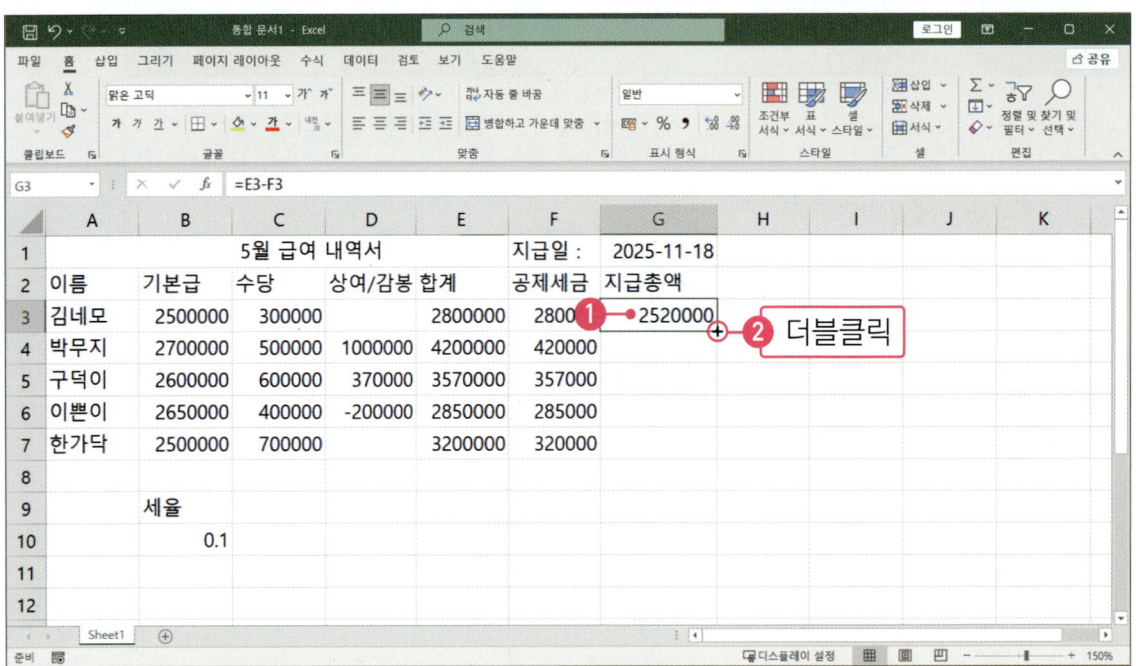

03 [G7] 셀까지 자동으로 수식이 채워져 다음과 같은 결과가 나타납니다.

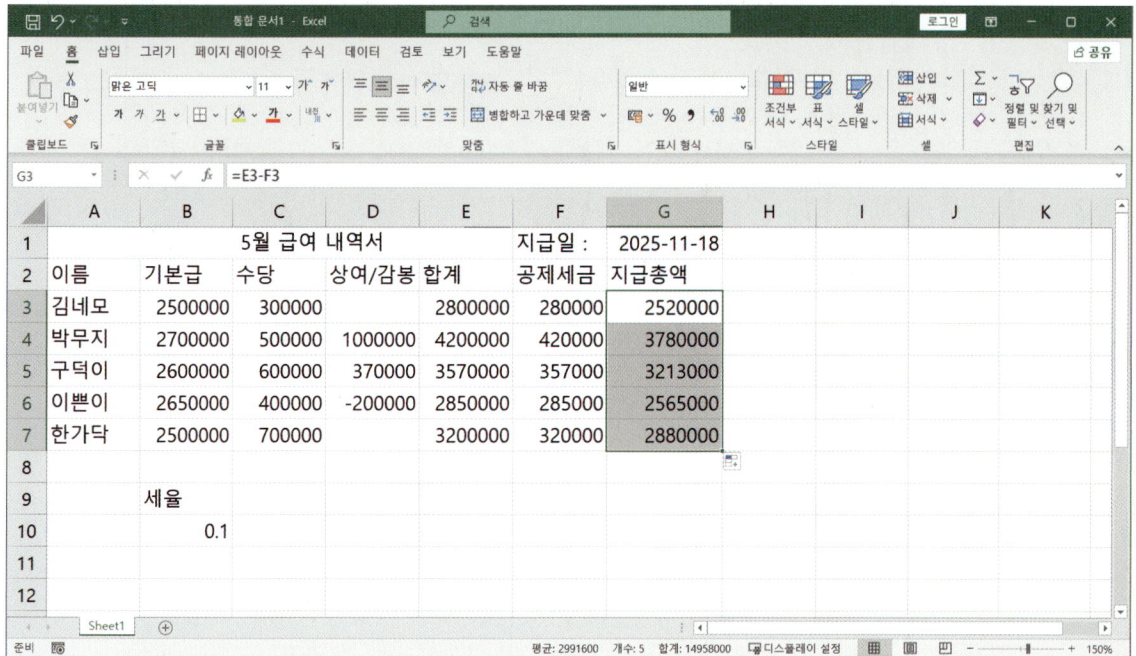

 데이터가 연속적으로 연결된 경우 '더블 클릭'하여 자동 채우기를 실행하면 데이터가 끝나는 지점까지만 적용되어 나타납니다.

▶ 표시 형식 지정하기

01 금액의 표시 형식을 지정하기 위해 [B3:G7] 영역을 선택한 후 [홈] 탭-[표시 형식] 그룹-[쉼표 스타일(,)]을 클릭합니다.

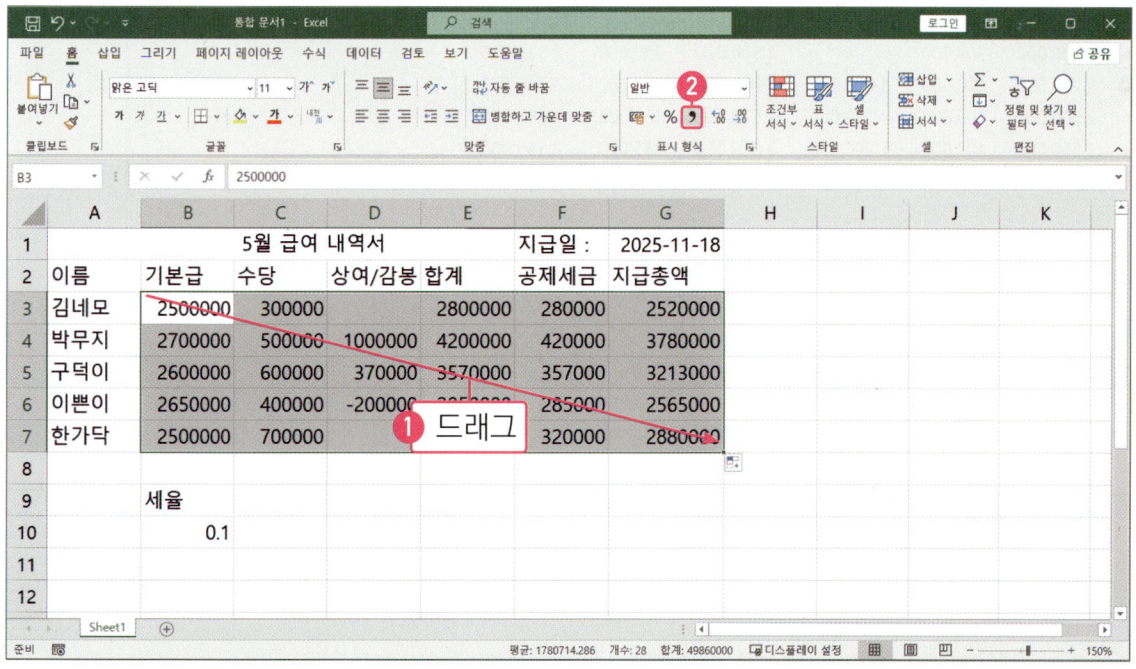

02 선택 영역에 천 단위마다 쉼표가 표시된 것을 확인할 수 있습니다.

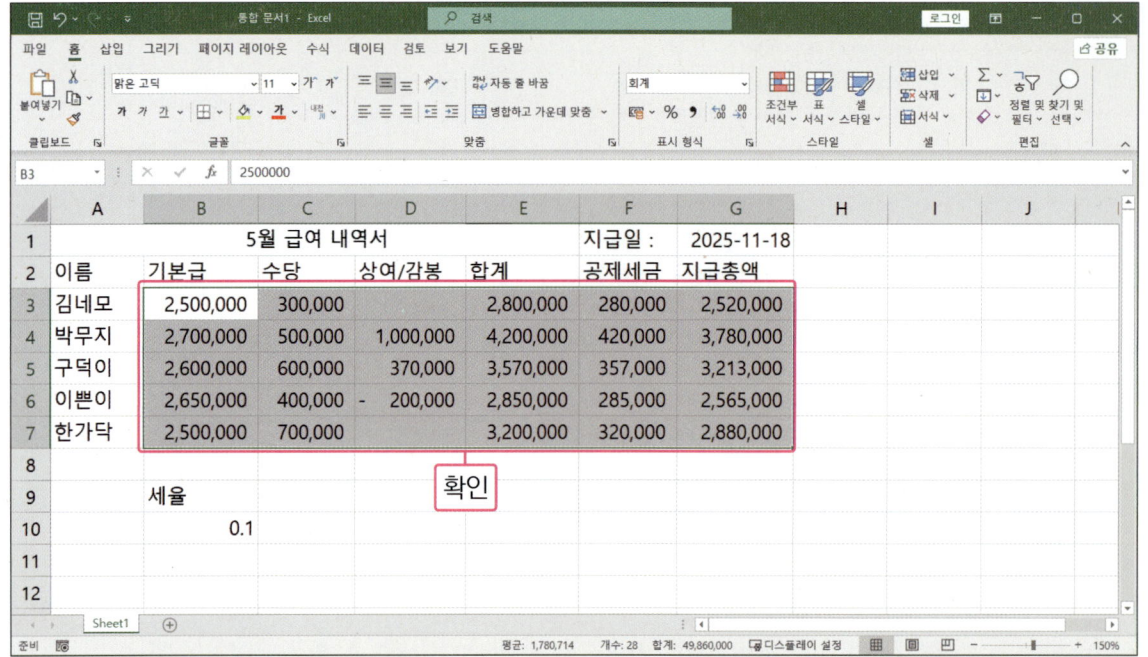

03 세율의 표시 형식을 변경하기 위해 [B10] 셀을 클릭한 후 [홈] 탭-[표시 형식] 그룹-[백분율(%)]을 클릭합니다.

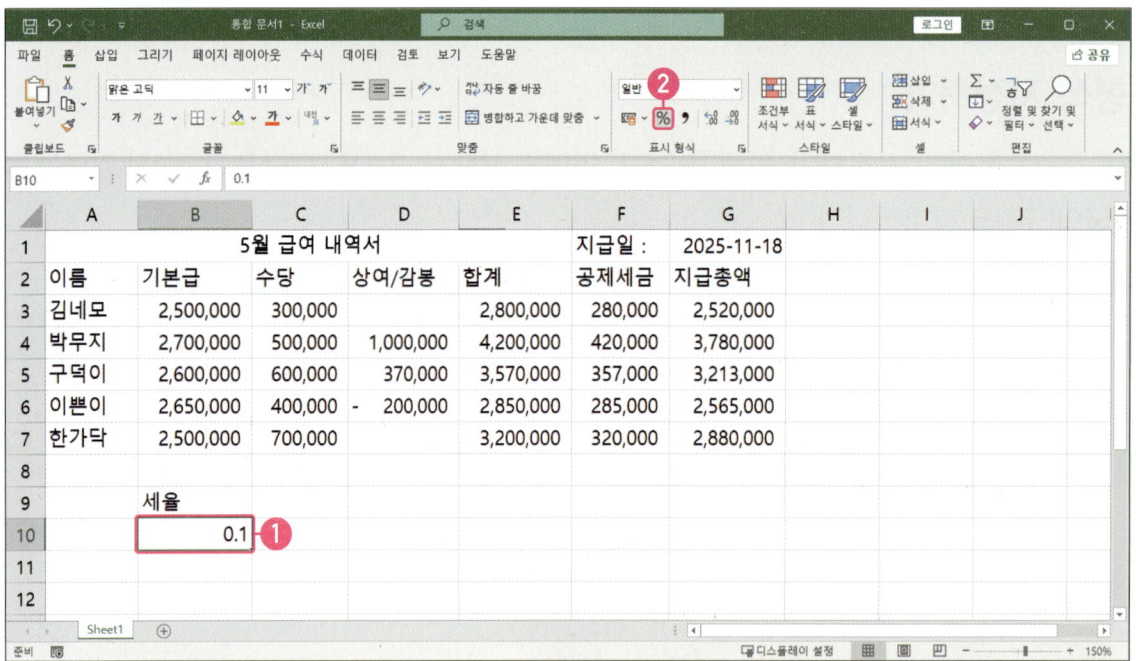

04 백분율로 표시된 것을 확인할 수 있습니다.

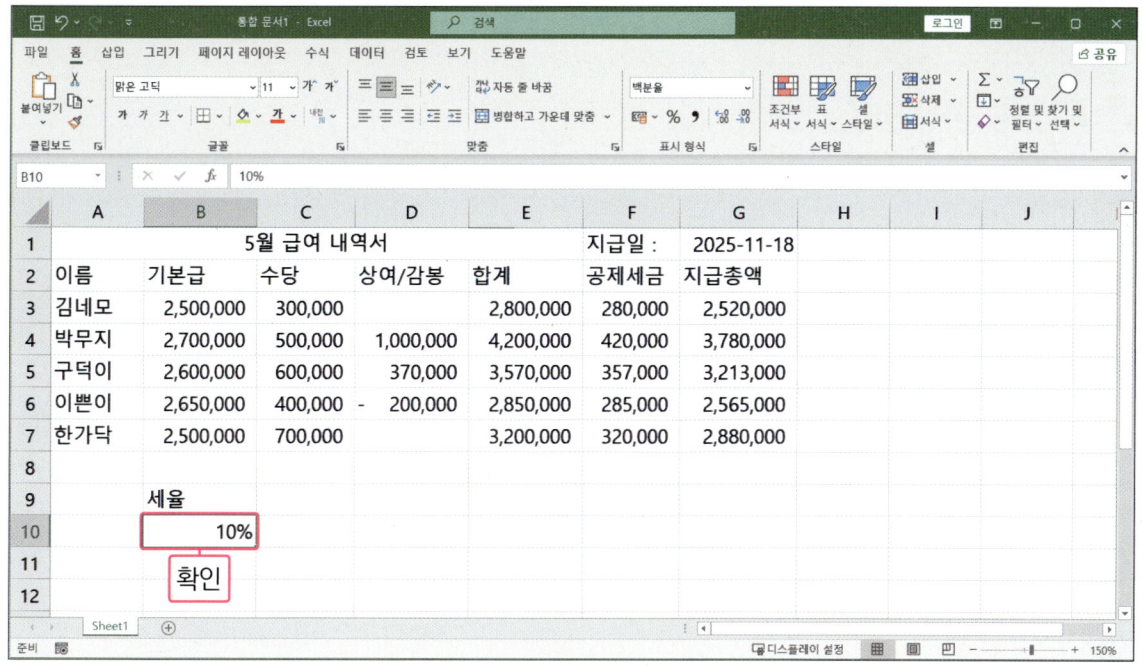

05 음수의 표시 형식을 변경하기 위해 [D6] 셀을 클릭합니다. [홈] 탭-[표시 형식] 그룹에서 [표시 형식]의 ▼를 클릭한 후 [기타 표시 형식]을 선택합니다.

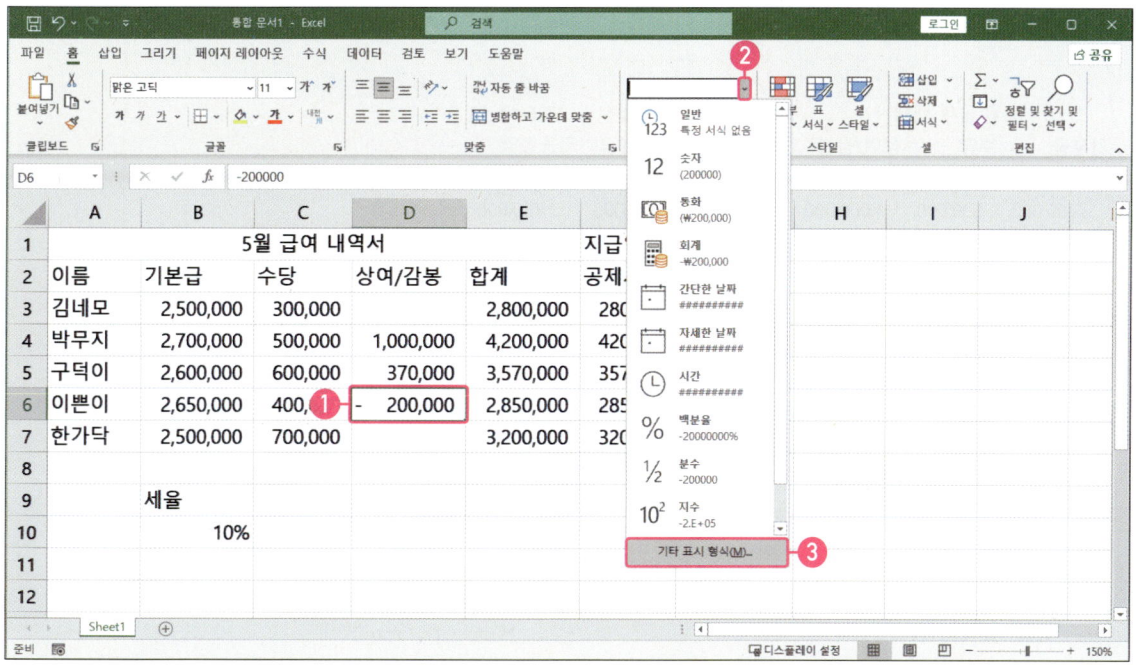

06 [셀 서식] 대화상자가 나타나면 [표시 형식] 탭의 [범주]에서 '숫자'를 선택한 후 [음수] 목록에서 빨간색의 '-1,234'를 선택하고 [확인] 버튼을 클릭합니다.

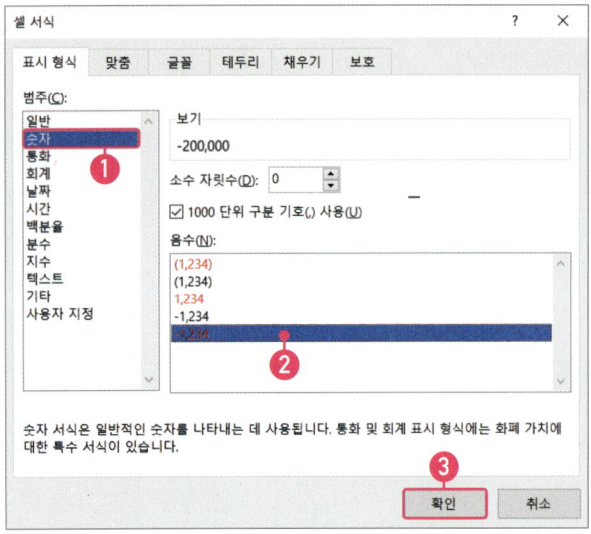

07 [D6] 셀의 음수 표시 형식이 변경된 것을 확인할 수 있습니다.

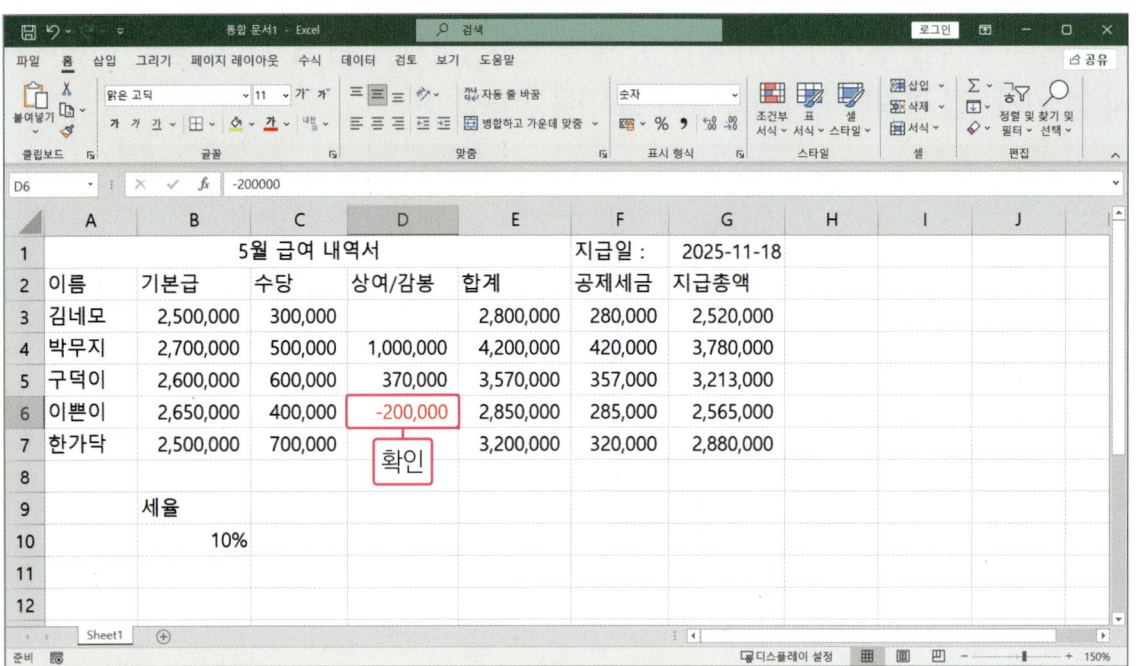

08 [A3:A7] 영역을 드래그하여 선택합니다. [홈] 탭-[표시 형식] 그룹에서 [표시 형식]의 ▼를 클릭한 후 [기타 표시 형식]을 선택합니다.

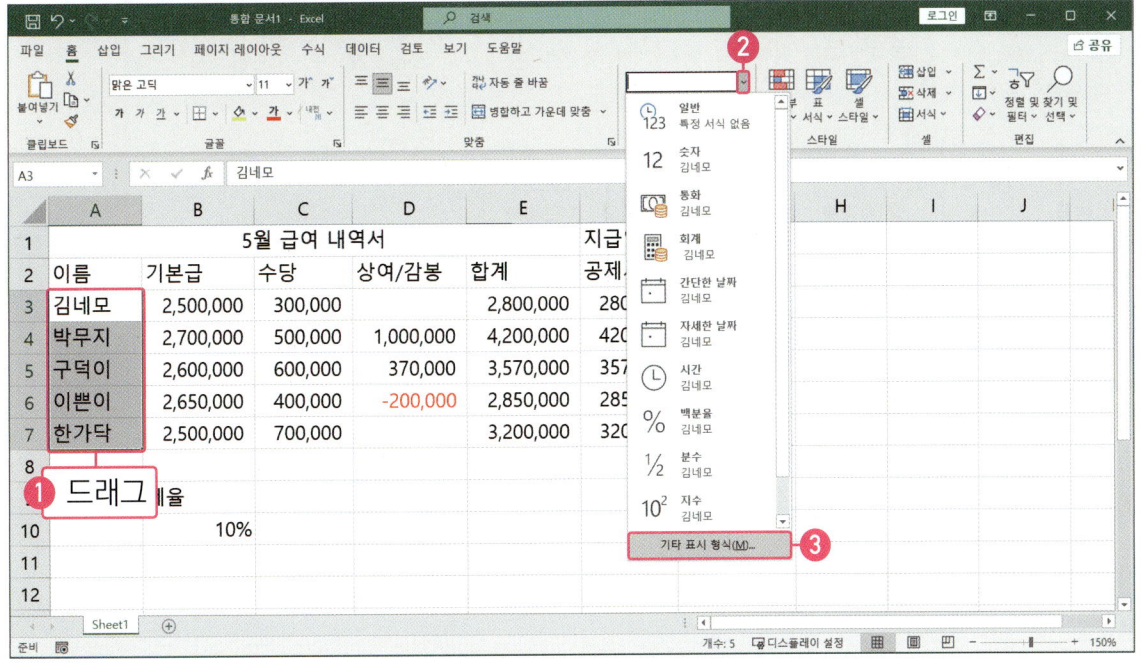

09 [셀 서식] 대화상자의 [표시 형식] 탭에서 [사용자 지정]을 선택하고 [형식] 입력 상자에 '@"님"'을 입력한 후 [확인] 버튼을 클릭합니다.

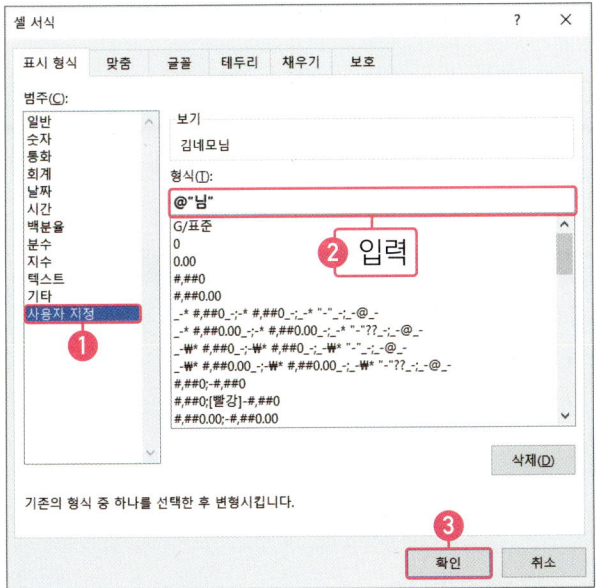

10 선택한 영역의 문자 데이터 뒤에 '님'이 표시된 것을 확인할 수 있습니다.

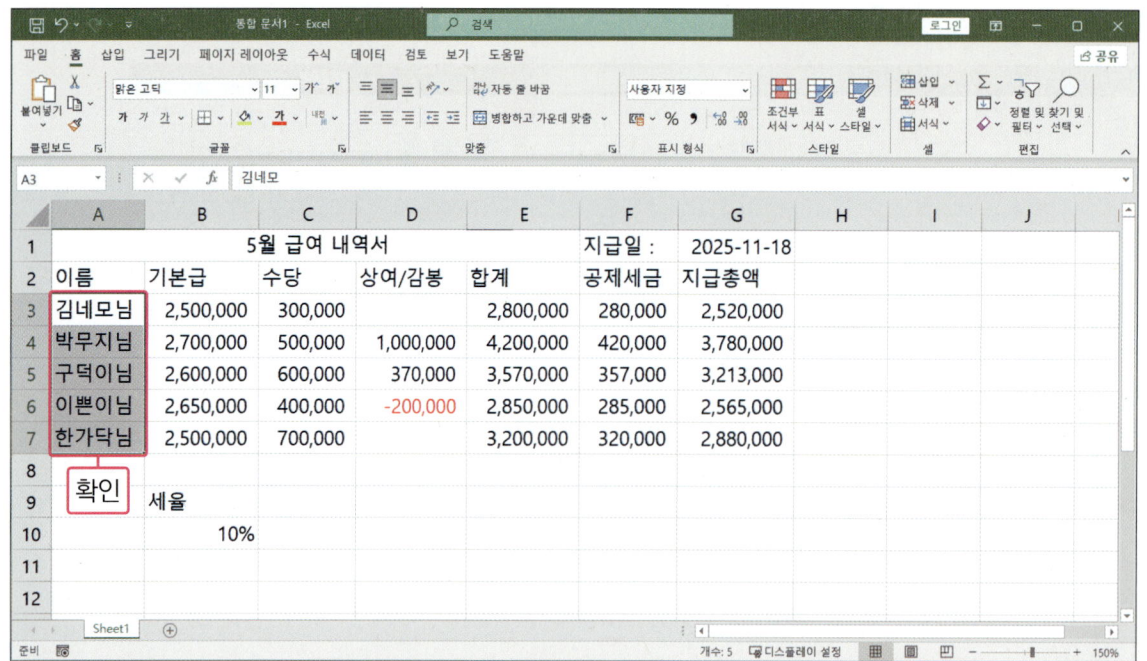

 표시 형식이 적용된 셀들은 Delete 키를 누르면 내용만 지워집니다. 데이터를 입력하면 기존에 설정한 서식이 적용되기 때문에 표시 형식을 지우려면 [홈] 탭-[표시 형식] 그룹에서 표시 형식의 ▼를 클릭한 후 [일반]을 선택합니다.

▶ 표 서식 지정하기

01 표 서식을 적용할 [A2:G7] 영역을 선택합니다. [홈] 탭-[스타일] 그룹-[표 서식]에서 [표 스타일 밝게 10]을 선택합니다.

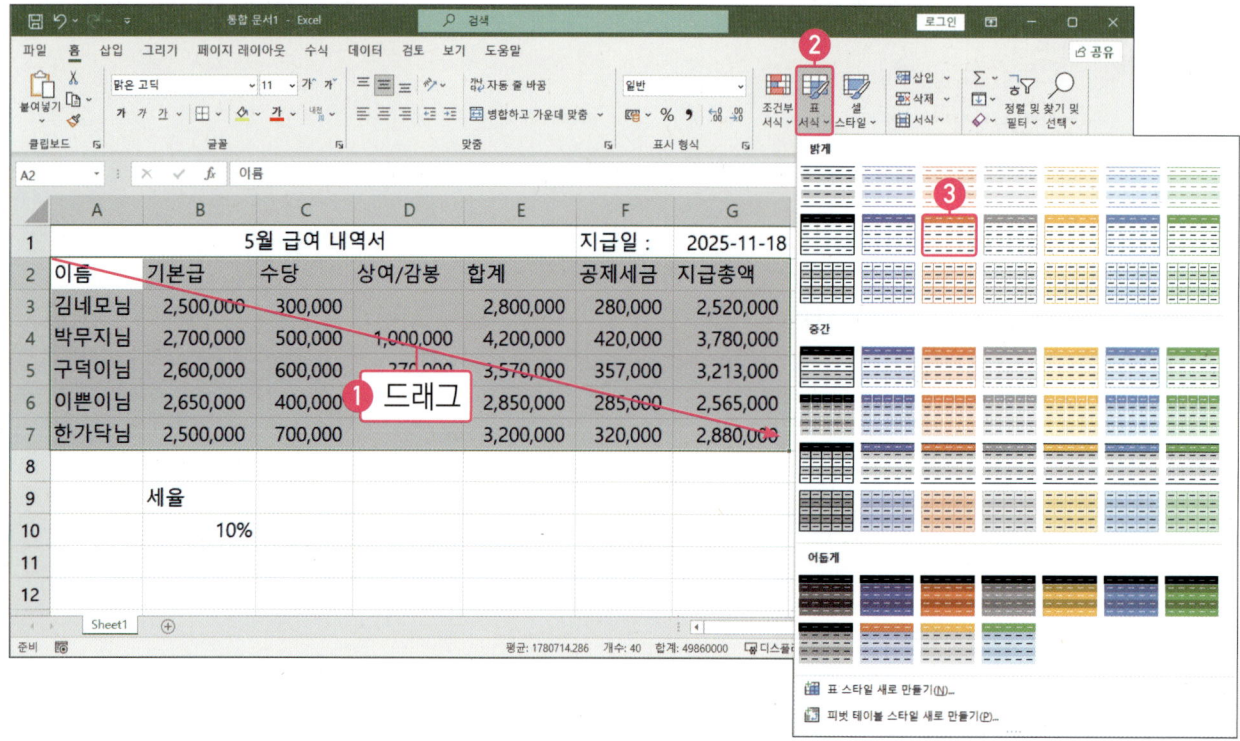

02 [표 서식] 대화상자가 나타나면 [확인] 버튼을 클릭합니다.

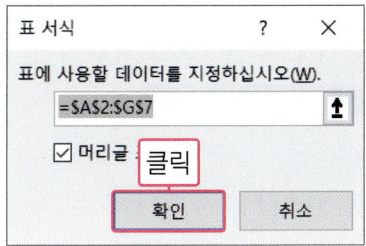

03 [테이블 디자인] 탭-[도구] 그룹-[범위로 변환]을 클릭합니다.

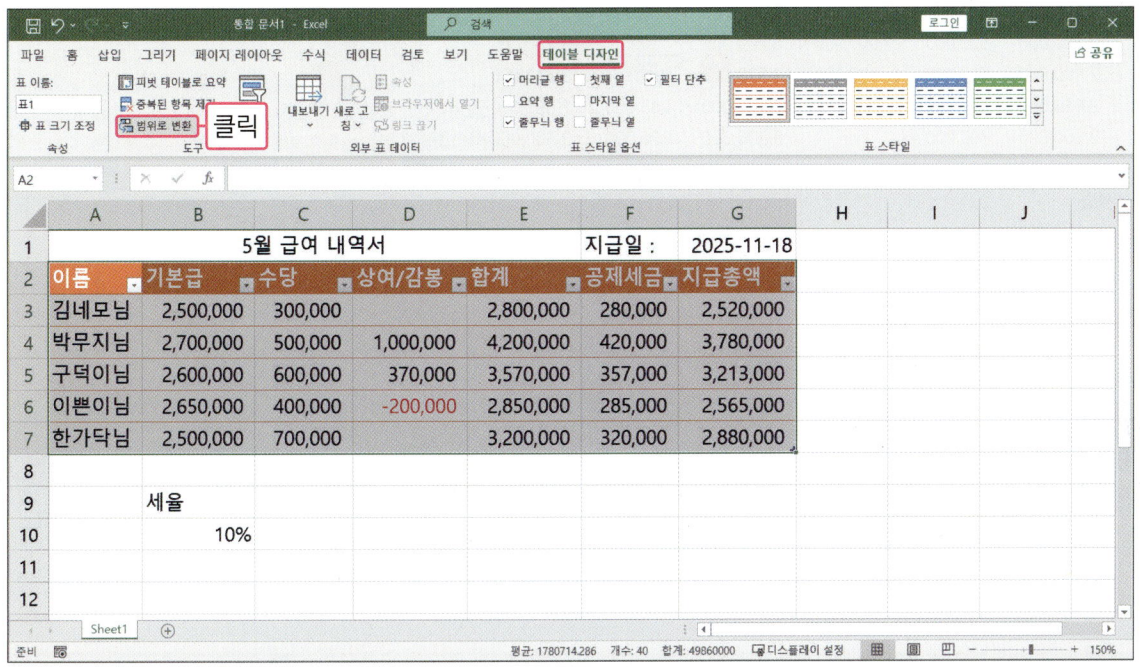

04 표를 정상 범위로 변환할 것인지 묻는 메시지가 나타나면 [예] 버튼을 클릭합니다.

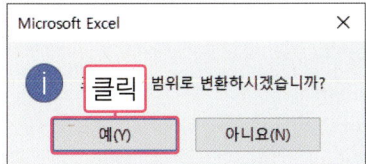

05 표가 기본적인 상태로 변경됩니다. 머리글에 있던 ▼와 리본 메뉴의 [테이블 디자인] 탭은 표시되지 않습니다.

▶ 셀 스타일 지정하기

01 [G3:G7] 영역을 선택한 후 [홈] 탭-[스타일] 그룹의 [셀 스타일]-[40% - 강조색2]를 선택합니다.

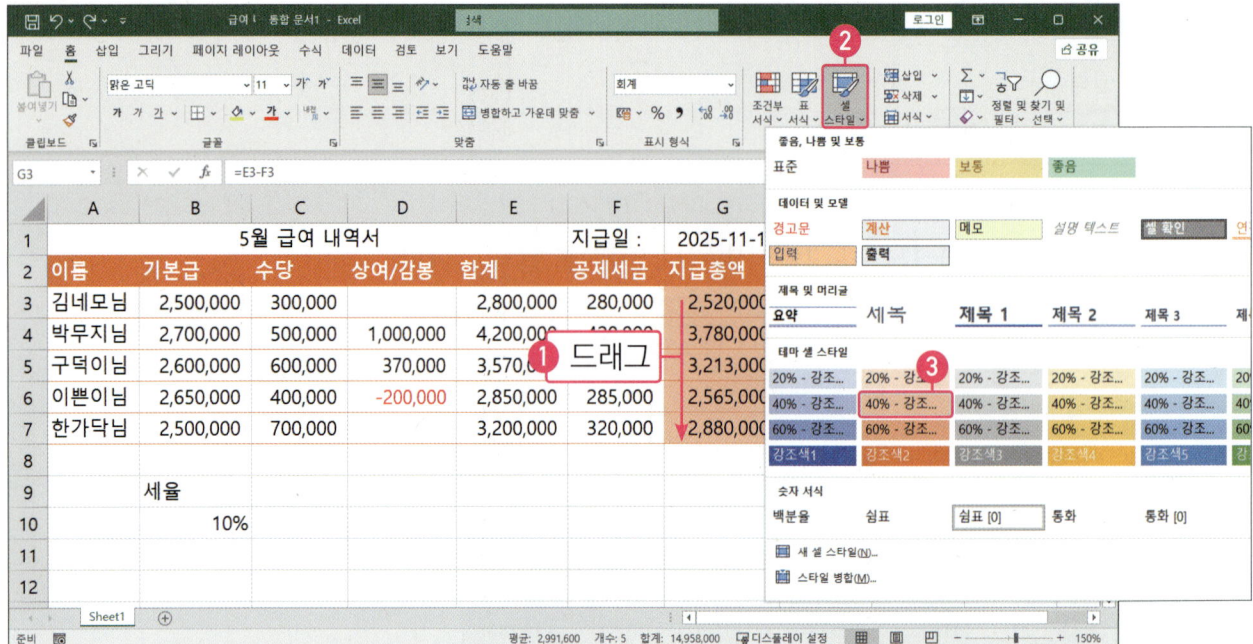

 셀 스타일( )이 보이지 않아요.
엑셀 창의 크기에 따라 리본 메뉴에 표시되는 모습이 다릅니다.
셀 스타일은 다음과 같은 모습으로 표시될 수 있습니다.

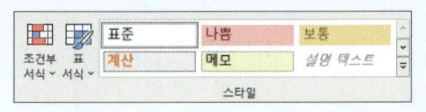

02 색상이 변경된 것을 확인할 수 있습니다.

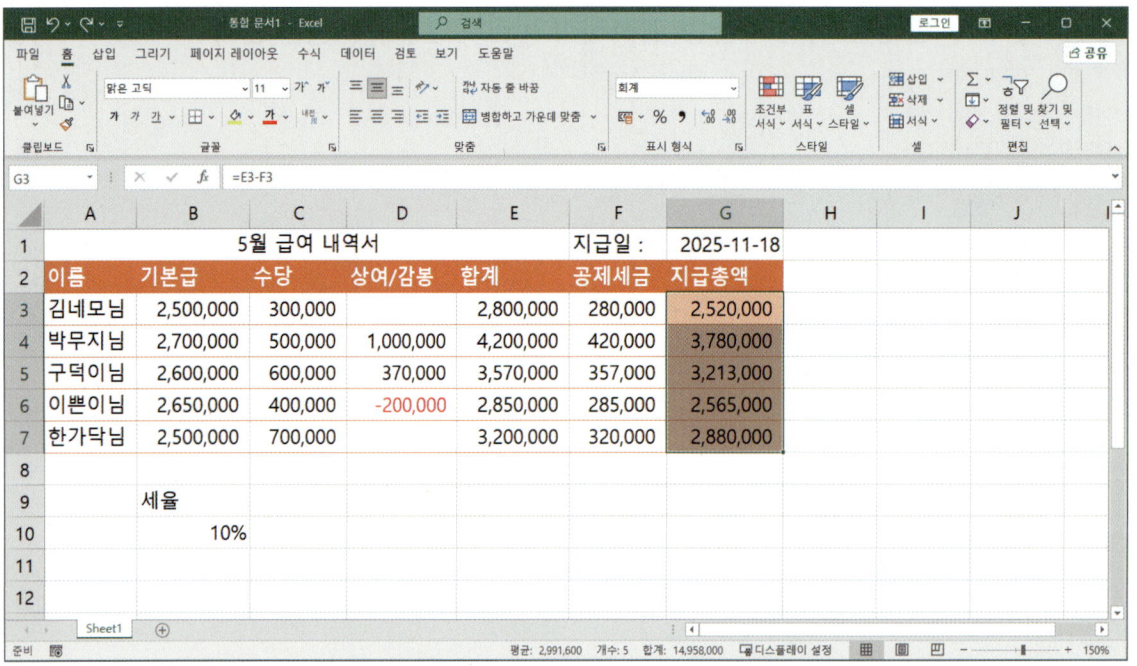

03 빠른 실행 도구 모음의 (저장)을 클릭하여 파일 이름을 '급여 명세서'로 저장합니다.

122

 # 함수 알아보기

▶ **함수의 기본 형식**

- 함수란 특정한 계산이나 작업을 수행하도록 미리 정의된 수식입니다.
- 함수식은 등호(=)로 시작하며 함수와 괄호 안의 인수로 계산을 수행합니다.
- 인수라는 것은 상수, 셀 참조, 다른 함수 등을 사용하며 인수와 인수는 쉼표(,)로 구분합니다.

예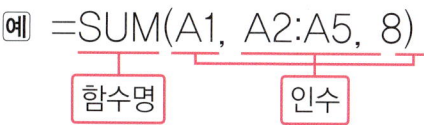

 인수의 종류 및 구성은 함수에 따라 다릅니다.

▶ **함수식의 사용 방법**

- **자동 합계** : [수식] 탭-[함수 라이브러리] 그룹-[자동 합계(자동 합계)] 기능에서 기본으로 제공하고 있습니다. 일반적으로 많이 사용하는 합계, 평균, 숫자 개수, 최대값, 최소값을 구할 때 편리합니다.
- **직접 입력** : 셀에 등호를 입력하고 함수를 직접 입력하는 방법으로 사용할 수 있습니다. 함수의 첫 알파벳을 입력하면 해당 알파벳으로 시작하는 함수의 목록이 표시되는 자동완성 기능이 제공됩니다.
- **함수 마법사** : [수식] 탭-[함수 라이브러리] 그룹-[함수 삽입(fx)]을 클릭하여 실행하거나 수식 입력줄 옆 fx를 클릭해 실행합니다.
- **함수 라이브러리** : [수식] 탭-[함수 라이브러리] 그룹에 자주 사용하는 함수와 범주에 따른 함수가 정리되어 있습니다.

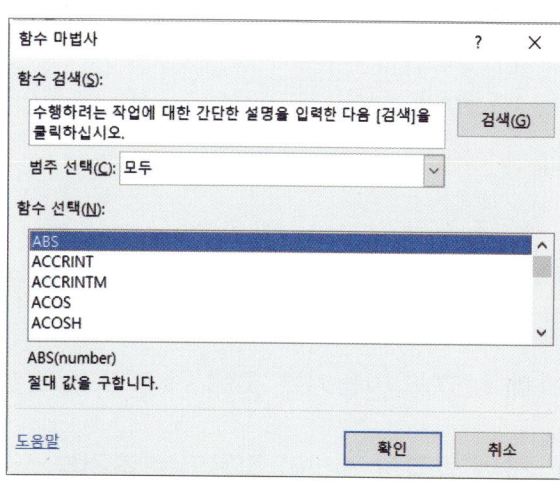

▲ 함수 마법사

응용력 키우기

01 새 통합 문서를 생성한 후 다음처럼 입력해 봅니다.

	A	B	C	D	E	F	G	H
1				판매현황				
2	품목번호	판매수량	상반기 판매금액	하반기 판매금액	판매금액 합계	마진금액	이익금액	
3	A-1005	100	1500	3500				
4	C-1050	45	2900	4900				
5	E-2007	50	3500	1500				
6	S-2058	130	7000	3000				
7	A-3002	65	4500	2500				
8	B-4010	35	8000	4000				
9								
10		마진율						
11		0.02						
12								

02 문제 **01** 파일에서 [E3:E8], [F3:F8], [G3:G8]의 영역은 수식을 사용하여 계산하고 자동 채우기로 입력해 봅니다.

- **판매금액 합계** : 상반기 판매금액 + 하반기 판매금액
- **마진금액** : 판매금액 합계 X 마진율
- **이익금액** : 판매금액 합계 – 마진금액

	A	B	C	D	E	F	G	H
1				판매현황				
2	품목번호	판매수량	상반기 판매금액	하반기 판매금액	판매금액 합계	마진금액	이익금액	
3	A-1005	100	1500	3500	5000	100	4900	
4	C-1050	45	2900	4900	7800	156	7644	
5	E-2007	50	3500	1500	5000	100	4900	
6	S-2058	130	7000	3000	10000	200	9800	
7	A-3002	65	4500	2500	7000	140	6860	
8	B-4010	35	8000	4000	12000	240	11760	
9								
10		마진율						
11		0.02						
12								

- **마진금액** : =E3*$B$11
- **이익금액** : =E3–F3

03 문제 02 파일에서 다음과 같은 표시 형식을 적용해 봅니다.

- [B3:G8] 영역 : 쉼표 스타일(,) 설정
- [C10] 셀 : '백분율(%)' 설정

	A	B	C	D	E	F	G	H
1				판매현황				
2	품목번호	판매수량	상반기 판매금액	하반기 판매금액	판매금액 합계	마진금액	이익금액	
3	A-1005	100	1,500	3,500	5,000	100	4,900	
4	C-1050	45	2,900	4,900	7,800	156	7,644	
5	E-2007	50	3,500	1,500	5,000	100	4,900	
6	S-2058	130	7,000	3,000	10,000	200	9,800	
7	A-3002	65	4,500	2,500	7,000	140	6,860	
8	B-4010	35	8,000	4,000	12,000	240	11,760	
9								
10		마진율						
11		2%						
12								

04 문제 03 파일에서 다음과 같은 표 스타일을 적용한 후 '판매현황.xlsx'로 저장해 봅니다.

- [A2:G8] 영역 : '파랑, 표 스타일 밝게 9', '머리글은 포함' 설정 후 일반 표로 전환
- [B10:B11] 셀 : '녹색, 표 스타일 밝게 14', '머리글은 포함' 설정 후 일반 표로 전환

	A	B	C	D	E	F	G	H
1				판매현황				
2	품목번호	판매수량	상반기 판매금액	하반기 판매금액	판매금액 합계	마진금액	이익금액	
3	A-1005	100	1,500	3,500	5,000	100	4,900	
4	C-1050	45	2,900	4,900	7,800	156	7,644	
5	E-2007	50	3,500	1,500	5,000	100	4,900	
6	S-2058	130	7,000	3,000	10,000	200	9,800	
7	A-3002	65	4,500	2,500	7,000	140	6,860	
8	B-4010	35	8,000	4,000	12,000	240	11,760	
9								
10		마진율						
11		2%						
12								

 힌트 : 일반 표로 전환하려면 [테이블 디자인] 탭- [도구] 그룹에서 [범위로 변환]을 클릭합니다.

07 판매 보고서 만들기

- SUM 함수
- AVERAGE 함수
- MAX 함수
- MIN 함수
- COUNTA 함수
- COUNTBLANK 함수
- 조건부 서식

미/리/보/기

● 완성파일 : 판매 보고서(완성).xlsx

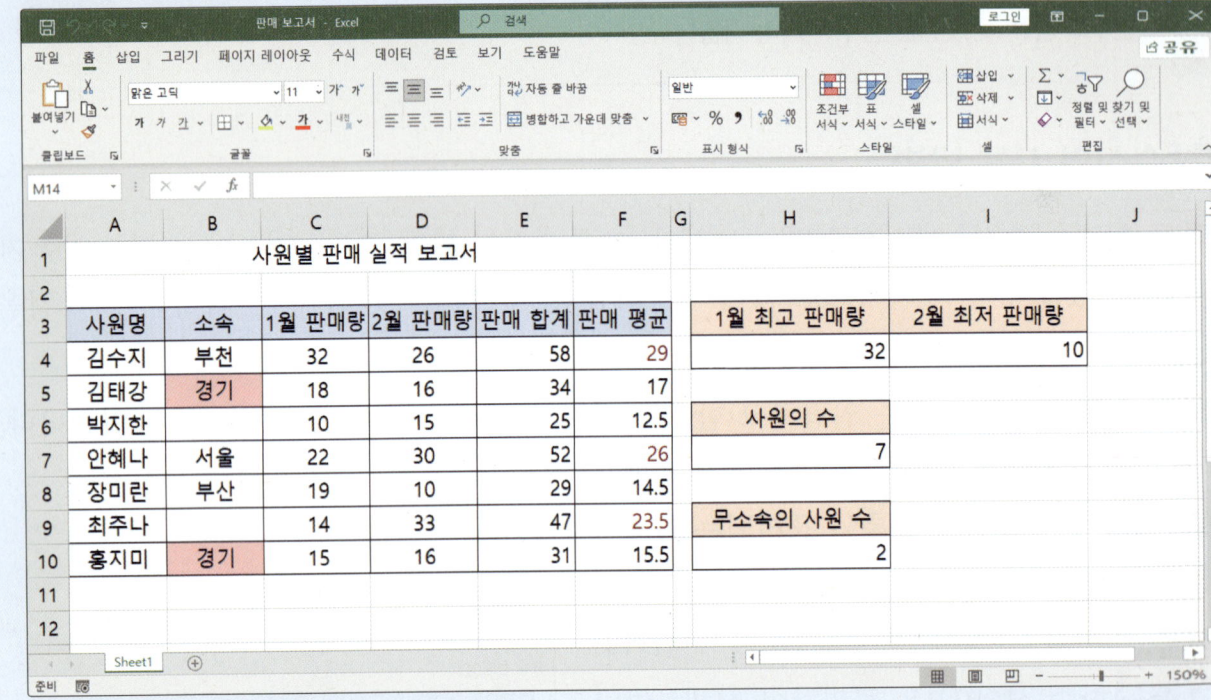

함수를 사용하면 복잡한 계산도 간단하고 빠르게 작성할 수 있습니다. 이번 장에서는 판매 보고서 만들기를 통해 한 번의 클릭으로 쉽게 계산되는 자동 수식 함수와 조건에 만족하는 영역만 서식이 적용되는 조건부 서식에 대하여 알아보겠습니다.

▶ 자동 수식 함수

실무에서 가장 많이 작업하는 것은 합계, 평균, 숫자 개수, 최대값, 최소값 구하기입니다. 이 5가지 계산과 관련된 수식들은 SUM, AVERAGE, COUNT, MAX, MIN 함수로 정의되어 있으며, 클릭 한 번으로 사용할 수 있게 [수식] 탭-[함수 라이브러리] 그룹-[자동 합계] 기능에서 기본으로 제공하고 있습니다.

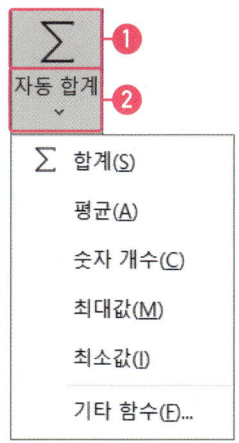

❶ SUM 함수를 호출하여 합계를 계산합니다.
- 빈 셀을 선택한 후 클릭하면 위쪽 또는 왼쪽에서 숫자 데이터가 있는 셀을 자동으로 인식하여 선택 범위를 지정합니다. 선택 범위가 맞으면 Enter 키를 눌러 실행하고, 선택 범위가 맞지 않으면 범위를 수정한 후 Enter 키를 눌러 실행합니다.
- 셀 범위를 선택한 후 'Σ ˅)(자동 합계)'를 클릭하면 아래쪽 또는 오른쪽의 빈 셀에 자동으로 합계를 계산하여 결과를 표시합니다.

❷ SUM 이외의 다른 함수를 사용할 수 있습니다. [합계], [평균], [숫자 개수], [최대값], [최소값]으로 각각 SUM, AVERAGE, COUNT, MAX, MIN 함수를 호출합니다. [기타 함수]를 선택하면 [함수 마법사] 대화상자가 나타나며 다른 함수를 선택할 때 사용합니다.

 [홈] 탭-[편집] 그룹에서도 [자동 합계(Σ ˅)] 기능을 제공하고 있습니다.

▶ 함수 살펴보기

함수 라이브러리	함수 형식	설명
수학/삼각	= SUM(인수1, 인수2, …)	합계를 구함
통계	= AVERAGE(인수1, 인수2, …)	평균을 구함
통계	= MAX(인수1, 인수2, …)	제일 큰 값을 구함
통계	= MIN(인수1, 인수2, …)	제일 작은 값을 구함
통계	= COUNT(인수1, 인수2, …)	숫자 개수를 구함
통계	= COUNTA(인수1, 인수2, …)	빈 셀이 아닌 개수를 구함(즉 숫자와 문자 개수를 구함)
통계	= COUNTBLANK(범위)	범위(Range)에서 빈 셀의 개수를 구함
통계	= COUNTIF(범위, 조건)	범위(Range)에서 조건에 맞는 개수를 구함

 **판매 실적 보고서 만들기**

▶ SUM 함수로 매출 합계 계산하기

01 엑셀을 실행한 후 [새 통합 문서]를 클릭합니다. 새 통합 문서가 나타나면 다음처럼 데이터를 입력하고 셀 서식을 적용합니다.

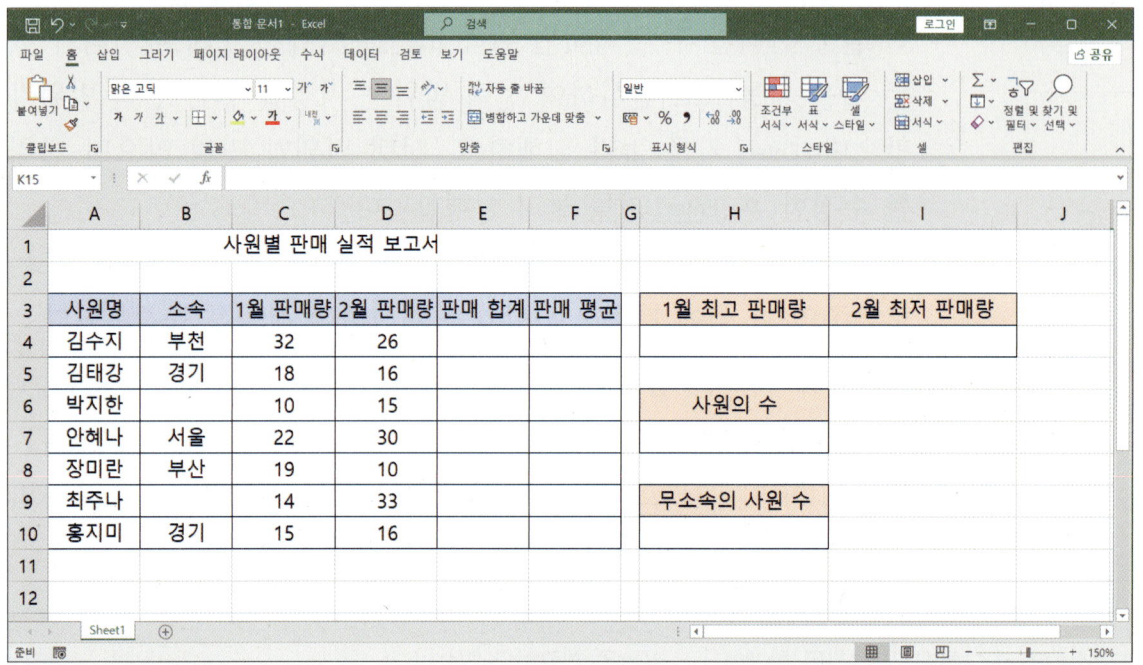

 제공하는 [준비파일] 폴더의 '판매 보고서.xlsx' 파일을 불러와 다음 작업을 진행해도 됩니다.

02 판매 합계를 구하기 위하여 먼저 수식을 작성할 [E4] 셀을 클릭합니다. [수식] 탭-[함수 라이브러리] 그룹-[Σ]를 클릭합니다.

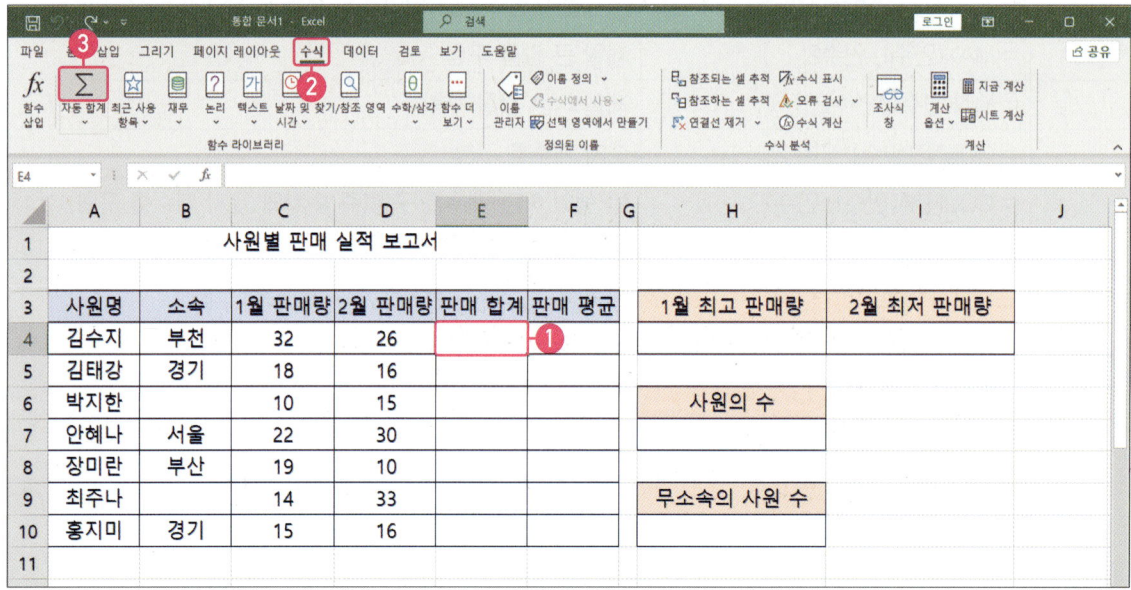

03 SUM 함수가 호출되고, 자동으로 선택 영역이 지정됩니다.

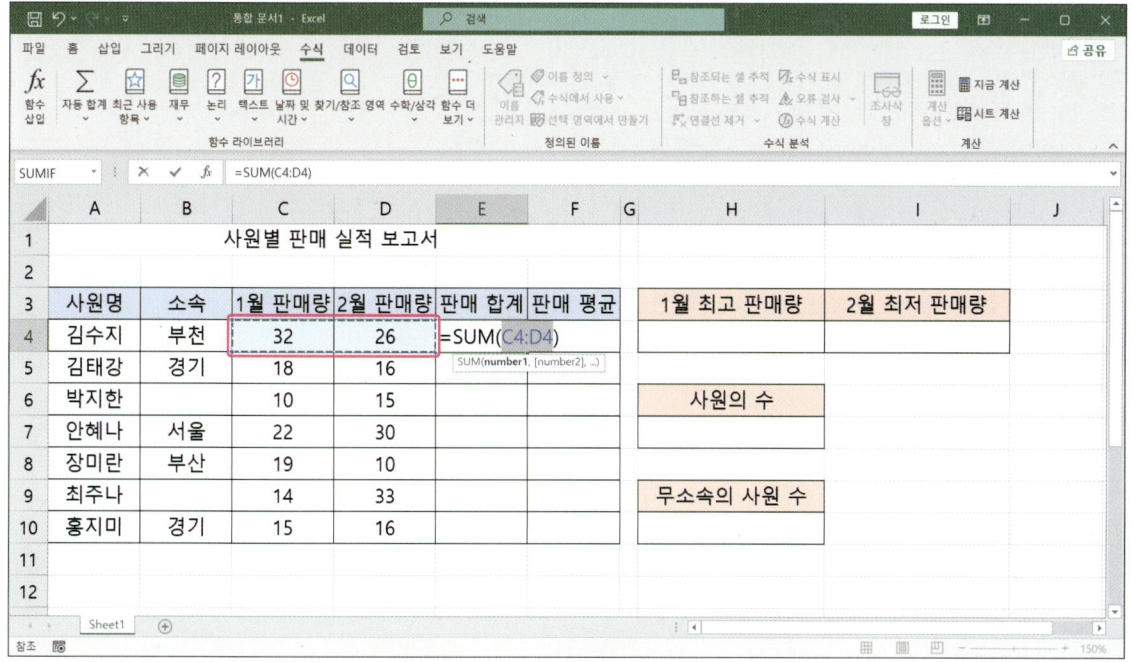

04 Enter 키를 눌러 실행하면 결괏값이 나타납니다.

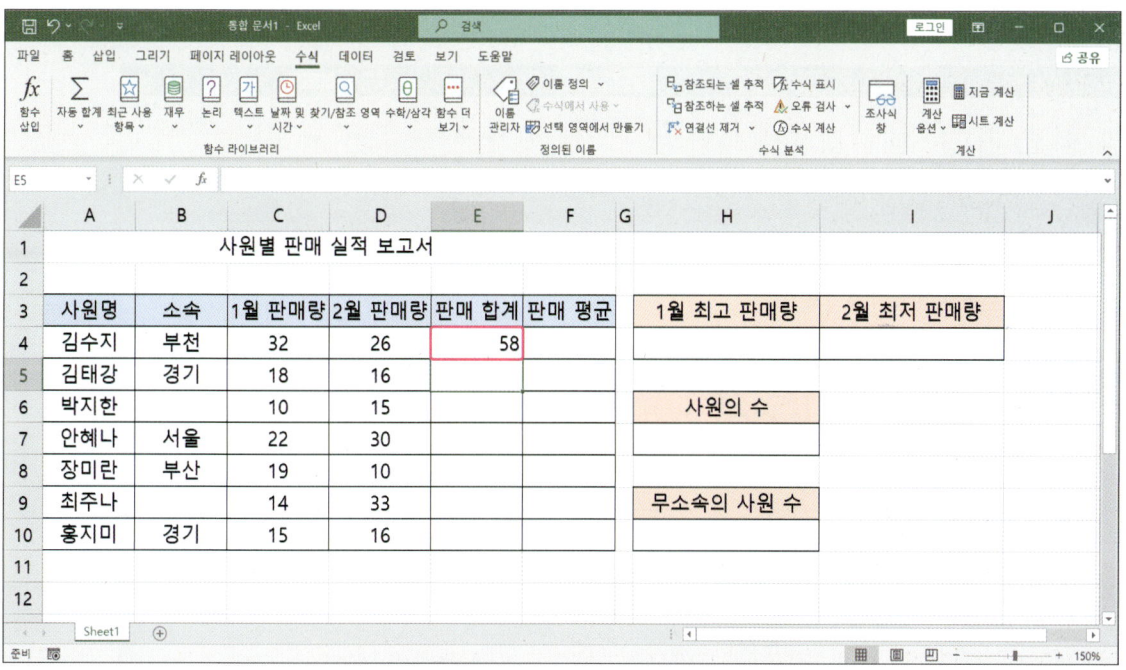

05 [E4] 셀을 클릭한 후 [E4] 셀의 ■(채우기 핸들)을 [E10] 셀까지 드래그합니다.

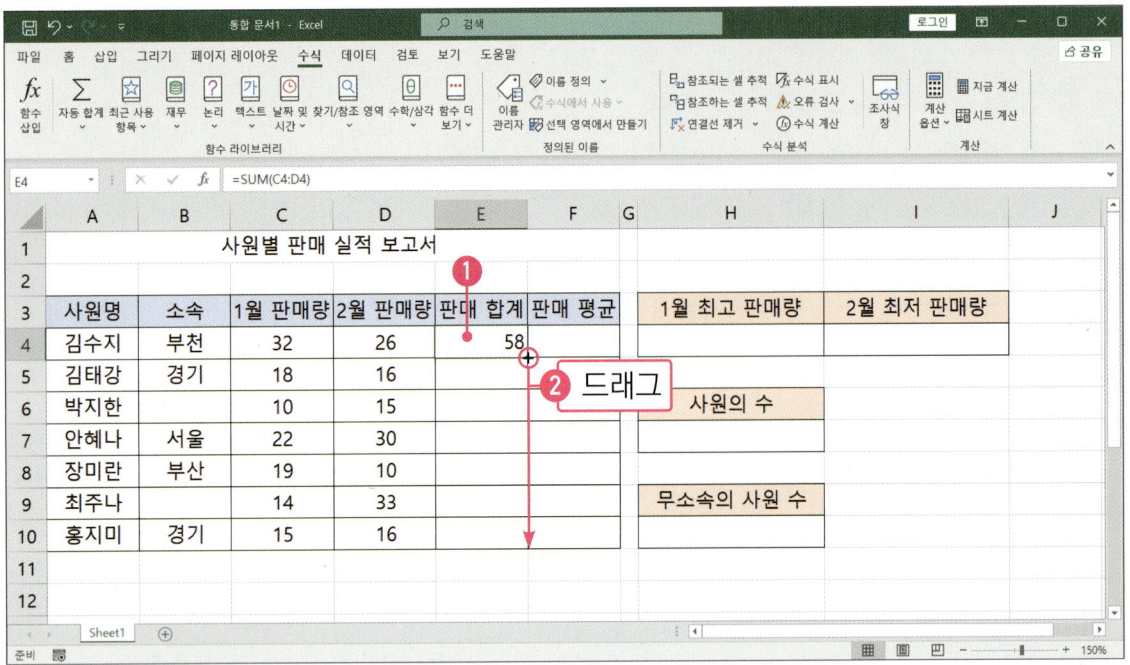

06 [E4:E10] 영역에 1월 판매량과 2월 판매량의 판매 합계가 나타난 것을 확인할 수 있습니다.

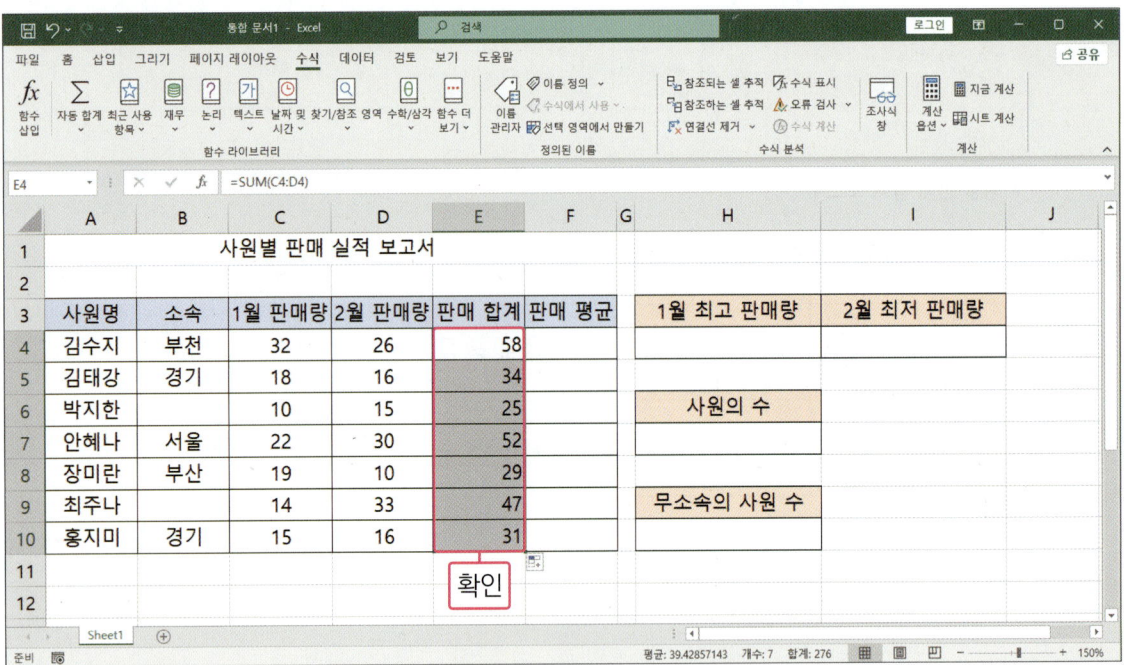

▶ AVERAGE 함수로 판매 평균 계산하기

01 판매 평균을 구하기 위해 [F4] 셀을 클릭하고 [수식] 탭-[함수 라이브러리] 그룹-[자동 합계](자동 합계)를 클릭한 후 [평균]을 선택합니다.

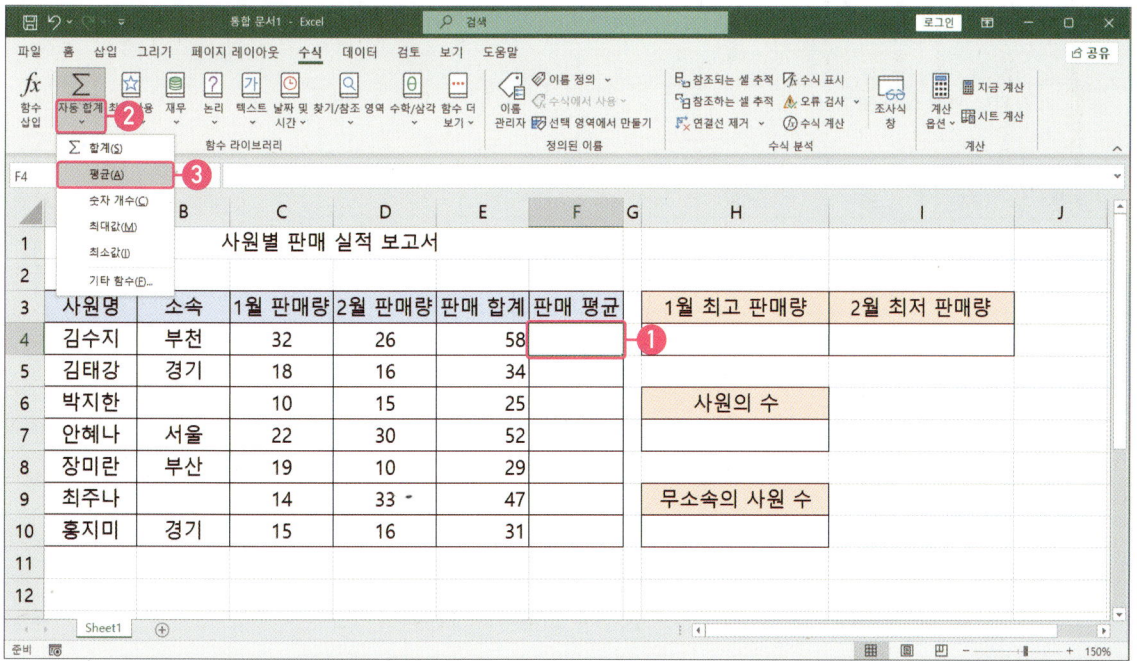

02 AVERAGE 함수가 호출되고, 자동으로 선택 영역이 지정됩니다. 판매 합계를 제외하고 선택하기 위해 [C4:D4] 영역으로 범위를 재설정한 후 Enter 키를 누릅니다.

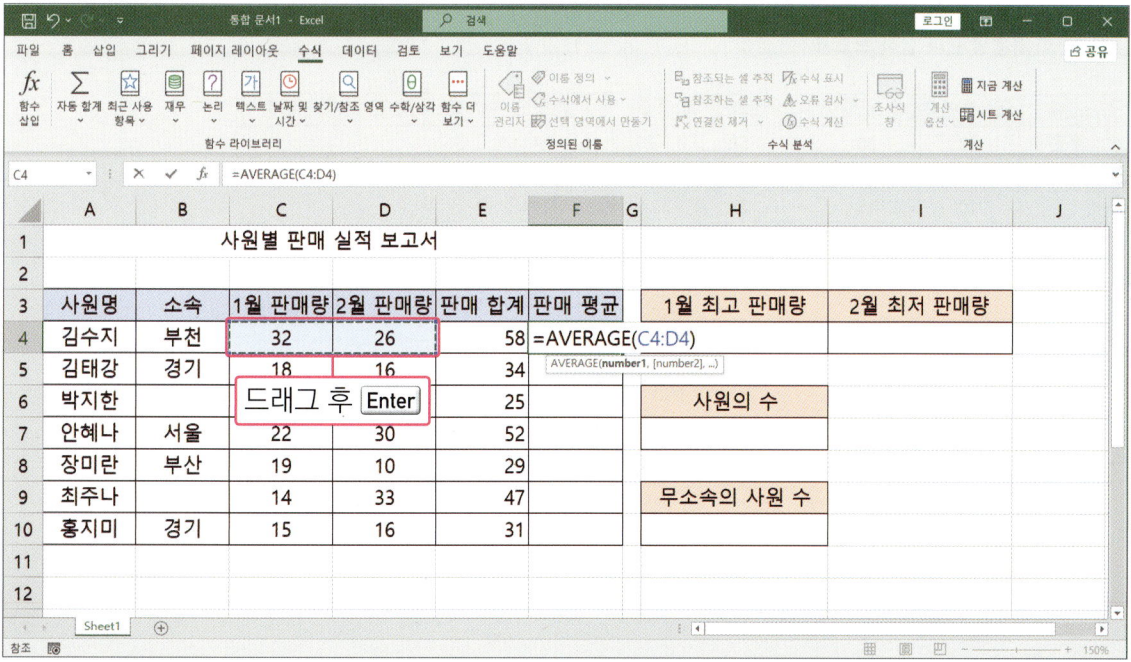

 자동 선택 영역은 숫자 데이터가 연속된 셀을 인식하여 선택 범위를 지정하기 때문에 선택 범위가 맞으면 Enter 키를 눌러 실행하고, 선택 범위가 맞지 않으면 드래그하여 수정합니다.

131

03 [F4] 셀을 클릭한 후 [F4] 셀의 ■(채우기 핸들)을 [F10] 셀까지 드래그합니다.

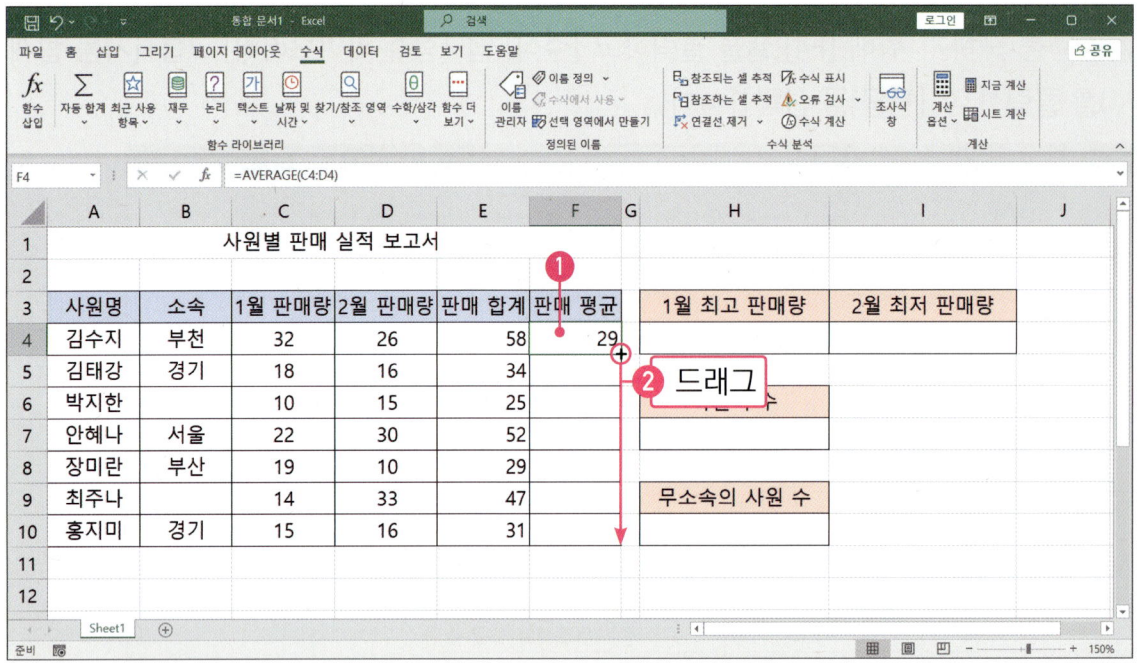

04 [F4:F10] 영역에 판매 평균이 나타난 것을 확인할 수 있습니다.

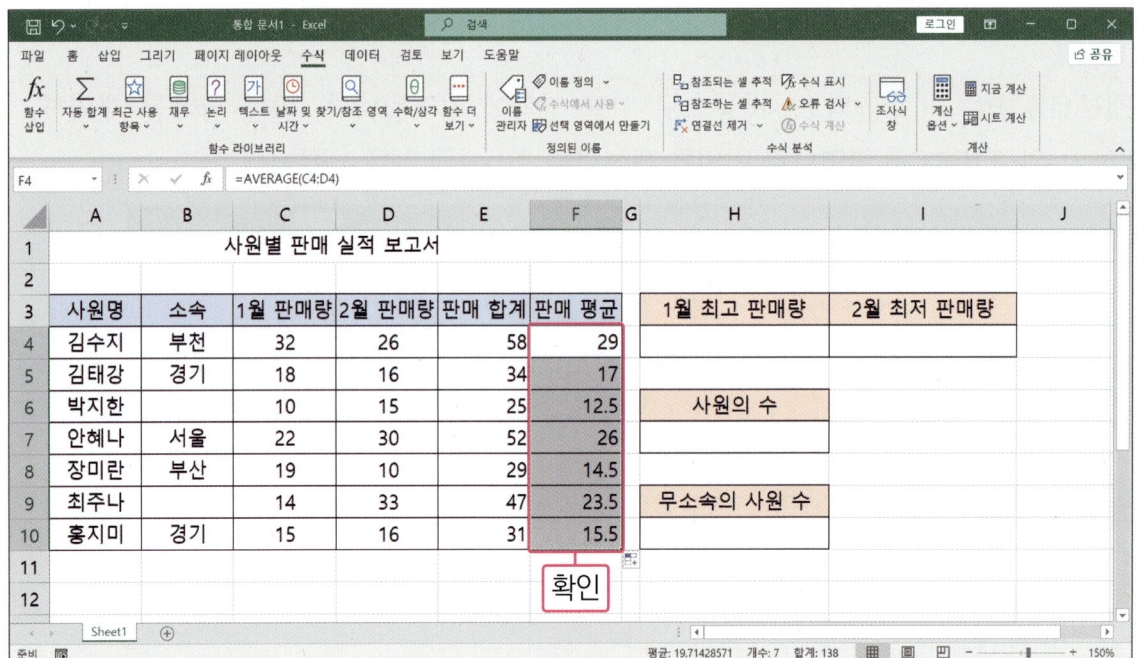

▶ 최대값(MAX) 함수로 최고 판매량 계산하기

01 1월 최고 판매량을 구하기 위하여 [H4] 셀을 클릭하고 [수식] 탭-[함수 라이브러리] 그룹의 [자동 합계(^{자동 합계})]를 클릭한 후 [최대값]을 선택합니다.

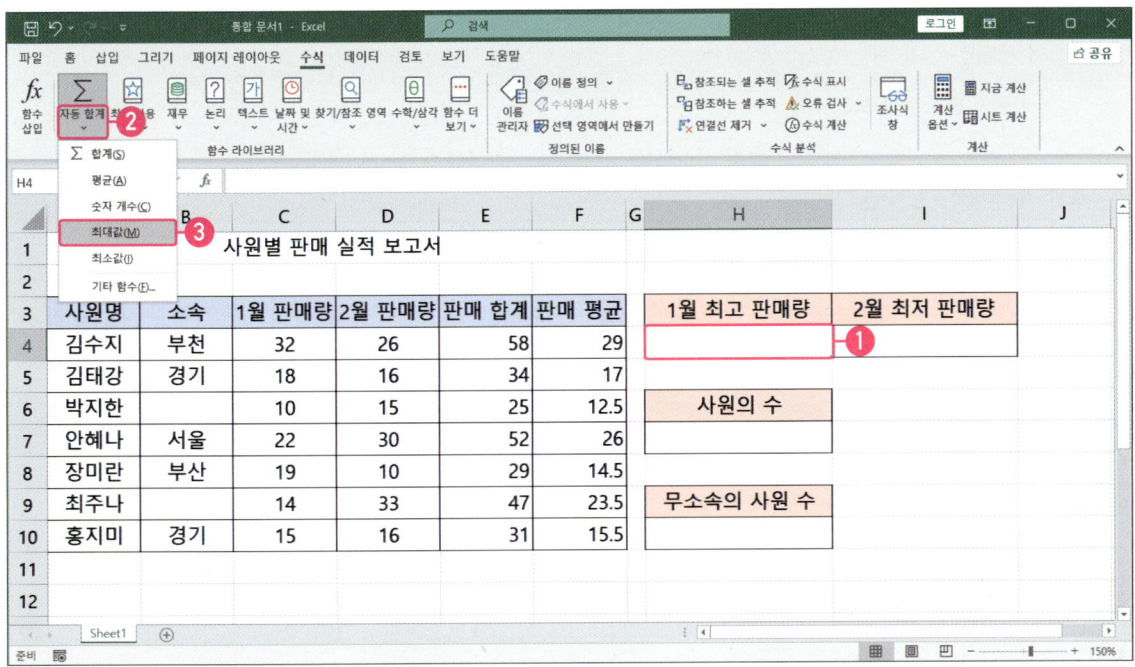

02 MAX 함수가 호출되면 1월 판매량 영역을 선택하기 위해 [C4:C10] 영역을 선택한 후 Enter 키를 누릅니다.

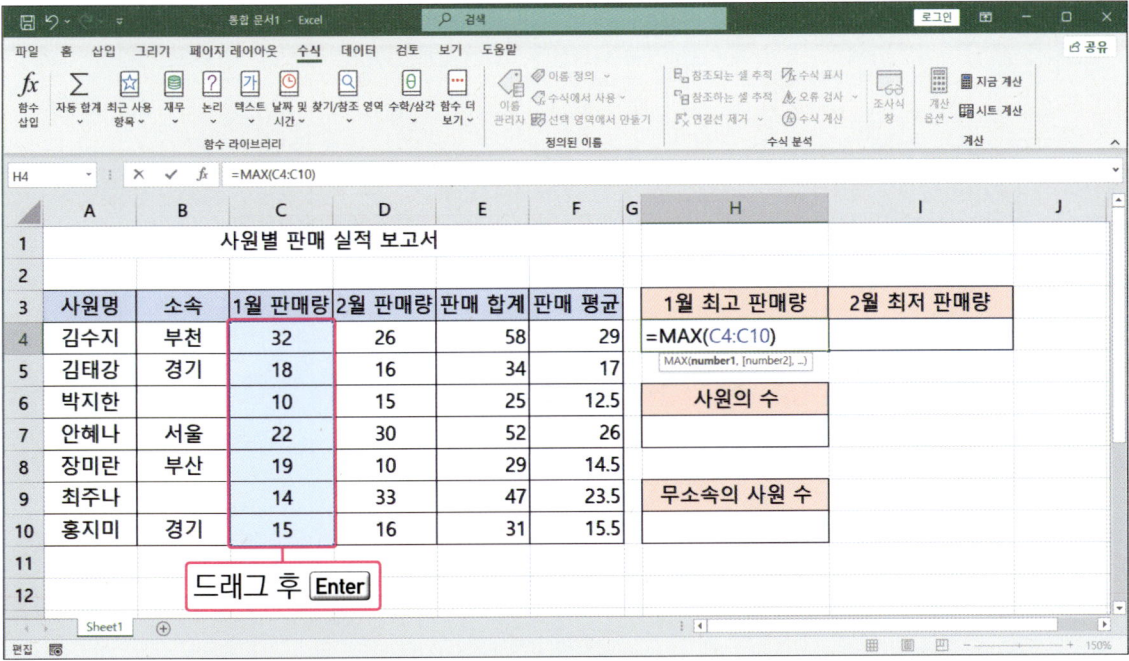

03 1월 최고 판매량을 확인할 수 있습니다.

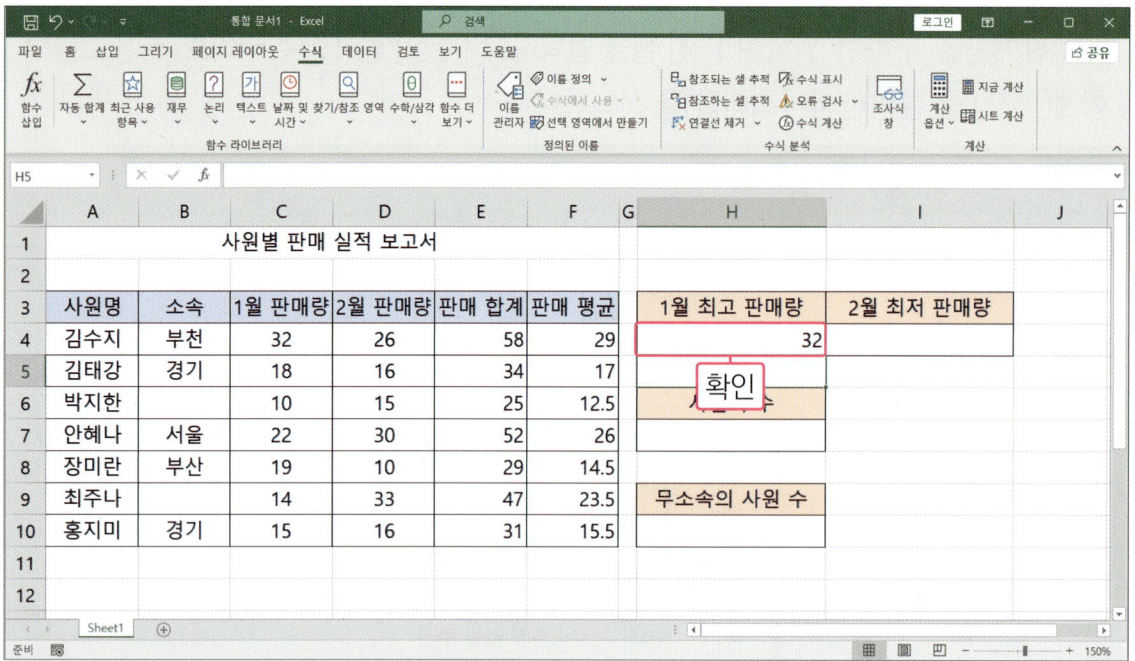

▶ MIN 함수로 최저 판매량 찾기

01 2월 최저 판매량을 구하기 위하여 [I4] 셀을 클릭하고 [수식] 탭-[함수 라이브러리] 그룹의 [자동 합계(자동 합계)]에서 [최소값]을 선택합니다.

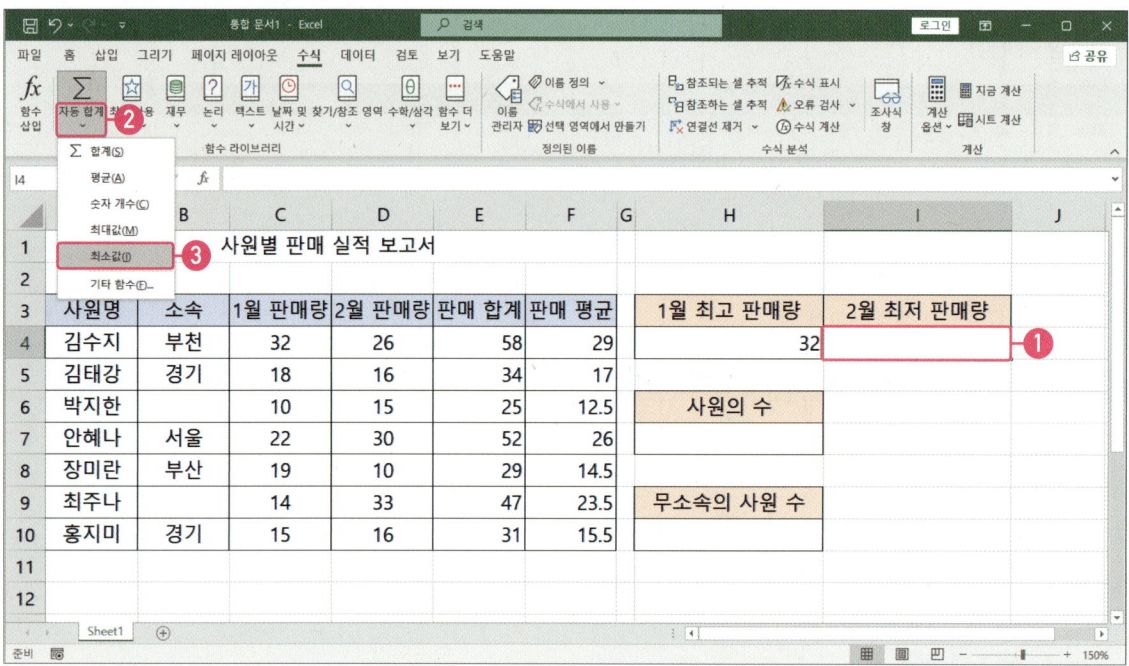

02 MIN 함수가 호출되면 2월 판매량 영역을 선택하기 위해 [D4:D10] 영역을 선택한 후 Enter 키를 누릅니다.

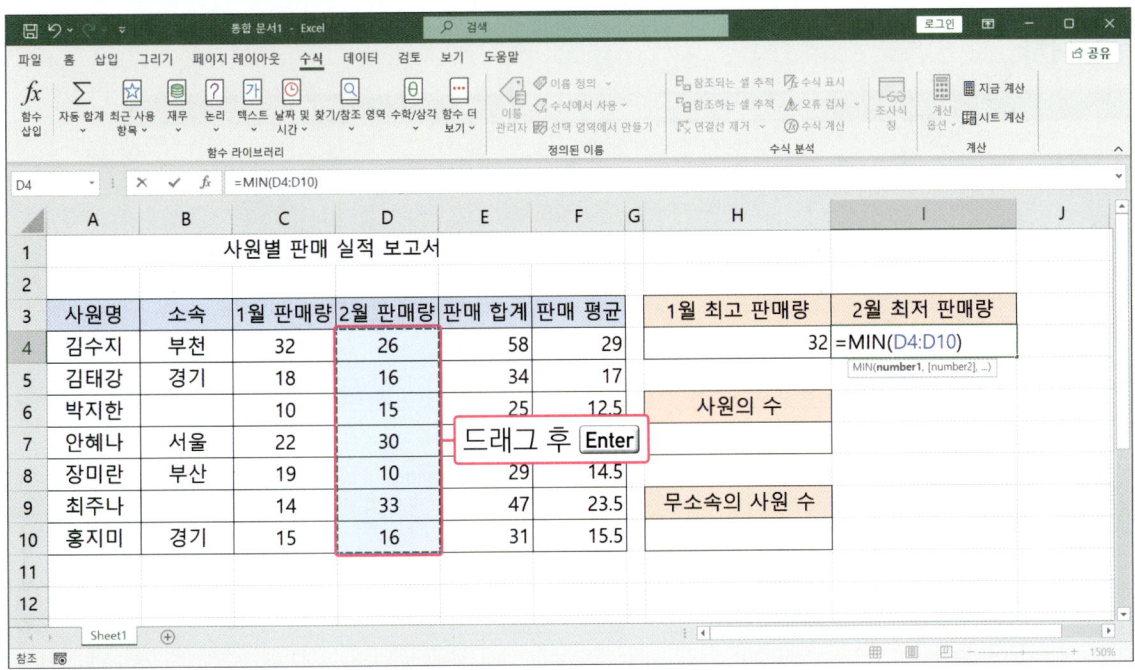

03 2월 최저 판매량을 확인할 수 있습니다.

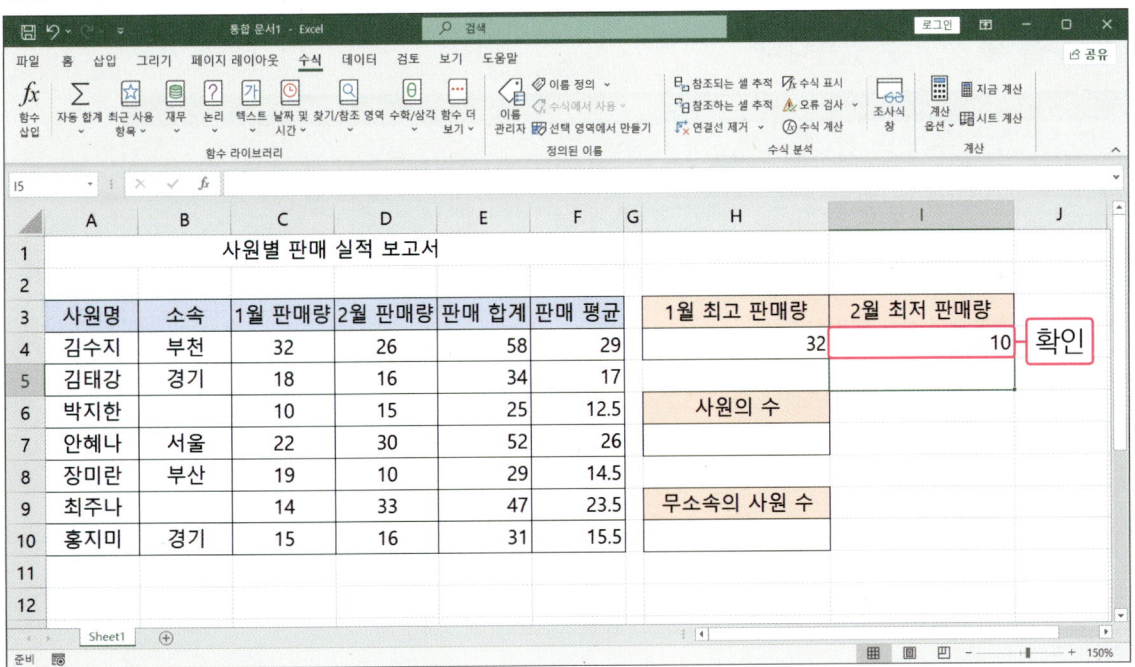

▶ COUNTA 함수로 셀 개수 계산하기

01 사원의 수를 계산하기 위하여 [H7] 셀을 클릭하고 =COUNTA(A4:A10)을 입력하고 Enter 키를 누릅니다.

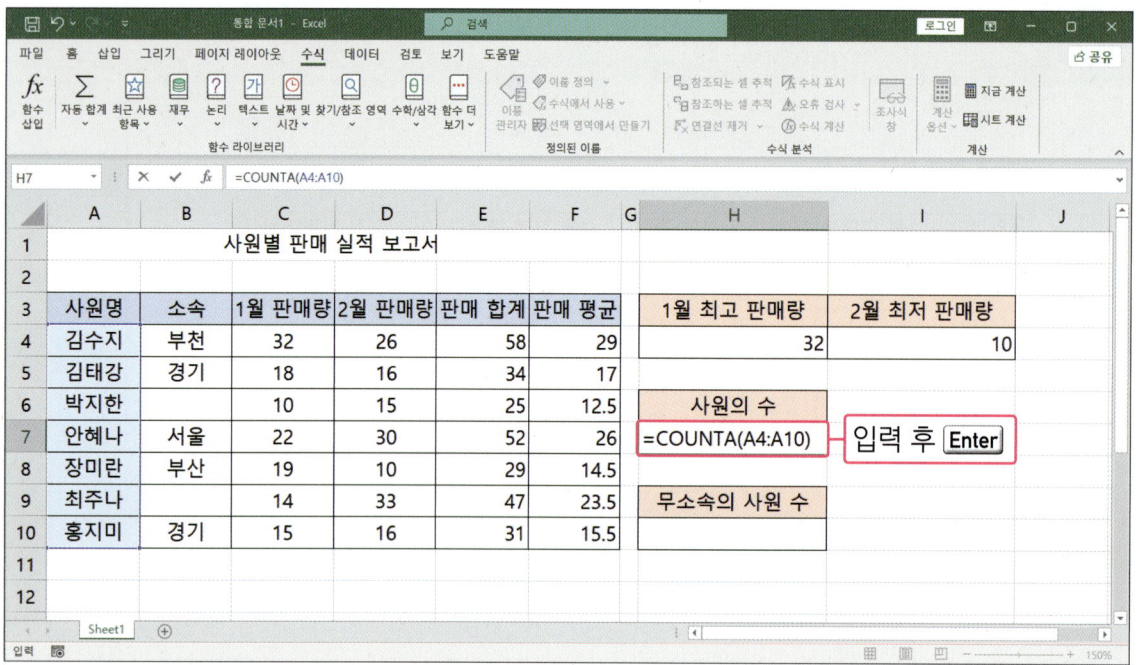

02 사원의 수를 확인할 수 있습니다.

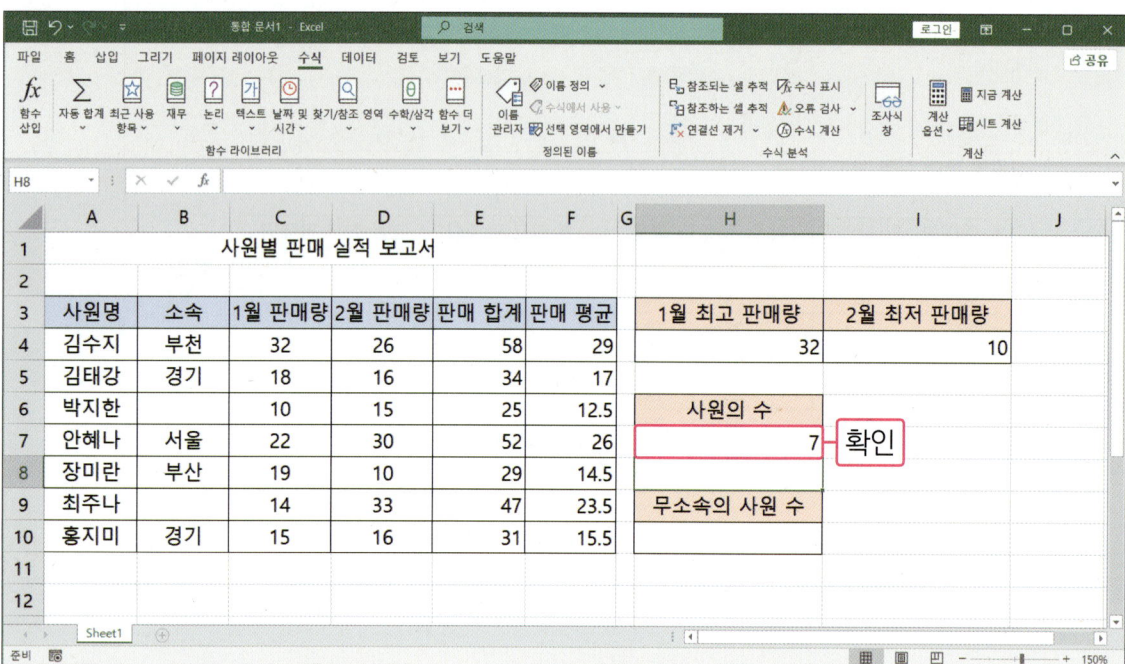

▶ COUNTBLANK 함수로 빈 셀 개수 계산하기

01 무소속의 사원 수를 계산하기 위하여 [H10] 셀을 클릭한 후 =COUNTBLANK(B4:B10)를 입력하고 Enter 키를 누릅니다.

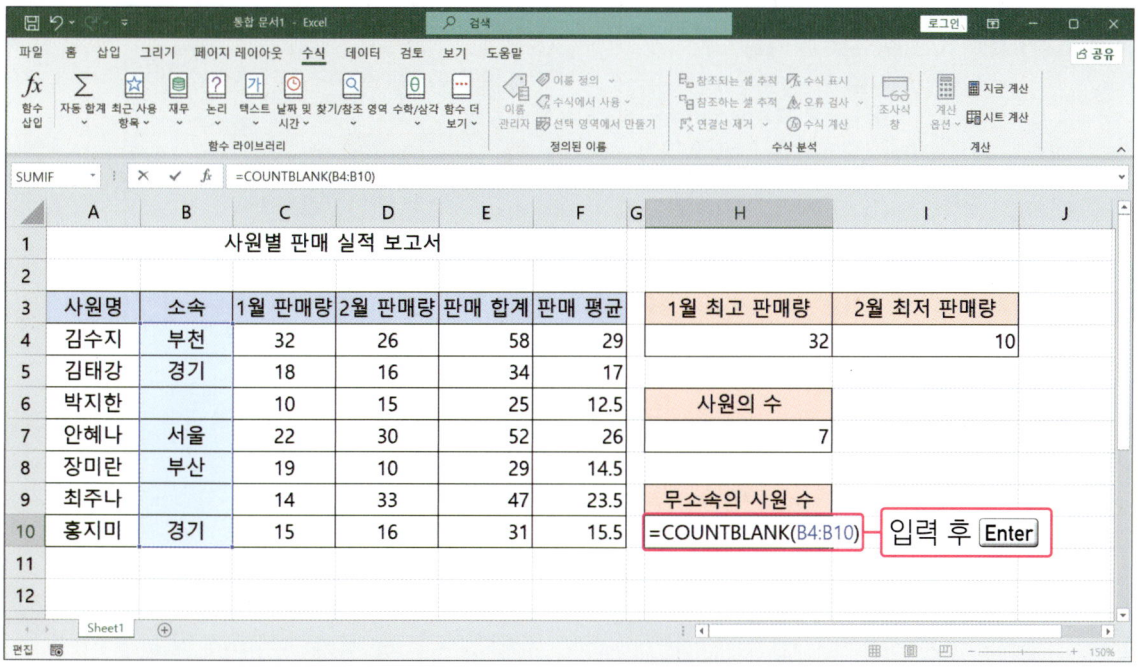

02 빈 셀의 개수가 나타납니다. 결과적으로 무소속의 사원의 수가 표시됩니다.

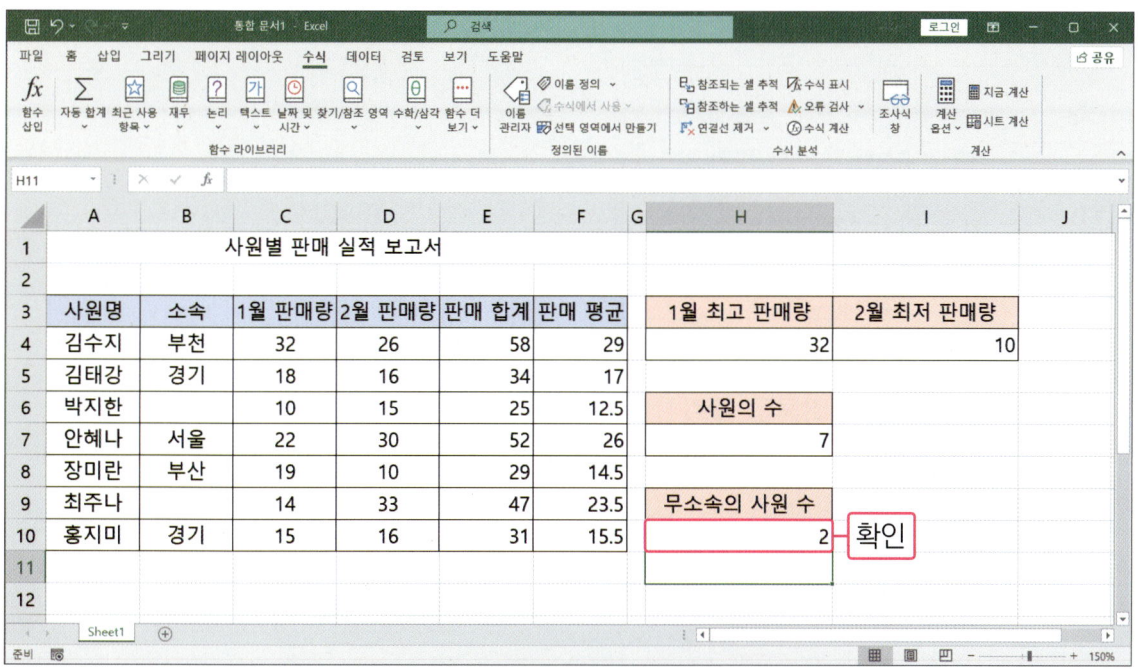

 [자동 합계(자동합계)]에서 기본적으로 지원되지 않은 함수는 [수식] 탭-[함수 라이브러리] 그룹-[함수 삽입]을 활용하여 [함수 마법사] 대화상자에서 선택할 수 있고 직접 입력하여 사용할 수도 있습니다. [함수 마법사] 대화상자를 활용하는 방법은 '8장'에서 살펴보고, 이번 실습에서는 직접 입력해 봅니다.

▶ 조건부 서식 설정하기

01 [B4:B10] 영역을 선택한 후 [홈] 탭-[스타일] 그룹-[조건부 서식]에서 [셀 강조 규칙]-[같음]을 선택합니다.

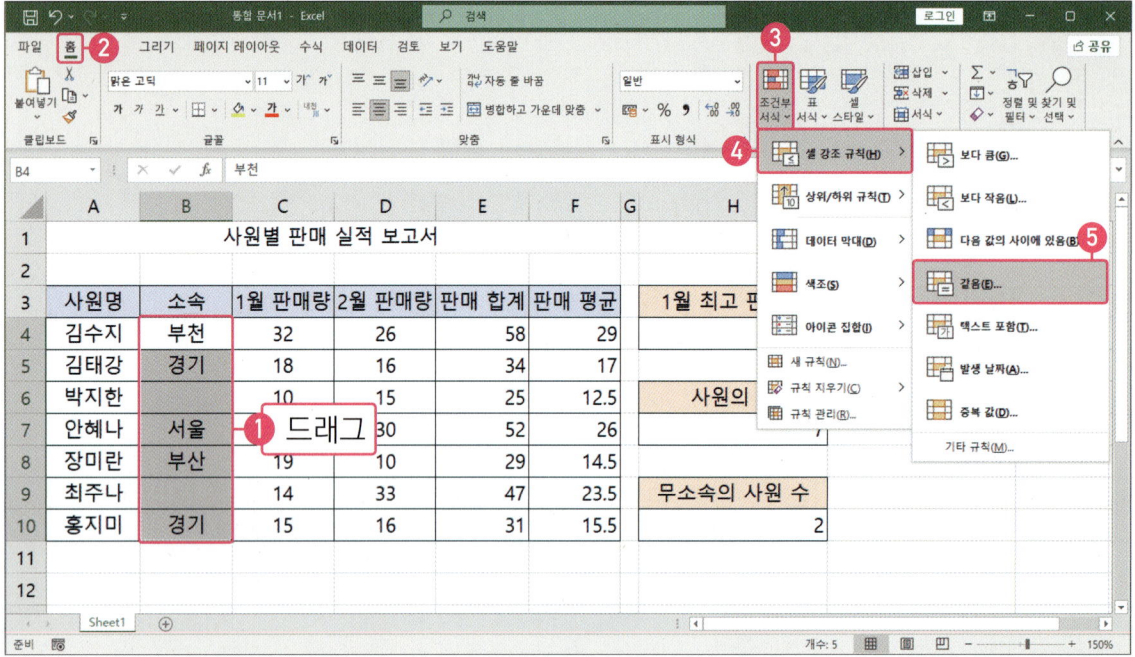

02 [같음] 대화상자가 나타나면 '경기'를 입력한 후 [적용할 서식]의 펼침 메뉴(∨)를 클릭하여 [연한 빨강 채우기]를 선택합니다.

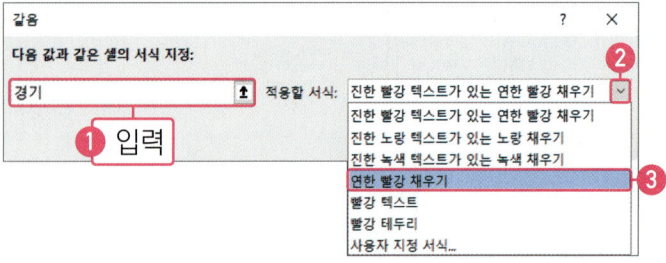

03 서식 지정이 끝나면 [확인] 버튼을 클릭합니다.

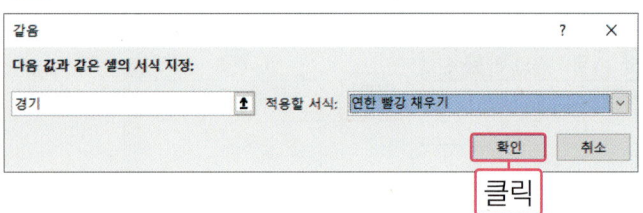

04 소속 데이터 중 '경기' 셀에만 서식이 적용된 것을 확인할 수 있습니다.

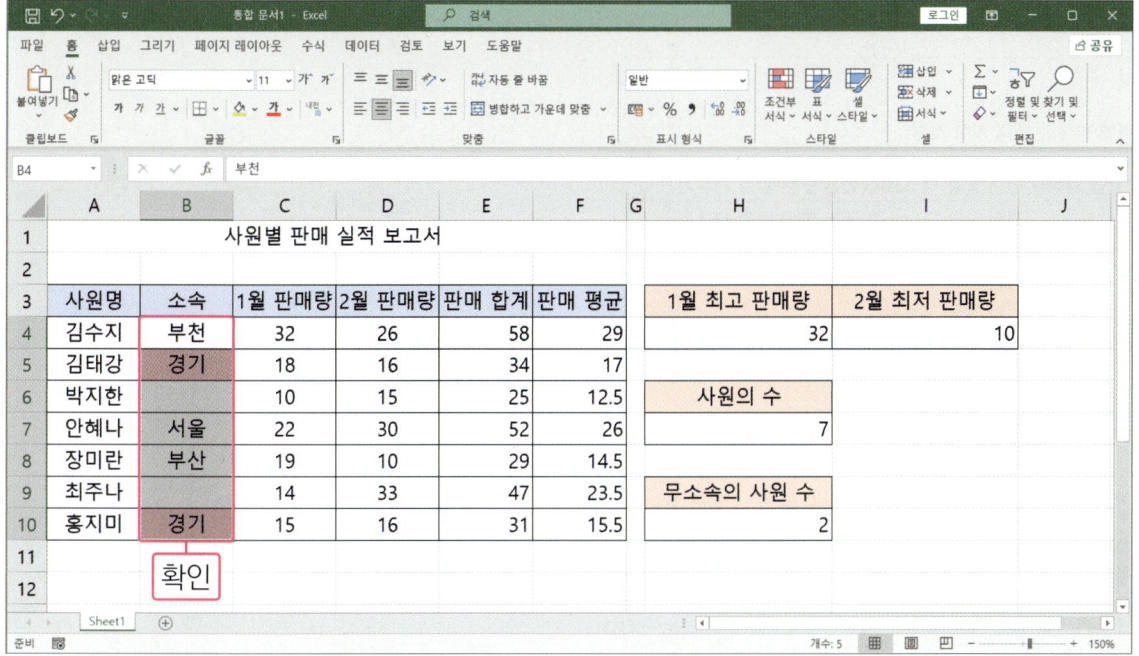

05 [F4:F10] 영역을 선택하고 [홈] 탭-[스타일] 그룹-[조건부 서식]에서 [상위/하위 규칙]-[상위 10개 항목]을 선택합니다.

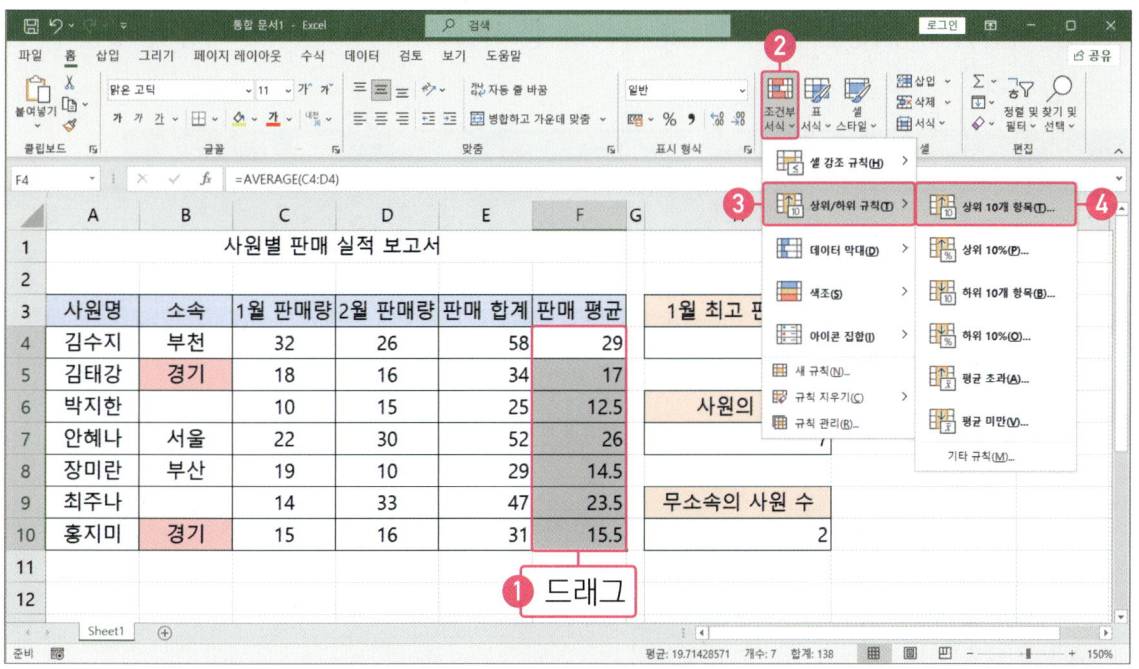

06 [상위 10개 항목] 대화상자가 나타나면 '3'을 입력한 후 [적용할 서식]의 펼침 메뉴( )를 클릭하여 [빨강 텍스트]를 선택합니다.

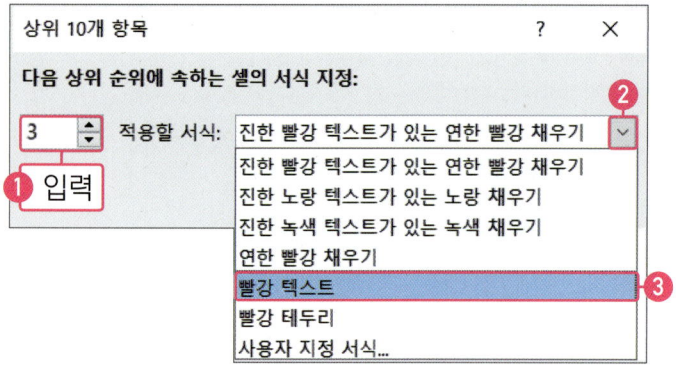

07 서식 지정이 끝나면 [확인] 버튼을 클릭합니다.

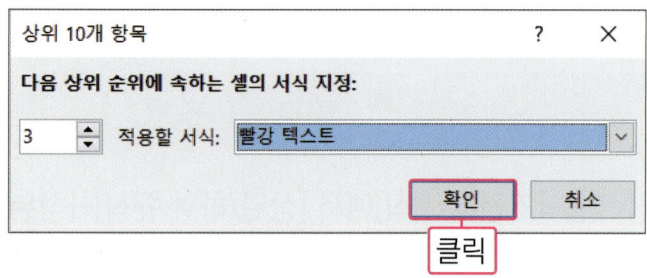

08 판매 평균 데이터 중 지정한 상위 3개 항목까지 셀 서식(빨강 텍스트)이 적용된 것을 확인할 수 있습니다.

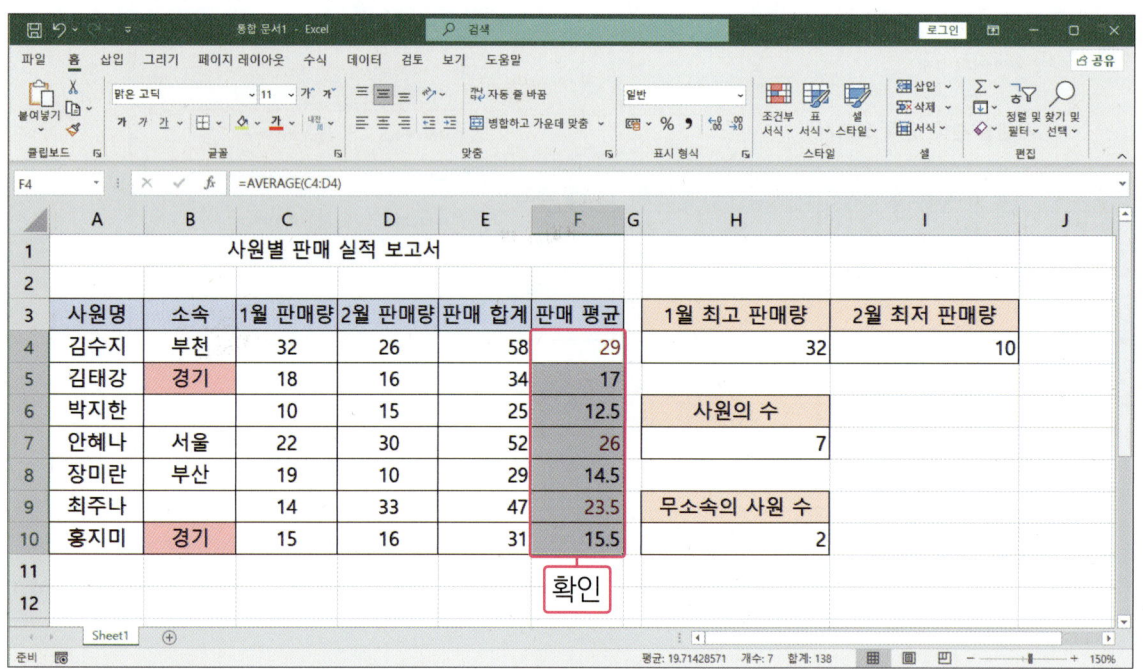

09 빠른 실행 도구 모음의 (저장)을 클릭한 후 파일 이름을 '판매보고서'로 저장합니다.

응용력 키우기

01 새 통합 문서를 생성한 후 다음처럼 입력하고 셀 서식을 적용해 봅니다.

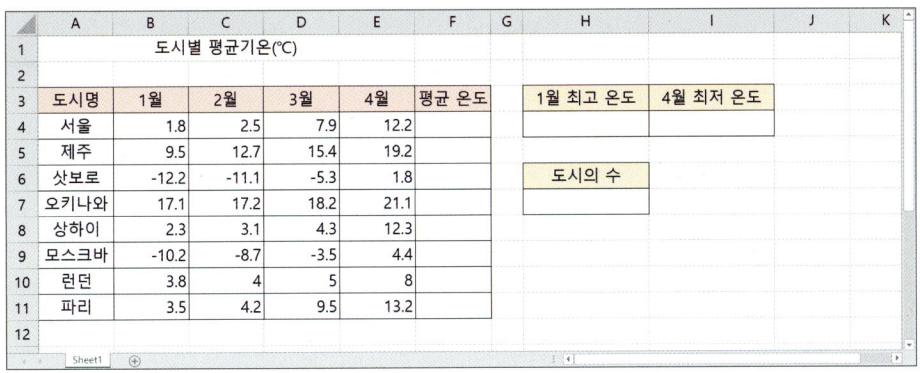

02 문제 **01**의 파일에서 함수와 조건부 서식을 이용하여 다음과 같이 작업한 후 '평균기온.xlsx'로 저장해 봅니다.

- [F4:F11] 영역, [H4], [I4], [H7] 셀 : AVERAGE, MAX, MIN, COUNTA 함수 이용
- [F4:F11] 영역 : 조건부 서식의 상위/하위 규칙을 사용하여 상위 50% 항목에 '진한 녹색 텍스트가 있는 녹색 채우기'를 설정

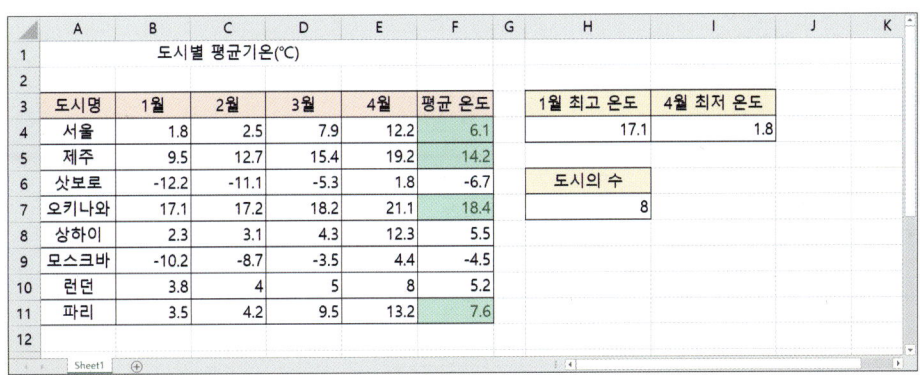

 조건부 서식 : [홈] 탭 – [스타일] 그룹 – [조건부 서식]에서 [상위/하위 규칙]–[상위 10% 항목] → [상위 10%] 대화상자에서 '50'을 입력하고 [적용할 서식]을 '진한 녹색 텍스트가 있는 녹색 채우기'로 선택

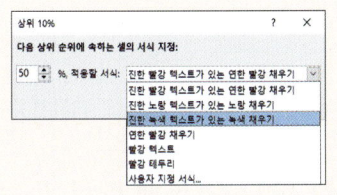

08 지원자 평가표 만들기

- RANK 함수
- IF 함수
- LARGE 함수
- 서식 복사
- COUNTIF 함수
- & 연결 연산자

미/리/보/기

■ 완성파일 : 지원자 평가표(완성).xlsx

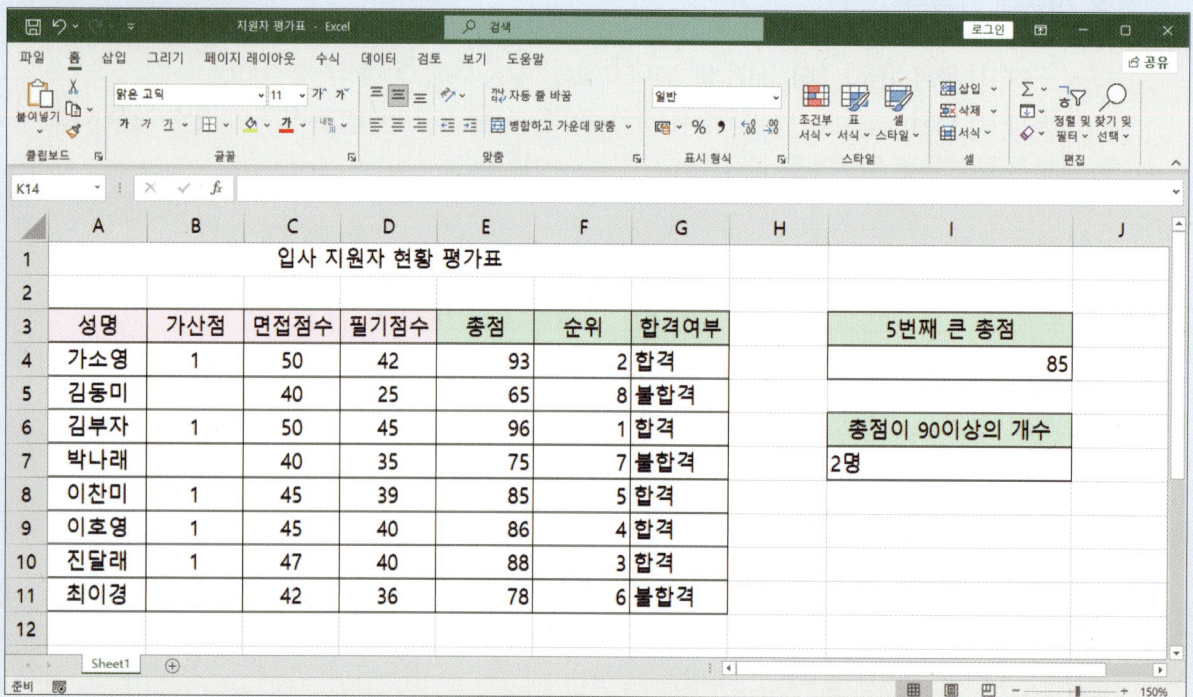

이번 장에서는 '함수 마법사'를 이용하는 방법을 통해 좀 더 다양한 함수들을 알아보고 '서식 복사'를 통해 빠르게 동일한 서식을 적용하는 방법에 대해 알아보겠습니다.

01 함수 마법사 다루기

▶ 함수 마법사 사용 방법

① 1단계 : 함수를 입력할 셀을 선택한 후 [수식] 탭-[함수 라이브러리] 그룹-[함수 삽입]을 클릭하거나 수식 입력줄 옆에 (함수 삽입)을 클릭합니다.

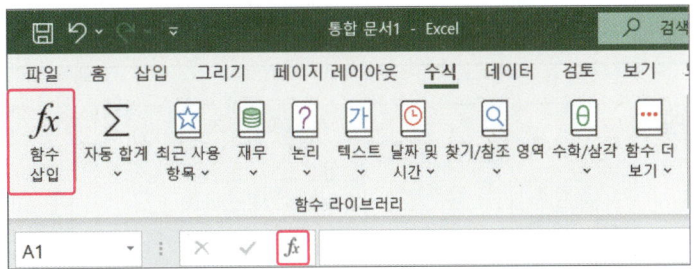

② 2단계 : [함수 검색]에서 필요한 함수를 입력하고 [검색] 버튼을 클릭합니다. [함수 선택] 목록에서 필요한 함수를 선택한 후 [확인] 버튼을 클릭합니다. 하단에 선택한 함수의 구성과 간단한 설명이 표시됩니다.

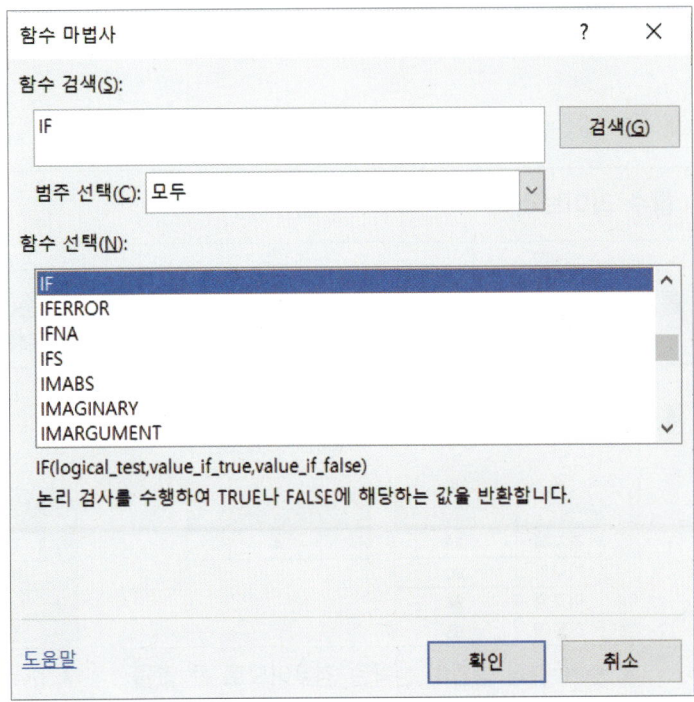

③ 3단계 : [함수 인수] 대화상자에서 필요한 인수를 지정하고 [확인] 버튼을 클릭합니다. 각 인수의 입력 상자를 클릭하면 하단에 현재 인수에 대한 설명이 표시됩니다.

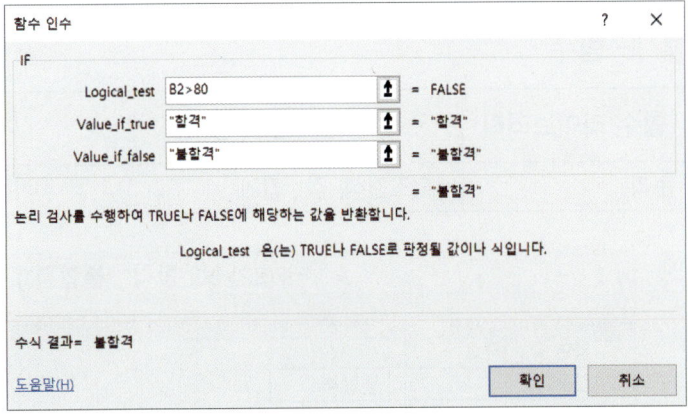

▶ 함수 살펴보기

❶ LARGE 함수와 SMALL 함수

함수 라이브러리	함수 형식	설명
통계	= LARGE(범위, K)	배열(Array)에서 K번째로 큰 값을 구함
통계	= SMALL(범위, K)	배열(Array)에서 K번째로 작은 값을 구함

예

D2			f_x	=LARGE(B2:B5,2)	
	A	B	C	D	E
1	성명	평균		2번째 큰 값	
2	김지혜	89		90	
3	박나라	90			
4	이호영	95			
5	진달래	85			

▲ 범위 중 2번째 큰 값을 구함

D2			f_x	=SMALL(B2:B5,2)	
	A	B	C	D	E
1	성명	평균		2번째 작은 값	
2	김지혜	89		89	
3	박나라	90			
4	이호영	95			
5	진달래	85			

▲ 범위 중 2번째 작은 값을 구함

❷ RANK 함수

함수 라이브러리	함수 형식	설명
통계	=RANK(순위를 구하려는 셀, 참조 범위, 순위 결정 방법)	순위 결정 방법을 '0'으로 설정하거나 '생략'하면 내림차순(큰 값이 1)으로 순위를 지정하고, '0이 아닌 값'을 입력하면 오름차순(작은 값이 1)으로 순위를 지정함

예

D2			f_x	=RANK(B5,B2:B5)	
	A	B	C	D	E
1	성명	평균		진달래 순위	
2	김지혜	89		4	
3	박나라	90			
4	이호영	95			
5	진달래	85			

▲ 순위 결정 방법이 생략된 경우이므로 큰 값을 1로 표시함

D2			f_x	=RANK(B5,B2:B5,1)	
	A	B	C	D	E
1	성명	달리기(초)		진달래 순위	
2	김지혜	9.2		2	
3	박나라	10.5			
4	이호영	11.8			
5	진달래	10.5			

▲ 순위 결정 방법이 0이 아닌 1이므로 기록이 작은 값을 1로 표시됨

❸ IF 함수

함수 라이브러리	함수 형식	설명
논리	=IF(조건식, 값1, 값2)	조건식이 참이면 값1, 거짓이면 값2를 반환함

예

D2				f_x	=IF(B2>80,"합격","불합격")	
	A	B	C	D	E	F	G
1	성명	국어		평가			
2	갑돌이	70		불합격			
3	갑순이	95					
4	돌쇠	90					
5	아무개	85					

▲ [B2] 셀이 80보다 큰 값인지 판단하고 맞으면 '합격', 틀리면 '불합격'으로 표시함

 ## 성적 계산하기

▶ 총점 계산하기

01 엑셀을 실행한 후 [새 통합 문서]를 클릭합니다. 새 통합 문서가 나타나면 다음처럼 데이터를 입력하고 셀 서식을 적용합니다.

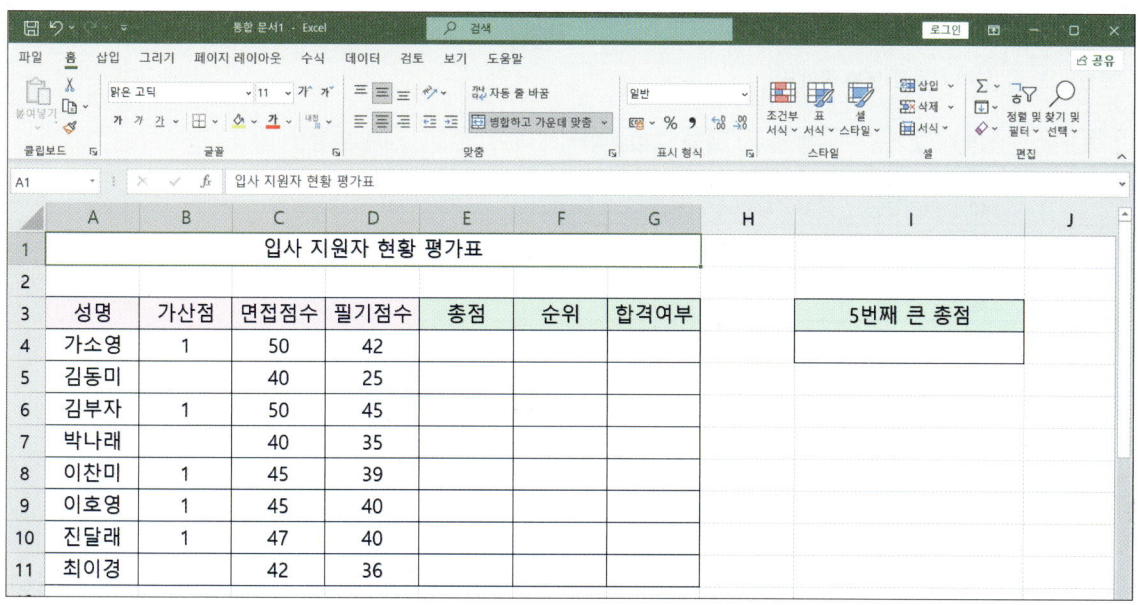

 제공하는 [준비파일] 폴더의 '지원자 평가표.xlsx' 파일을 불러와 다음 작업을 진행해도 됩니다.

02 [E4] 셀을 클릭하고, [수식] 탭-[함수 라이브러리] 그룹-[Σ]를 클릭합니다. SUM 함수가 호출되고, 자동으로 선택 영역이 지정됩니다. Enter 키를 눌러 실행하면 결괏값이 나타납니다. [E4] 셀의 (채우기 핸들)을 [E11] 셀까지 드래그합니다. 다음과 같이 총점이 구해진 것을 확인할 수 있습니다.

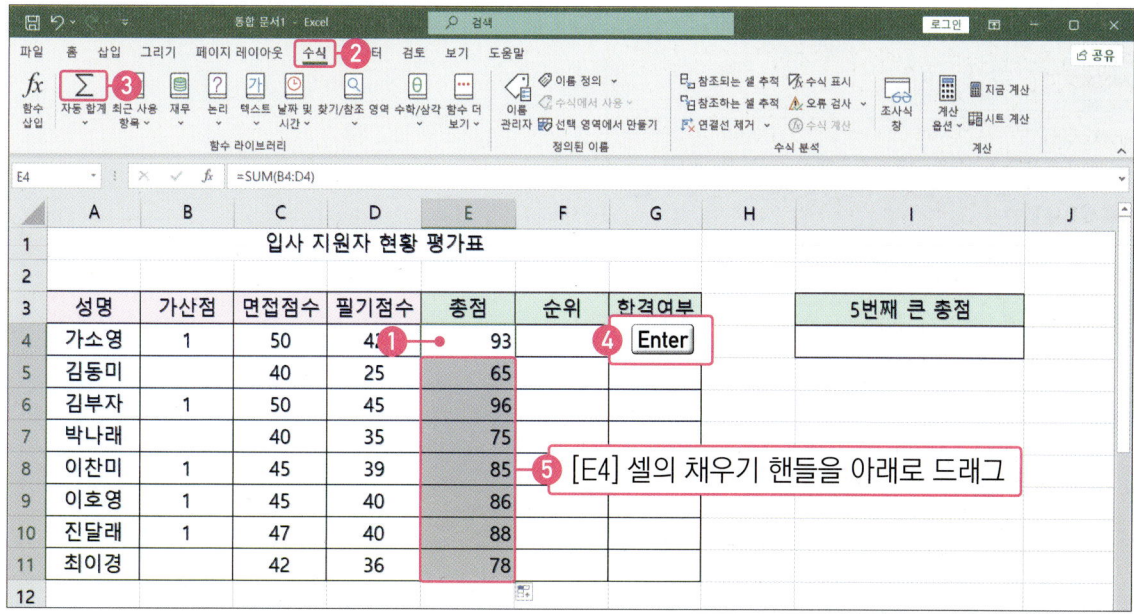

▶ RANK 함수

01 순위를 구하기 위해 [F4] 셀을 클릭한 후 [수식] 탭-[함수 라이브러리] 그룹-[함수 삽입]을 클릭합니다.

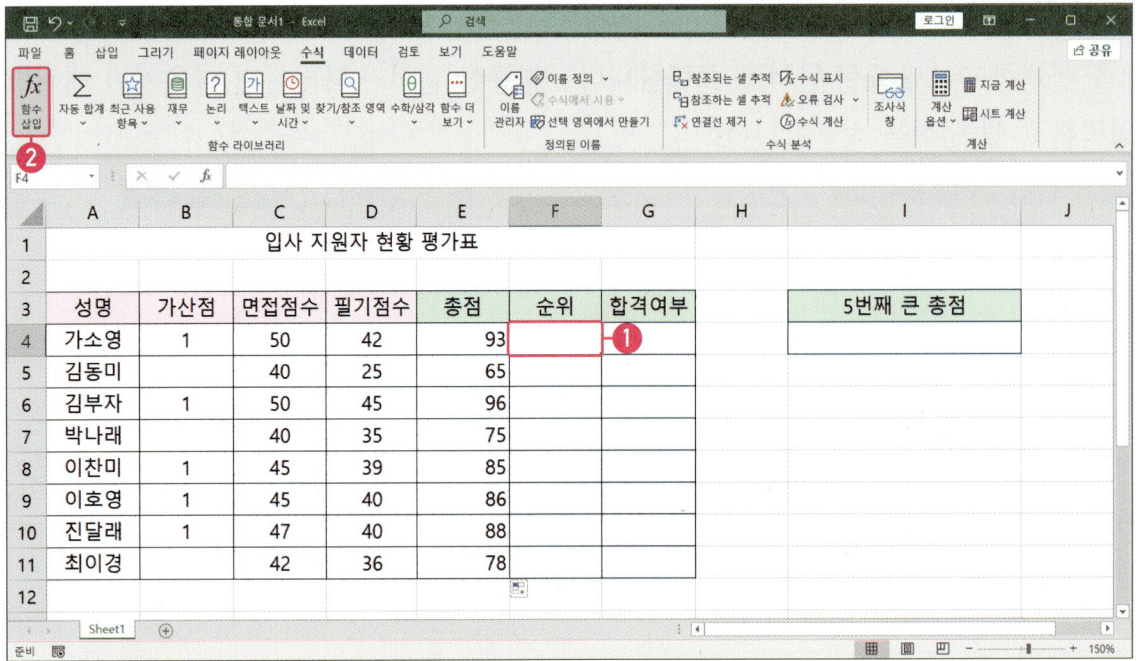

02 [함수 마법사] 대화상자에서 [범주 선택]은 '모두'로 설정하고, [함수 검색] 'RANK'를 입력한 후 [검색] 버튼을 클릭합니다. 함수 선택에서 RANK 함수가 나타나면 [확인] 버튼을 클릭합니다.

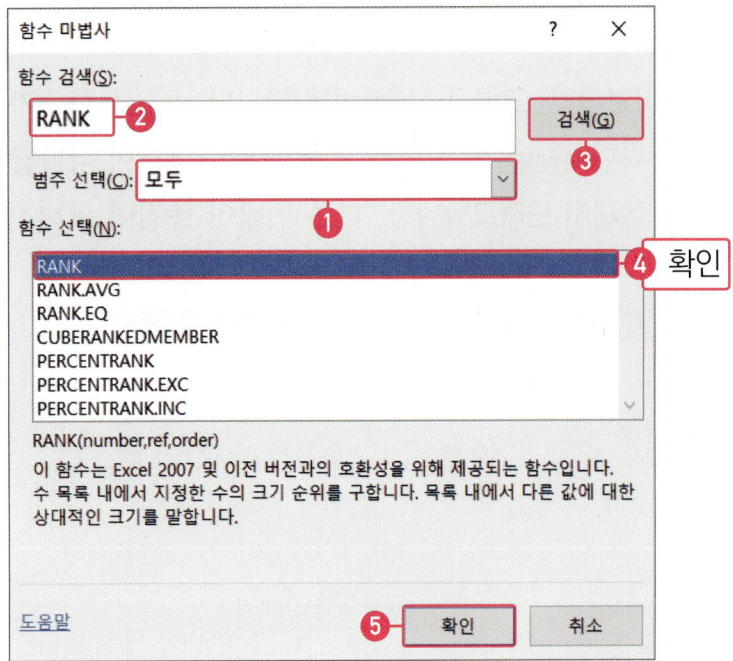

03 [함수 인수] 대화상자가 나타나면 [Number]에는 'E4'를 입력하고, [Ref]에는 '$E$4:$E$11'을 입력한 후 [확인] 버튼을 클릭합니다.

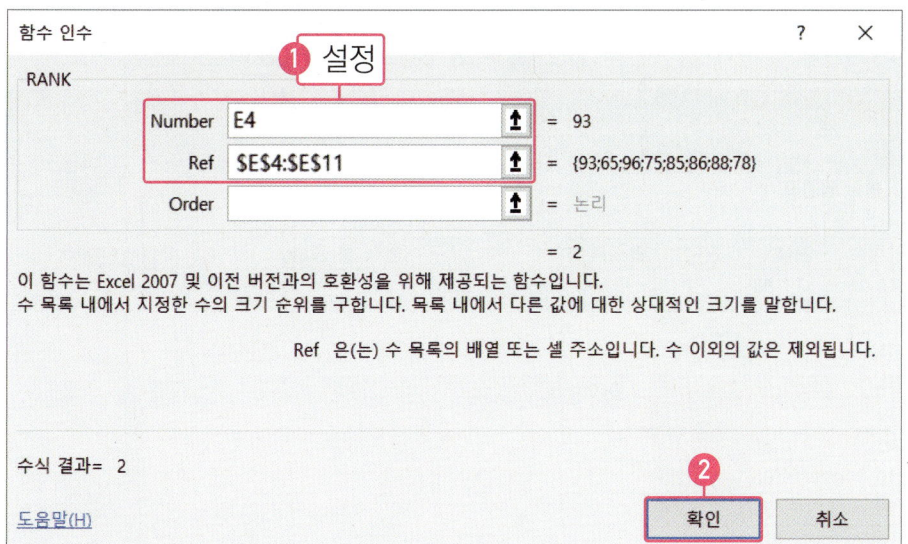

 [Ref]에 입력하는 범위를 블록을 지정하고 F4 키를 누르면 쉽게 절대 참조를 할 수 있습니다.

04 결과가 표시되면 [F4] 셀의 (채우기 핸들)을 [F11] 셀까지 드래그합니다.

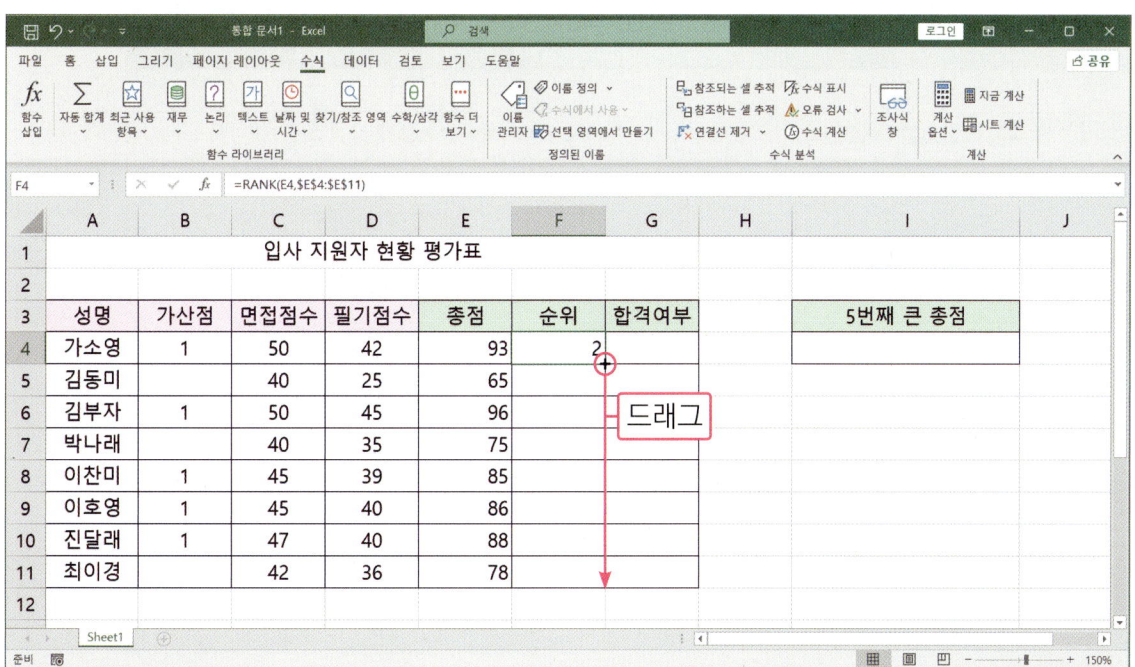

05 다음과 같이 순위를 확인할 수 있습니다.

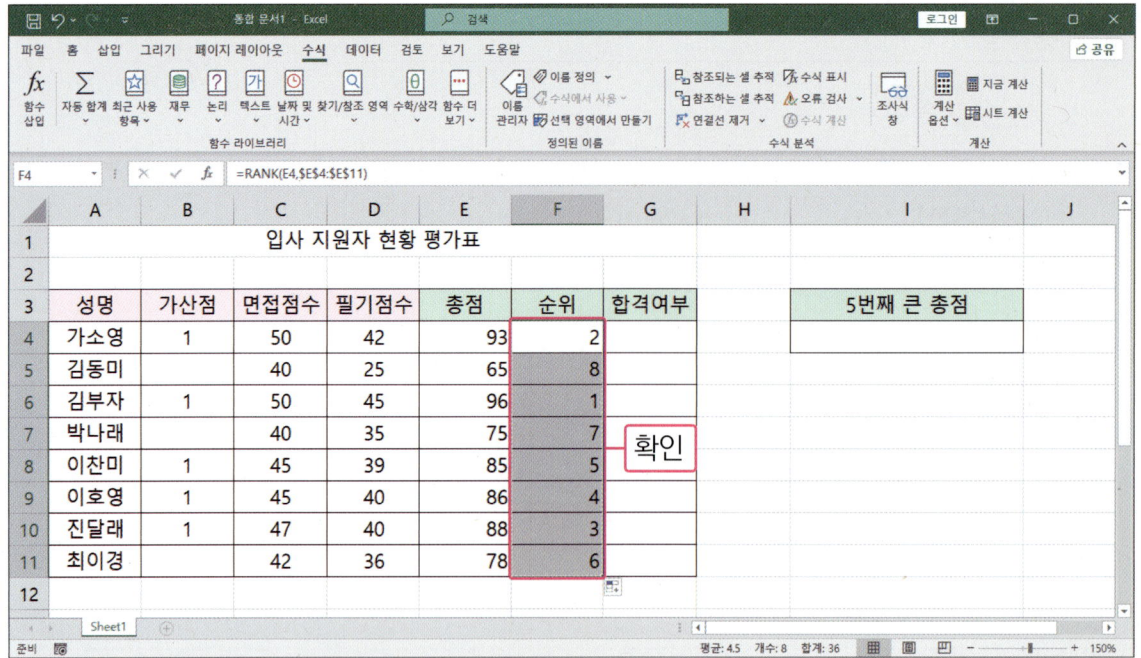

▶ IF 함수로 합격 여부 표시하기

01 '순위'가 5위 이상인 지원자는 '합격'으로 표시하고 나머지 지원자는 '불합격'으로 표시하기 위해 [G4] 셀을 클릭한 후 [수식] 탭-[함수 라이브러리] 그룹-[함수 삽입]을 클릭합니다.

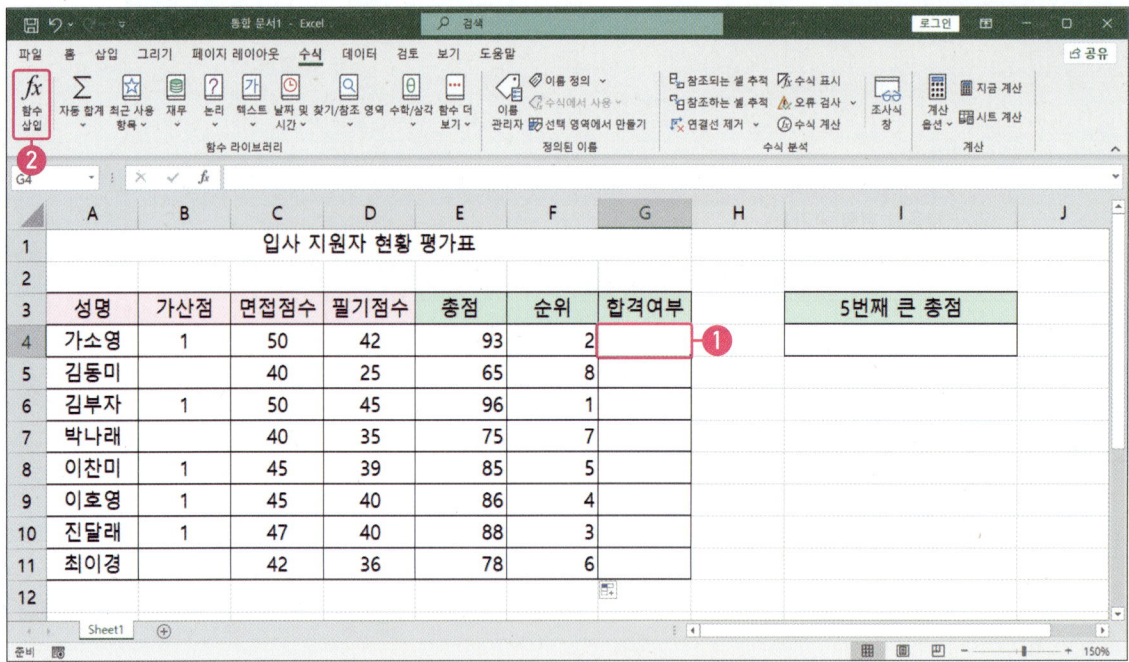

02 [함수 마법사] 대화상자에서 [범주 선택]은 '모두'로 설정하고, [함수 검색]에 'IF'를 입력한 후 [검색] 버튼을 클릭합니다. 함수 선택에서 IF 함수가 나타나면 [확인] 버튼을 클릭합니다.

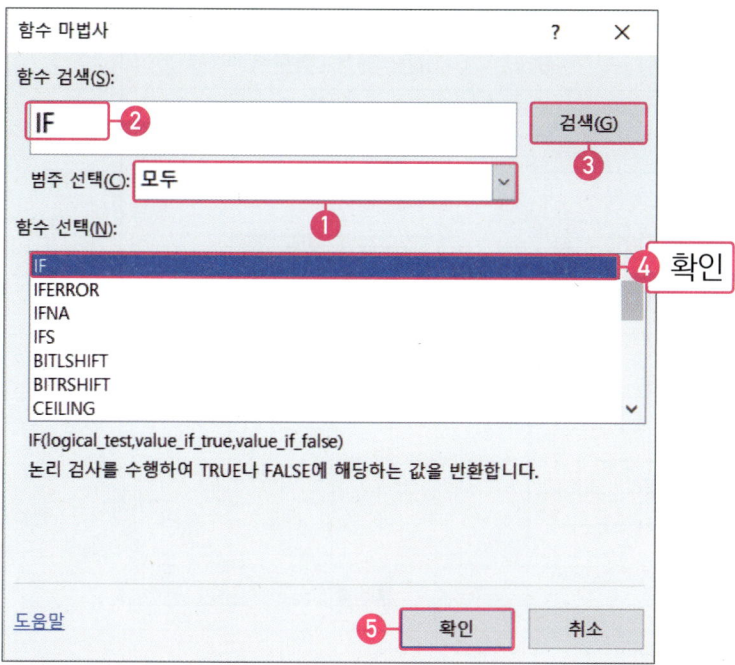

03 [함수 인수] 대화상자에서 [Logical_test]에는 'F4<=5'를 입력하고, [Value_if_true]에는 '합격', [Value_if_false]에는 '불합격'을 입력한 후 [확인] 버튼을 클릭합니다.

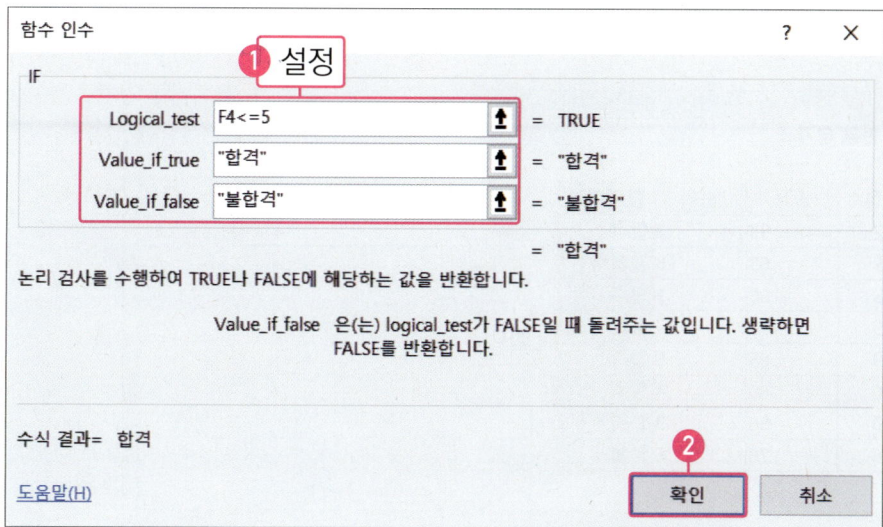

04 결과가 표시되면 [G4] 셀의 ■(채우기 핸들)을 [G11] 셀까지 드래그합니다.

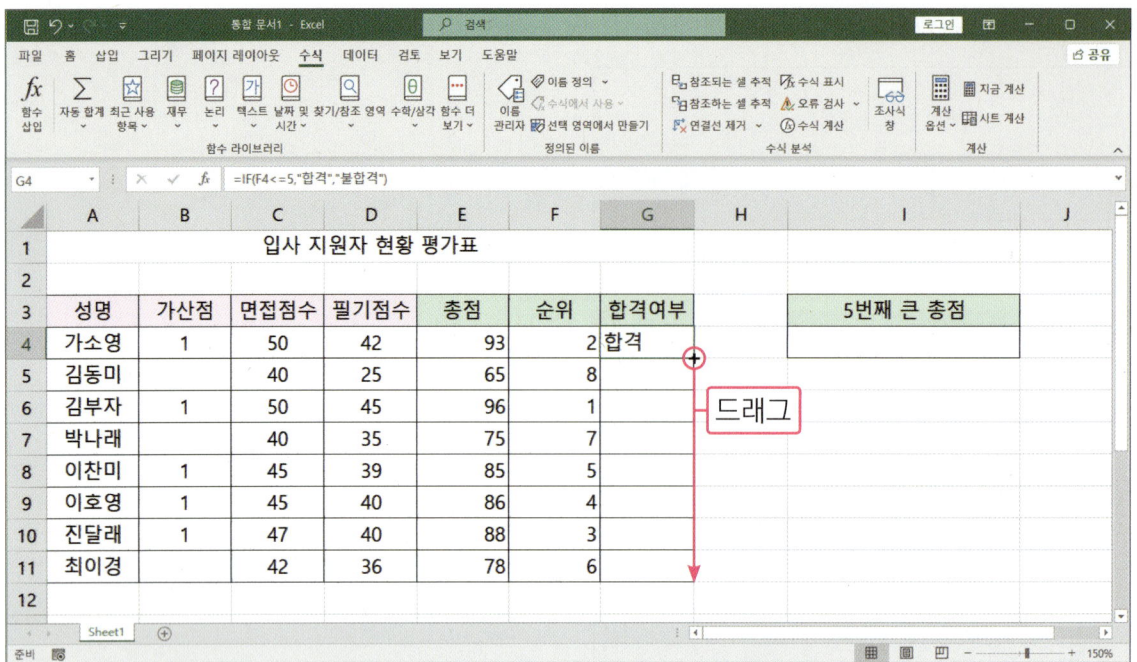

05 다음과 같이 합격 여부를 확인할 수 있습니다.

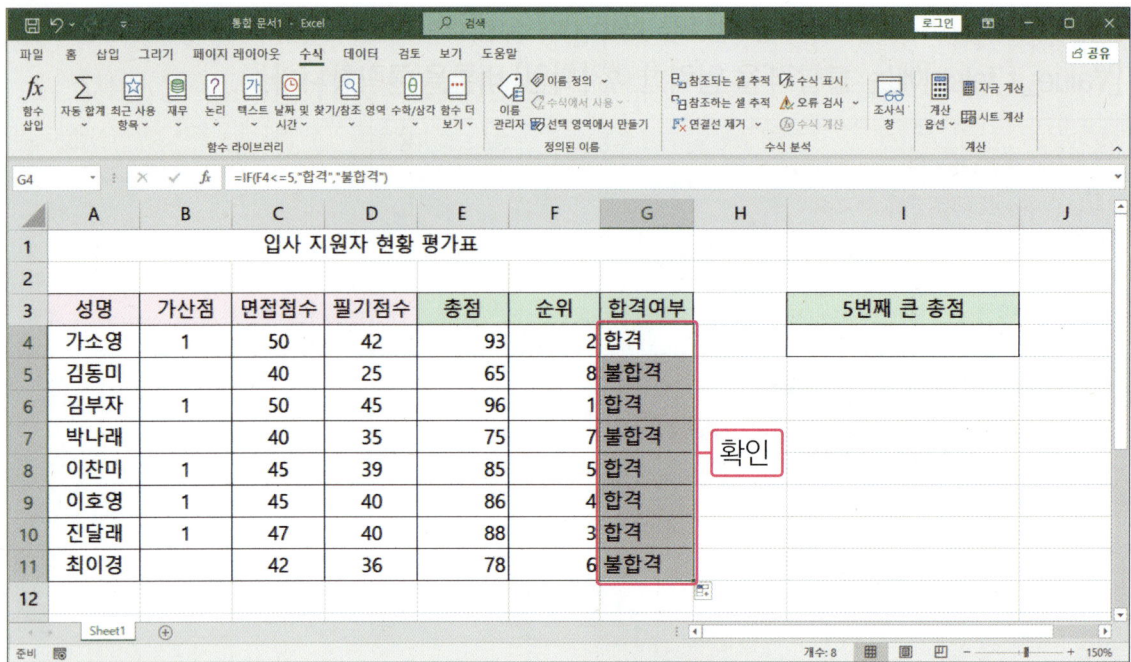

▶ LARGE 함수로 원하는 순서의 값 찾기

01 '총점'에서 5번째 큰 값을 구하기 위해 [I4] 셀을 클릭하고 [수식] 탭-[함수 라이브러리] 그룹에서 [함수 삽입]을 클릭합니다.

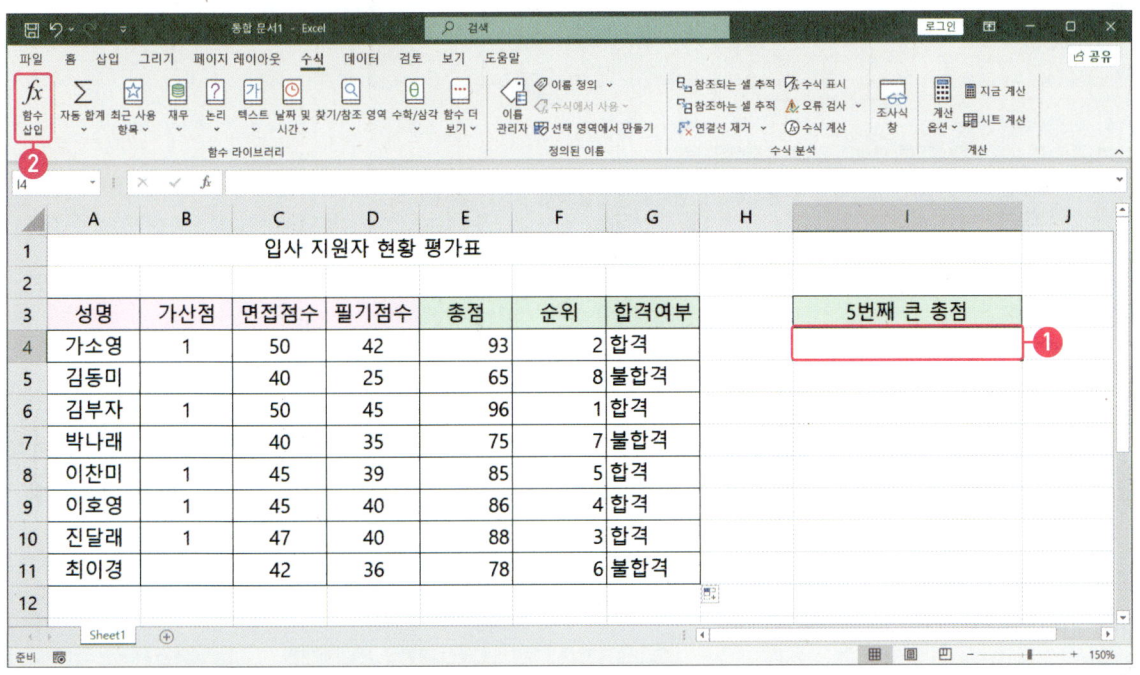

 Shift + F3 키를 누르면 [함수 마법사] 대화상자가 나타납니다.

02 [함수 마법사] 대화상자에서 [범주 선택]은 '모두'로 설정하고, [함수 검색]은 'LARGE'를 입력한 후 [검색] 버튼을 클릭합니다. 함수 선택에서 LARGE 함수가 나타나면 [확인] 버튼을 클릭합니다.

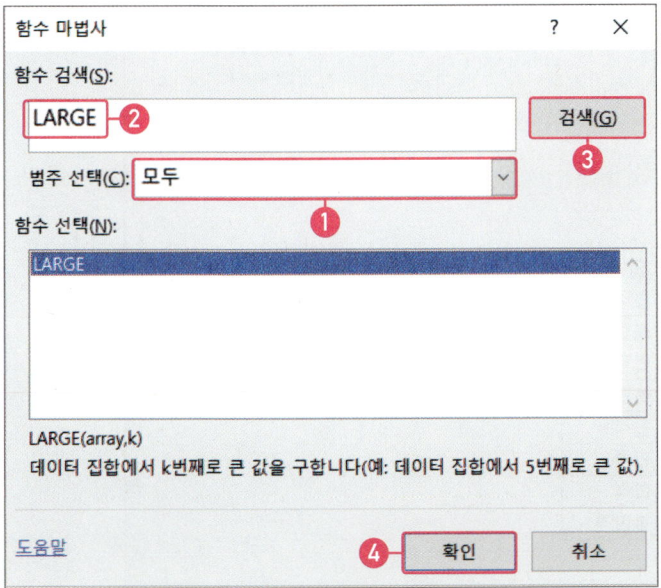

03 [함수 인수] 대화상자에서 [Array]에는 값을 가져올 데이터 범위인 'E4:E11'을 입력하고 [K]에는 '5'를 입력한 후 [확인] 버튼을 클릭합니다.

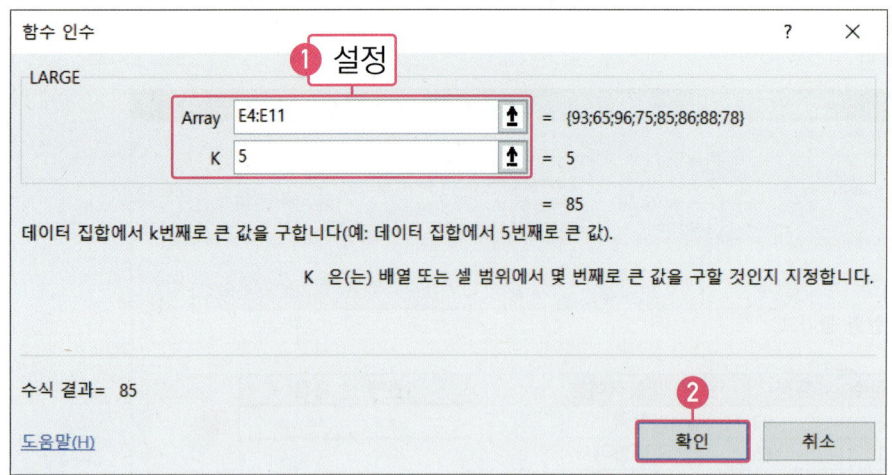

 [Array]에 입력할 셀 범위를 직접 입력할 수도 있지만, 워크시트의 데이터를 드래그하여 입력할 수도 있습니다. 이 경우 [함수 인수] 대화상자의 모습이 일시적으로 변할 수 있습니다.

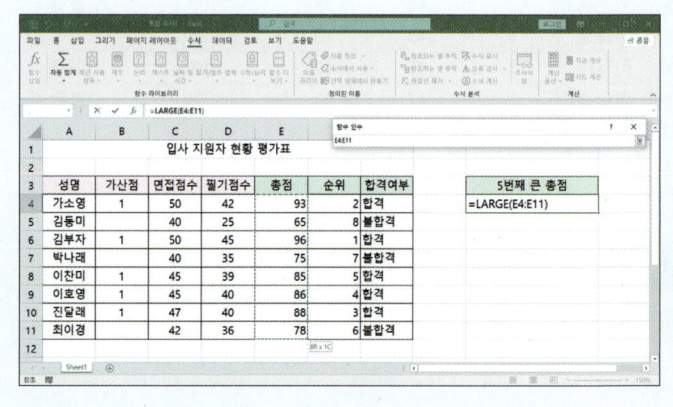

04 총점에서 5번째 큰 총점의 결괏값을 확인할 수 있습니다.

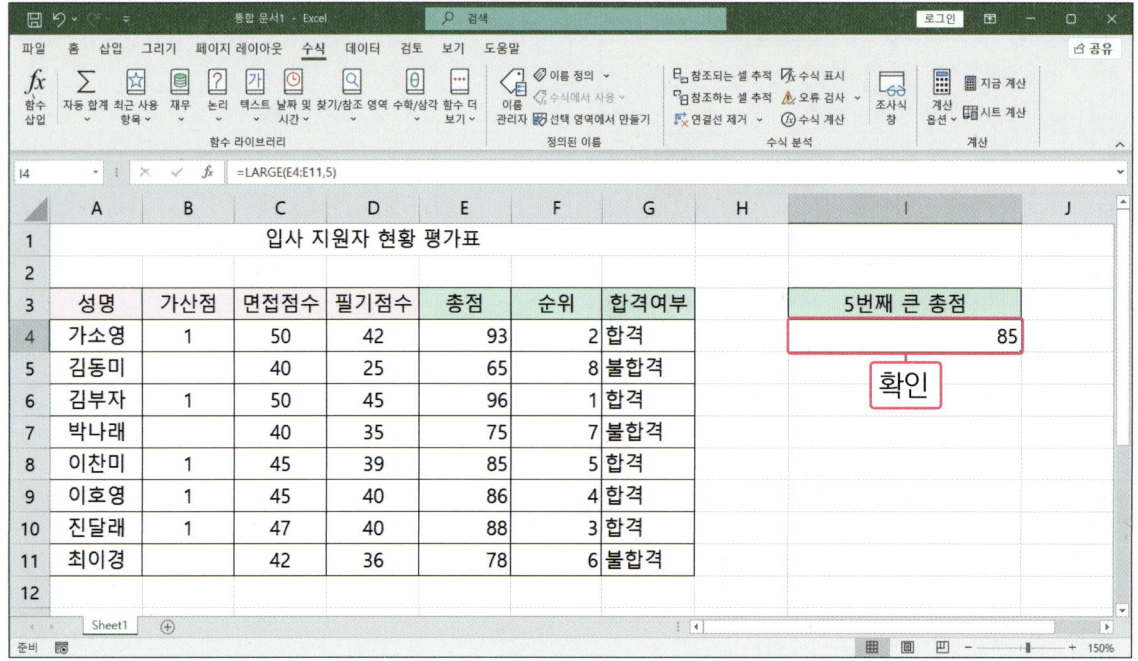

▶ 서식 복사를 활용하여 꾸미기

01 서식을 복사하기 위해 서식이 꾸며져 있는 [I3:I4] 영역을 선택한 후 [홈] 탭-[클립보드] 그룹-[서식 복사(✦)]를 클릭합니다.

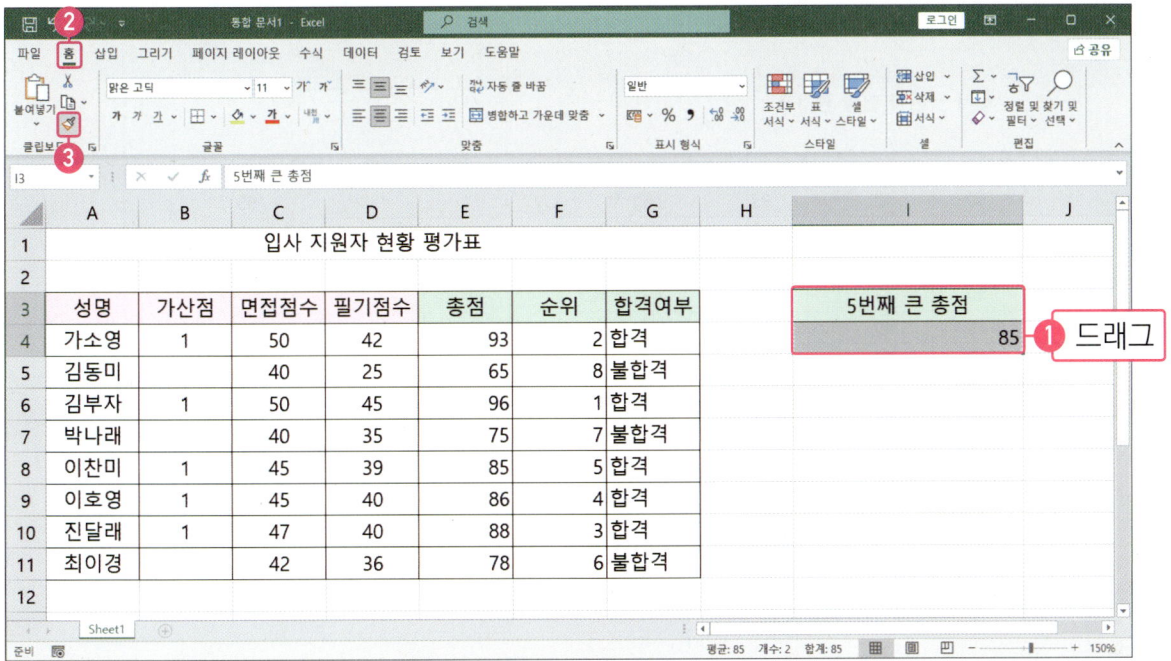

02 마우스 포인터가 서식 복사(✦) 모양으로 변경되면 [I6:I7] 영역을 드래그합니다.

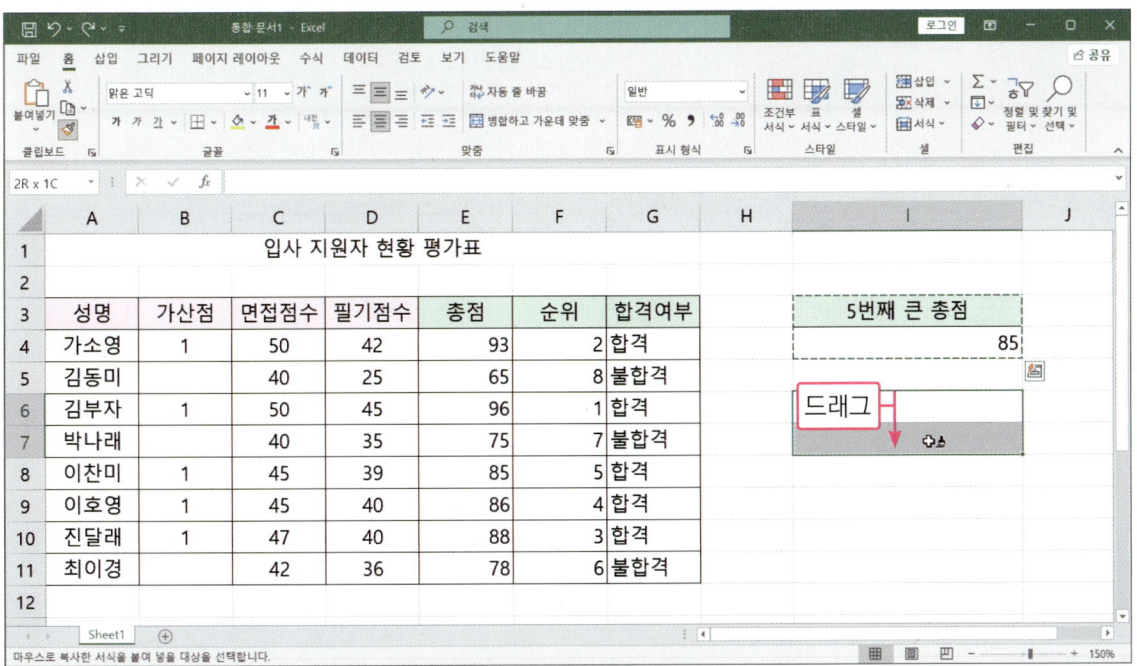

03 서식이 복사된 것을 확인할 수 있습니다. [I6] 셀에 '총점이 90이상의 개수'라고 입력합니다.

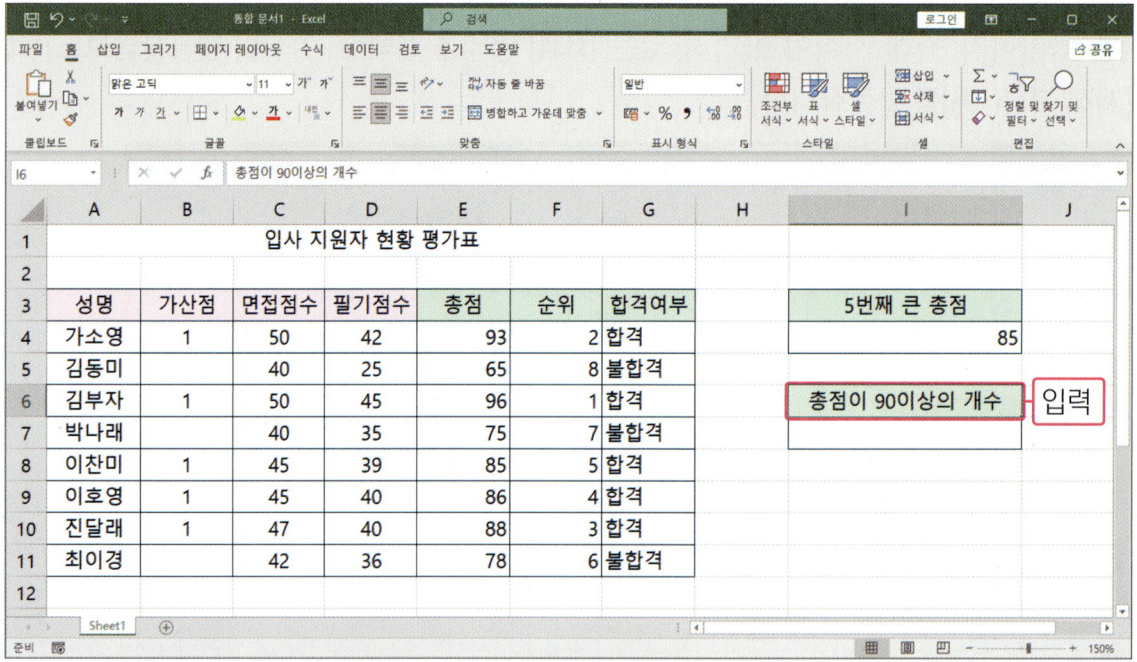

▶ COUNTIF로 조건에 맞는 개수 계산하기

01 '총점'이 90 이상인 지원자가 몇 명인지 구하기 위해 [I7] 셀을 선택하고 [수식] 탭-[함수 라이브러리] 그룹-[함수 삽입]을 클릭합니다.

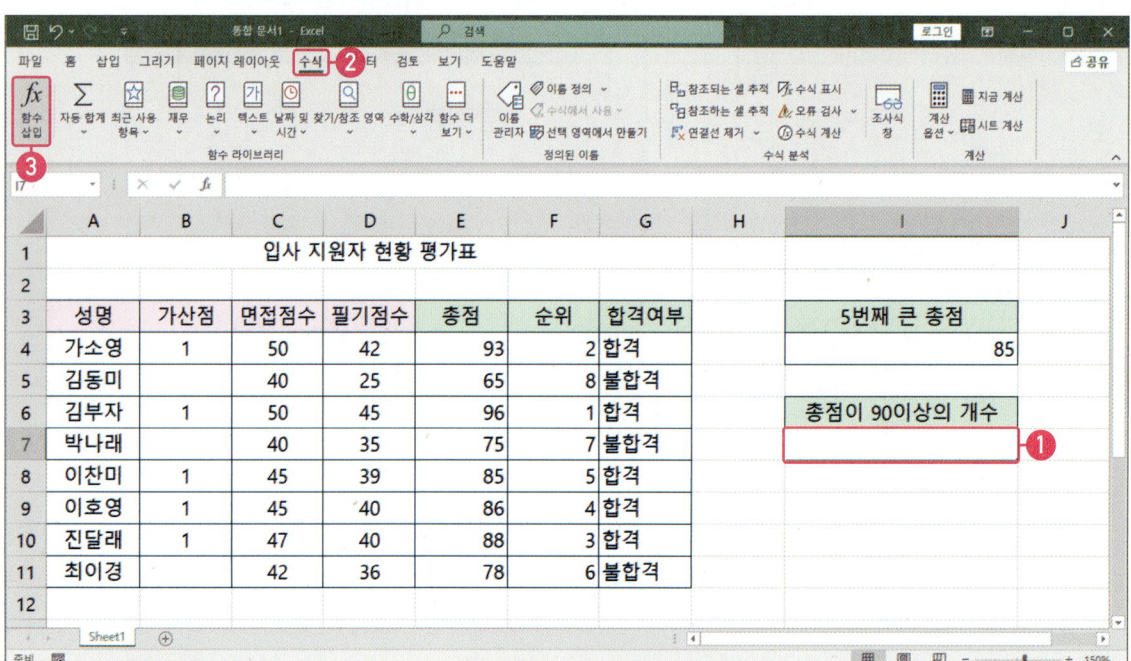

02 [함수 마법사] 대화상자에서 [범주 선택]은 '모두'로 설정하고, [함수 검색]은 'COUNTIF'를 입력한 후 [검색] 버튼을 클릭합니다. 함수 선택에서 COUNTIF 함수가 나타나면 [확인] 버튼을 클릭합니다. [함수 인수] 대화상자에서 [Range]에는 'E4:E11'을 입력하고 [Criteria]에는 '>=90'을 입력한 후 [확인] 버튼을 클릭합니다.

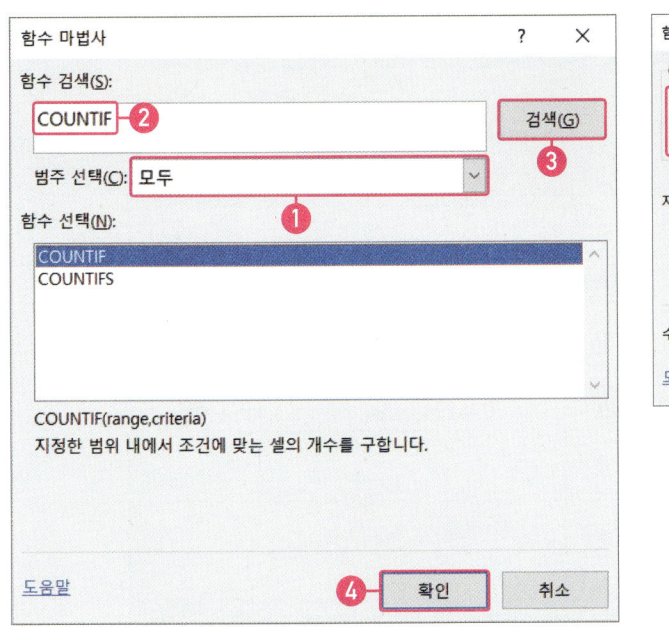
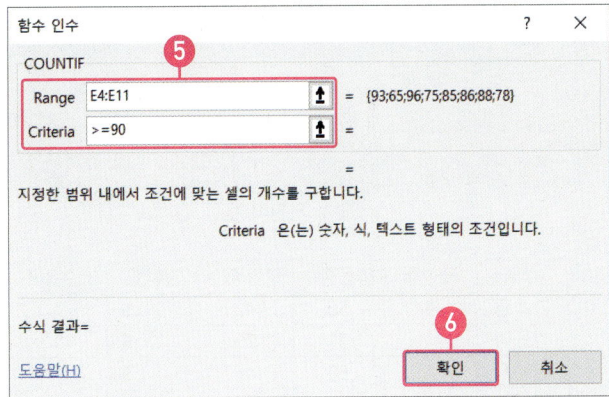

03 90 이상의 총점 개수를 확인할 수 있습니다.

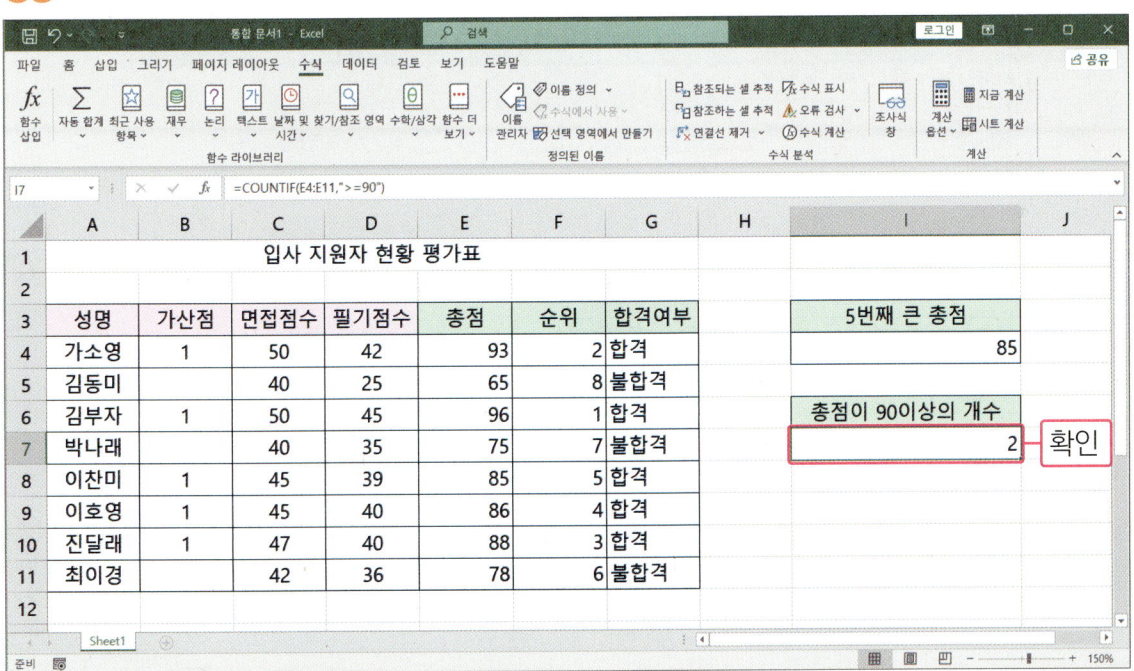

▶ & 연결 연산자를 이용하기

01 수식 입력줄에 입력되어 있는 '=COUNTIF(E4:E11,">=90")'의 뒤쪽 끝을 클릭하여 커서를 표시한 후 **&"명"**을 입력한 후 Enter 키를 누릅니다.

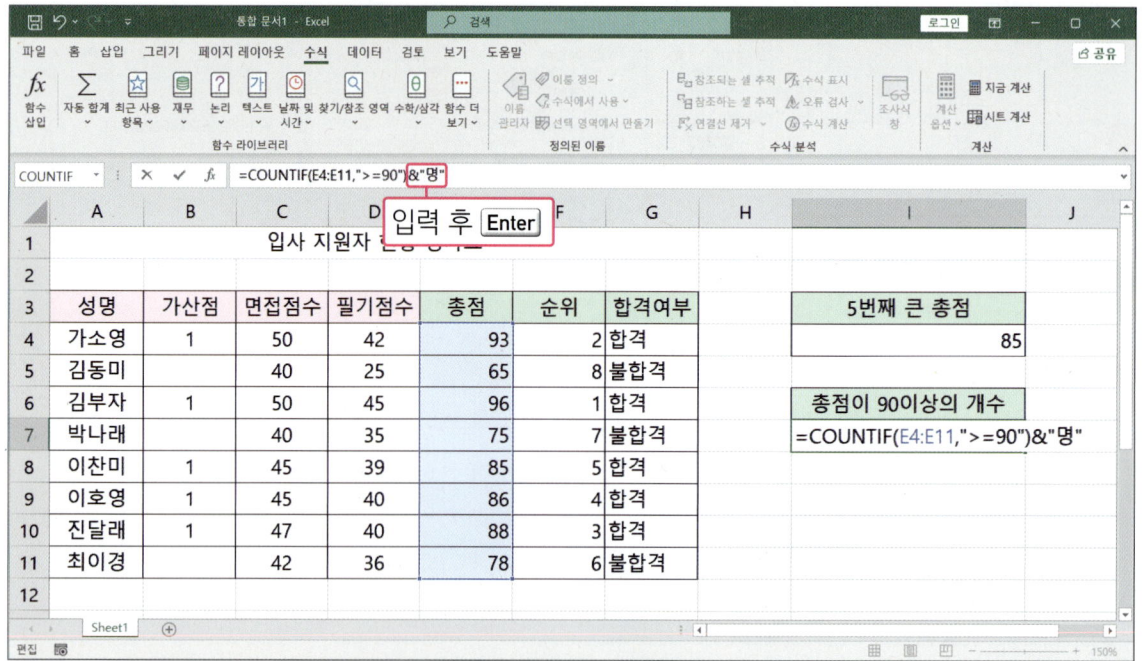

02 '2명'이라고 표시된 것을 확인할 수 있습니다.

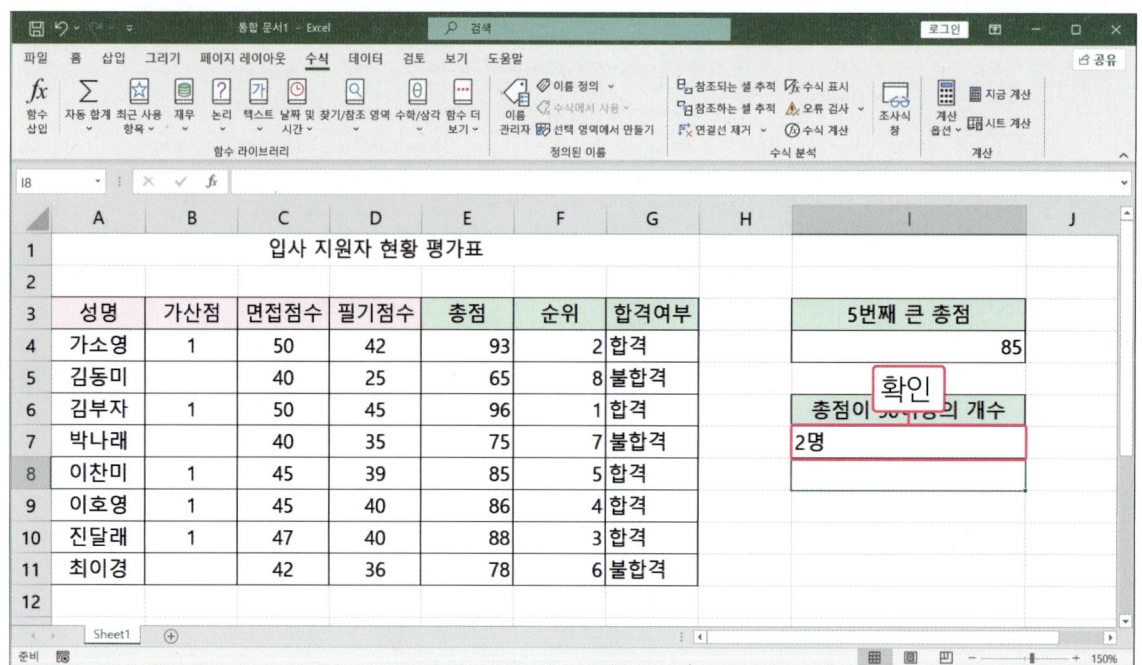

03 빠른 실행 도구 모음의 (저장)을 클릭한 후 파일 이름을 **'지원자 평가표'**로 저장합니다.

응용력 키우기

01 새 통합 문서를 생성한 후 다음처럼 입력하고 셀 서식을 적용해 봅니다.

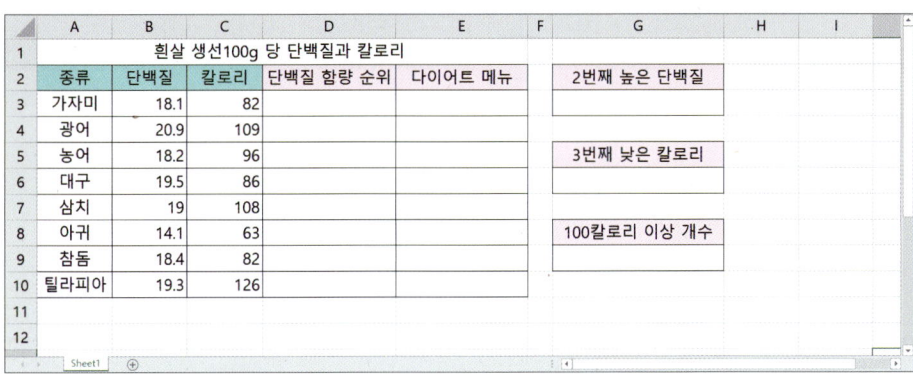

02 문제 **01**의 파일을 함수와 조건부 서식을 이용하여 다음과 같이 작성한 후 '단백질과 칼로리.xlsx'로 저장해 봅니다.

- [D3:D10] 영역 : 단백질 함량이 많은 순위부터 구하기(Rank 함수)
- [E3:E10] 영역 : 칼로리가 100 이하이면 "O", 이상인 경우 "X"로 표시하기(IF 함수)
- [G3] 셀 : 2번째 높은 단백질 구하기(LARGE 함수)
- [G6] 셀 : 3번째 낮은 칼로리 구하기(SMALL 함수)
- [G9] 셀 : 100칼로리 이상 되는 개수를 구하기(COUNTIF 함수)

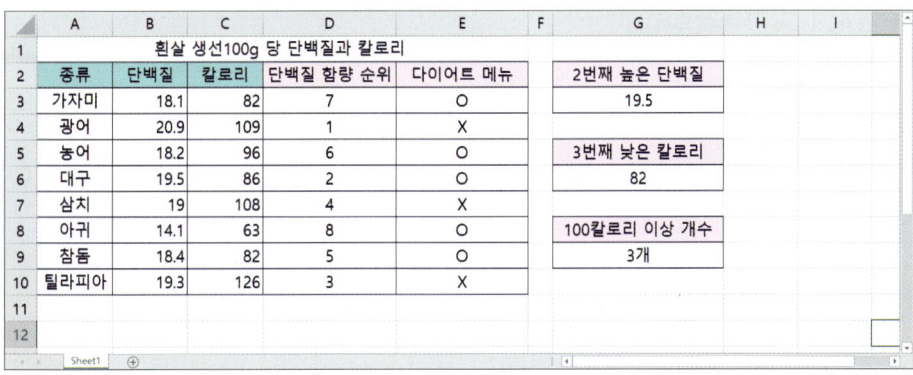

=RANK(B3,$B$3:$B$10)
=IF(C3<=100,"O","X")
=COUNTIF(C3:C10,">=100")&"개"

09 데이터 분석하기

- 오름차순 정렬
- 내림차순 정렬
- 정렬
- 부분합
- 개요 지우기
- 틀 고정하기
- 자동 필터

미/리/보/기

📁 완성파일 : 단골 고객(완성).xlsx, 체인점 현황(완성).xlsx

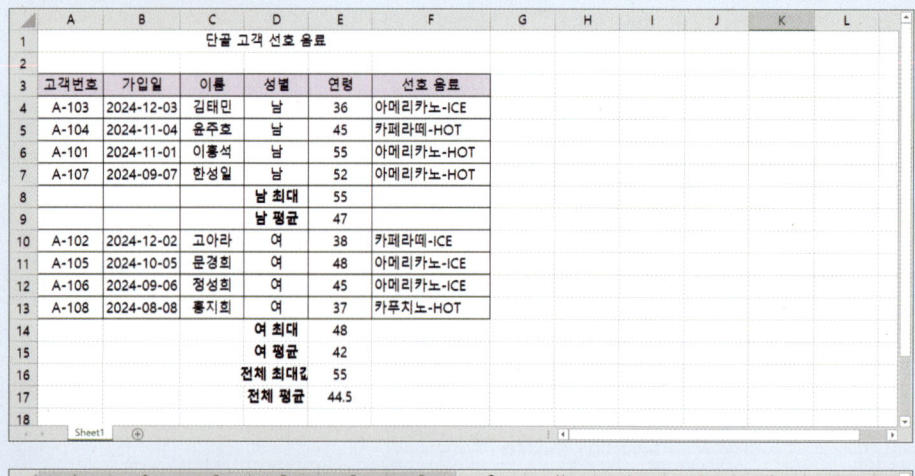

◀ 예제-1

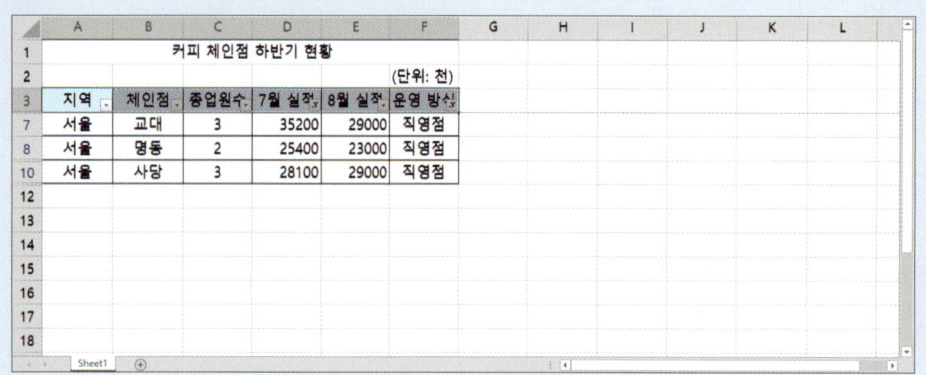

◀ 예제-2

많은 데이터를 원하는 순서대로 정리한다거나 원하는 조건만 골라서 표시하면 분석하기에 유리합니다. 이번 장에서는 데이터를 정렬하고 부분합으로 계산하는 방법과 자동 필터를 사용하여 일정한 조건에 해당하는 데이터만 표시하는 방법에 대하여 알아보겠습니다.

 ## 정렬, 부분합, 자동 필터로 데이터 분석하기

▶ 정렬 관련 기능 살펴보기

- 정렬 기능을 사용하면 특정 열의 데이터 값을 기준으로 오름차순 또는 내림차순으로 데이터를 재배열할 수 있습니다.
- 작은 값에서 큰 값으로 배치하는 것을 '오름차순' 정렬이라고 하며, 반대 경우의 정렬을 '내림차순' 정렬이라고 합니다.

숫자	영문	한글
1	A	가
2	B	나
3	C	다
4	D	라
5	E	마

▲ 오름차순 정렬

숫자	영문	한글
5	E	마
4	D	라
3	C	다
2	B	나
1	A	가

▲ 내림차순 정렬

- [데이터] 탭-[정렬 및 필터] 그룹의 [텍스트 오름차순 정렬(🔼)]과 [텍스트 내림차순 정렬(🔽)]은 하나의 열을 기준으로 정렬하며 정렬을 원하는 열 중에 한 셀을 선택한 후 명령을 실행하면 선택한 열이 정렬되며 전체가 영향을 받아 재배치됩니다.
- 표 범위 안에서 임의의 셀을 선택한 후 [데이터] 탭-[정렬 및 필터] 그룹의-[정렬]을 클릭하면 [정렬] 대화상자가 나타납니다. [정렬 기준]에서 정렬 대상인 필드명과 셀 값, 셀 색 등의 정렬 기준을 선택하고 오름차순 또는 내림차순을 지정하여 정렬할 수 있습니다. 동등한 데이터가 존재하면 [기준 추가] 버튼을 클릭하여 2개 이상의 기준으로 정렬할 수도 있습니다.

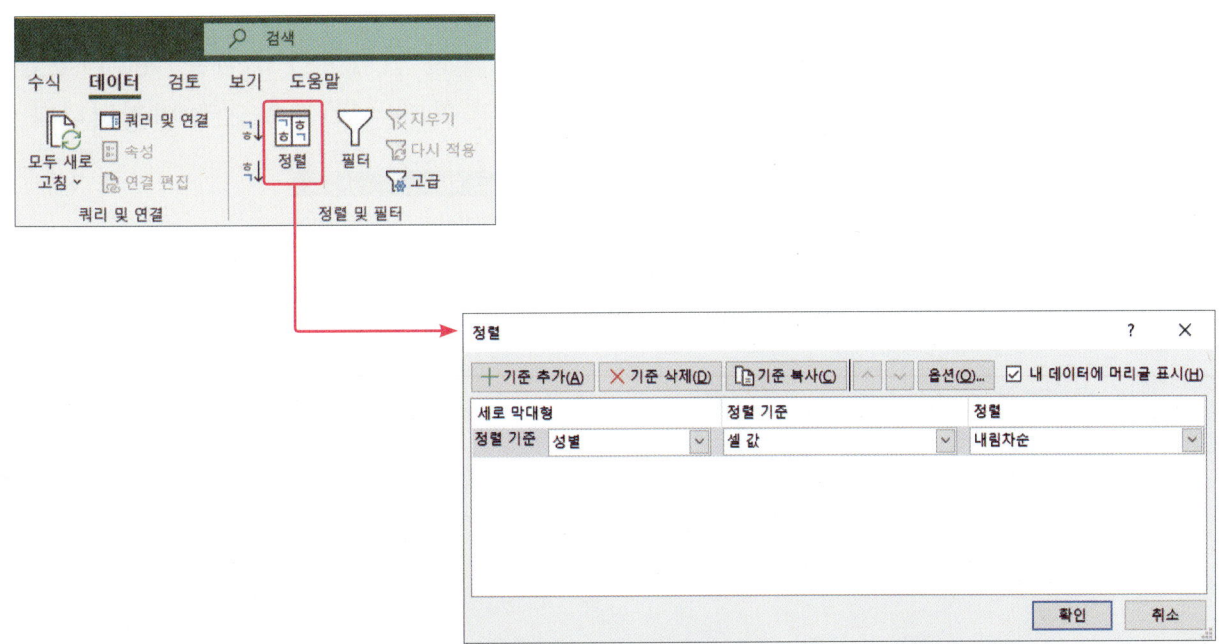

▶ 부분합 관련 기능 살펴보기

- 특정한 필드를 기준으로 데이터를 분류하여 각 부분별로 필요한 계산을 할 수 있는 기능입니다. 부분합을 계산하기 전에 먼저 정렬을 해야 합니다.
- 부분합은 작업할 데이터가 있는 범위를 선택하여 [데이터] 탭-[개요] 그룹-[부분합]을 클릭하여 나타나는 [부분합] 대화상자에서 설정합니다.

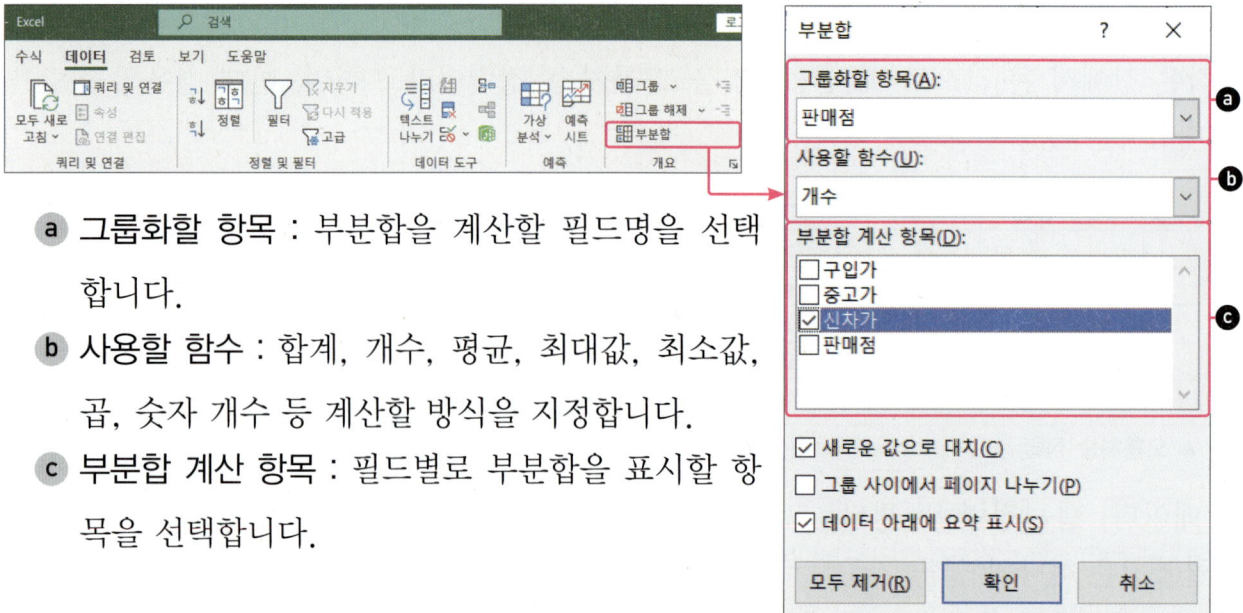

ⓐ 그룹화할 항목 : 부분합을 계산할 필드명을 선택합니다.

ⓑ 사용할 함수 : 합계, 개수, 평균, 최대값, 최소값, 곱, 숫자 개수 등 계산할 방식을 지정합니다.

ⓒ 부분합 계산 항목 : 필드별로 부분합을 표시할 항목을 선택합니다.

▶ 필터 관련 기능 살펴보기

- '필터'란 특정 조건에 만족하는 데이터만을 선별적으로 추출하여 표시하는 기능으로, 자동 필터와 고급 필터가 있습니다. 이번 장에서는 자동 필터에 대해서만 살펴봅니다.
- 자동 필터는 작업할 데이터가 있는 범위 안에서 임의의 셀을 선택한 후 [데이터] 탭-[정렬 및 필터] 그룹-[필터]를 클릭해 설정합니다.
- 자동 필터를 실행하면 필드명에 ▼가 생성됩니다. ▼를 클릭하여 조건을 적용하면 필터링되어 선별한 데이터만 표시됩니다. 조건이 적용된 필터는 ▼ 모양으로 변경됩니다.

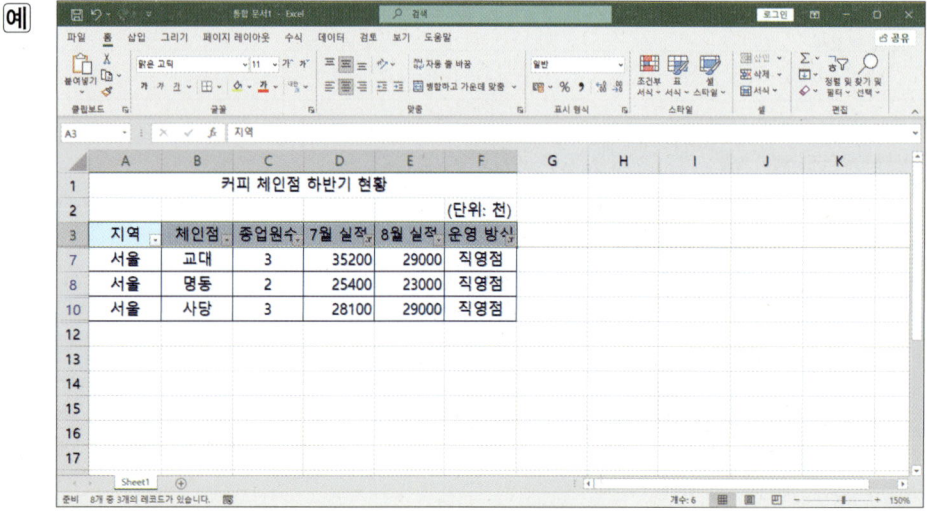

 ## 분석 자료 만들기

▶ 오름차순 정렬과 내림차순 정렬로 자료 살펴보기

01 엑셀을 실행한 후 [새 통합 문서]를 클릭합니다. 새 통합 문서가 나타나면 다음처럼 데이터를 입력하고 셀 서식을 적용합니다.

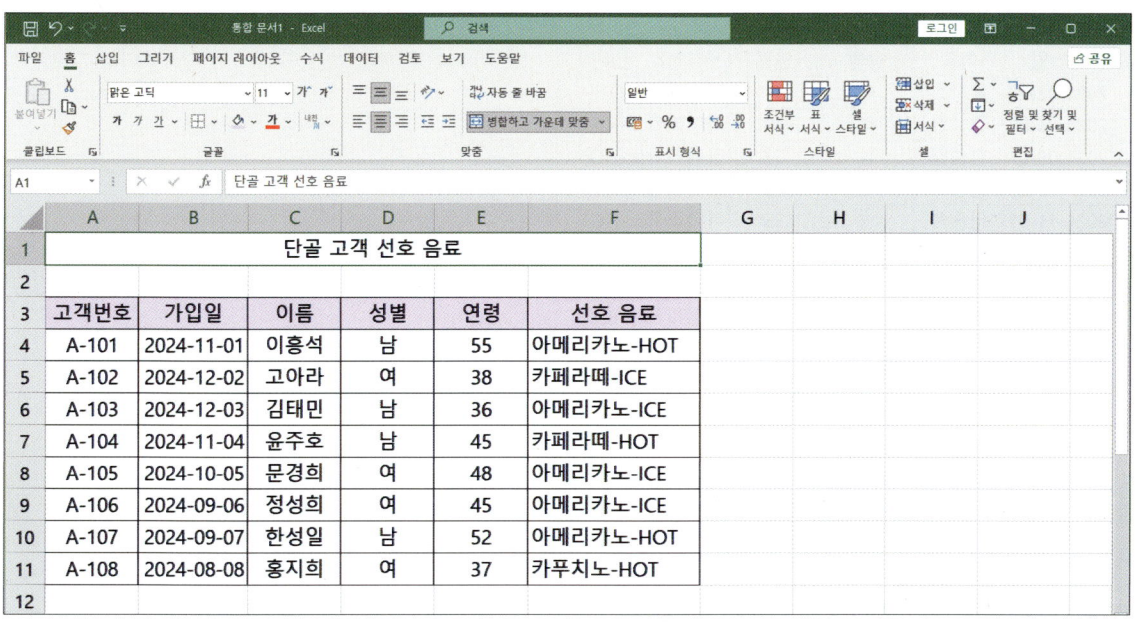

 제공하는 [준비파일] 폴더의 '단골 고객.xlsx' 파일을 불러와 다음 작업을 진행해도 됩니다.

02 가입일을 기준으로 데이터를 오름차순 정렬하기 위해 [B3] 셀을 선택하고 [데이터] 탭-[정렬 및 필터] 그룹-[텍스트 오름차순 정렬(↓)]을 클릭합니다.

03 선택한 열의 데이터가 오름차순(작은 값 → 큰 값)으로 정렬된 것을 확인할 수 있습니다. 같은 행의 데이터들도 같이 변경되었습니다.

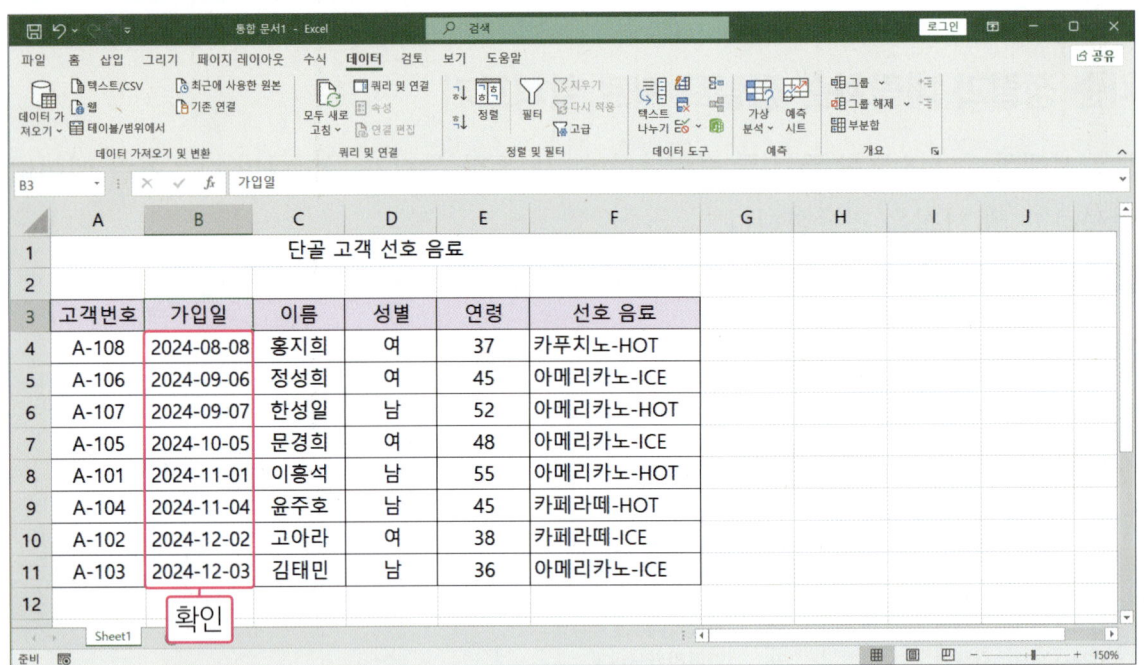

04 연령별 내림차순으로 데이터를 정렬하기 위해 [E3] 셀이 선택하고 [데이터] 탭-[정렬 및 필터] 그룹-[텍스트 내림차순 정렬(힣↓)]을 클릭합니다.

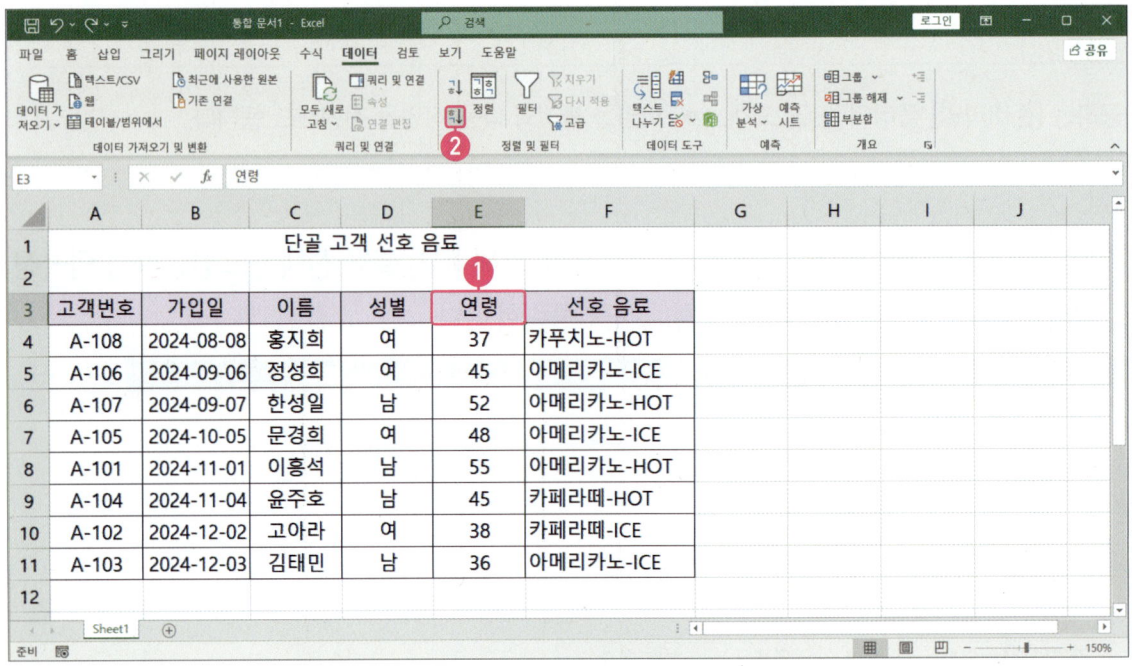

 위 실습에서 3행의 셀들은 정렬 시 필드명(머리글)으로 인식되어 변경되지 않습니다.

05 선택한 열의 데이터가 내림차순(큰 값 → 작은 값)으로 정렬된 것을 확인할 수 있습니다. 같은 행의 데이터들도 같이 변경되었습니다.

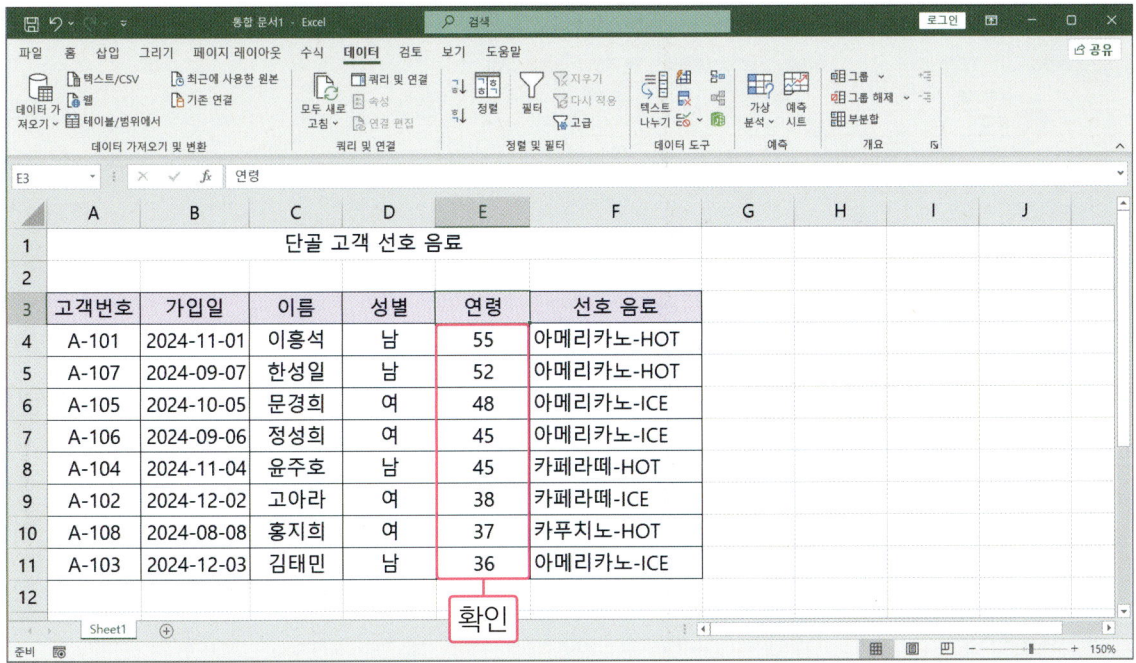

▶ 여러 개의 기준을 사용하여 정렬하기

01 성별을 오름차순으로 정렬을 한 후 동일한 데이터는 이름별 오름차순으로 정렬해 보겠습니다. 작업할 데이터가 있는 범위 안에서 **임의의 셀을 선택**(여기서는 [E3] 셀을 선택)한 후 **[데이터] 탭-[정렬 및 필터] 그룹-[정렬]**을 클릭합니다.

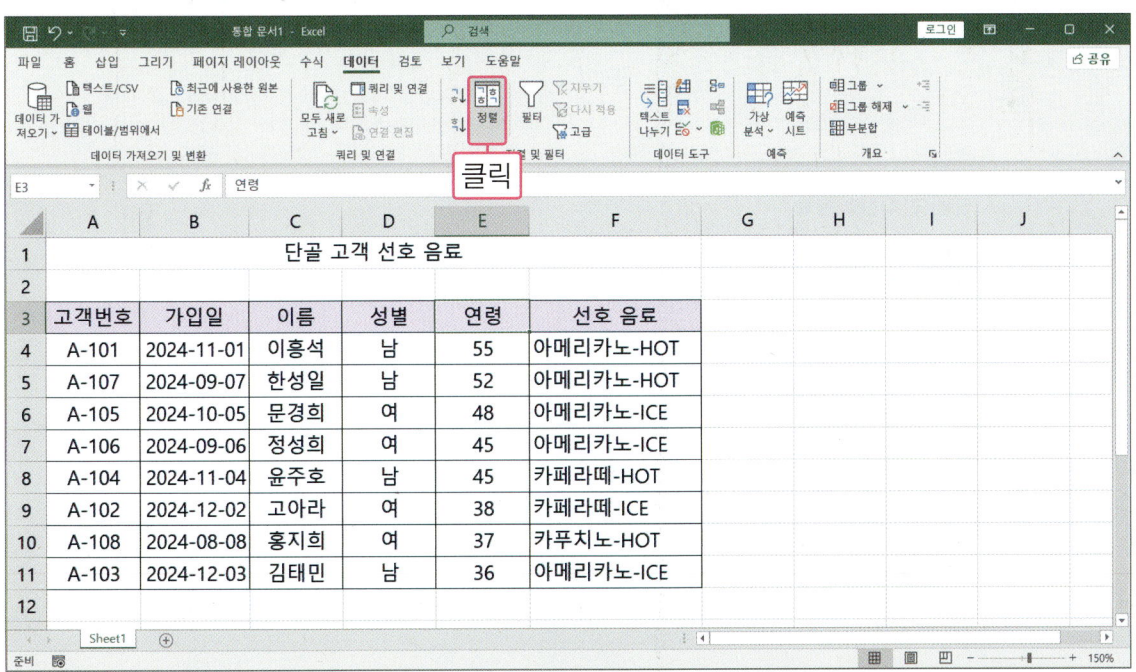

02 [정렬] 대화상자가 나타나면 '내 데이터에 머리글 표시'가 체크되어 있는지 확인하고, [정렬 기준]을 '성별', '셀 값', '오름차순'으로 설정합니다.

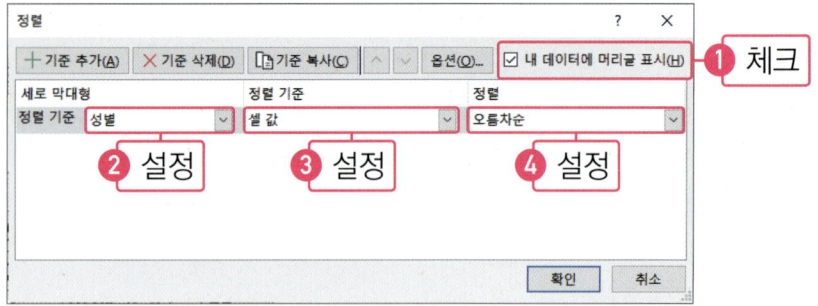

03 [기준 추가] 버튼을 클릭하고, [다음 기준]을 '이름', '셀 값', '오름차순'으로 설정한 후 [확인] 버튼을 클릭합니다.

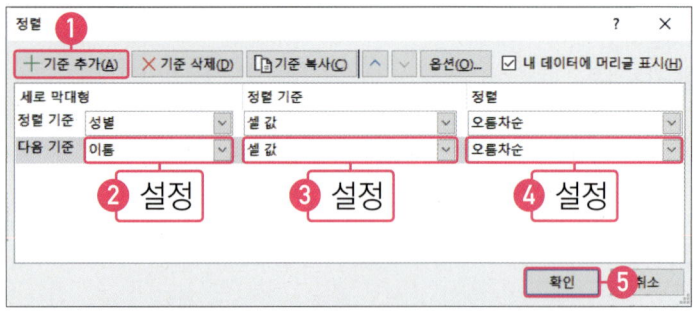

04 '성별' 기준으로 정렬된 후 '이름' 기준으로 정렬된 것을 확인할 수 있습니다.

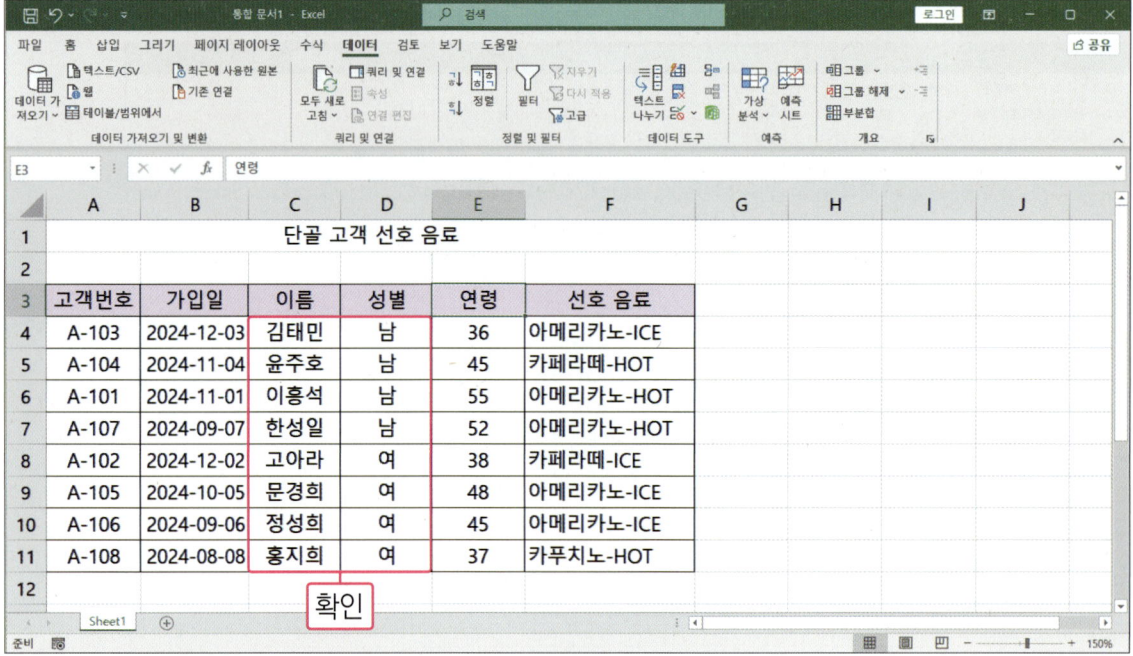

▶ 부분합 계산하기

01 부분합을 설정하기 위해 작업할 데이터가 있는 범위 안에 **임의의 셀을 선택**(여기서는 [E3] 셀 선택)한 상태에서 [데이터] 탭-[개요] 그룹-[부분합]을 클릭합니다.

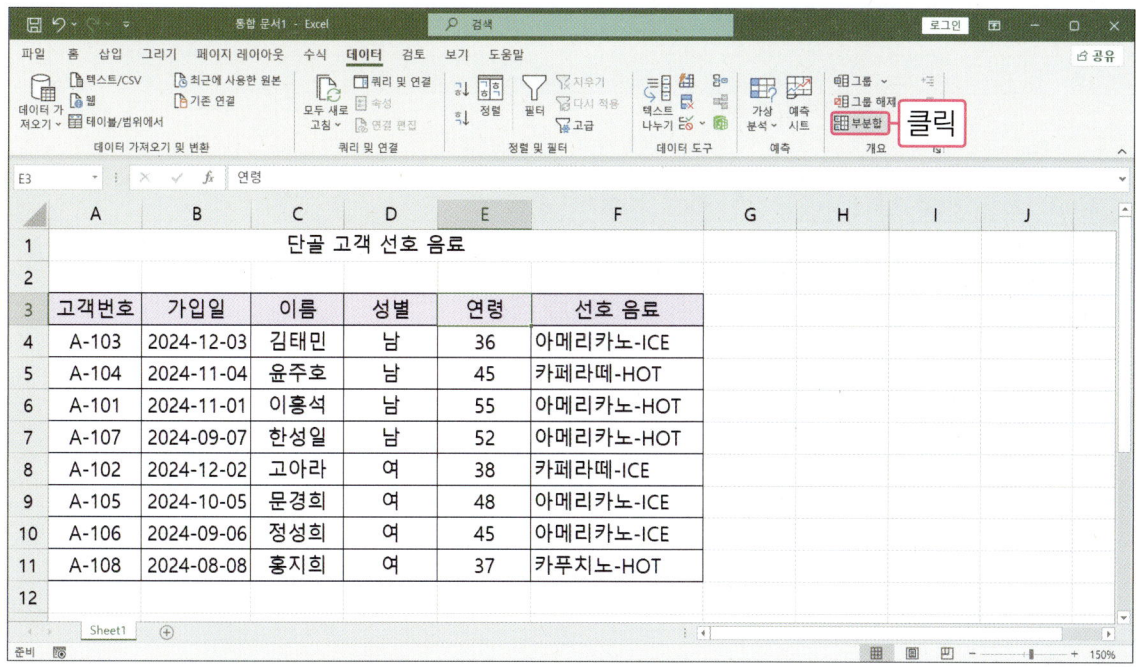

02 [부분합] 대화상자가 나타나면 [그룹화할 항목]은 '성별', [사용할 함수]는 '평균'으로 설정합니다. [부분합 계산 항목]에서 '**연령**'을 체크하고, '선호 음료'는 체크를 해제한 후 [확인] 버튼을 클릭합니다.

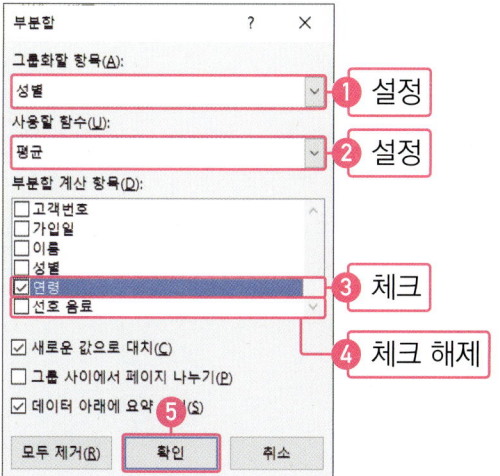

03 성별에 따른 평균 연령을 확인할 수 있습니다.

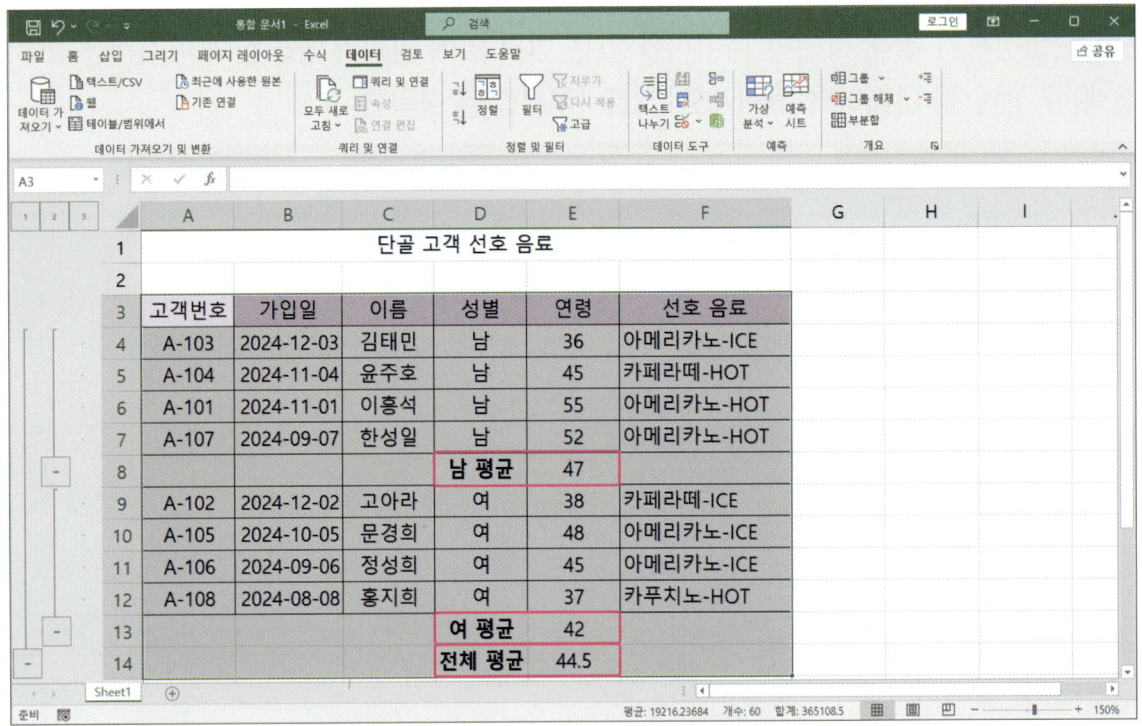

04 부분합을 추가하기 위해 다시 [데이터] 탭-[개요] 그룹-[부분합]을 클릭합니다.

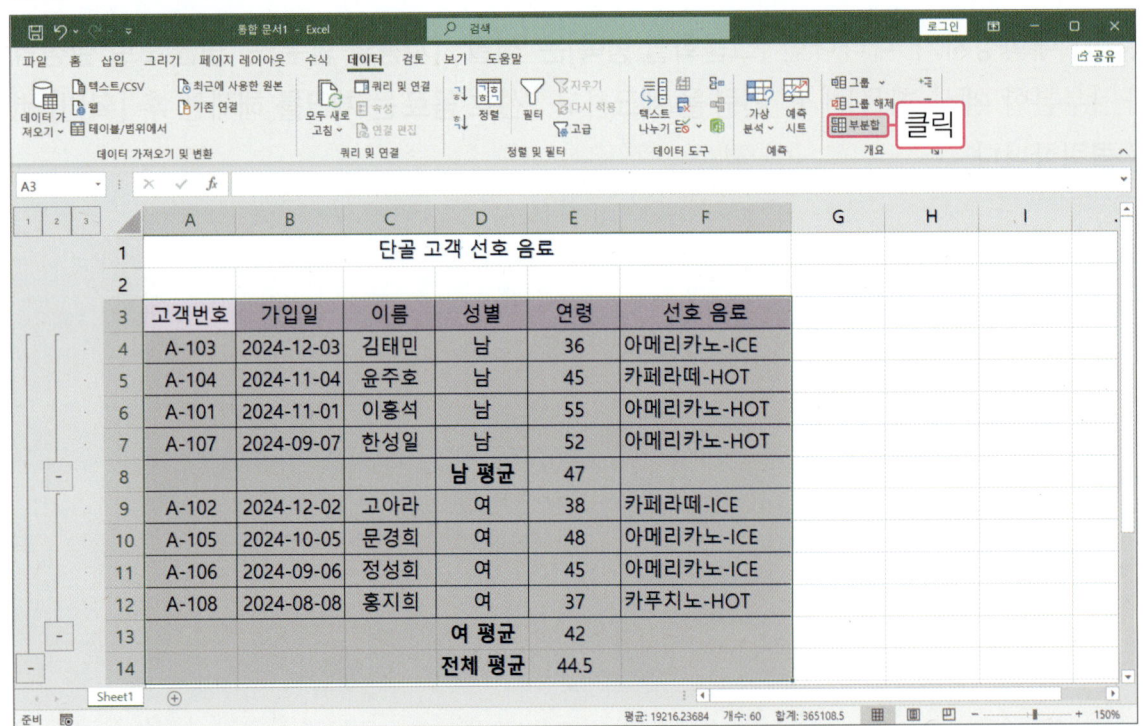

 왼쪽의 윤곽 기호 −와 +를 활용하여 수준별로 데이터를 확인할 수 있습니다. −를 클릭하면 데이터가 숨겨지고 +로 변경됩니다. +를 클릭하면 숨겨져 있던 데이터가 표시되고 −로 변경됩니다.

05 [부분합] 대화상자가 나타나면 [그룹화할 항목]은 '성별', [사용할 함수]는 '최대'로 설정한 후 [부분합 계산 항목]에서 '선호 음료'는 체크를 해제하고, '연령'은 체크합니다. '새로운 값으로 대치'의 체크를 해제한 후 [확인] 버튼을 클릭합니다.

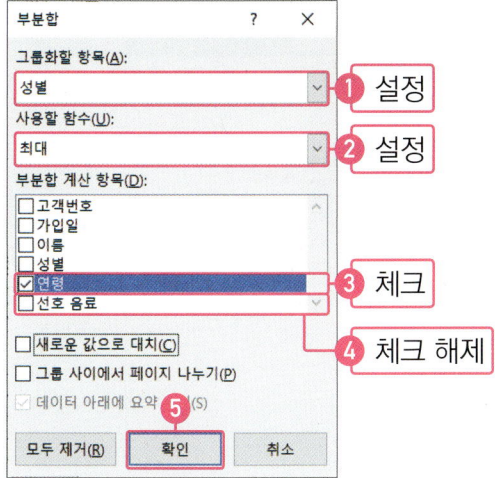

06 성별 따른 최대 연령을 확인할 수 있습니다.

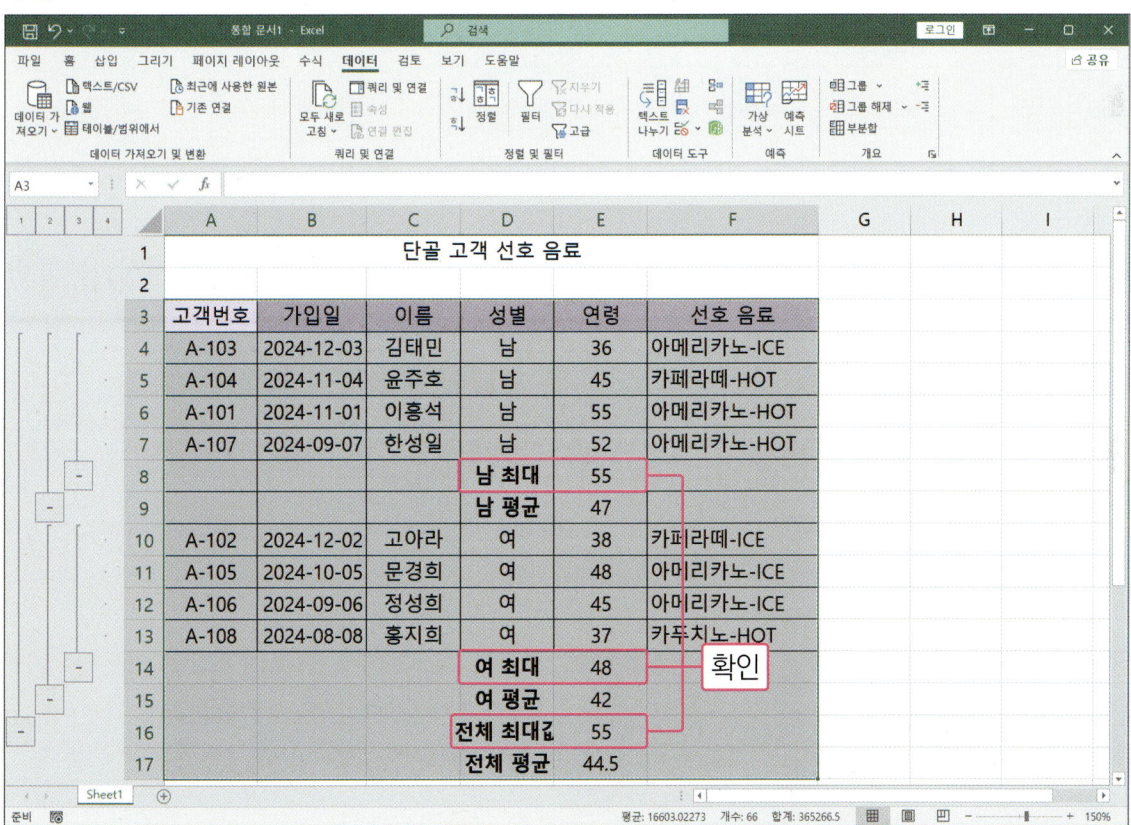

▶ 개요 지우기

01 [데이터] 탭-[개요] 그룹에서 [그룹 해제(🔲그룹 해제)]의 ⌄를 클릭하고 [개요 지우기]를 선택합니다.

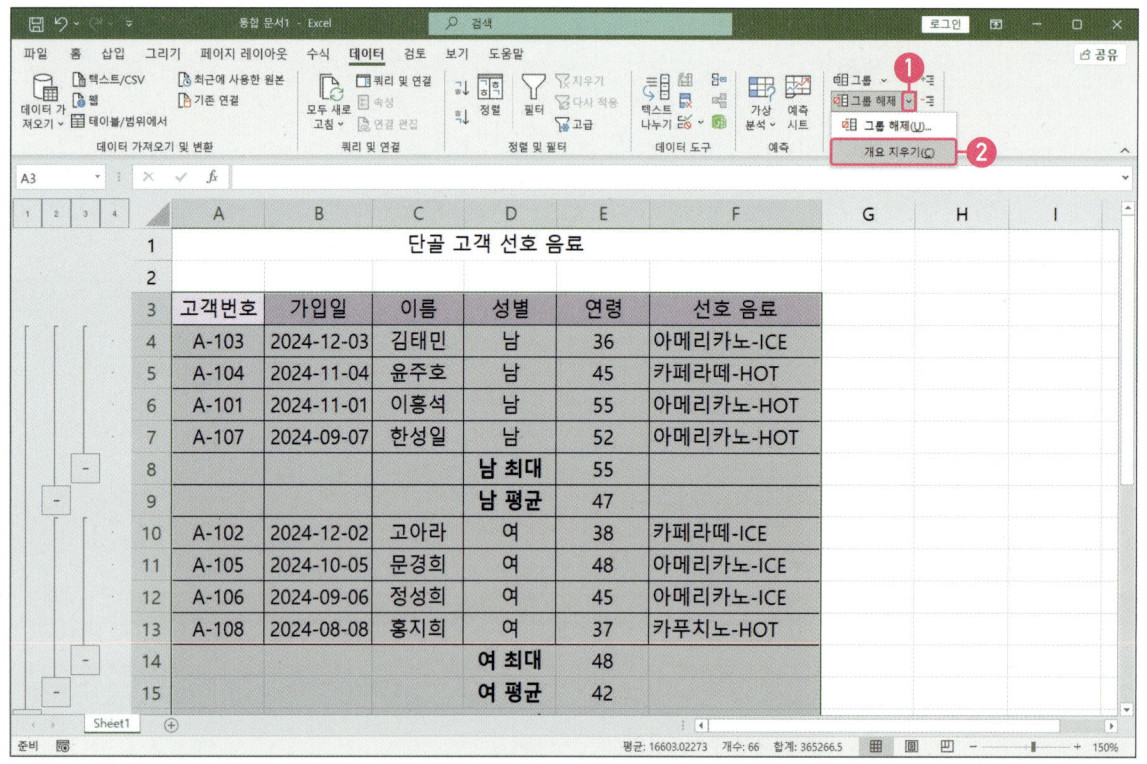

02 왼쪽의 윤곽이 지워진 것을 확인할 수 있습니다. 빠른 실행 도구 모음의 🔲(저장)을 클릭하여 저장합니다.

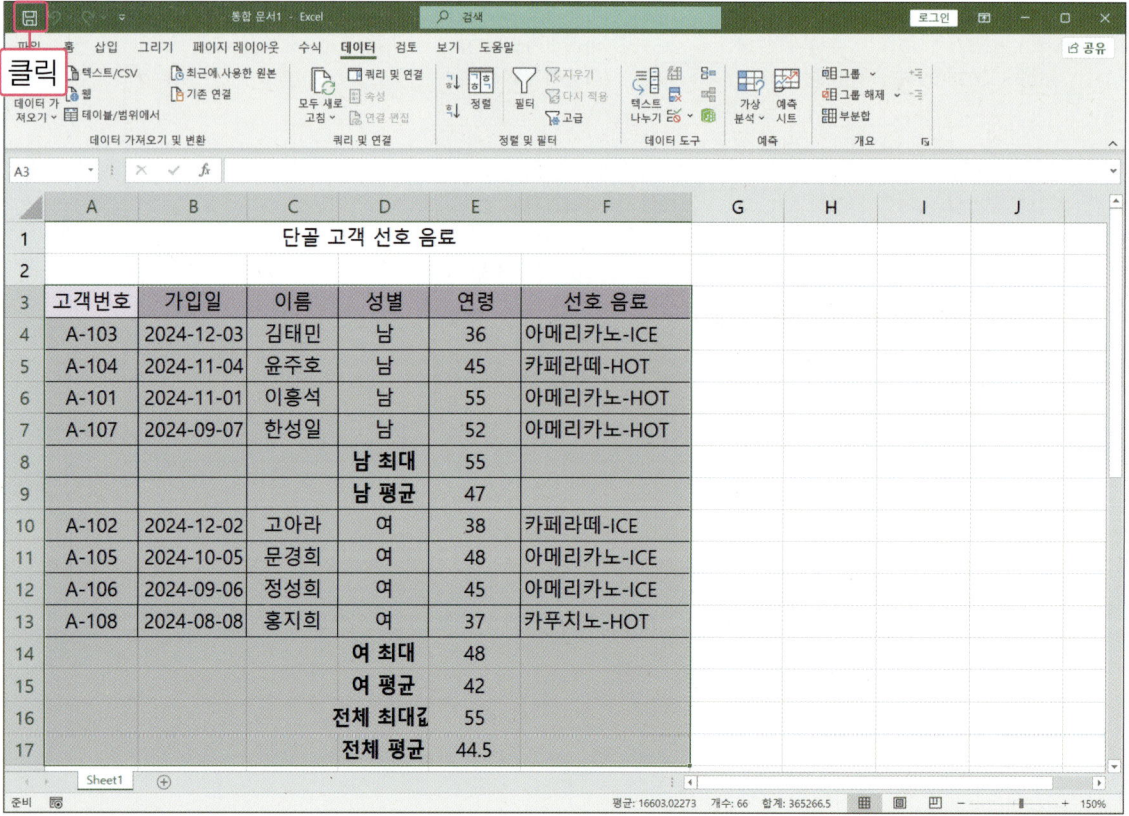

 ## 실적 분석 자료 만들기

▶ 틀 고정하기

01 엑셀을 실행한 후 [새 통합 문서]를 클릭합니다. 새 통합 문서가 나타나면 다음처럼 데이터를 입력하고 셀 서식을 적용합니다.

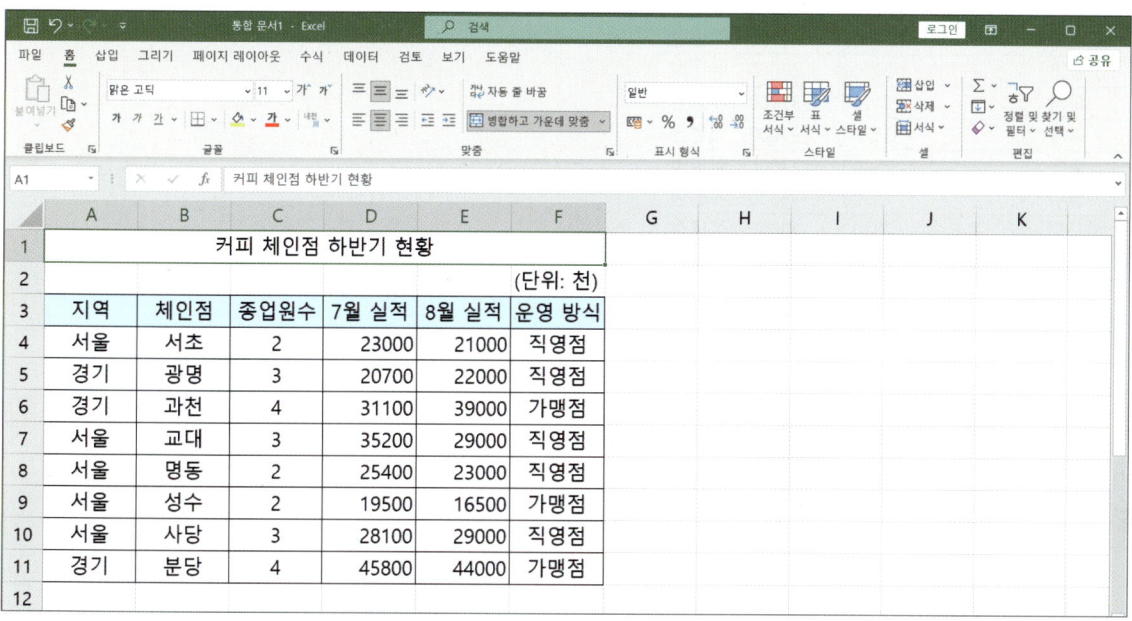

 제공하는 [준비파일] 폴더의 '체인점 현황.xlsx' 파일을 불러와 다음 작업을 진행해도 됩니다.

02 3행을 틀 고정하기 위해 바로 아래 셀인 [A4] 셀을 선택하고 [보기] 탭-[창] 그룹-[틀 고정]을 클릭하고 [틀 고정]을 선택합니다.

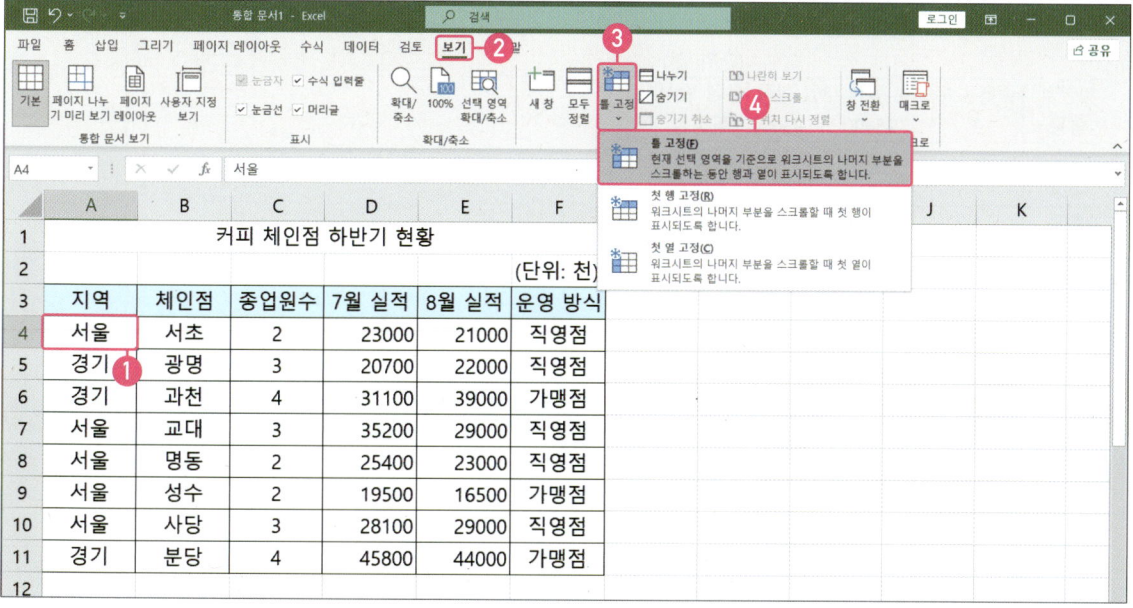

03 틀 고정이 적용되면 3행 아래 진한 선이 표시됩니다. **스크롤을 아래로 드래그합니다.**

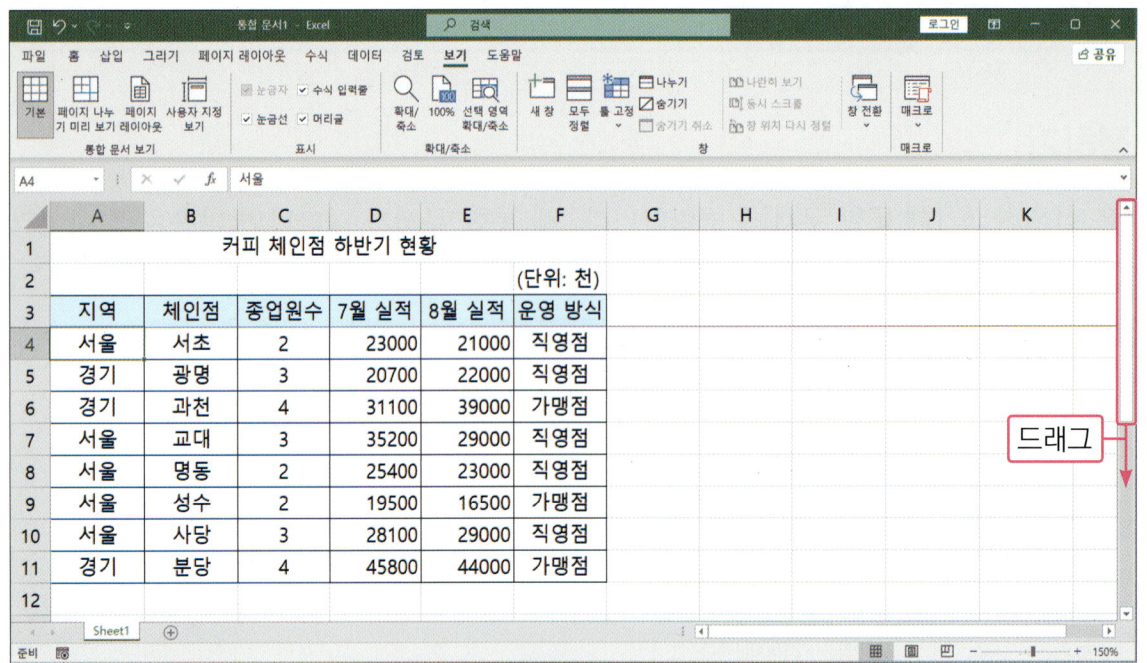

 틀 고정을 통해 특정 행이나 열을 고정하여 스크롤을 내리더라도 항상 볼 수 있게 설정할 수 있습니다. 틀 고정을 원하는 셀의 아래쪽 행이나 오른쪽 열을 선택합니다.

04 3행이 고정된 채 4~7행의 데이터가 보이지 않고 8~11행의 데이터가 표시됩니다. **스크롤을 위로 드래그합니다.**

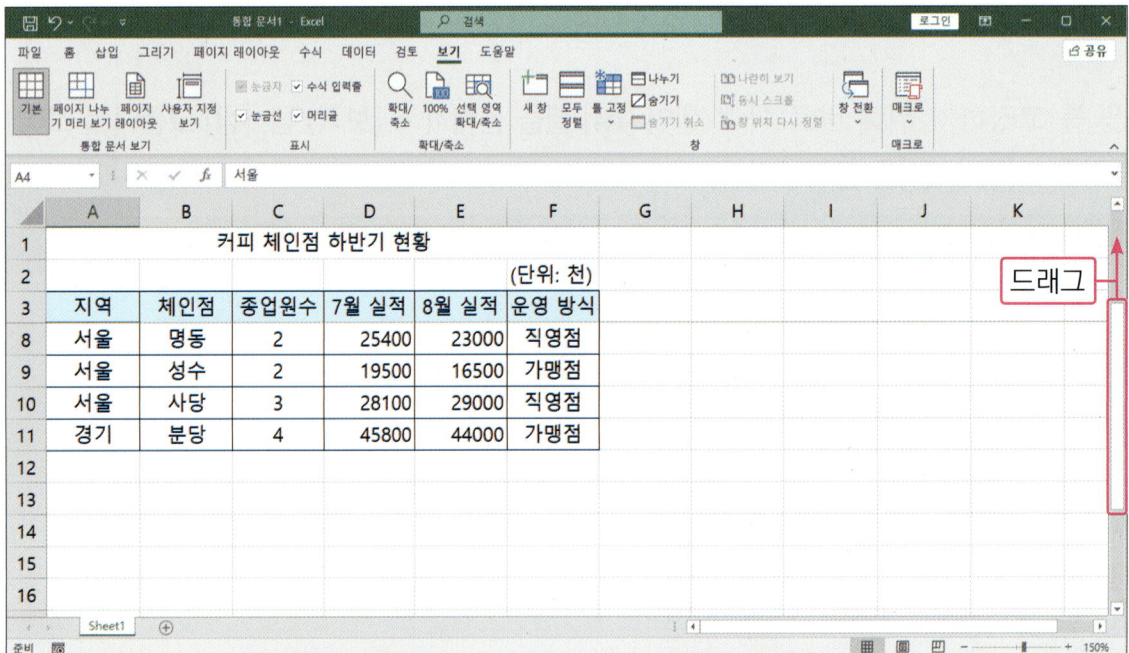

05 데이터가 모두 표시됩니다.

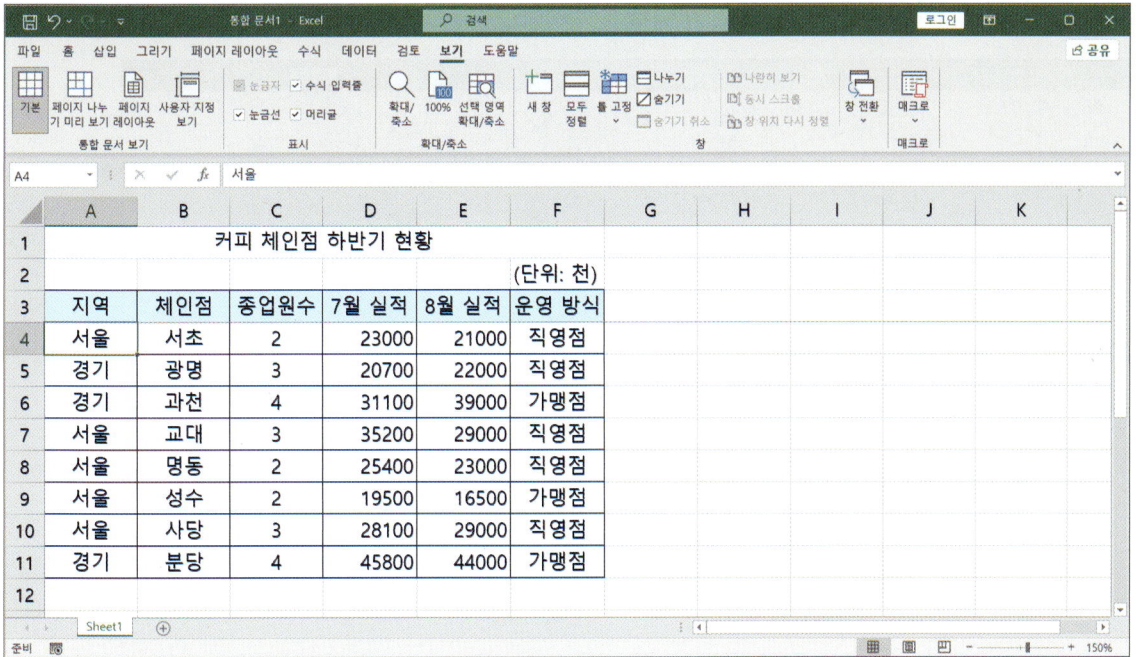

▶ 조건에 맞게 필터링하기

01 자동 필터를 설정하기 위해 [A3:F3] 셀을 드래그하여 선택하고 [데이터] 탭-[정렬 및 필터] 그룹-[필터]를 클릭합니다.

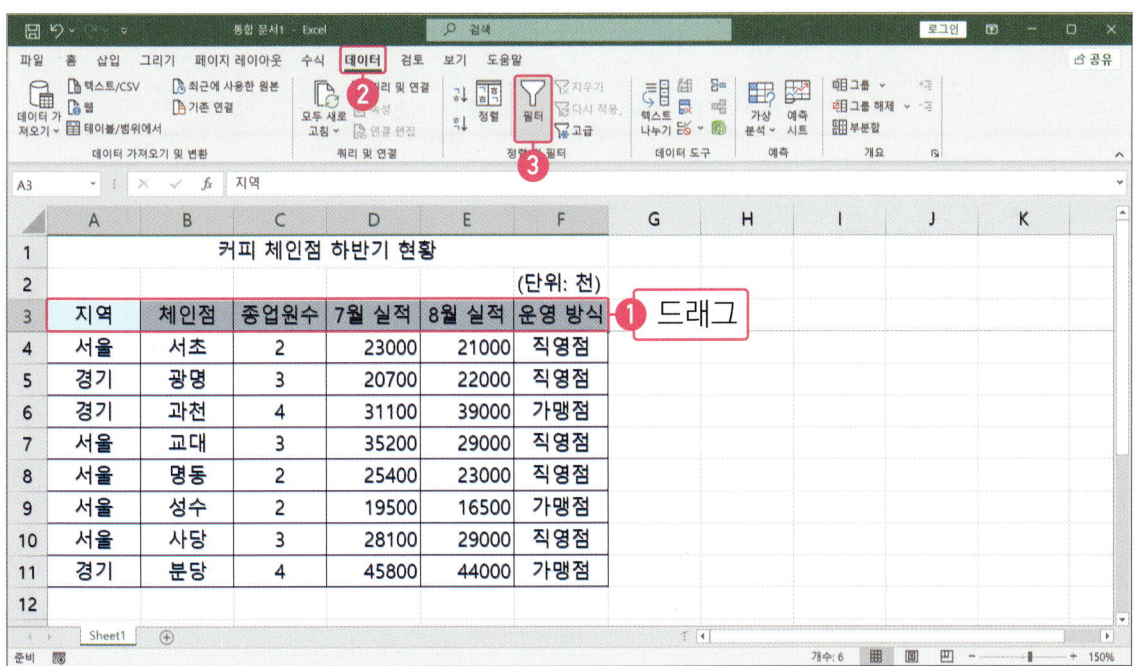

02 필드명에 ▼가 생성됩니다. [F3] 셀의 ▼를 클릭합니다. '모두 선택'의 체크를 해제하고 '직영점'을 체크한 후 [확인] 버튼을 클릭합니다.

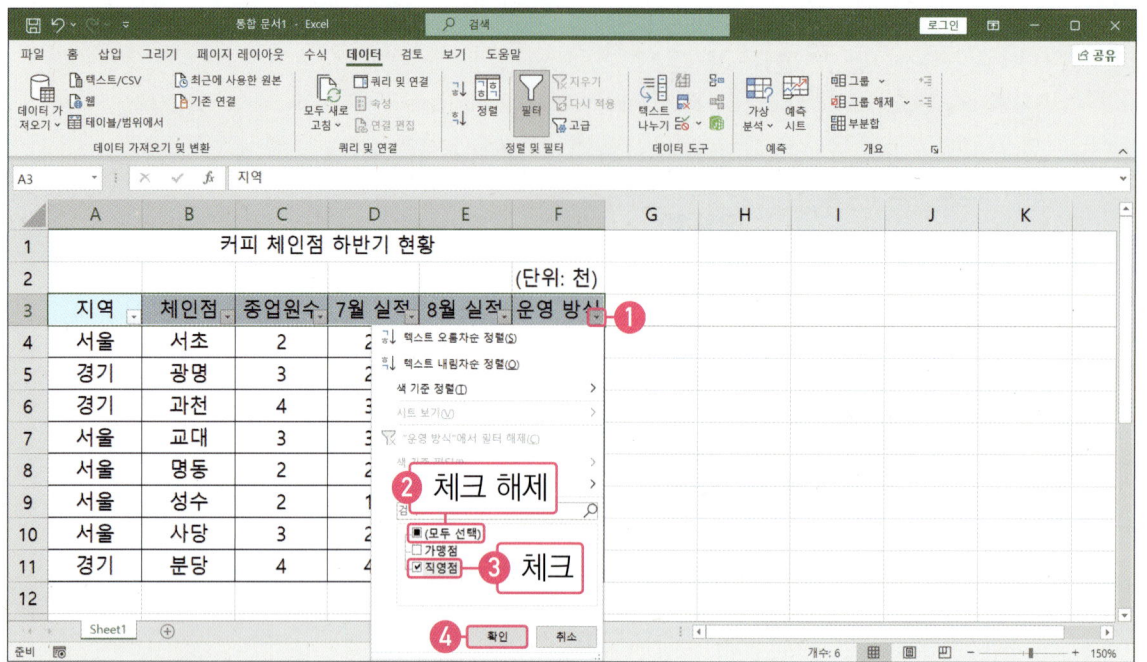

03 품목이 '직영점'인 데이터만 표시되고 [F3] 셀의 ▼가 ▽로 변경되어 필터가 적용되었음을 표시합니다.

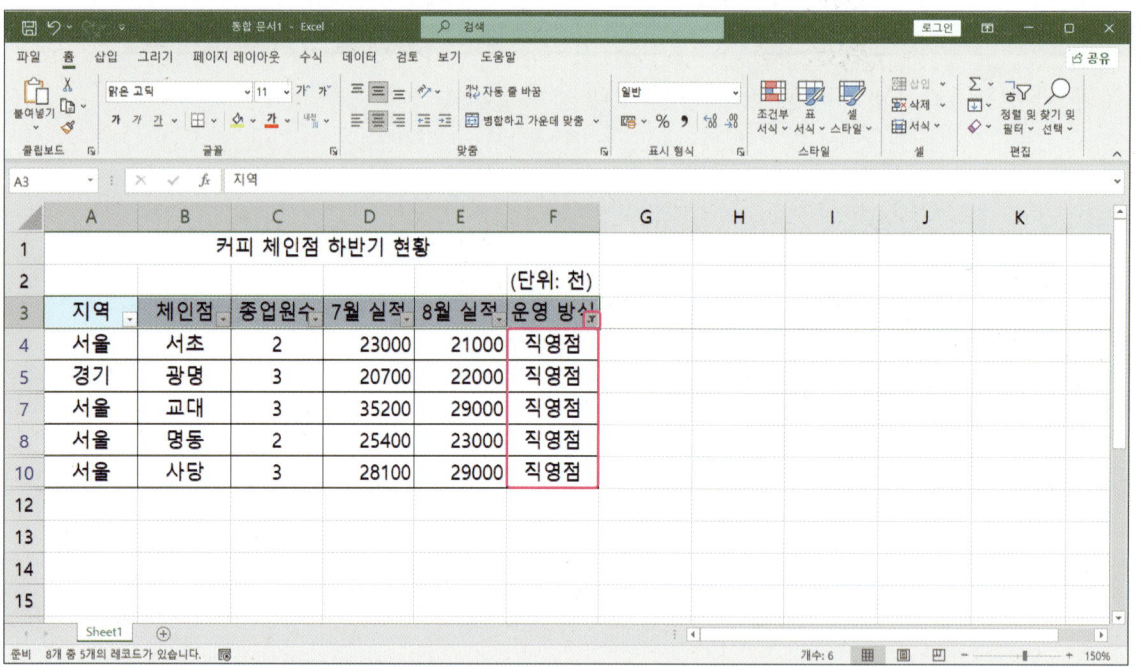

 [데이터] 탭-[정렬 및 필터] 그룹-[지우기]를 클릭하면 적용한 필터를 해제할 수 있습니다.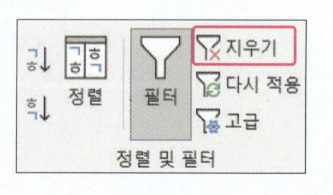

04 [D3] 셀의 ▼를 클릭하고 [숫자 필터]-[크거나 같음]을 클릭합니다.

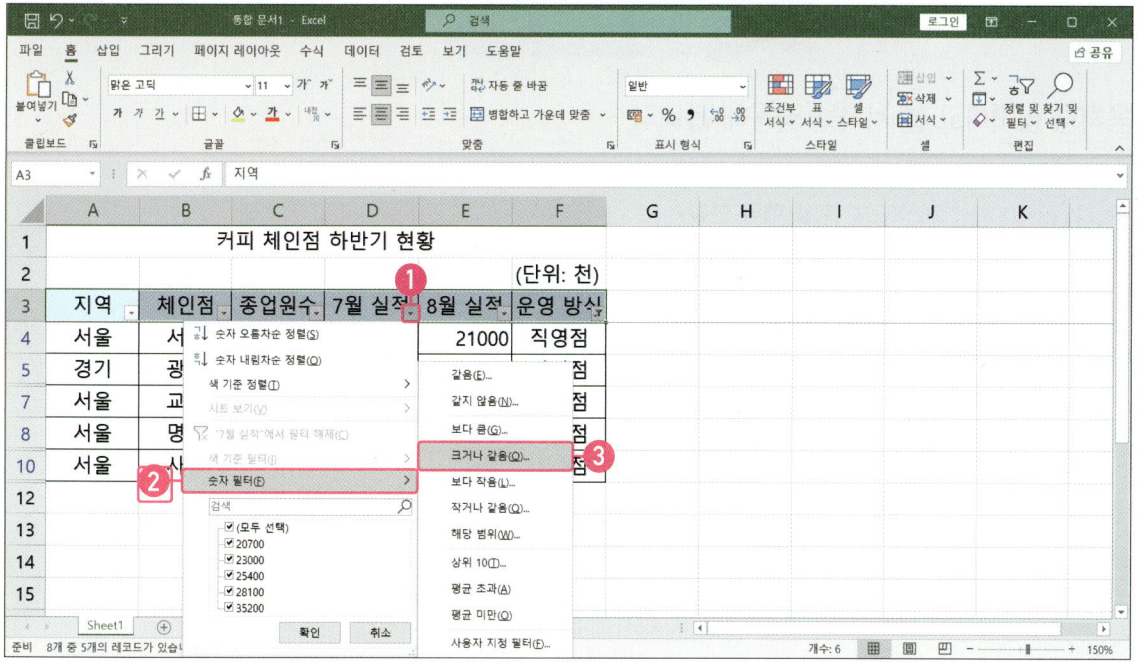

05 [사용자 지정 자동 필터] 대화상자에서 찾을 조건을 '25000'으로 입력하고 [확인] 버튼을 클릭합니다.

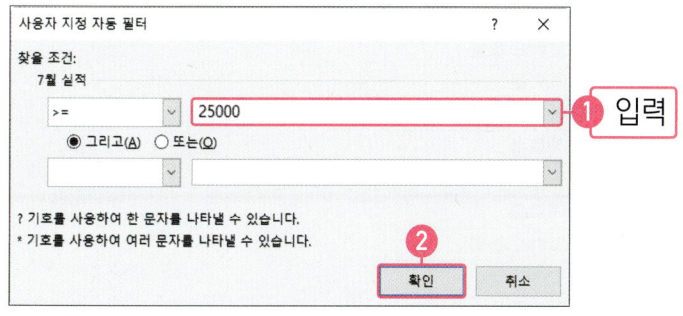

06 7월 실적이 '25000' 이상인 데이터만 표시됩니다.

07 빠른 실행 도구 모음의 🖫(저장)을 클릭한 후 파일 이름을 '단골 고객'으로 저장합니다.

173

응용력 키우기

01 다음처럼 입력하고 셀 서식을 적용해 봅니다.

	A	B	C	D	E
1	호텔 예약 현황				
2					
3	행사구분	행사명	7월 예약인원	8월 예약인원	행사장
4	기업회의	창업강좌	150	250	아트홀
5	이벤트	콘서트	300	200	아트홀
6	기업회의	워크숍	200	250	그랜드볼룸
7	세미나	워크숍	120	220	그랜드볼룸
8	기업회의	학술대회	170	150	아트홀
9	기업회의	컨퍼런스	220	130	아트홀
10	기업회의	컨퍼런스	205	170	아트홀
11					

02 문제 **01**의 자료를 다음과 같이 정렬한 후 부분합을 적용해 봅니다.

	A	B	C	D	E
1	호텔 예약 현황				
2					
3	행사구분	행사명	7월 예약인원	8월 예약인원	행사장
4	기업회의	워크숍	200	250	그랜드볼룸
5	기업회의	학술대회	170	150	아트홀
6	기업회의	컨퍼런스	220	130	아트홀
7	기업회의	컨퍼런스	205	170	아트홀
8	**기업회의 평균**		198.75	175	
9	세미나	창업강좌	150	250	아트홀
10	세미나	워크숍	120	220	그랜드볼룸
11	**세미나 평균**		135	235	
12	이벤트	콘서트	300	200	아트홀
13	**이벤트 평균**		300	200	
14	**전체 평균**		195	195.7142857	

- **정렬** : 기준 '행사구분', 정렬 방식 '오름차순'
- **부분합** : 그룹화할 항목 '행사구분', 사용할 함수 '평균', 부분합 계산 항목 '7월 예약인원', '8월 예약인원'

03 다음처럼 틀 고정을 한 후 개요 지우기를 적용해 봅니다.

- [A4] 셀을 선택하고 [보기] 탭-[창] 그룹-[틀 고정]을 클릭하고 [틀 고정]을 선택합니다.
- [데이터] 탭-[개요] 그룹에서 [그룹 해제(그룹 해제)]의 ▼를 클릭하고 [개요 지우기]를 선택합니다.

04 문제 **03**의 자료에서 행사 구분이 '기업회의'를 필터한 후 '예약 현황.xlsx'로 저장해 봅니다.

	A	B	C	D	E	F	G
1	호텔 예약 현황						
2							
3	행사구분	행사명	7월 예약인원	8월 예약인원	행사장		
4	기업회의	워크숍	200	250	그랜드볼룸		
5	기업회의	학술대회	170	150	아트홀		
6	기업회의	컨퍼런스	220	130	아트홀		
7	기업회의	컨퍼런스	205	170	아트홀		
14	**전체 평균**		198.75	175			
15							

필터 : 행사구분의 ▼를 클릭 → '기업회의'만 체크

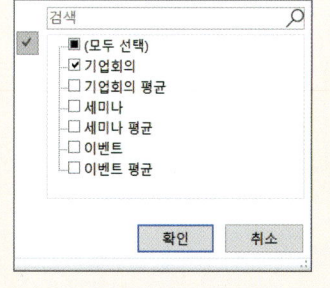

10 데이터 시각화하기

- 차트 작성
- 차트 종류 변경
- 축 단위 변경
- 데이터 레이블 추가
- 차트 제목
- 차트 서식
- 차트 이동

미/리/보/기

 완성파일 : 지출 현황(완성).xlsx

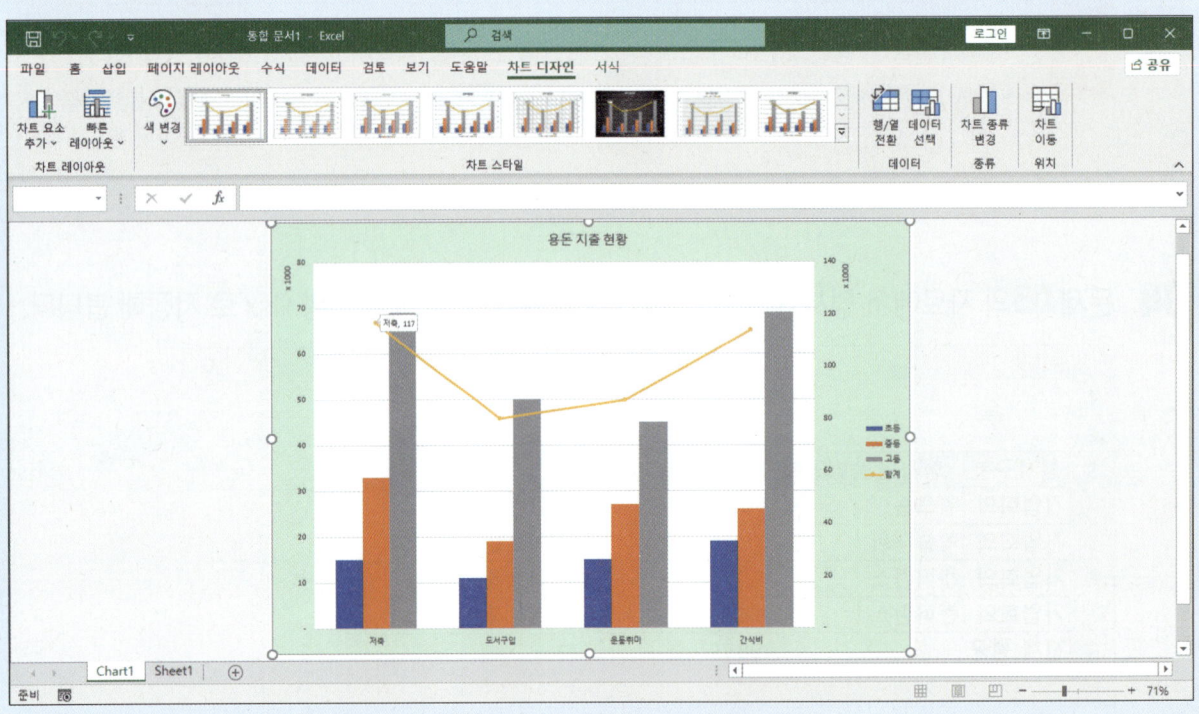

엑셀의 차트 기능을 활용하면 데이터를 시각적으로 표현할 수 있어 분석이 훨씬 더 쉬워집니다. 이번 장에서는 워크시트에 입력된 데이터를 이용하여 차트를 작성한 후 차트 요소를 추가, 변경해 보며 차트를 보기 좋게 만드는 방법에 대해서도 알아보겠습니다.

01 차트 관련 기능 살펴보기

▶ 차트의 구성

차트는 수치 데이터의 상호 관계 및 변화와 정보 전달을 한눈에 파악하기 쉽도록 시각화된 형태로 표현하는 도구입니다. 다양한 차트 종류는 각각의 특성에 따라 다양한 용도로 활용됩니다.

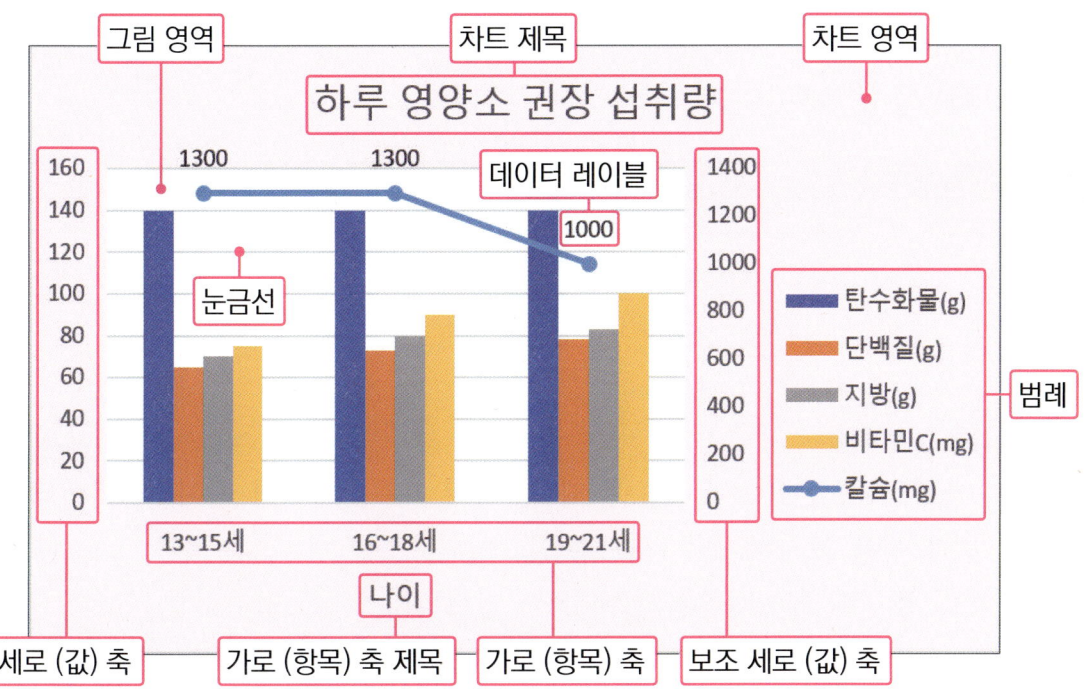

▶ 차트 삽입

[삽입] 탭-[차트] 그룹-[추천 차트]를 클릭하면 [차트 삽입] 대화상자가 나타납니다. [추천 차트] 탭에서는 선택한 데이터에 적합한 차트 목록을 제안합니다. [모든 차트] 탭에서는 직접 차트 종류별 하위 유형을 선택할 수 있습니다.

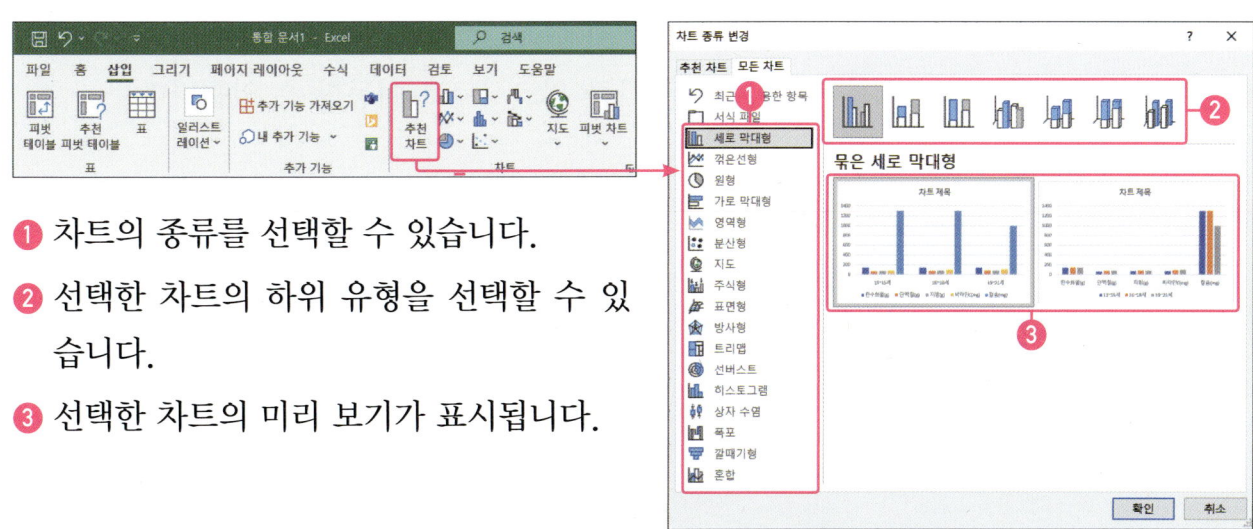

❶ 차트의 종류를 선택할 수 있습니다.
❷ 선택한 차트의 하위 유형을 선택할 수 있습니다.
❸ 선택한 차트의 미리 보기가 표시됩니다.

 [삽입] 탭-[차트] 그룹에서 직접 차트 종류와 하위 유형을 선택할 수도 있습니다.

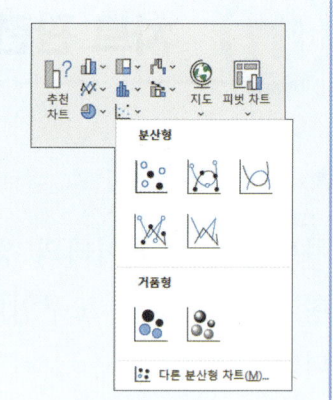

▶ [차트 도구]-[디자인] 탭 살펴보기

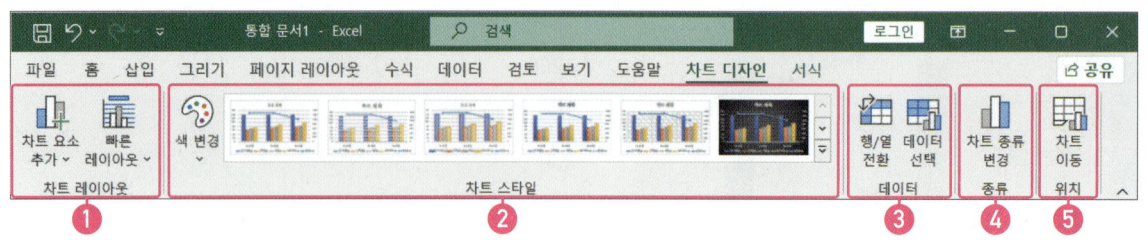

❶ [차트 레이아웃] 그룹
- **차트 요소 추가** : 차트의 구성 요소인 축, 축 제목, 차트 제목, 데이터 레이블, 데이터 테이블, 눈금선, 범례 등을 표시하거나 숨길 수 있습니다.
- **빠른 레이아웃** : 미리 준비된 레이아웃을 선택할 수 있습니다.

❷ [차트 스타일] 그룹
- **색 변경** : 차트 전체의 색을 변경할 수 있습니다.
- **빠른 스타일** : 미리 준비된 차트 스타일 갤러리에서 차트 스타일을 선택할 수 있습니다.

❸ [데이터] 그룹
- **행/열 전환** : 행과 열을 전환해 축의 데이터를 변경할 수 있습니다.
- **데이터 선택** : [데이터 원본 선택] 대화상자에서 데이터 범위를 변경할 수 있습니다.

❹ [종류] 그룹 : 차트의 종류를 변경할 수 있습니다.

❺ [위치] 그룹 : 차트의 위치를 새 시트 또는 다른 워크시트로 이동할 수 있습니다.

용돈 지출 현황 차트 만들기

▶ 차트 삽입하고 혼합 차트로 변경하기

01 엑셀을 실행한 후 [새 통합 문서]를 클릭합니다. 새 통합 문서에 다음처럼 데이터를 입력하고 셀 서식을 적용합니다. **합계는 SUM 함수를 이용**하여 수식을 작성합니다.

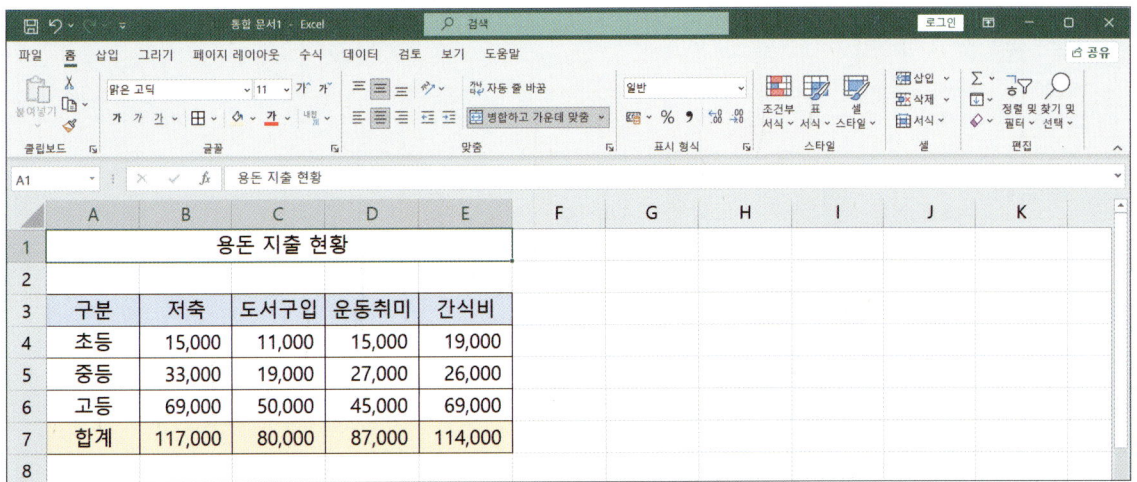

 제공하는 [준비파일] 폴더의 '지출 현황.xlsx' 파일을 불러와 다음 작업을 진행해도 됩니다.

02 [A3] 셀을 선택한 후 [삽입] 탭-[차트] 그룹-[세로 또는 가로 막대형 차트 삽입]-[묶은 세로 막대형]을 선택합니다.

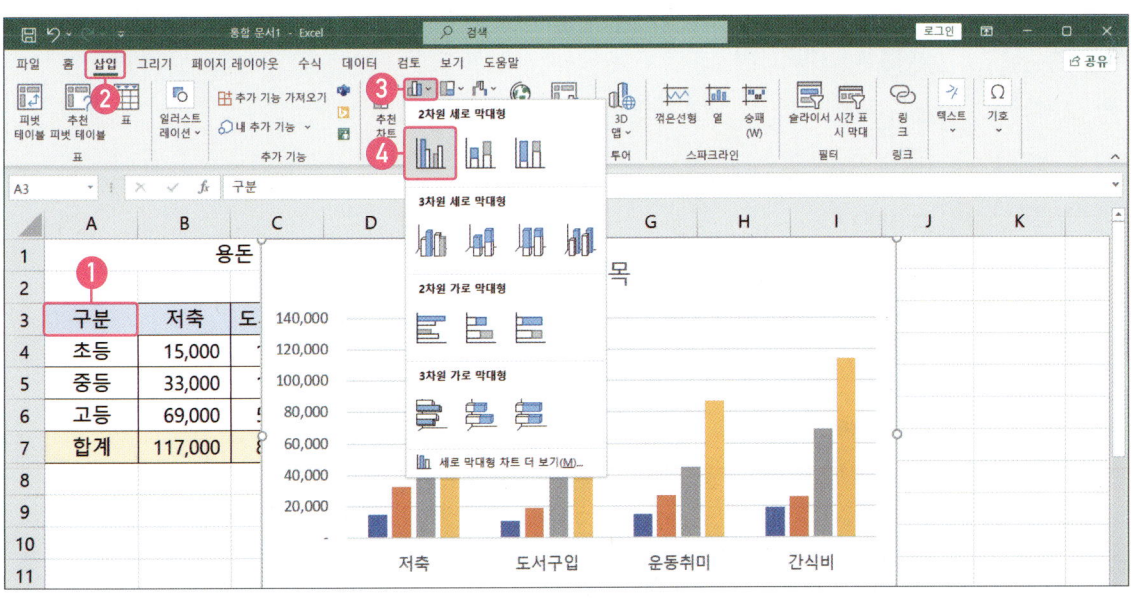

 차트를 만들기 전에 선택하는 셀이 [A3] 셀이 아니어도 됩니다. 표 안의 임의의 셀을 선택하면 차트를 생성할 수 있습니다.

03 워크시트 위에 차트가 삽입됩니다. '합계' 데이터 계열의 차트 종류만 변경하기 위해서 '합계' 계열을 선택합니다. [차트 디자인] 탭-[종류] 그룹-[차트 종류 변경]을 클릭합니다.

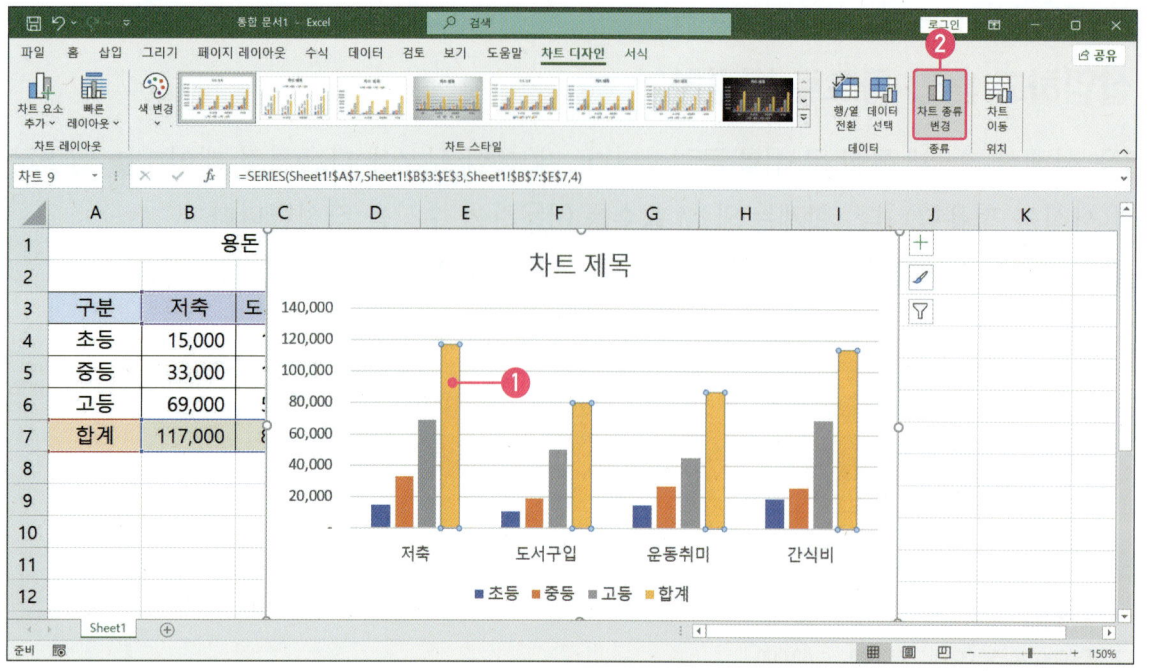

04 [차트 종류 변경] 대화상자가 나타나면 [데이터 계열에 대한 차트 종류와 축을 선택합니다:]에서 스크롤을 아래로 드래그한 후 [계열 이름]이 '합계'인 항목의 [보조 축]의 ☐(체크박스)를 클릭하여 체크하고 [차트 종류]의 [묶은 세로 막대형]을 클릭하여 [표식이 있는 꺾은선형]으로 변경한 후 [확인] 버튼을 클릭합니다.

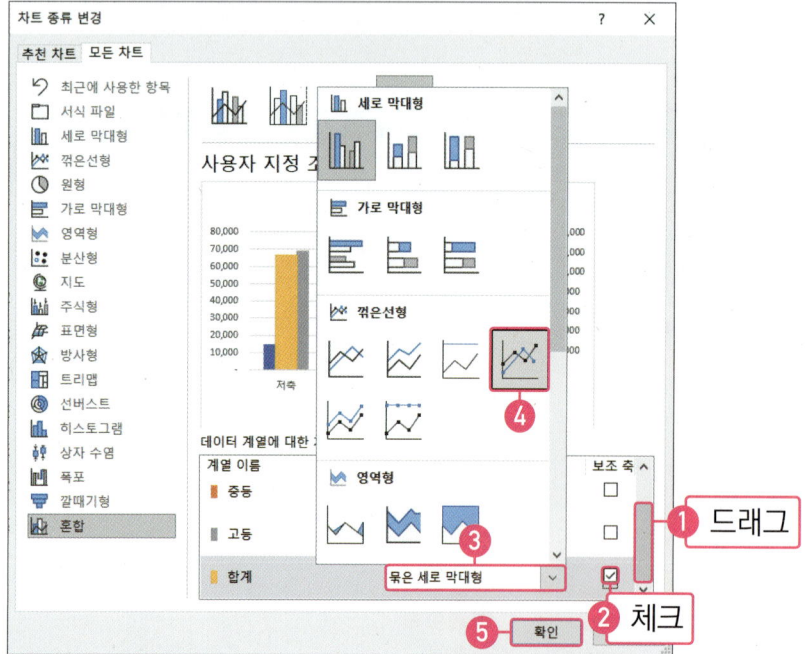

05 '합계' 데이터 계열의 차트가 표식이 있는 꺾은선형으로 종류가 바뀐 모습을 확인할 수 있습니다.

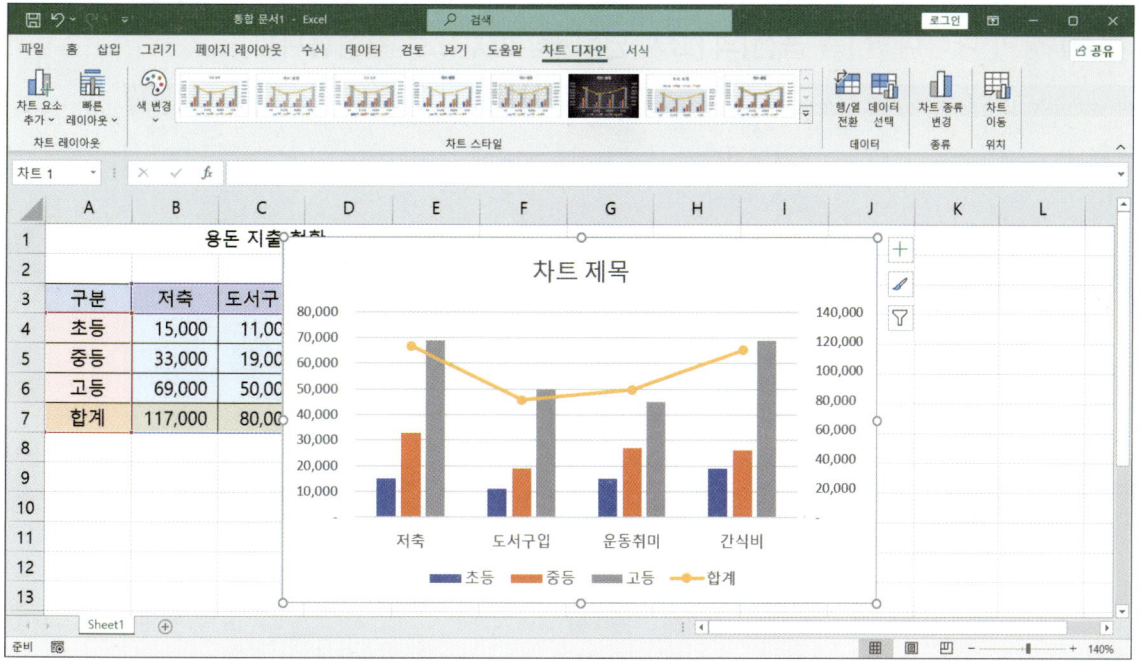

▶ 빠른 레이아웃 변경하기

01 [차트 디자인] 탭-[차트 레이아웃] 그룹-[빠른 레이아웃]에서 [레이아웃 1]을 선택합니다. 데이터 계열 사이가 좁혀지고 범례가 오른쪽으로 이동하는 등 레이아웃이 변경된 것을 확인할 수 있습니다.

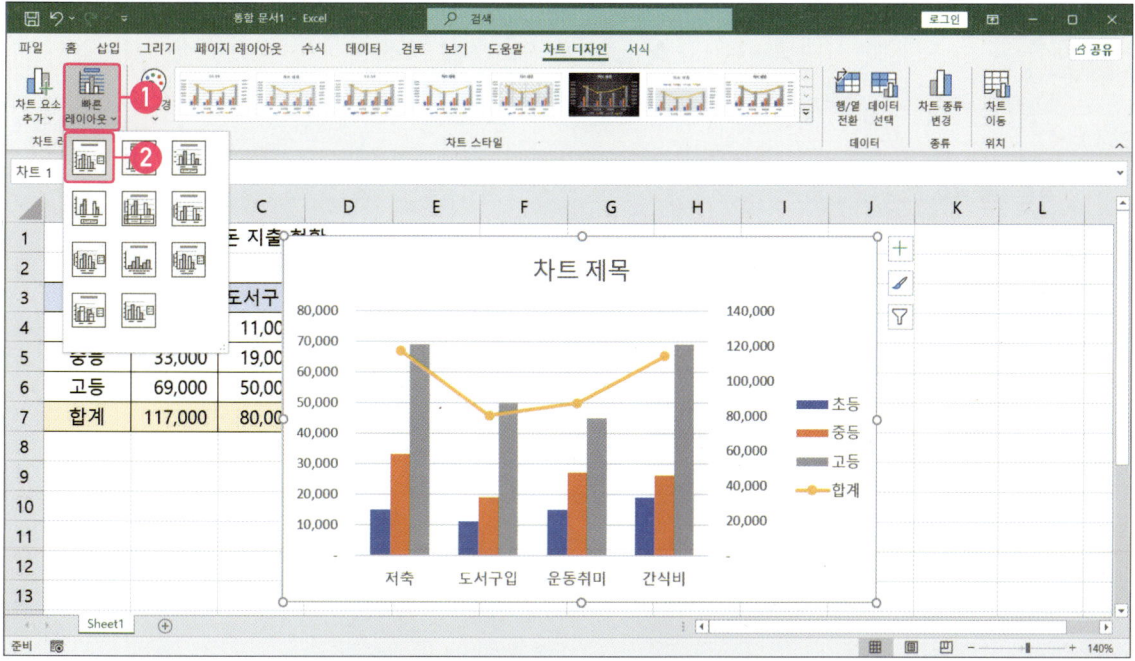

181

▶ 축 표시 단위 변경하기

01 세로 (값) 축을 선택한 후 [서식] 탭-[현재 선택 영역] 그룹-[선택 영역 서식]을 클릭합니다. [축 서식] 창이 나타나면 [축 옵션]의 [표시 단위]를 '1000'으로 설정합니다.

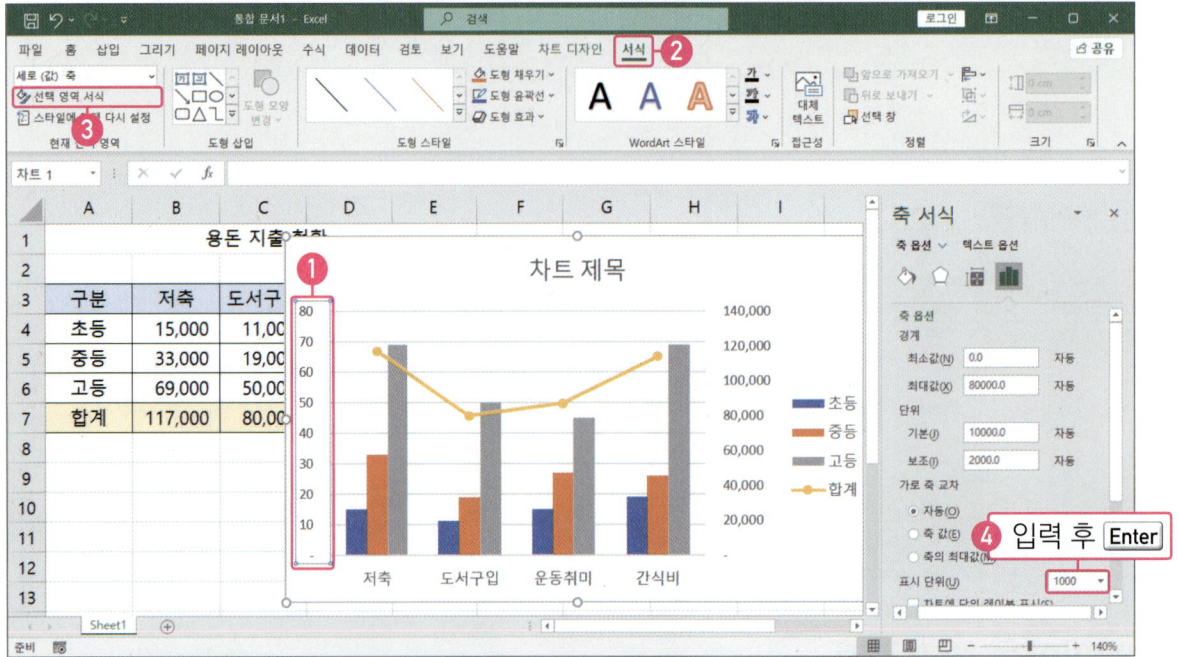

02 보조 세로 (값) 축을 선택한 후 [축 서식] 창에서 [표시 단위]를 '1000'으로 설정합니다. [축 서식] 창의 ✖(닫기)를 클릭합니다.

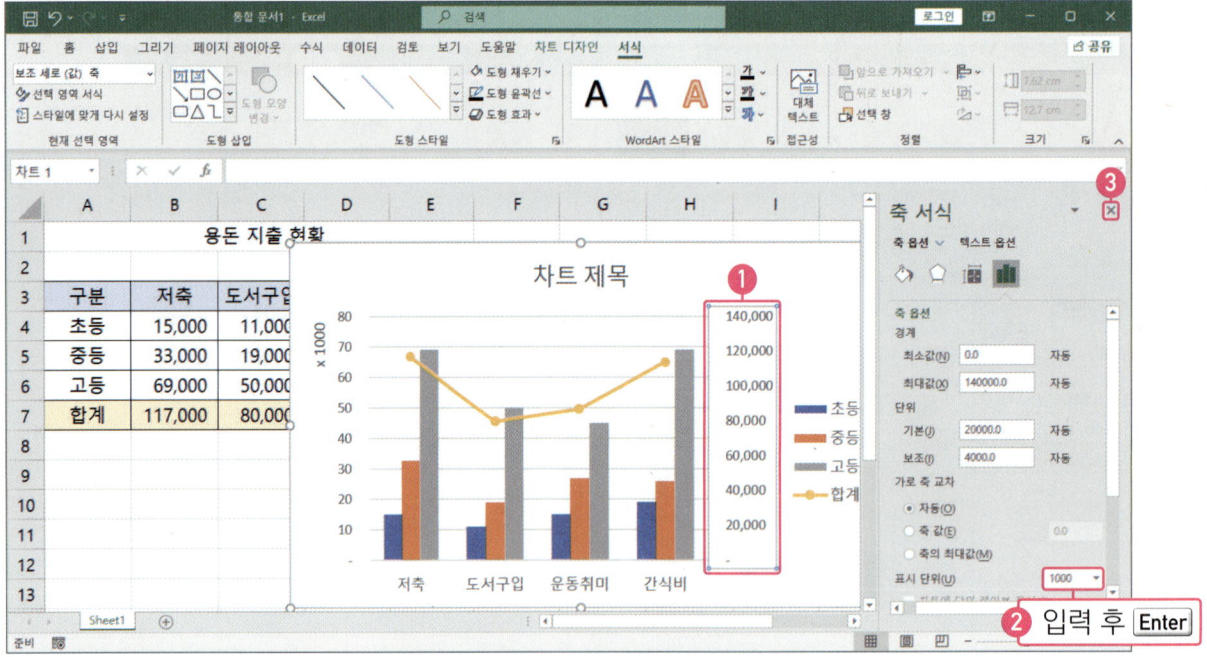

▶ 데이터 레이블 추가하기

01 '합계' 계열을 클릭한 후 '저축' 요소를 클릭하여 선택하고 [차트 디자인] 탭-[차트 레이아웃] 그룹-[차트 요소 추가]에서 [데이터 레이블]-[데이터 설명선]을 선택합니다.

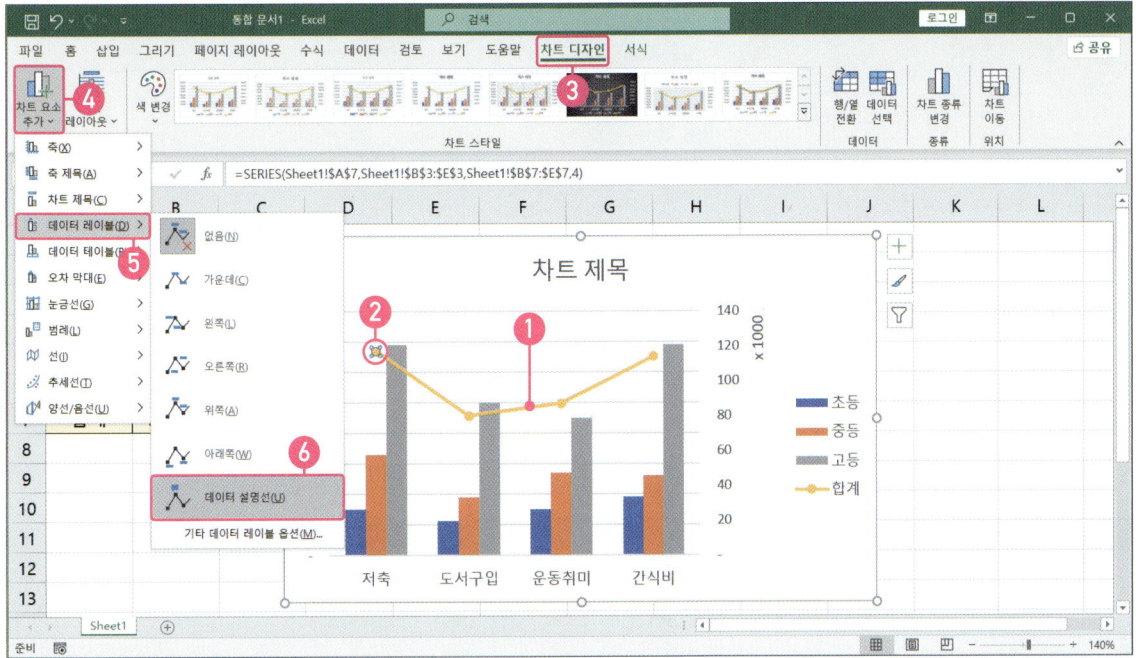

 '합계' 계열을 한번 클릭하면 합계 전체가 선택되어 데이터 레이블 전체에 적용할 수 있습니다.

02 데이터 레이블이 생성된 것을 확인할 수 있습니다.

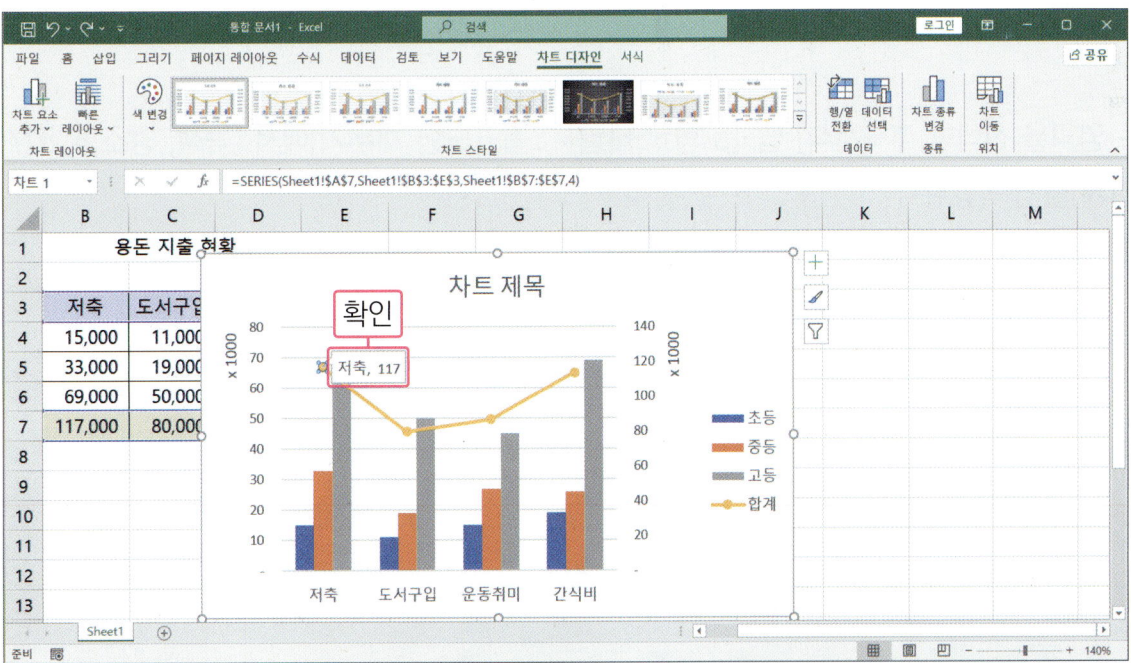

▶ 차트 제목과 차트 꾸미기

01 '차트 제목'을 클릭한 후 수식 입력줄에 '우리집 지출 내역'을 입력하고 Enter 키를 누릅니다.

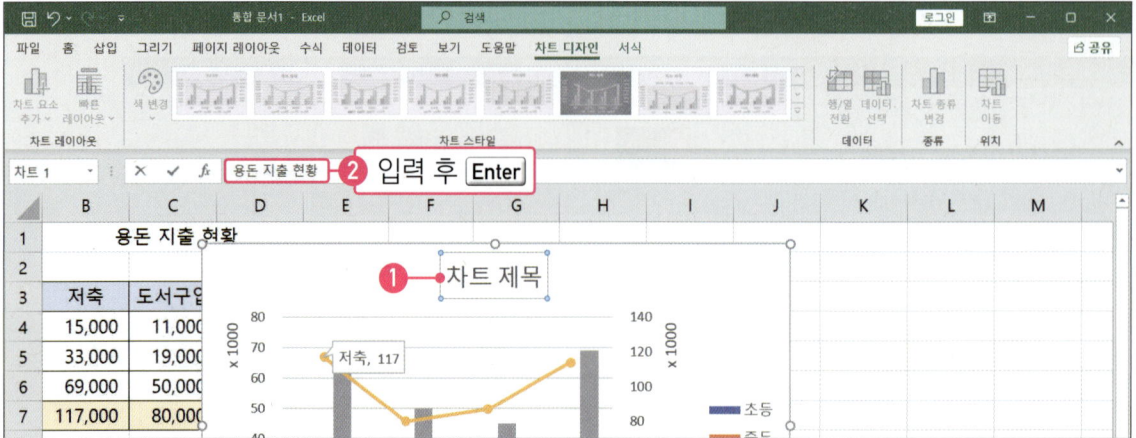

02 [서식] 탭-[WordArt 스타일] 그룹-[채우기: 파랑, 강조색 1, 그림자]를 선택합니다.

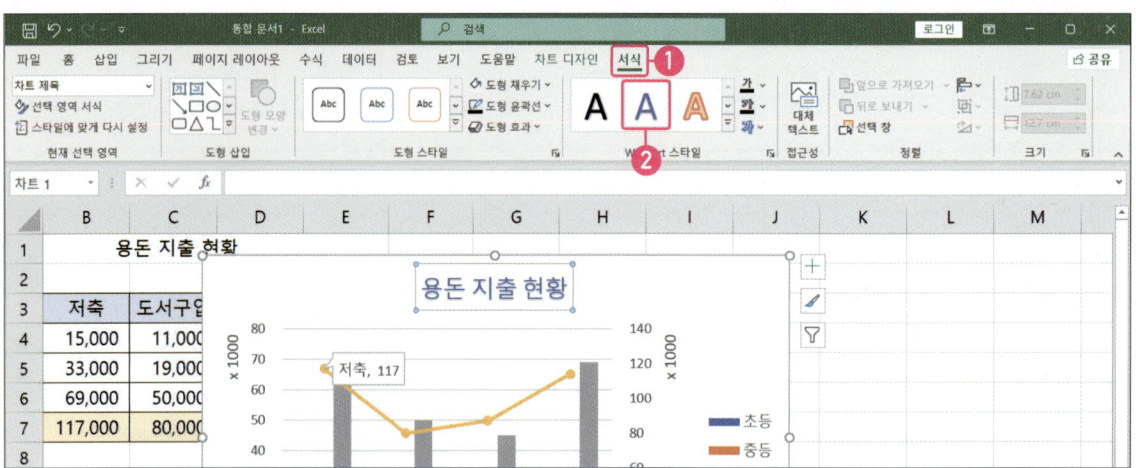

03 차트 영역을 선택한 후 [서식] 탭-[도형 스타일] 그룹-[도형 채우기]에서 [녹색, 강조 6, 80% 더 밝게]를 선택합니다.

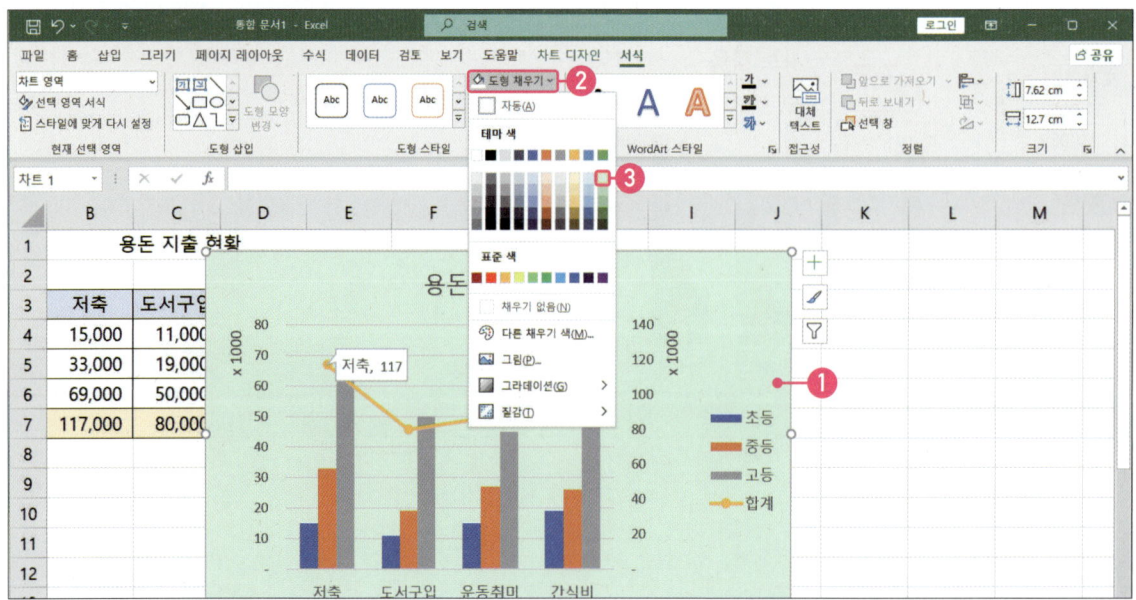

04 그림 영역을 선택한 후 [서식] 탭-[도형 스타일] 그룹-[도형 채우기]에서 [흰색, 배경 1]를 선택합니다.

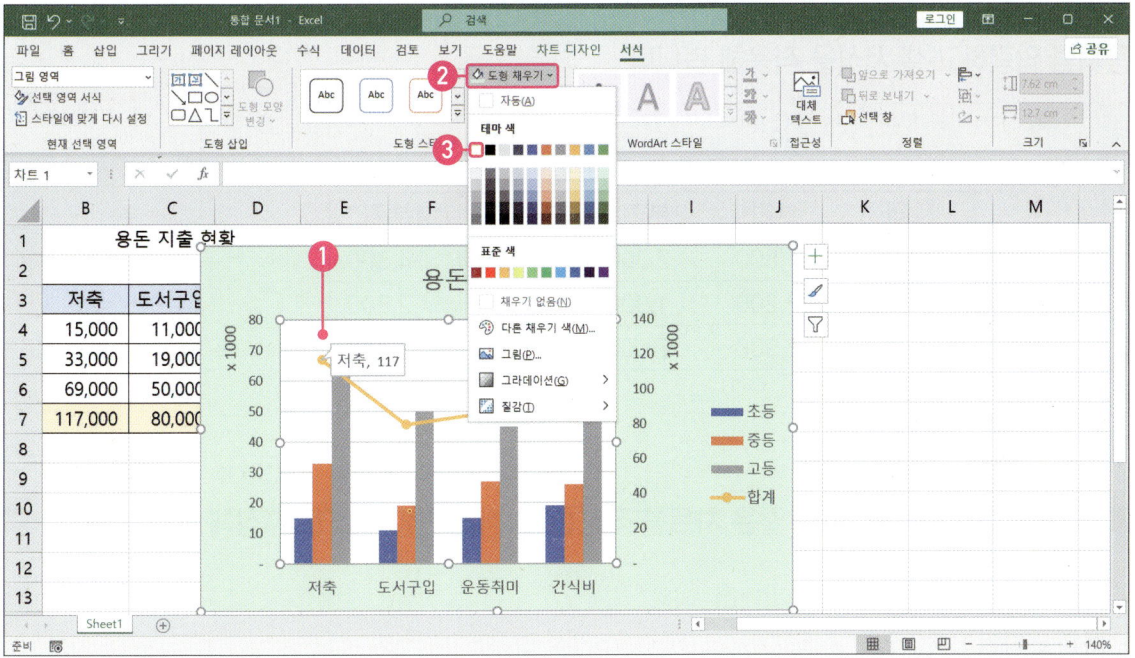

▶ 차트 이동하기

01 [차트 디자인] 탭-[위치] 그룹-[차트 이동]을 클릭합니다. [차트 이동] 대화상자가 나타나면 [새 시트]를 선택하고 [확인] 버튼을 클릭합니다.

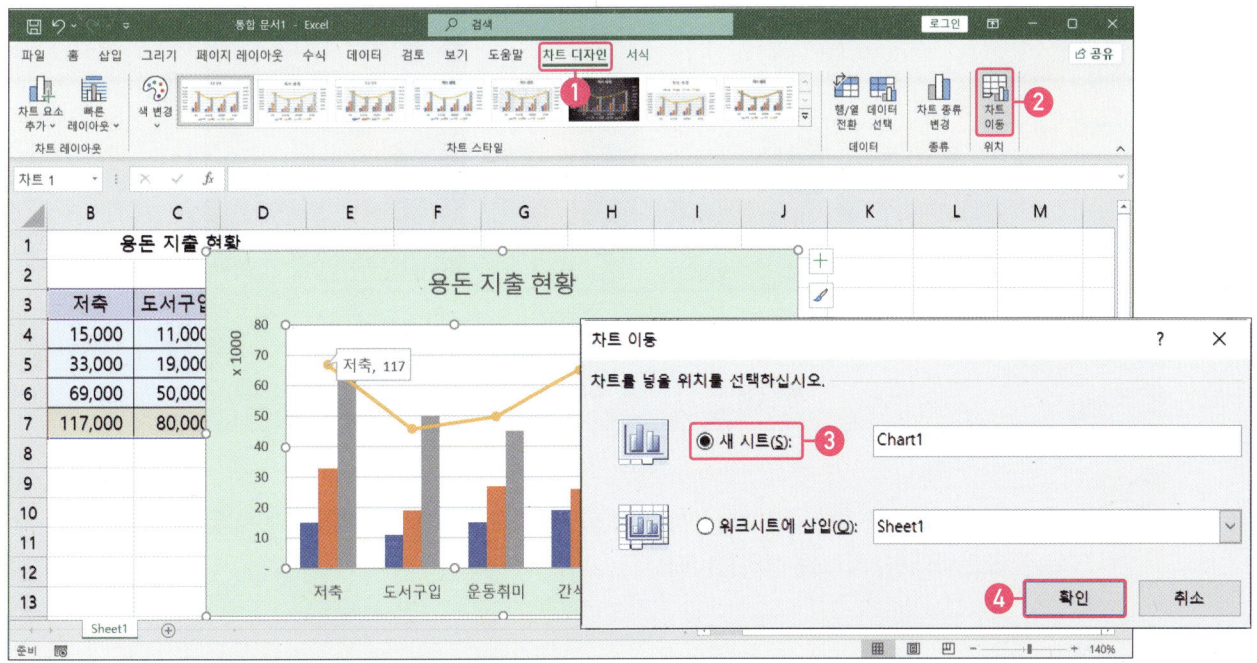

02 'Chart1' 시트가 생성되며 차트가 이동한 것을 확인할 수 있습니다. 빠른 실행 도구 모음의 ■(저장)을 클릭한 후 파일 이름을 '지출 현황'으로 저장합니다.

응용력 키우기

01 다음처럼 입력하고 셀 서식을 적용해 봅니다.

	A	B	C	D	E	F	G
1				지역별 매출 현황			
2		지역	1분기	2분기	3분기	4분기	
3		서울	1,800	2,300	2,600	4,300	
4		인천	2,200	1,900	2,400	2,300	
5		대전	1,900	2,000	2,100	3,400	
6							

02 문제 **01** 자료를 이용해 다음과 같은 차트를 작성한 후 '매출현황.xlsx'로 저장해 봅니다.

- **차트 종류** : '3차원 묶은 세로 막대형' 적용
- **차트 스타일** : '스타일 3' 적용
- **차트 위치** : 기본 삽입된 워크시트의 [B7:H18] 영역에 배치

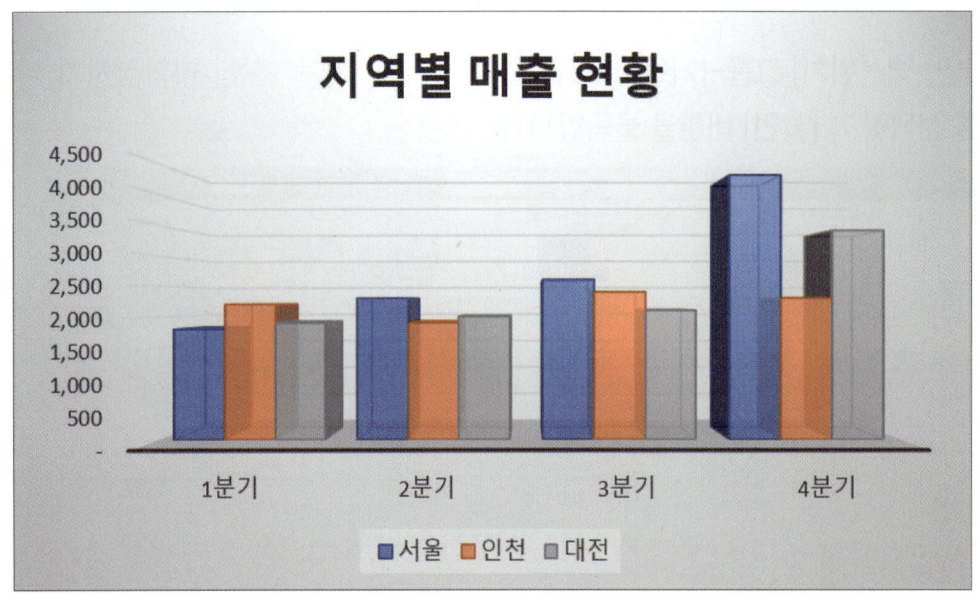

[B2] 영역을 선택한 후 [삽입] 탭-[차트] 그룹-[세로 또는 가로 막대형 차트 삽입]-[3차원 묶은 세로 막대형] 차트를 삽입합니다.

03 다음처럼 입력하고 셀 서식을 적용해 봅니다.

	A	B	C	D	E	F	G
1		하루 영양소 권장 섭취량					
2		나이	탄수화물(g)	단백질(g)	지방(g)	합계	
3		13~15세	140	65	70	275	
4		16~18세	140	73	80	293	
5		19~21세	140	78	83	301	
6							

04 문제 **03**의 자료를 이용해 다음과 같은 차트를 작성한 후 '영양소 섭취.xlsx'로 저장해 봅니다.

- **차트 제목 서식 :** WordArt 스타일(채우기 – 흰색, 윤곽선 – 강조 2, 진한 그림자 – 강조 2) 적용
- **차트 영역 :** 도형 채우기(파랑, 강조 5, 80% 더 밝게) 적용
- **그림 영역 :** 도형 채우기(흰색, 바탕 1) 적용
- **'합계' 계열 :** 데이터 레이블(위쪽) 적용
- **차트 위치 :** 기본 삽입된 워크시트의 [B8:G19] 영역에 배치

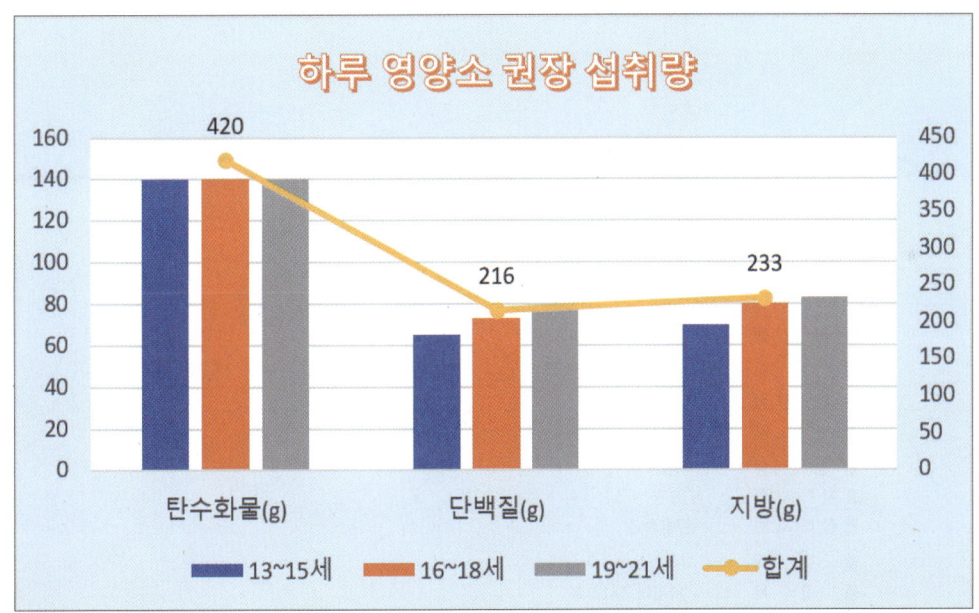

 Alt 키를 누른 채 차트의 크기를 조절하면 셀의 윤곽에 정확히 맞춰 배치할 수 있습니다.

할 수 있다!
엑셀 2021 기초

초 판 발 행	2025년 4월 17일
발 행 인	박영일
책 임 편 집	이해욱
저 자	장경숙
편 집 진 행	염병문
표 지 디 자 인	김도연
편 집 디 자 인	신해니
발 행 처	시대인
공 급 처	(주)시대고시기획
출 판 등 록	제 10-1521호
주 소	서울시 마포구 큰우물로 75 [도화동 538 성지 B/D] 6F
전 화	1600-3600
홈 페 이 지	www.sdedu.co.kr
I S B N	979-11-383-9166-5(13000)
정 가	12,000원

※이 책은 저작권법에 의해 보호를 받는 저작물이므로, 동영상 제작 및 무단전재와 복제, 상업적 이용을 금합니다.
※이 책의 전부 또는 일부 내용을 이용하려면 반드시 저작권자와 (주)시대고시기획·시대인의 동의를 받아야 합니다.
※잘못된 책은 구입하신 서점에서 바꾸어 드립니다.

시대인은 종합교육그룹 (주)시대고시기획·시대교육의 단행본 브랜드입니다.